Eberhard Klingenberg

Platons ΝΟΜΟΙ ΓΕΩΡΓΙΚΟΙ und das positive griechische Recht

Münchener Universitätsschriften · Juristische Fakultät

Abhandlungen zur rechtswissenschaftlichen Grundlagenforschung

herausgegeben im Auftrag der Juristischen Fakultät

von

Sten Gagnér
Arthur Kaufmann
Dieter Nörr

Band 17

1976

J. Schweitzer Verlag · Berlin

Eberhard Klingenberg

Platons ΝΟΜΟΙ ΓΕΩΡΓΙΚΟΙ und das positive griechische Recht

1976

J. Schweitzer Verlag · Berlin

Gedruckt mit Unterstützung aus den Mitteln der Münchener Universitätsschriften

CIP-Kurztitelaufnahme der Deutschen Bibliothek

Klingenberg, Eberhard

Platons nomoi georgikoi und das positive griechische Recht. –
1. Aufl. – Berlin: Schweitzer, 1976.
(Münchener Universitätsschriften: Jur. Fak.)
(Abhandlungen zur rechtswissenschaftlichen Grundlagenforschung; Bd. 17)
ISBN 3-8059-0346-4

Satz: Studio Feldafing – Druck: Color-Druck, Berlin – Bindearbeiten: Wübben, Berlin

MATRI

ET MEMORIAE

PATRIS

VORWORT

Diese Schrift ist die stellenweise überarbeitete Fassung einer Dissertation, die im Juli 1972 der Juristischen Fakultät der Ludwig-Maximilians-Universität zu München vorgelegen hat.

Es ist mir ein besonderes Anliegen, an dieser Stelle meinem verehrten Lehrer, Herrn Professor Dr. Wolfgang Kunkel, zu danken, ohne dessen verständnisvolle Förderung und unermeßliche Geduld diese Arbeit nicht entstanden wäre. Ihm und Kurt Latte verdanke ich die erste Einführung in das Studium des griechischen Rechts.

Weiteren Dank schulde ich Herrn Professor Dr. Erich Gerner, der mich auf mehrere Fehler und Unstimmigkeiten im Manuskript aufmerksam gemacht hat, sowie Herrn Professor Dr. Hans Julius Wolff, der meine Arbeit durch zahlreiche Anregungen und Hinweise gefördert hat.

Für kritische Hinweise danke ich ferner Herrn Dr. Diederich Behrend (München), Herrn Professor Dr. Konrad Gaiser (Tübingen), Herrn Dr. Reinhold Mayer (Tübingen), Herrn Professor Dr. Eberhard Ruschenbusch (Frankfurt/M.) und Herrn Dozent Dr. Gerhard Thür (Wien).

Nicht zuletzt bin ich Herrn Professor Dr. Sten Gagnér für die Aufnahme der Arbeit in diese Schriftenreihe zu Dank verpflichtet.

Tübingen, im Dezember 1974 — Eberhard Klingenberg

INHALTSVERZEICHNIS

LITERATURVERZEICHNIS

Albertario, Emilio	Actio de universitate e actio specialis in rem (Annali dell' Istituto giuridico della Università di Perugia 31 (1919) 4, 1), Roma 1919
Andreades, Andreas	Geschichte der griechischen Staatswirtschaft, Bd. I: Von der Heroenzeit bis zur Schlacht bei Chaironeia, München 1931
Apelt, Otto	Platon. Sämtliche Dialoge. In Verbindung mit Kurt Hildebrandt, Constantin Ritter und Gustav Schneider herausgegeben und mit Einleitungen, Literaturübersichten, Anmerkungen und Registern versehen von Otto Apelt, Bd. VII: Gesetze. Register der Gesamtausgabe (Philosophische Bibliothek, 159/160), Leipzig 1940
Arangio-Ruiz, Vincenzo	La règle de droit et la loi dans l'antiquité classique, L'Égypte Contemporaine 29 (1938), 17–42
–	(Rez.) F. Pringsheim, The Greek Law of Sale, Weimar 1950, Iura II (1951), 281–291
Ashburner, Walter	The Farmer's Law, JHS XXX (1910), 85–108 und XXXII (1912), 68–95
Ast, Friedrich	Platonis Leges et Epinomis. Ad optimorum librorum fidem emendavit et perpetua adnotatione illustravit Fridericus Astius, Lipsiae 1814
–	Lexicon Platonicum sive vocum Platonicarum Index, Lipsiae 1835–1838
Babelon, Ernest	Traité des monnaies grecques et romaines, I. partie: Théorie et doctrine, t. I, Paris 1901
Bacher, Wilhelm	Die Agada der Tannaiten, Straßburg 1884/1890
Baiter-Orelli-Winckelmann	Platonis Opera quae feruntur omnia. Recognoverunt Jo. Georgius Baiterus, Jo. Caspar Orellius, Aug. Guilelmus Winckelmannus, Turici 1839
Bälz, Karl	Das Recht an Bienen. Zugleich ein Beitrag zur allgemeinen Lehre vom Recht an Tieren, Diss., Stuttgart 1890
Baudrillart, André	Potio, Potus, in: DS IV 1 (1905), 606a–607a
Beauchet, Ludovic	Histoire du droit privé de la république athénienne, Paris 1897
Behrend, Diederich	Attische Pachturkunden. Ein Beitrag zur Beschreibung der μίσθωσις nach den griechischen Inschriften (Vestigia, 12), München 1970
Beloch, Karl Julius	Griechische Geschichte, 2. Aufl., Straßburg 1912 – Berlin-Leipzig 1922/23
Bembo – Serano	Opere di Platone. Tradotte da Dardi Bembo cogli Argomenti, e Note del Serano, Venezia 1742–1743
Benndorf, Otto	Topographische Urkunde aus Ephesus, JÖAI II (1899) Beibl., Sp. 15–36
Berneker, Erich	Der Versuch im griechischen Recht, in: Festschrift für Ernst Rabel, Bd. II: Geschichte der antiken Rechte und allgemeine Rechtslehre, Tübingen 1954, S. 33–77

–	(Rez.) Winfried Knoch, Die Strafbestimmungen in Platons Nomoi (Klass.-phil. Studien, 23), Wiesbaden 1960, SavZ 79 (1962), 365–368
–	Zur griechischen Rechtsgeschichte. Hrsg. Erich Berneker (Wege der Forschung, XLV), Darmstadt 1968
Beseler, Gerhard	Beiträge zur Kritik der römischen Rechtsquellen, Tübingen, Bd. III (1913) und IV (1920)
Biondi, Biondo	La categoria romana delle „servitutes" (Pubbl. della Università cattolica del Sacro Cuore, serie seconda: scienze giuridiche, LX), Milano 1938
–	Passo necessario, in: Studi di storia e diritto in onore di Enrico Besta per il XL anno del suo insegnamento, Milano s.a. [1939], vol. I, 265–293
–	Le servitù prediali nel diritto romano, 2. ed., Milano 1954
Biscardi, Arnaldo	Prassi e teoria della ‚misthosis' nel diritto contrattuale attico, SDHI 37 (1971), 350–361
Bischoff	Kalender (griechischer), in: RE X 2 (1919), 1568–1602
Bisinger, Josef	Der Agrarstaat in Platons Gesetzen (Klio, Beiheft 17 [N.F. Beih. 4]), Leipzig 1925 (Neudruck: Aalen 1963)
Blass, Friedrich Wilhelm	Die attische Beredsamkeit, Bd. III, 1: Demosthenes, Leipzig 1877
Blume-Lachmann-Rudorff	Die Schriften der römischen Feldmesser, hrsg. und erl. von F. Blume, K. Lachmann und A. Rudorff, I: Gromatici veteres ex recensione Caroli Lachmanni. Diagrammata ed. Adolfus Rudorffius, 1848, II: Erläuterungen. Indices von E. Burian, 1852, Hildesheim 1967 (reprograph. Neudruck der Ausgabe Berlin 1848/1852)
Boeckh, August	Die Staatshaushaltung der Athener, 3. Aufl., Hrsg. Max Fränkel, Berlin 1886
Bonfante, Pietro	Corso di diritto romano, vol. II: La proprietà, sezione 1, Roma 1926
Bonner, Robert J. - Smith, Gertrude	The Administration of Justice from Homer to Aristotle, Chicago 1930/1938
Borecký, Bořivoj	Die sozial-ökonomischen Grundlagen der griechischen Polis und Platons Gesetzesstaat, Eirene II (1964), 81–95
Bornecque, Henri	Séneque le rhéteur. Controverses et Souasoires. Nouvelle édition revue et corrigée avec introduction et notes par Henri Bornecque, Paris 1932
Bousquet, Jean	Deux inscriptions attiques. BCH 91 (1967), 90–95
Brause, J.	Γορτυνίων ὅρκος νόμιμος, Hermes 44 (1914), 102–109
Bromehead, C.N.	Plato and the law of water supply, Geographical Journal 108 (1946), 123–125
Brugi, Biagio	Rapporti di vicinanza in materia di acque nel diritto attico comparato al diritto romano, AG XXXIV (1885), 297–311
Brunner, Heinrich-v. Schwerin, Claudius	Deutsche Rechtsgeschichte (Systemat. Hdb. d. Dt. Rechtswiss., II. 1), Bd. I von H. Brunner, Leipzig 1887, Bd. II von H. Brunner, 2. Aufl. bearb. von Cl. v. Schwerin, München-Leipzig 1928

Bruns, Karl Georg	Fontes juris romani antiqui, edidit Carolus Georgius Bruns, post curas Theodori Mommseni editionibus quintae et sextae adhibitas septimum edidit Otto Gradenwitz, Tubingae 1909
Büchsenschütz, Albrecht	Besitz und Erwerb im griechischen Alterthume, Halle 1869
van Buren, A.W.	Wasserleitungen, in: RE VIII A 1 (1955), 453–485
Burmann, Peter	Publii Ovidii Nasonis Opera omnia IV voluminibus comprehensa; cum integris Jacobi Micylli, Herculis Ciofani, et Danielis Heinsii notis et Nicolai Heinsii curis secundis, et aliorum in singulas partes, partim integris, partim excerptis, adnotationibus, cura et studio Petri Burmanni, qui et suas in omne opus adiecit, Amstelodami 1727
Burnet, Ioannes	Platonis Opera. Recognovit brevique adnotatione critica instruxit Ioannes Burnet, t. V: Tetralogiam IX, Definitiones et Spuria continens, Oxonii s.a. [repr. 1962]
Bury, R.G.	Laws. Edited and translated by R.G. Bury, in two volumes (The Loeb Classical Library. Plato, with an English Translation, IX [recte: X et XI]), London-Cambridge (Mass.) 1952
Busch, Ferdinand B.	Handbuch des heutigen in Deutschland geltenden Bienen-Rechtes, Arnstadt 1830
Busolt, Georg-Swoboda, Heinrich	Griechische Staatskunde. Von Georg Busolt, 3. Aufl. der „Griechischen Staats- und Rechtsaltertümer", 1. Hälfte: Allgemeine Darstellung des griechischen Staates (1920, unv. Nachdr. 1963), 2. Hälfte: Darstellung einzelner Staaten und der zwischenstaatlichen Beziehungen, bearb. v. H. Swoboda (1926) (Handbuch der Altertumswissenschaft, IV. 1. 1, 1–2), München 1920/1926
Caillemer, E.	Aqua, III, in: DS I (1877), 333b–334b
Carratelli, Giovanni Pugliese	Platone. Tutte le opere a cura di Giovanni Pugliese Carratelli [trad. di E. Martini, trad. delle Leggi di A. Cassarà, trad. delle Lettere di A. Carlini], Firenze 1974
Cassarà, Antonio	s. Carratelli
Chase, Alston Hurd	The influence of Athenian institutions upon the Laws of Plato, Harvard Studies in Classical Philology XLIV (1933), 131–192
Comparetti, Domenico	Iscrizioni arcaiche di Gortyna rivenute nei nuovi scavi al Letheo, Museo italiano di antichità classica, dir. da Domenico Comparetti, II (1888), col. 593–668
Cook, Arthur Bernard	Zeus. A Study in Ancient Religion, Cambridge 1914–1940
Coupry, Jaques	ΑΡΧΕΘΕΩΡΟΙ ΕΙΣ ΔΗΛΟΝ, BCH 78 (1954), 285–294
Cuntz, Werner	Das deutsche Bienenrecht, Diss., Heidelberg 1909
Curtius, Ernst	Über städtische Wasserbauten der Hellenen, Archäologische Zeitung V (1847), Sp. 19–32
–	Die städtischen Wasserbauten der Hellenen, in: ders., Gesammelte Abhandlungen, Bd. I (Berlin 1894), S. 117–147
Danieli, Rodolfo	In tema di iter ad sepulchrum, in: Studi in memoria di Emilio Albertario, Milano 1953, vol. II, pp. 301–314
Dareste, Rodolphe	Les plaidoyers civils de Démosthène. Traduits en français, avec arguments et notes par Rodolphe Dareste, Paris 1875

–	Une loi éphésienne du premier siècle avant notre ère, NRHD 1 (1877), 161–179
–	La science du droit en Grèce. Platon, Aristote, Théophraste, Paris 1893 (Nachdr. Amsterdam 1968)
Dareste, Rodolphe-Haussoulier, Bernard-Reinach, Théodore	Recueil des inscriptions juridiques grecques, Paris 1891/1898
Daube, David	Nocere and Noxa, CLJ VII (1939), 23–55
Daux, Georges	Nouvelles inscriptions de Thasos, BCH 50 (1926), 213–249
–	Sur la loi amphictionique de 380 av. J.-C., RA, 6. sér., V (1935), 205–219
–	Delphes au IIe et au Ier siècle depuis l'abaissement de l'Étoile jusqu'à la paix romaine 191–31 av. J.-C. (Bibliothèque des Écoles françaises d'Athènes et de Rome, 140) Paris 1936
–	La grande démarche: un nouveau calendrier sacrifiel d'Attique (Erchia), BCH 87 (1963), 603–634
–	Notes de lecture, BCH 88 (1964), 676–679
Davis, Morris	Monetary Fines and Limitations in Plato's Magnesia, CPh LXIV (1969), 98–101
Dernburg, Heinrich	Pandekten, 5. Aufl., I. Band, Berlin 1896
De Sanctis, Gaetano	Note di epigrafia cretese, RFIC N.S. X (1932), 80–83
Des Places, Edouard-Diès, Auguste	Platon. Oeuvres complètes, t. XI–XII. Les Lois. Texte établi et traduit par Edouard des Places [t. XI = Lg. I–VI] et Auguste Diès [t. XII = Lg. VII–XII], Paris 1951–1956
Deubner, Ludwig	Attische Feste, 2. Aufl., Berlin 1966
Diès, Auguste	s. des Places-Diès
Dikaiomata	Dikaiomata. Auszüge aus alexandrinischen Gesetzen und Verordnungen in einem Papyrus des Philologischen Seminars der Universität Halle (Pap. Hal. 1). Hrsg. Graeca Halensis, Berlin 1913
Dittenberger, Wilhelm	Sylloge Inscriptionum Graecarum. A Guilelmo Dittenbergero condita et aucta nunc tertium edita (Hiller v. Gaertringen et alii), Lipsiae 1915–1923
Dow, Sterling	The Greater Demarkhia of Erkhia, BCH 89 (1965), 180–213
Driver, Samuel Rolles	A Critical and Exegetical Commentary on Deuteronomy by the Rev. S.R. Driver (The International Critical Commentary on the Holy Scriptures of the Old and New Testament under the editorship of the Rev. Samuel Rolles Driver, the Rev. Alfred Plummer and the Rev. Charles Augustus Briggs), 3rd ed. (1902), 5th impression, Edinburgh 1960
Düll, Rudolf	Das Zwölftafelgesetz. Übersetzungen und Erläuterungen von R. Düll, 3. Aufl., München 1959
Duncan, John Morison	Ioannis Morisonii Duncanii Novum Lexicon Graecum ex Christiani Tobiae Dammii Lexico Homerico-Pindarico vocibus secundum ordinem literarum dispositis retractum, emendavit et auxit Valent. Christ. Frider. Rost, Lipsiae 1831
Eden, W.A.	The Plan of Mesta, Chios, ABSA XLV (1950), 16–20

van Effenterre, Henri — La Crète et le monde grec. De Platon à Polybe (Bibliothèque des Écoles françaises d'Athènes et de Rome, 163), Paris 1948

Eisele, Fridolin — Beiträge zur Erkenntnis der Digesteninterpolationen, SavZ 11 (1890), 1–30

Eitrem, Samson — Beiträge zur griechischen Religionsgeschichte III (Skrifter utgit av Videnskapsselskapet i Kristiania, II. Historisk-Filosofisk Klasse 1919, No. 2), Kristiania 1920

England, Edwin Bourdieu — The Laws of Plato. The Text edited with Introduction, Notes etc. by E.B. England, Manchester 1921

Esser, Josef — Grundsatz und Norm in der richterlichen Fortbildung des Privatrechts. Rechtsvergleichende Beiträge zur Rechtsquellen- und Interpretationslehre (Untersuchungen zur vergleichenden allgemeinen Rechtslehre und zur Methodik der Rechtsvergleichung, 1), 2. Aufl., Tübingen 1964

– Schuldrecht, Bd. I: Allgemeiner Teil, 4. Aufl., Karlsruhe 1970

Eyth, Eduard — Platos Über die Gesetze. Deutsch von E. Eyth (Platos ausgewählte Werke, 11–13), Buch 1–4 [= Bd. 11], 2. Aufl., Buch 5–8 [= Bd. 12], 3. Aufl., Buch 9–12 [= Bd. 13], 4. Aufl., Berlin o.J.

Falk, Ze'ev W. — Hebrew Law in Biblical Times, Jerusalem 1964

Feyel, Michel — Contribution à l'épigraphie béotienne (Publications de la Faculté des Lettres de l'Université de Strasbourg, 95), Paris 1943

Ficinus, Marsilius — Divini Platonis opera omnia quae extant Marsilio Ficino interprete. Graecus contextus collatus est, Latina interpretatio mendis expurgata, Francofurti 1602

Flashar, Hellmut — Aristoteles. Problemata Physica. Übersetzt von Hellmut Flashar (Aristoteles. Werke in deutscher Übersetzung, 19), Berlin 1962

Fliniaux, A. — Une vieille action du droit romain. L'„actio de pastu", in: Mélanges de droit romain dédiés à Georges Cornil, Gand-Paris 1926, t. I, pp. 245–294

Forrest, W.G. — The tribal organization of Chios, ABSA LV (1960), 172–189

Foucart, Paul — Inscription d'Eleusis du Vme siècle, BCH 4 (1880), 215–256

– Décrets des amphictions de Delphes, BCH 7 (1883), 409–439

Friedrich, Johannes — Die hethitischen Bruchstücke des Gilgameš-Epos, ZA N.F. 5 [= Bd. 39] (1930), 1–82

– Die hethitischen Gesetze. Transskription, Übersetzung, sprachliche Erläuterungen und vollständiges Wörterverzeichnis (Documenta et monumenta Orientis antiqui, 7), Leiden 1959

Friedrich, Johannes-Zimmern, Heinrich — Hethitische Gesetze aus dem Staatsarchiv von Boghazköi (um 1300 v.Chr.). Übersetzt von Johannes Friedrich und Heinrich Zimmern (Der alte Orient, XXIII, 2), Leipzig 1922

Fröhner, Wilhelm — Les Inscriptions grecques interprétées par W. Froehner, éd. Ministère de la Maison de l'Empereur. Musée impérial du Louvre, Département des antiquités et la sculpture moderne, Paris 1865

Gagnér, Sten — Studien zur Ideengeschichte der Gesetzgebung (Acta Universitatis Upsaliensis. Studia Iuridica Upsaliensia, 1), Stockholm-Uppsala-Göteborg o.J. [1960]

Gengler, Heinrich G.	Das Deutsche Privatrecht in seinen Grundzügen für Studierende erläutert von Heinr. Gottfr. Gengler, 4. Aufl., Erlangen-Leipzig 1892
Gerkan, Armin v.	Griechische Städteanlagen, Berlin-Leipzig 1924
Gerner, Erich	Zur Unterscheidbarkeit von Zivil- und Straftatbeständen im attischen Recht, Diss., München 1934
–	Historisch-soziologische Entwicklungstendenzen im attischen Recht, SavZ 67 (1950), 1–46
Gernet, Louis	Introduction à l'étude du droit grec ancien, AHDO 2 (1938), 261–292; jetzt auch deutsch unter dem Titel „Einführung in das Studium des alten griechischen Rechts", in: Berneker, Zur griechischen Rechtsgeschichte, 4–38
–	L'institution des arbitres publics à Athènes, REG 52 (1939), 389–414; jetzt auch in: Gernet, Droit et société dans la Grèce ancienne (Publications de l'Institut de Droit Romain de l'Université de Paris, 13), réimpression complétée par des notes bibliographiques nouvelles, Paris 1964, pp. 103–119
–	Le droit de la vente et la notion du contrat en Grèce d'après M. Pringsheim, in: Gernet, Droit et société, 201–224
–	Les Lois et le droit positif, in: Platon. Oevres complètes, t. XI 1 Les Lois, livres I–II, texte établi et traduit par Edouard des Places (Coll. Budé), Paris 1951, Introduction, IIe partie, pp. XCIV–CCVI
Gierke, Otto von	Deutsches Privatrecht (Systemat. Hdb. d. deutschen Rechtswiss., II.3), Leipzig 1895–1917
Gieseke	Bienenrecht, in: Rechtsvergleichendes Handwörterbuch für das Zivil- und Handelsrecht des In- und Auslandes, hrsg. von F. Schlegelberger, Berlin, Bd. II (1929), S. 561–562
Girard, Paul Frédéric	L'histoire des XII tables, NRHD 26 (1902), 381–436
Gleue, Hermann	De homicidarum in areopago atheniensi iudicio, Diss., Gottingae 1894
Glossner, Ottoarndt	Der Gebietsstreit zwischen Itanos und Hierapytna auf Kreta im 2. Jahrhundert a. Chr. n., Diss. (Mschr.), Erlangen 1947
Glotz, Gustave	Incendium (Grèce), in: DS III 1 (1899), 447b–448a
–	La solidarité de la famille dans le droit criminel en Grèce, Paris 1904
Gofas, Dimitri C.	Les carpologues de Thasos, BCH 93 (1969), 337–370
Gomme, A.W.	Plato on Slavery. (Rez.) Glenn R. Morrow, Plato's Law of Slavery in its Relation to Greek Law (Illinois Studies in Language and Literature, XXV, No. 3), Urbana 1939, CR LIV (1940), 204–205
–	A Historical Commentary on Thucydides, Oxford 1945/1956
Goppel, Konrad	Untersuchungen zu Klagzielen attischer Klagen. Kannte das attische Recht Mischklagen? , Diss., München 1970
Greene	s. Scholia Platonica
Grosso, Giuseppe	Sulla servitù di aquae haustus, BIDR 40 (1932), 401–436

– L'evoluzione storica delle servitù nel diritto romano e il problema della tipicità, SDHI 3 (1937), 265–304

– Problemi di origine e costruzione giuridica, in: Studi in onore di Vincenzo Arangio-Ruiz nel XLV anno del suo insegnamento, Napoli s.a. [1955], vol. I, pp. 33–46

Guarducci, Margherita Iscrizioni arcaiche inedite di Gortina, RIA III (1931), 7–26

– Inscriptiones Creticae (opera et consilio Friderici Halbherr collectae), curavit Margarita Guarducci, Roma 1935–1950

Guiraud, Paul La propriété foncière en Grèce jusqu'à la conquête romaine, Paris 1893

Haliste, Pärtel Zur ΕΠΕΡΓΑΣΙΑ, in: Apophoreta Tartuensia. Acta Universitati Tartuensi (Dorpatensi) ad diem restitutionis Kal. Dec. MCMXIX nunc tricesimum celebrandum a professoribus discipulisque eorum in exilio dedicata, Holmiae 1949, pp. 21–29

– Zwei Fragen zum Katasterwesen in Platons „Gesetzen", Eranos XLVIII (1950), 93–106

– Das Servitut der Wasserleitung in Platons „Gesetzen", Eranos XLVIII (1950), 142–149

Hardt Luxemburger Weisthümer, als Nachlese zu Jacob Grimm's Weisthümern, gesammelt und eingeleitet von Hardt, Luxemburg 1870

Harrison, A.R.W. The Law of Athens, Oxford 1968/1971

Hasebroek, Johannes Staat und Handel im alten Griechenland. Untersuchungen zur antiken Wirtschaftsgeschichte, Tübingen 1928

Haussoulier, Bernard Inscriptions de Chio (1), BCH 3 (1879), 230–255

– Traité entre Delphes et Pellana. Étude de droit grec (Bibliothèque de l'École des hautes Études. Section des Sciences historiques et philosophiques, 222), Paris 1917

Heerdegen, Bernhard Die res extra commercium im Griechischen und Altorientalischen Recht, Diss. (Mschr.), Erlangen 1949

Heffter, August Wilhelm Die Athenäische Gerichtsverfassung, Cöln 1822

Hegi, Gustav Illustrierte Flora von Mittel-Europa. Mit besonderer Berücksichtigung von Deutschland, Oesterreich und der Schweiz, München o.J. [1906–1931]

Hehn, Victor-Schrader, O. Kulturpflanzen und Hausthiere in ihrem Übergang aus Asien nach Griechenland und Italien sowie in das übrige Europa. Von Victor Hehn, 8. Aufl., hrsg. von O. Schrader, Berlin 1911

Hérauld, Didier Desiderii Heraldi Observationes ad ius atticum et romanum, in quibus Claudii Salmasii miscellae defensiones eiusque specimen expenduntur, Parisiis 1650

– Desiderii Heraldi Observationum et emendationum liber, in: Otto, Thesaurus II, col. 1309–1386

Hermann, Karl Friedrich Disputatio de vestigiis institutorum veterum, imprimis Atticorum per Platonis de Legibus libros indagandis, Marburg 1836

– Disputatio de terminis eorumque religione apud Graecos, Gottingae 1846

–	Platonis legum libri duodecim. Accedit Philippi Opuntii epinomis. Ex recognitione Caroli Friderici Hermanni, Lipsiae 1858
Hermann, Karl Friedrich-Thalheim, Theodor	Lehrbuch der griechischen Rechtsaltertümer (K.F. Hermann's Lehrbuch der griechischen Antiquitäten, Bd. II, 1. Abt.), 4. Aufl., Freiburg-Leipzig 1895
Heusler, Andreas	Institutionen des Deutschen Privatrechts (Systemat. Hdb. d. Dt. Rechtswiss., II.2.), Leipzig 1885/1886
Hildebrand, Bruno	Die soziale Frage der Verteilung des Grundeigentums im klassischen Altertum, Jahrbücher für Nationalökonomie und Statistik 12 (1869), 1–25. 139–155
Hiller von Gaertringen, Friedrich	Thasos 1), in: RE V A 2 (1934), 1310–1327
Hitzig, H.F.	Zum griechisch-attischen Rechte. (Rez.) L. Beauchet, Histoire du droit privé de la république athénienne, SavZ 18 (1897), 146–196
–	Die Astynomeninschrift von Pergamon, SavZ 26 (1905), 432–449
Hitzig, Hermann-Blümner, Hugo	Des Pausanias Beschreibung von Griechenland. Mit kritischem Apparat herausgegeben von Hermann Hitzig, mit erklärenden Anmerkungen versehen von Hermann Hitzig und Hugo Blümner, Leipzig 1896–1907
Hofmann, Georg	Ueber die bei griechischen und römischen Schriftstellern erwähnten Auf- und Untergänge der Sterne, in: Programm des k.k. Gymnasiums in Triest, XXIX. Jg., Triest 1879, S. 3–43
Hogarth, David George	Devia Cypria. Notes of an archeological journey in Cyprus in 1888, Oxford 1889
Homolle, Théophile	Le calendrier délien, BCH 5 (1881), 25–30
–	Observations épigraphiques, BCH 15 (1891), 625–629
Horst, Friedrich	Der Diebstahl im Alten Testament, in: Studien zur Geschichte und Kultur des Nahen und Fernen Ostens. Paul Kahle zum 60. Geburtstag überreicht, Leiden 1935, S. 19–28; jetzt auch in: Horst, Gottes Recht. Gesammelte Studien zum Recht im Alten Testament. Aus Anlaß der Vollendung seines 65. Lebensjahres herausgegeben von Hans Walter Wolff (Theologische Bücherei. Neudrucke und Berichte aus dem 20. Jahrhundert, 12), München 1961, S. 167–175
Hrozný, Frédéric [Bedřich]	Code Hittite provenant de l'Asie Mineure (vers 1350 av. J.-C.) (Hethitica. Collection des travaux relatifs à la philologie, l'histoire et l'archéologie hittites, 1), Paris 1922
Huber, Eugen	System und Geschichte des Schweizerischen Privatrechts, Basel 1886–1893
–	Schweizerisches Zivilgesetzbuch. Erläuterungen zum Vorentwurf des Eidgenössischen Justiz- und Polizeidepartements, 2. Aufl., Bern 1914
Hübner, Rudolf	Grundzüge des deutschen Privatrechts, 5. Aufl., Leipzig 1930
Humbert, G.	Incendium (Rome), in: DS III 1 (1899), 448a–449b

Jardé, A.	Vindemia, in: DS V 1 (1912), 989b–899b
Jessen	Horios, in: RE VIII 2 (1913), 2408
Judeich, Walter	Topographie von Athen (Handbuch der Altertumswissenschaft, III. 2. 2), 2. Aufl., München 1931
Just, Manfred	Die Ephesis in der Geschichte des attischen Prozesses. Ein Versuch zur Deutung der Rechtsnatur der Ephesis, Diss., Würzburg 1965
Kahrstedt, Ulrich	Untersuchungen zur Magistratur in Athen. Studien zum öffentlichen Recht Athens, Teil II (Geisteswissenschaftliche Forschungen, 10), Stuttgart 1936
–	Das wirtschaftliche Gesicht Griechenlands in der Kaiserzeit. Kleinstadt, Villa, Domäne (Dissertationes Bernenses, ser. I, fasc. 7), Bernae 1954
Каратаев, Николай Константинович – Степанов, Иван Георгиевич	История экономических учений Западной Европы и России (до возникновения марксизма). Курс лекций, Москва 1959
Karayannopulos, J.	Entstehung und Bedeutung des Nomos Georgikos, ByzZ 51 (1958), 357–373
Kaser, Max	Geteiltes Eigentum im älteren römischen Recht, in: Festschrift Paul Koschaker zum sechzigsten Geburtstag, Weimar 1939, Bd. I, S. 445–478
–	Der altgriechische Eigentumsschutz, SavZ 64 (1944), 134–205
–	Die natürlichen Eigentumserwerbsarten im altrömischen Recht, SavZ 65 (1947), 219–260
–	Das altrömische ius. Studien zur Rechtsvorstellung und Rechtsgeschichte der Römer, Göttingen 1949
–	Ehe und „conventio in manum“, Iura 1 (1950), 64–101
–	Eigentum und Besitz im älteren römischen Recht (Forschungen zum römischen Recht, 1), 2. Aufl., Köln-Graz 1956
–	Das römische Privatrecht (Handbuch der Altertumswissenschaft, X. 3. 3), Bd. I, 2. Aufl., München 1971
Kautzsch, E.-Bertholet, A.	Die Heilige Schrift des Alten Testaments. Übersetzt von E. Kautzsch, 4. Aufl., hrsg. von A. Bertholet, Bd. I: 1 Mose bis Ezechiel, Tübingen 1922
Кечекьян, Степан Федорович	Государство и право древней Греции, Москва 1963
Keil, Bruno	Ueber zwei elische Inschriften, NGG 1899, 136–164
Kern, Otto	Demeter, in: RE IV 2 (1901), 2713–2764
Kinch, Karl Frederick	Vroulia (Fondation Carlsberg – Copenhague. Fouilles de Vroulia (Rhodes)), Berlin 1914
Klaffenbach, Günther	Neue Inschriften aus Ätolien, SPAW 3 (1936), S. 358–388
–	Die Astynomeninschrift von Pergamon (ADAW Jg. 1953, Nr. 6), Berlin 1954

– Zur Siedlungsinschrift von Korkyra Melaina, in: Изследвания в чест на академик Димитър Дечев по случай 80-годишината му (Studia in honorem Acad. D. Dečev) София 1958, pp. 219-220

– ΟΡΟΙ ΕΝΝΑΙΑΣ, Ath. Mitt. 76 (1961), 121–126

Klek, Josef – Bienenzucht (Nachtrag), in: RE Suppl. IV (1924), 211–213

Knoch, Winfried – Die Strafbestimmungen in Platons Nomoi (Klass.-phil. Studien, 23), Wiesbaden 1960

Koerner, Reinhard – Zu Recht und Verwaltung der griechischen Wasserversorgung nach den Inschriften, ArchPap XXII/XXIII (1974), 155–202

Kohler, Josef-Ziebarth, Erich – Das Stadtrecht von Gortyn und seine Beziehungen zum gemeingriechischen Rechte, Göttingen 1912

Kolbe, W. – Die Astynomeninschrift, in: Prott-Kolbe, Die 1900–1901 in Pergamon gefundenen Inschriften, Nr. 71, Ath. Mitt. 27 (1902), 44–151 [47–77]

Koschaker, Paul – (Rez.) Dikaiomata. Auszüge aus alexandrinischen Gesetzen und Verordnungen in einem Papyrus des philologischen Seminars der Universität Halle (Pap. Hal. 1), Berlin 1913. BPhW 34. Jg. (1914), S. 548–555

– (Rez.) Emilio Bussi, La formazione dei dogmi di diritto privato nel diritto commune (diritti reali e diritti di obbligazione), Studi di diritto privato Italiano e straniero diretti da Mario Rotondi, XXVII, Padova 1937, SavZ 58 (1938), 252–266

Kränzlein, Arnold – (Rez.) Hans Julius Wolff, Beiträge zur Rechtsgeschichte Altgriechenlands und des hellenistisch-römischen Ägypten (Forschungen zum römischen Recht, 13), Weimar 1961, SavZ 79 (1962), 349–361

– Eigentum und Besitz im griechischen Recht des 5. und 4. Jh. v.Chr. (Berliner juristische Abhandlungen, VIII), Berlin 1963

Κουμανούδης, Στέφανος – Συναγωγὴ λέξεων ἀθησαυρίστων ἐν τοῖς ἑλληνικοῖς λεξικοῖς, Ἀθῆναι 1883

Kunkel, Wolfgang – (Rez.) Richard Maschke, Die Willenslehre im griechischen Recht. Zugleich ein Beitrag zur Frage der Interpolationen in den griechischen Rechtsquellen, Berlin 1926, SavZ 48 (1928), 709–722

Kupiszewski, Henryk – Le droit hellénistique dans le Νόμος Γεωργικός, JJP XVI/XVII (1971), 85–98

Lampe, Geoffrey William Hugo – A Patristic Greek Lexicon, Oxford 1961 [– 1968]

Latte, Kurt – Heiliges Recht. Untersuchungen zur Geschichte der sakralen Rechtsformen in Griechenland, Tübingen 1920

– Beiträge zum griechischen Strafrecht, Hermes 66 (1931), 30–48 und 129–158
jetzt auch in: Latte, Kleine Schriften zu Religion, Recht, Literatur und Sprache der Griechen und Römer, München o.J. [1968], S. 252–293
und in: Berneker, Zur griechischen Rechtsgeschichte, Darmstadt 1968, S. 263–314

–	Mord, in: RE XVI (1933), 278–289
Lattermann, Heinrich	'Επεργάζεσθαι und Verwandtes, Ath, Mitt. 34 (1909), 363–368
Lauffer, Siegfried	Die platonische Agrarwirtschaft, Vierteljahresschrift für Sozial- und Wirtschaftsgeschichte XXIX (1936), 233–269
Laum, Bernhard	Stiftungen in der griechischen und römischen Antike. Ein Beitrag zur antiken Kulturgeschichte, Berlin 1914
Le-Bas, Philippe-Waddington, W.H.	Voyage archéologique en Grèce et en Asie Mineure. Fait ... pendant les années 1843 et 1844 et publ. ... par Philippe Le Bas et W.H. Waddington avec la coopération d'Eugène Landron, Paris 1847–1873
Lécrivain, Charles	Ephesis, in: DS II 1 (1892), 639b–644a
–	Veneficium, Venenum, in: DS V 1 (1912), 713a–715b
Leisi, Ernst	Der Zeuge im Attischen Recht, Diss. Zürich, Frauenfeld 1907
Lenel, Otto	Das Edictum perpetuum. Ein Versuch zu dessen Wiederherstellung, 3. Aufl., Leipzig 1927
Levy, Ernst	Die Konkurrenz der Aktionen und Personen im klassischen römischen Recht, Berlin, Bd. I (1918), Bd. II 1 (1922)
Liddell, Henry George-Scott, Robert-Jones, Henry Stuart	A Greek-English Lexicon. Compiled by Henry George Liddell and Robert Scott. A New Edition. Revised and Augmented throughout by Sir Henry Stuart Jones with the Assistance of Roderick McKenzie, Oxford 1940, repr. 1968
Lipsius, Justus Hermann	Beiträge zur Geschichte griechischer Bundesverfassungen, Berichte über die Verhandlungen der Kgl. Sächs. Gesellschaft der Wissenschaften, Philol.-hist. Classe 50 (1898), 145–176
–	Das Attische Recht und Rechtsverfahren. Unter Benutzung des Attischen Prozesses von M.H.E. Meier und G.F. Schömann, Leipzig 1905–1915
Maarsingh, Berend	Onderzoek naar de ethiek van de wetten in Deuteronomium. Inquiry into the Ethics of the Laws in Dt. With a summary in English, Diss. theol. Utrecht, Winterswijk 1961
MacDowell, Douglas M.	Aristophanes. Wasps. Edited with introd. and comm. by Douglas M. MacDowell Oxford 1971
Mantzoufas, Georges	La loi thasienne γλεῦκος μηδὲ οἶνον sur le commerce du vin, Athènes 1967
Marx, Karl	Zur Kritik der Politischen Ökonomie, in: MEW 13, 3–160
Maschke, Richard	Die Willenslehre im griechischen Recht. Zugleich ein Beitrag zur Frage der Interpolationen in den griechischen Rechtsquellen, Berlin 1926
Maykowska, Maria	Platon. Prawa. Przełożyła i opracowała Maria Maykowska. Hrsg. Polska Akademia Nauk, Komitet Redakcyjny Biblioteki Klasyków Filozofii, s.l. [Warzawa] 1960
McKinlay, Arthur Patch	Wine and the law in ancient times, in: Studies presented to David Moore Robinson on his seventieth birthday, ed. by G.E. Mylonas and D. Raymond, Saint-Louis (Mo.) 1953, vol. II, pp. 858–867
Meier-Schömann-Lipsius	Der Attische Prozeß, Berlin 1883–1887

Menge-Güthling	Enzyklopädisches Wörterbuch der griechischen und deutschen Sprache, I. Teil: Griechisch-Deutsch. Unter Berücksichtigung der Etymologie von Hermann Menge, 13. Aufl., Berlin 1955
Meyer, Eduard	Forschungen zur alten Geschichte, Halle 1892/1899
Michaud, Jean-Pierre	Chronique de fouilles et découverts archéologiques en Grèce en 1968 et 1969, BCH 94 (1970), 883–1164
Michel, Charles	Recueil d'inscriptions grecques, Bruxelles 1900
Мишулин, А. В.	Утопический план аграрной Магнезии (По «Законам» Платона), Вестник древней истории, 3 (1938), 92–116
Mitford, T.B.	Further Contributions to the Epigraphy of Cyprus, AJA 65 (1961), 93–151
Mitteis, Ludwig	Reichsrecht und Volksrecht in den östlichen Provinzen des römischen Kaiserreichs, Leipzig 1891
Mommsen, Theodor	Römisches Strafrecht (Systemat. Hdb. d. Rechtswiss., I.4.), Leipzig 1899
Мордухович, Лев Матвеевич	Очерки истории экономических учений (От античных мыслителей до родоначальников буржуазной классической политической экономии), Москва 1957
Morel, W.	Gifte, in: RE Suppl. V (1931), 223–228
Morrow, Glenn Raymond	Plato's Law of Slavery in its Relation to Greek Law (Illinois Studies in Language and Literature, XXV, Nr. 3), Urbana (Ill.) 1939
–	Plato's Cretan City. A historical interpretation of the Laws, Princeton (N.J.) 1960
Müller, Hieronymus	Platon. Sämtliche Werke, Bd. 6: Nomoi. Nach der Übersetzung von Hieronymus Müller mit der Stephanus-Numerierung herausgegeben von Walter F. Otto, Ernesto Grassi, Gert Plamböck (Rowohlts Klassiker der Literatur und Wissenschaft, 54), Hamburg o.J. [1959]
Mummenthey, Hinrich	Zur Geschichte des Begriffs Βλάβη im attischen Recht, Diss., Freiburg 1971
Niederländer, Hubert	Die Entwicklung des furtum und seine etymologischen Ableitungen, SavZ 67 (1950), 185–260
Nilsson, Martin P.	Geschichte der griechischen Religion, Bd. I: Die Religion Griechenlands bis auf die griechische Weltherrschaft (Handbuch der Altertumswissenschaft, V. 2. 1), 2. Aufl., München 1955
Novotný, Frantisek	Platón. Zákony. Z řeckého originalu NOMOI přeložil a poznámkami opatřil F. Novotný. Úvodní studii napsala J. Popelová, Praha 1961
Olck, F.	Biene, in: RE III 1 (1897), 431–450
–	Bienenzucht, in: RE III 1 (1897), 450–457
–	Butter, in: RE III 1 (1897), 1089–1092
–	Ernte, in: RE VI 1 (1907), 472–482
–	Feige, in: RE VI 2 (1909), 2100–2151
Oprişan, Mircea	Gîndirea economică din Grecia antică. Xenofon – Platon – Aristotel, Bucureşti 1964

Ott, Alfred E. — Bemerkungen zu der Landaufteilung in Platons Gesetzen, Jahrbücher für Nationalökonomie und Statistik 168 (1956), 416–425

Otto, Eberhard — Thesaurus juris romani, continens rariora meliorum interpretum opuscula, in quibus Jus Romanum emendatur, explicatur, illustratur etc. cum praefatione Everardi Ottonis, Basileae 1741–1744

Pabon, Jose Manuel – Fernandez-Galiano, Manuel — Platon. Las leyes. Edicion bilingüe, traduccion, notas y estudio preliminar por Jose Manuel Pabon y Manuel Fernandez-Galiano, Madrid 1960

Paley, F.A.-Sandys, J.E. — Select Private Orations of Demosthenes with introduction and English commentary by F.A. Paley, with supplementary notes by J.E. Sandys, 3rd rev. ed., Cambridge 1898/1896

Pantazopoulos, N.J. — Ein Beitrag zur Entwicklung der Diaitesie im altgriechischen Recht mit besonderer Berücksichtigung des attischen Rechts, in: Festschrift Paul Koschaker zum sechzigsten Geburtstag, Weimar 1939, Bd. III, S. 199–223

Paoli, Ugo Enrico — Studi sul processo attico (Studi di diritto processuale diretti da Piero Calamandrei, 2), Padova 1933

– — La loi de Solon sur les distances, RHD, 4. sér., 27 (1949), 505–517

– — La ΕΦΕΣΙΣ ΕΙΣ ΤΟ ΔΙΚΑΣΤΗΡΙΟΝ en droit attique, RIDA, 1. sér., 5 (1950) (= Mélanges Fernand de Visscher, IV), p. 325–337

– — Die Wissenschaft vom attischen Recht und ihre Möglichkeiten, in: Berneker, Zur griechischen Rechtsgeschichte, 39–57 (= dt. Übers. der Abhandlung „La scienza del diritto attico e le sue possibilità", in: Paoli, Studi sul processo attico, 1–19)

Pape, Wilhelm — Griechisch-deutsches Handwörterbuch, Nachdruck der 3. Aufl., bearb. von M. Sengebusch, Graz 1954

Partsch, Josef — Griechisches Bürgschaftsrecht, I. Teil: Das Recht des altgriechischen Gemeindestaats, Leipzig-Berlin 1909

– — Die alexandrinischen Dikaiomata, ArchPap VI (1920), 34–76

Passow, Franz — Handwörterbuch der griechischen Sprache. Begründet von Franz Passow, neubearbeitet und zeitgemäß umgestaltet von Val. Chr. Fr. Rost, Friedr. Palm [u.a.], 5. Aufl., Leipzig 1847–1857

Pease, A.S. — Ölbaum, in: RE XVII 2 (1937), 1998–2022

– — Oleum, in: RE XVII 2 (1937), 2454–2474

Perozzi, Silvio — Le obbligazioni romane, Bologna 1903

Phavorinus, Varinus — *Λέξικον Βαρίνου Φαβωρίνου Καμῆρτος τοῦ τῆς Νουκαιρίας ἐπισκόπου τὸ μέγα καὶ πάνυ ὠφέλιμον, ἐκ πολλῶν καὶ διαφόρων βιβλίων, ἁπάσης τῆς ἑλληνικῆς φωνῆς ὑπόμνημα.* Dictionarium Varini Phavorini Camertis, Nucerini episcopi, magnum illud ac perutile multis variisque ex autoribus collectum, totius linguae Graecae commentarius, Basileae 1538

Pomtow, H. — Delphische Neufunde, II. Neue Delphische Inschriften, Klio XV (1918), 1–77

Pringsheim, Fritz — Beryt und Bologna, in: Festschrift für Otto Lenel zum fünfzigjährigen Doctorjubiläum am 16. Dezember 1921, Leipzig 1921, S. 204–285; jetzt auch in: Pringsheim, Gesammelte Abhandlungen, Heidelberg 1961, Bd. I, S. 391–449

– (Rez.) Paul M. Meyer, Juristische Papyri. Erklärung von Urkunden zur Einführung in die juristische Papyruskunde, Berlin 1920, Vierteljahresschrift für Sozial- und Wirtschaftsgeschichte XVII (1923), 109–111

– Die Rechtsstellung der Πέρσαι τῆς ἐπιγονῆς, SavZ 44 (1924), 396–526

– The Greek Law of Sale, Weimar 1950

Rabel, Ernst — Δίκη ἐξούλης und Verwandtes, SavZ 36 (1915), 340–390

– (Rez.) Fernand de Visscher, Études de droit romain, Paris 1931, SavZ 52 (1932), 466–481

Rad, Gerhard von — Das fünfte Buch Mose. Deuteronomium (Das Alte Testament Deutsch. Neues Göttinger Bibelwerk, Teilbd. 8), Göttingen 1968

Reinach, Théodore — Une crise monétaire au IIIe siècle de l'ère chrétienne (Inscription de Mylasa), BCH 20 (1896), 523–548

– Un Code fiscal de l'Égypte gréco-romaine: Le Gnomon de l'Idiologue, NRHD 43 (1919), 583–636 und 44 (1920), 5–134

Richardson, Rufus B. — Papers of the American School of Classical Studies at Athens. A Sacrificial Calendar from the Epakria, AJA 10 (1895), 209–226

Ritter, Constantin — Platos Gesetze, Bd. 1: Darstellung des Inhalts, Bd. 2: Kommentar, Leipzig 1896

Rosenkranz-Uedem, Bernhard — Zur Chronologie der hethitischen Gesetze, ZA N.F. 10 [= Bd. 44] (1935), 210–214

Rostovtzeff, Michail — Gesellschafts- und Wirtschaftsgeschichte der hellenistischen Welt, Darmstadt 1955/1956

Roussel, Pierre — Les cultes égyptiens à Délos du IIIe au Ier siècle av. J.-C. (Annales de l'Est, 29/30 [= 3. sér. 6/7]), Paris-Nancy 1916

– Délos, colonie athénienne (Bibliothèque des Écoles françaises d'Athènes et de Rome, sér. 1, t. 111), Paris 1916

– Un nouveau document concernant le génos des ΚΗΡΥΚΕΣ, in: Mélanges Bidez (Annuaire de l'Institut de Philologie et d'Histoire orientales, t. II), Bruxelles 1934, pp. 819–834

Rudorff, Adolf — Ueber die sogenannte lex Mamilia de coloniis, Zeitschrift für geschichtliche Rechtswissenschaft 9 (1838), 379–420

– Gromatische Institutionen, in: Blume-Lachmann-Rudorff, Die Schriften der römischen Feldmesser, II: Erläuterungen und Indices, Hildesheim 1967 (Nachdr. der ed. Berlin 1852), S. 227–464

Ruschenbusch, Eberhard — ΦΟΝΟΣ. Zum Recht Drakons und seiner Bedeutung für das Werden des athenischen Staates, Historia 9 (1960), 129–154

– ῞ΥΒΡΕΩΣ ΓΡΑΦΗ, SavZ 82 (1965), 302–309

– ΣΟΛΩΝΟΣ ΝΟΜΟΙ. Die Fragmente des solonischen Gesetzeswerkes mit einer Text- und Überlieferungsgeschichte

(Historia. Einzelschriften, 9), Wiesbaden 1966

– Untersuchungen zur Geschichte des athenischen Strafrechts (Graezistische Abhandlungen, 4), Köln-Graz 1968

Saglio, Edm. Aquaeductus, I. Chez les Grecs, in: DS I (1877), 336b–338b

Samter, Ernst Die Entwicklung des Terminuskultes, ARW 16 (1913), 137–144

Sargenti, Manlio L'actio aquae pluviae arcendae. Contributo alla dottrina della responsabilità per danno nel diritto romano (Pubbl. dell'Ist. di Dir. rom. dei diritti dell'oriente mediterraneo e di storia del diritto dell'Università di Roma, XVII), Milano 1940

Schmidt, Eberhard Einführung in die Geschichte der deutschen Strafrechtspflege, Göttingen 1947

Schöll, Rudolf-Studemund, Wilhelm Anecdota varia graeca et latina. Ediderunt Rud. Schoell et Guil. Studemund, Berolini 1866

Schönbauer, Ernst Die actio aquae pluviae arcendae. Ein Beitrag zur Geschichte des römischen Agrarrechtes, SavZ 54 (1934), 233–257

Scholia Platonica Scholia Platonica. Contulerunt atque investigaverunt Fredericus de Forest Allen, Ioannes Burnet, Carolus Pomeroy Parker. Omnia recognita praefatione indicibusque instructa edidit Guilelmus Chase Greene (Philological Monographs, published by the American Philological Association, VIII), Haverford (Penns.) 1938

Schubart, Wilhelm Der Gnomon des Idios Logos, I. Teil: Der Text [= BGU V 1], Berlin 1919

Schulte, Josef Quomodo Plato in Legibus publica Atheniensium instituta respexerit, Diss., Münster 1907

Schur, Israel Jüdische Erntebräuche im Altertum (Societas Scientiarum Fennica. Commentationes humanarum litterarum, VI. 1), Helsingfors 1935

Schuster, Mauriz Vindemia, in: RE IX A 1 (1961), 17–24

Schweighaeuser, Joh. Herodoti Musae sive Historiarum libri IX ad veterum codicum fidem denuo recensuit lectionis varietate continua interpretatione latina adnotationibus Wesselingii et Valckenarii aliorumque et suis illustravit Iohannes Schweighaeuser, Argentorati-Parisiis 1816

Schwyzer, Eduard Dialectorum Graecarum exempla epigraphica potiora („Delectus inscriptionum propter dialectum memorabilium" quem primum atque iterum ediderat Paulus Cauer editio tertia renovata). Edidit Eduardus Schwyzer, Lipsiae 1923

Scialoia, Vittorio L'orazione di Demostene contro Callicle. Tradotta ed illustrata in rapporto alla teorica delle servitù prediali nel diritto greco, Atti della R. Accademia delle Scienze di Torino XXV (1889–1890), 792–813

Segré, Angelo Il mutuo e il tasso d'interesse nell'Egitto greco-romano, Atene e Roma, N.S. 5 (1924), 119–138

Segre, Mario Due leggi sacre dell' Asclepio ai Coo, RIA VI (1938), 191–198

Siegfried, Ernst De multa quae ἐπιβολὴ dicitur, Diss., Berolini s.a. [1876]

Skydsgaard, Jens Erik — Bienen, in: Lexikon der Alten Welt, Zürich-Stuttgart o.J. [1965], Sp. 464–465

Sokolowski, Franciszek — Lois sacrées des cités grecques. Supplément (École française d'Athènes. Travaux et mémoires des anciens membres étrangers de l'école et de divers savants, XI), Paris 1962

– — Lois sacrées des cités grecques (École française d'Athènes. Travaux et mémoires des anciens membres étrangers de l'école et de divers savants, XVIII), Paris 1969

Sontheimer, Walther — Thargelion, in: RE V A 2 (1934), 1304–1305

Stallbaum, Gottfried — Plato. Opera omnia. Recensuit, prolegomenis et commentariis illustravit Godofredus Stallbaum, vol. X, sect. 1–3 Leges et Epinomis, Gothae et Erfordiae 1859/1860

Starkie, W.J.M. — The Wasps of Aristophanes. With introduction, metrical analysis, critical notes, and commentary by W.J.M. Starkie, Amsterdam 1968

Steinwenter, Artur — Die Streitbeendigung durch Urteil, Schiedsspruch und Vergleich nach griechischem Rechte (Münchener Beiträge zur Papyrusforschung und antiken Rechtsgeschichte, 8), München 1925

Stephanus-Hase-Dindorf — s. Thesaurus Graecae Linguae

Steuernagel, Carl — Übersetzung und Erklärung der Bücher Deuteronomium und Josua und Allgemeine Einleitung in den Hexateuch (Handkommentar zum Alten Testament. In Verbindung mit anderen Fachgelehrten herausgegeben von W. Nowack, I. Abteilung, Die historischen Bücher, 3. Bd.), Göttingen 1900

Strack, Hermann L.-Billerbeck, Paul — Kommentar zum Neuen Testament aus Talmud und Midrasch, München, Bd. I: Das Evangelium nach Matthäus, erläutert aus Talmud und Midrasch von H.L. Strack und P. Billerbeck, 2. Aufl., 1956, Bd. III: Die Briefe des Neuen Testaments und die Offenbarung Johannis erläutert aus Talmud und Midrasch von P. Billerbeck, 2. Aufl., 1954

Taubenschlag, Rafael [Rafał] — Prawo rzymskie w epoce Dioklecjańskiej (Das römische Recht zur Zeit Diokletians), Bulletin international de l'Académie Polonaise des Sciences et des Lettres. Classe de philologie, classe d'histoire et de la philosophie, années 1919, 1920 (1922–1924), pp. 141–281; jetzt auch in: Taubenschlag, Opera Minora, Warszawa 1959, I, 3–177 unter dem Titel „Das römische Privatrecht zur Zeit Diokletians"

– — Der Schutz der Rechtsverhältnisse an Liegenschaften im gräkoägyptischen Recht, SavZ 55 (1935), 278–288;
jetzt auch in: Taubenschlag, Opera Minora II, 381–396

– — The Law of Greco-Roman Egypt in the Light of the Papyri 332 B.C. – 640 A.D., 2nd rev. ed., Warszawa 1955

– — Opera Minora, Warszawa 1959

Taylor, Alfred Edward — The Laws of Plato. Translated into English by A.E. Taylor, London 1934

Thalheim, Theodor — Zu den griechischen Rechtsaltertümern I, Königliches Gymna-

	sium zu Schneidemühl. Ostern 1892, Abhandlung aus dem XXIII. Jahresbericht, Schneidemühl 1892
–	Βλάβης δίκη, in: RE III 1 (1897), 552–554
–	Ἐπιβολή 1), in: RE VI 1 (1907), 29–30
–	Ὅροι, in: RE VIII 2 (1913), 2414–2416
Thesaurus Graecae Linguae	Θησαυρὸς τῆς Ἑλληνικῆς γλώσσης, Thesaurus Graecae Linguae ab Henrico Stephano constructus. Post editionem anglicam novis additamentis auctum, ordineque alphabetico digestum tertio ediderunt Carolus Benedictus Hase, Guilelmus Dindorfius et Ludovicus Dindorfius, Parisiis s.a. [1865 ff.]
Thonissen, Jean Joseph	Le droit pénal de la république athénienne, Bruxelles-Paris 1875
Tillyard, H.J.W.	Boundary and Mortgage Stones from Attica, ABSA XI (1904/1905), 63–71
Travlos, John	Bildlexikon zur Topographie des alten Athen, Tübingen o.J. [1971]
Trever, A.A.	A History of Greek Economic Thought, Chicago 1916
Triantaphyllopoulos, Johannes	Ἀρχαῖα Ἑλληνικὰ Δίκαια, I., Ἀθῆναι 1968
Türk, G.	Opora, in: RE XVIII 1 (1939), 697–698
Uxkull-Gyllenbrand, Woldemar Graf	Der Gnomon des Idios Logos, II. Teil: Der Kommentar. Von Woldemar Graf Uxkull-Gyllenbrand [= BGU V 2], Berlin 1934
Vinogradoff, Paul	Outlines of Historical Jurisprudence, Oxford, I: Introduction. Tribal Law, 1920; II: The Jurisprudence of the Greek City, 1922
de Visscher, Fernand	Études de droit romain, Paris 1931
–	Vindicta et noxa, in: Studi in onore di Pietro Bonfante nel XL anno d'insegnamento, Milano 1930, III, 233–248 jetzt auch in: de Visscher, Études de droit romain, 109–134
–	L'action noxale d'injures. Droit hellénique et droit romain, TR 11 (1932), 39–55; jetzt auch in: de Visscher, Études de droit romain, 327–349
Voigt, Moritz	Ueber den Bestand und die historische Entwickelung der Servituten und Servitutenklagen während der römischen Republik, Berichte der philol.-hist. Classe der Königl. sächs. Gesellschaft der Wissenschaften 26 (1874), 159–227
–	Die XII Tafeln, Leipzig 1883
Волгин, В. П.	Очерки по истории социализма, 3-е изд., Москва–Ленинград 1926
Weiss, Egon	Griechisches Privatrecht auf rechtsvergleichender Grundlage, Bd. I: Allgemeine Lehren, Leipzig 1923
–	Der Rechtsschutz der römischen Wasserleitungen, SavZ 45 (1925), 87–116
Wenger, Leopold	Neue Rechtsurkunden, KVGR 51 (1913), 339–374
Wilamowitz-Möllendorff, Ulrich von	Lesefrüchte [Nr. XXIV–XXXVIII], Hermes 34 (1899), 203–228
–	Platon, Bd. I: Leben und Werke, Berlin 1919

Wilhelm, Adolf — Zu den Inschriften des Bundes der Magneten, Hermes 44 (1909), 41–59

– Neue Beiträge zur griechischen Inschriftenkunde, (SAWW, phil.-hist. Klasse., 175 (1916), 1. Abh. (1913)), Wien 1913

Willets, Ronald Frederick — Aristocratic Society in Ancient Crete, London 1955

Wolff, Hans Julius — Beiträge zur Rechtsgeschichte Altgriechenlands und des hellenistisch-römischen Ägypten (Forschungen zum römischen Recht, 13), Weimar 1961

– Opuscula dispersa, Amsterdam 1974

– The δίκη βλάβης in Demosthenes, Or. LV, AJPh 64 (1943), 316–324;
jetzt auch deutsch unter dem Titel „Die Dike Blabes in Demosthenes, Or. LV" in: Wolff, Beiträge, 91–101

– The Origin of Judicial Litigation among the Greeks, Traditio 4 (1946), 31–87;
jetzt auch deutsch unter dem Titel „Der Ursprung des gerichtlichen Rechtsstreits bei den Griechen" in: Wolff, Beiträge, 1–90

– Die Grundlagen des griechischen Eherechts, TR 20 (1952), 1–29 und 157–181;
jetzt auch Teilnachdruck (S. 1–29 und 157–163) in: Berneker, Zur griechischen Rechtsgeschichte, 620–654

– Die Grundlagen des griechischen Vertragsrechts, SavZ 74 (1957), 26–72;
jetzt auch in: Berneker, Zur griechischen Rechtsgeschichte, 483–533

– Gewohnheitsrecht und Gesetzesrecht in der griechischen Rechtsauffassung, in: Deutschen Landesreferate zum VI. Internationalen Kongreß für Rechtsvergleichung in Hamburg 1962, Berlin-Tübingen 1962, S. 3–18;
jetzt auch in: Berneker, Zur griechischen Rechtsgeschichte, 99–120

– Verjährung von Ansprüchen nach attischem Recht, in: Ἐράνιον πρὸς Γ. Σ. Μαριδάκην, Bd. I ἱστορία τοῦ δικαίου, Ἀθῆναι 1963, S. 87–109

– (Rez.) Arnold Kränzlein, Eigentum und Besitz im griechischen Recht des 5. und 4. Jahrhunderts v.Chr. (Berliner Juristische Abhandlungen, VIII), Berlin 1963, SavZ 81 (1964), 333–340

– Recht, I. Griechisches Recht, in: Lexikon der Alten Welt, Zürich-Stuttgart o.J. [1965], Sp. 2516–2530

– Debt and Assumpsit in Comparative Legal History, The Irish Jurist 1 (1966), 316–327;
jetzt auch in: Eolff, Opuscula dispersa, 123–134

– Der Rechtshistoriker und die Privatrechtsdogmatik, in: Festschrift für Fritz von Hippel zum 70. Geburtstag, Tübingen 1967, S. 687–710;
jetzt auch in: Wolff, Opuscula dispersa, 41–64

–	(Rez.) A.R.W. Harrison, The Law of Athens. The Family and Property, Oxford, SavZ 86 (1969), 437–443
–	Die Bedeutung der Epigraphik für die griechische Rechtsgeschichte, in: Akten des VI. Internationalen Kongresses für Griechische und Lateinische Epigraphik München 1972 (Vestigia, 17), München 1973, S. 131–144
–	Juristische Greazistik – Aufgaben, Probleme, Möglichkeiten, in: Symposion 1971. Vorträge zur griechischen und hellenistischen Rechtsgeschichte, Köln 1975, S. 1–22
Wood, John Turtle	Discoveries at Ephesus including the site and remains of the great temple of Diana, London 1877
Zepos, Johannes D.- Zepos, Panagiotis J.	Jus Graecoromanum. Cura J.D. Zepi et P.O. Zepi. Ex editione C.E. Zachariae a Lingenthal, editio altera (Nachdruck der Ausgabe Athen 1931), Aalen 1962
Ziebarth, Erich	Beiträge zur Geschichte des Seeraubs und Seehandels im alten Griechenland (Hamburgische Universität. Abhandlungen aus dem Gebiet der Auslandskunde, 30), Hamburg 1929
Ziller, Ernst	Untersuchungen über die antiken Wasserleitungen Athens, Ath. Mitt. 2 (1877), 107–131
Zimmern, Heinrich	s. Friedrich-Zimmern
Zimmern, Sigmund	Das System der Römischen Noxalklagen, Heidelberg 1818

ABKÜRZUNGEN

Antike Autoren sind nicht aufgeführt. Die Abkürzungen griechischer Quellen folgen mit zwei Ausnahmen (Dem. für Demosthenes und Plut. für Plutarch) dem Lexikon von Liddell-Scott-Jones und dem Greek Patristic Lexicon von Lampe, die lateinischer dem Oxford Latin Dictionary.

ABAW	Abhandlungen der Bayerischen Akademie der Wissenschaften
ABSA	The Annual of the British School at Athens
ADAW	Abhandlungen der Deutschen Akademie der Wissenschaften zu Berlin. Klasse für Sprachen, Literatur und Kunst
AG	Archivio Giuridico dir. da Filippo Serafini
AHDO	Archives d'Histoire de Droit Oriental
AJA	American Journal of Archeology (and of the History of the Fine Arts), 1. serie
AJPh	American Journal of Philology
ArchPap	Archiv für Papyrusforschung und verwandte Gebiete
ARW	Archiv für Religionswissenschaft
Ath. Mitt.	Mitteilungen des deutschen archäologischen Instituts. Athenische Abteilung
BCH	Bulletin de Correspondance Hellénique
BGHZ	Entscheidungen des Bundesgerichtshofes in Zivilsachen
BGU	Ägyptische Urkunden aus den Staatl. Museen zu Berlin. Griechische Urkunden, Berlin 1895–1937
BIDR	Bulletino dell'Istituto di Diritto Romano
BPhW	Berliner Philologische Wochenschrift
ByzZ	Byzantinische Zeitschrift
CAF	T. Kock, Comicorum Atticorum Fragmenta, Lipsiae 1880–1888
CCC	Constitutio Criminalis Carolina
CIG	Corpus Inscriptionum Graecarum. Edidit Augustus Boeckhius, Berolini 1828–1877
CLJ	The Cambridge Law Journal
CPh	Classical Philology
CR	Classical Review
DGE	Dialectorum Graecarum exempla epigraphica potiora (‚Delectus inscriptionum Graecarum propter dialectum

	memorabilium' quem primum atque iterum ediderat Paulus Cauer editio tertia renovata). Edidit Eduardus Schwyzer, Lipsiae 1923
DS	Dictionnaire des Antiquités grecques et romaines. Rédigé par Ch. Daremberg, Edm. Saglio et autres, Paris 1877–1919
FGrH	F. Jacoby, Fragmente der griechischen Historiker, Berlin 1923 ff.
FHG	C. Müller, Fragmenta Historicorum Graecorum, Parisiis 1841–1870
FIRA	Fontes iuris Romani anteiustiniani, 2. Aufl., Florenz, I: Leges, ed. S. Riccobono, 1941, II: Auctores, edd. J. Baviera et J. Furlani, 1940, III: Negotia, ed. V. Arangio-Ruiz, 1943
Foed. Delph. Pell.	B. Haussoulier, Traité entre Delphes et Pellana. Étude de droit grec, Paris 1917
GVG	Gerichtsverfassungsgesetz
Harv.Stud.Cl.Philol.	Harvard Studies in Classical Philology
IC	Inscriptiones Creticae (opera et consilio Friderici Halbherr collectae). Curavit Margarita Guarducci, Roma 1935–1950
IG	Inscriptiones Graecae. Editae consilio et auctoritate Academiae Regiae Borussicae, Berolini 1873 ff.
IG²	Inscriptiones Graecae. Editio minor
IGA	Inscriptiones Graecae Antiquissimae praeter Atticas in Attica repertas. Consilio et auctoritate Academiae Litterarum Regiae Borussicae edidit Hermann Roehl, Berolini 1882
IJG	Dareste-Haussoulier-Reinach, Recueil des inscriptions juridiques grecques, Paris 1891/1898
Inscr. Magn.	Königliche Museen zu Berlin. Die Inschriften von Magnesia. Hrsg. Otto Kern, Berlin 1900
IvO	Die Inschriften von Olympia. Bearbeitet von W. Dittenberger und K. Purgold, Berlin 1896
JGG	Jugendgerichtsgesetz
JHS	Journal of Hellenic Studies
JJP	Journal of Juristic Papyrology
JÖAI	Jahreshefte des Österreichischen Archäologischen Institutes in Wien
KVGR	Kritische Vierteljahresschrift für Gesetzgebung und Rechtswissenschaft

Leg. Sacr.	Leges Graecorum sacrae, e titulis collectae, ediderunt et explanaverunt J. de Prott, L. Ziehen, Lipsiae 1896/1906
LSG	Sokolowski, Lois sacrées des cités grecques, Paris 1969
LSJ	A Greek-English Lexicon. Compiled by H.G. Liddell and R. Scott. A New Edition. Revised and Augmented throughout by Sir H.St. Jones with the Assistance of R. McKenzie, Oxford 1940, repr. 1968
LSS	Sokolowski, Lois sacrées des cités grecques. Supplément, Paris 1962
MEW	Karl Marx-Friedrich Engels, Werke. Hrsg. Institut für Marxismus-Leninismus beim ZK der SED, Berlin 1956 ff.
NGG	Nachrichten der Gesellschaft der Wissenschaften zu Göttingen. Phil.-hist. Klasse
NRHD	Nouvelle Revue Historique de Droit Français et Étranger
OGIS	Orientis Graeci Inscriptiones Selectae. Supplementum Sylloges Inscriptionum Graecarum. Edidit Wilhelmus Dittenberger, Lipsiae 1903–1905
Orat. Att.	J.G. Baiter-H. Sauppe, Oratores Attici, Turici 1839–1850
RA	Revue Archéologique
RE	Paulys Realencyklopädie der classischen Altertumswissenschaft. Neue Bearbeitung, Hrsg. G. Wissowa u.a., Stuttgart 1893 ff.
REG	Revue des Études Grecques
RFIC	Rivista di Filologia e d'Istruzione Classica
RHD	Revue Historique de Droit Français et Étranger
RIA	Rivista del R. Istituto d'archeologia e storia dell'arte
RIDA	Revue Internationale des Droits de l'Antiquité
SavZ	Zeitschrift der Savigny-Stiftung für Rechtsgeschichte. Romanistische Abteilung
SAWW	Sitzungsberichte der Kais. Akademie der Wissenschaften in Wien
SDHI	Studia et documenta historiae et iuris
SEG	Supplementum Epigraphicum Graecum. Adjuvantibus P. Roussel, A. Salač, M.N. Tod, E. Ziebarth, ed. J.J.E. Hondius, Lugduni Batavorum, 1923 ff.
SGDI	Sammlung der griechischen Dialektinschriften. Hrsg. H. Collitz, F. Bechtel u.a., Göttingen 1884–1915
SPAW	Sitzungsberichte der Preußischen Akademie der Wissenschaften

StGB	Strafgesetzbuch
Syll.	Sylloge Inscriptionum Graecarum. A Guilelmo Dittenbergero condita et aucta nunc tertium edita, Lipsiae 1915–1923 – Die zweite Auflage ist als Syll.^{2} besonders gekennzeichnet –
TR	Tijdschrift voor Rechtsgeschiedenis. Revue d'Histoire du Droit
VJR	Vocabularium iurisprudentiae romanae iussu Instituti Savigniani, Berolini 1903–1939
ZA	Zeitschrift für Assyriologie und verwandte Gebiete
ZGB	Schweizerisches Zivilgesetzbuch

§ 1 EINLEITUNG

I. Aufgabe und Methode

Aufgabe der vorliegenden Arbeit ist

1. die *Interpretation* der platonischen νόμοι γεωργικοί und
2. ein *Vergleich* der platonischen Landwirtschaftsgesetze mit dem zeitgenössischen griechischen Recht.

Die Wahl des Ausdrucks „positives griechisches Recht" bedarf der Rechtfertigung. Der von Mitteis eingeführte Generalbegriff „griechisches Recht"[1] meint nicht „a unified system of positive law regulating the life of the nation as whole"[2], sondern eine Rechts-κοινή, in der die einzelnen Statutarrechte der griechischen Poleis „im Wesentlichen auf den gleichen juristischen Anschauungen ruhten und die gleichen Institutionen mit nur geringen Nuancen entwickelten"[3], in der die Besonderheiten der Lokalrechte nur „verschieden gestaltete Konkretisierungen gleicher Rechtsgedanken"[4], „variations sur un même thème"[5] sind. Diese unter Juristen prinzipiell anerkannte Auffassung[6] darf als methodischer Ausgangspunkt natürlich nicht dazu verführen, sich bei der historischen Rechtsvergleichung die Herausarbeitung von Gemeinsamkeiten zum Ziel zu setzen und darüber die spezifischen Differenzen der Partikularrechte zu vernachlässigen[7].

---

1 Mitteis, Reichsrecht und Volksrecht in den östlichen Provinzen des römischen Kaiserreichs, Leipzig 1891, S. 61.

2 Wolff, Debt and Assumpsit in Comparative Legal History, The Irish Jurist 1 (1966), 316–327 [320] = in: ders., Opuscula dispersa, Amsterdam 1974, S. 123–134 [127].

3 Mitteis, Reichsrecht und Volksrecht, 62.

4 Wolff, Recht, I. Griechisches Recht, in: Lexikon der Alten Welt, Zürich–Stuttgart o.J. [1965], Sp. 2516–2530 [2516].

5 Gernet, Introduction à l'étude du droit grec ancien, AHDO 2 (1938), 261–292 [278], jetzt auch deutsch unter dem Titel „Einführung in das Studium des alten griechischen Rechts" in: Berneker, Zur griechischen Rechtsgeschichte (Wege der Forschung, XLV), Darmstadt 1968, S. 4–38 [22].

6 Vgl. die Nachweise bei Weiss, Griechisches Privatrecht auf rechtsvergleichender Grundlage, Bd. I Allgemeine Lehren, Leipzig 1923, S. 5 Anm. 5; Wolff, Die Grundlagen des griechischen Eherechts, TR 20 (1952), 1–29. 157–181 [157m. Anm. 88] = in: Berneker, Zur griechischen Rechtsgeschichte, 620–654 [649 Anm. 88]; Biscardi, Prassi e teoria della ‚misthosis' nel diritto contrattuale attico, SDHI 37 (1971), 350–361 [352 mit Nota 5]. Gegen die Einheitstheorie: Triantaphyllopoulos, Ἀρχαῖα Ἑλληνικὰ Δίκαια, I., Ἀθῆναι 1968, pp. 1–2.

7 Gegen diese methodische Einseitigkeit jüngst wieder Wolff, Die Bedeutung der Epigraphik für die griechische Rechtsgeschichte, in: Akten des VI. Internationalen Kongresses für Griechische und Lateinische Epigraphik München 1972 (Vestigia, 17), München 1973, S. 131–144 [136].

Für den Vergleich einzelner Institute oder Bestimmungen ist daher korrekterweise von den Partikularrechten und ihrer legislatorischen Selbständigkeit auszugehen. In diesem Sinne hat der Begriff „griechisches Recht“ in der vorliegenden Arbeit eine Kürzel- und Abstraktionsfunktion: Er bezeichnet als kulturgeschichtliche Abstraktion[8] die Summe der griechischen Partikularrechte in ihrer geistigen Gemeinsamkeit. Daneben hat er eine Abgrenzungsfunktion: Antike Rechtsordnungen außerhalb des griechischen Kulturraumes sollen vom Vergleich mit Platons *νόμοι γεωργικοί* grundsätzlich ausgeschlossen sein.

Die Aufgabe der vorliegenden Untersuchung bestimmt zugleich die Methode der Darstellung: Zunächst werden die platonischen Bestimmungen erläutert. Anschließend folgt eine Darstellung des geltenden Rechts und ein Vergleich der platonischen Regelung mit den Normen des positiven Rechts. Dieses Prinzip läßt sich natürlich nicht streng durchhalten, da sich bisweilen Interpretationsprobleme der Gesetze Platons erst durch einen Vergleich mit dem positiven griechischen Recht lösen lassen.

Die Arbeit ist als *juristische* und nicht als philologische, philosophische, historische oder ökonomische Untersuchung zu verstehen. Das heißt nicht, daß die Ergebnisse und Beiträge dieser Disziplinen ignoriert werden. Aber die Aufgabe eines Juristen liegt auf einem anderen Feld. Methodisch werden Platons Ausführungen in Lg. 842 e 6 – 846 c 8 zunächst wie positive Gesetze interpretiert und kommentiert; bis zum Beweis des Gegenteils werden die *νόμοι γεωργικοί* als Legislativakte eines Gesetzgebers und nicht als philosophische Gedanken behandelt. Philologische Kontroversen werden nur insoweit erörtert, wie sie juristisch relevant sind. Philosophische Spekulationen bleiben beiseite, wenn sie für das juristische Verständnis eines platonischen Gesetzes nichts austragen. Den Historiker interessierende Datierungsfragen werden nur in den Fußnoten behandelt; denn es läßt sich ohnehin in keinem Fall stringent nachweisen, daß Platon ein bestimmtes geltendes Gesetz als Vorlage seiner Bestimmung benutzt hat. Entscheidend ist vielmehr, ob er eine bestimmte Rechtsfigur in Übereinstimmung mit dem griechischen Recht geregelt hat. Daß Platon ein Ideologe der Sklavenhaltergesellschaft ist und daß die Sklaverei die ökonomische Basis seines Staates in der Politeia und den Nomoi bildet, ist seit Marx und Engels keine neue Erkenntnis mehr[9]. Für Detailfragen des Grundstücks- oder Wasserrechts trägt diese Feststellung aber auch fast gar nichts aus. Es ist daher überflüssig, diese These erneut ökonomisch zu verifizieren oder die

---

8 Vgl. Wolff, Juristische Graezistik – Aufgaben, Probleme, Möglichkeiten, in: Symposion 1971. Vorträge zur griechischen und hellenistischen Rechtsgeschichte, (Akten der Gesellschaft für griechische und hellenistische Rechtsgeschichte, 1), Köln 1975, S. 1–22 [21].

9 Vgl. Artikel „Платон“, in: Большая Советская Энциклопедия, 2. изд., Москва, t. 33 (1955), p. 21-22 [21]; МОРДУХОВИЧ, Очерки истории экономических

Forschungsergebnisse der politischen Ökonomie in diesem Zusammenhang zu referieren[10].

II. Allgemeiner Charakter der νόμοι γεωργικοί

Für Platons Nomoi gilt das gleiche, was Girard für die XII Tafeln festgestellt hat: Sie sind Gesetze „pour un peuple de petits propriétaires ruraux pour lesquels le vrai Code civil était le Code rural"[11]. Darum stehen die νόμοι γεωργικοί – abgesehen von einigen vorausgehenden Bestimmungen des Eherechts – auch am Anfang der Zivilgesetzgebung Platons.

Platon unterscheidet in seinem Magnetenstaat zwei territoriale Bezirke mit vielfach unterschiedlicher Rechtsordnung: πόλις[12] bzw. ἄστυ[13] und χώρα[14] – bisweilen auch ἡ ἄλλη χώρα genannt[15] – bzw. ἀγρός[16]. Ein drittes Gebiet zwischen diesen beiden mit eigenem Recht, τὰ ἔξω τοῦ ἄστεως, wie es Arist. Pol. 1321 b 28 und P. Hal. 1, Z. 89 f. und 97 erwähnen[17], gibt es in Magnesia nicht. Der Geltungsbereich der νόμοι γεωργικοὶ ist – abgesehen von einer Ausnahme[18] – örtlich auf die χώρα beschränkt.

учений (От античних мыслителей до родоначальников буржуазной классической политической экономии), Москва 1957, p. 14. 18; КАРАТАЕВ-СТЕПАНОВ, История экономических учений Западной Европы и России (до возникновения марксизма). Курс лекций, Москва 1959, p. 31 mit Anm. 2; differenzierter: ВОЛГИН, Очерки по истории социализма, 3. изд., Москва-Ленинград 1926, p. 34. 70 und МИШУЛИН, Утопический план аграрной Магнезии (По „Законам" Платона), Вестник древней истории, 3 (1938), 92-116 [92. 98. 100. 116].

10 Die umfänglichste sozialistische Darstellung aus jüngerer Zeit zur politischen Ökonomie Platons findet sich bei Oprişan, Gîndirea economică din Grecia antică. Xenofon-Platon-Aristotel, Bucureşti. 1964, p. 121–192.

11 Girard, L'histoire des XII tables, NRHD 26 (1902), 381–436 [422].

12 Lg. 745 b 3. c 1. e 2.

13 Lg. 844 c 5.

14 Lg. 745 c 2.

15 Lg. 745 e 3. 758 e 1

16 Lg. 844 c 6.

17 Vgl. Dikaiomata. Auszüge aus alexandrinischen Gesetzen und Verordnungen in einem Papyrus des Philologischen Seminars der Universität Halle (Pap. Hal. 1), hrsg. Graeca Halensis, Berlin 1913, S. 69–70 mit weiteren Belegen und S. 164.

18 Lg. 844 c 1 – d 1.

Während Wilamowitz[19] und Bisinger[20] in ihnen nur eine lose Exzerptsammlung sehen, die höchst unwichtige Bestimmungen enthält (z.B. ob einer über das Feld des anderen gehen darf), nennt Gernet sie wegen ihrer Geschlossenheit anerkennend „un petit code rural“[21]. Der letzteren Ansicht ist der Vorzug zu geben. Es handelt sich bei den *νόμοι γεωργικοί* nicht um eine bloße Materialsammlung, sondern um eine abschließende Normierung des Nachbarrechts außerhalb der Stadt und um eine Teilregelung der landwirtschaftlichen Produktion[22]. Ebensowenig sind in diesem Kodex „die wichtigsten Dinge mit Nebensächlichem vermischt“[23]. Welche Bedeutung solche Bagatellen im praktischen Leben erhalten, ergibt sich aus Platons Bemerkung, daß gerade die kleinen Beeinträchtigungen unter Nachbarn Streitigkeiten erregen[24]. Wer landwirtschaftliche Verhältnisse auch nur ein wenig kennt, weiß, daß unter Bauern das Befahren eines fremden Grundstücks keine quantité négligeable ist. Vielmehr hat Platon in seinem Agrarkodex mit sicherem Blick die typischen Sachverhalte erkannt und in juristische Tatbestände gefaßt.

---

19 Wilamowitz-Moellendorff, Platon, I: Leben und Werke, Berlin 1919, S. 652.

20 Bisinger, Der Agrarstaat in Platons Gesetzen (Klio, Beih. 17 [N.F. Beih. 4]), Leipzig 1925 (Nachdruck: Aalen 1963), S. 77.

21 Gernet, Les Lois et le droit positif, in: Platon. Oeuvres complètes, tome XI (1re partie) Les Lois, livres I–II, texte établi et traduit par Édouard des Places, Paris 1951, Introduction IIe partie, p. XCIV–CCVI [CLXXIV].

22 Siehe unten S. 21 und S. 55.

23 Bisinger, Agrarstaat, 77.

24 Lg. 843 b 7 – c 1.

§ 2 GRENZVERRÜCKUNG

I. Pl. Lg. 842 e 6 – 843 b 6

Die 5040 *κλῆροι* bilden die ökonomische Basis des Agrarstaates in den Nomoi. Platon betont die Unveränderlichkeit des Grundbesitzes[1], die in der Unteilbarkeit[2] und Unveräußerlichkeit[3] der Grundstücke gipfelt. Die Bürger werden ermahnt, an ihrem *κλῆρος* festzuhalten[4]; vielfach machen sogar Strafen und Vollstreckungsmaßnahmen an diesem *πενίας ὅρος*[5] halt[6].

Wegen der herausragenden Stellung des Landbesitzes in dem agrarwirtschaftlich orientierten Magnetenstaat ist es nur natürlich, daß der Kodex der *νόμοι γεωργικοί* mit einem Gesetz zum Schutz der Grundstücksgrenzen beginnt: *Διὸς ὁρίου μὲν πρῶτος νόμος ὅδε εἰρήσθω· Μὴ κινείτω γῆς ὅρια μηδεὶς μήτε οἰκείου πολίτου γείτονος, μήτε ὁμοτέρμονος ἐπ' ἐσχατιᾶς κεκτημένος*[7] *ἄλλῳ ξένῳ γειτονῶν*[8]. Der Tatbestand der Norm wird weiter unten sinngemäß[9], um das subjektive Merkmal *ἑκὼν* (843 b 1) erweitert, wiederholt[10]. Platon gebraucht hier mit gutem Grund den weiteren Terminus *ὅριον* statt des speziellen *ὅρος*, der als terminus technicus den Grenzstein – und daneben natürlich auch den Pfandstein – kennzeichnet[11] und verbietet damit prinziepiell jede Grenzverän-

---

1 Lg. 740 b 1–5 und d 3–5.

2 Lg. 744 d 8 – e 2.

3 Lg. 741 c 4–6.

4 Lg. 741 b 1–6.

5 Lg. 744 d 8.

6 Z.B. Lg. 855a 5 – b 2.

7 Eus. PE XII 38, 1 zitiert Lg. 842 e 7–843 a 1 mit der Abweichung *ἐν ἐσχατιαῖς κεκτημένου*. Zum Begriff der *ἐσχατιά* s. Wilhelm, Neue Beiträge zur griechischen Inschriftenkunde, SAWW phil.-hist. Kl., Bd. 175 (1916), 1. Abh., Wien 1913, S. 13–14.

8 Lg. 842 e 7–9.

9 Apelt, Platon. Sämtliche Dialoge, Bd. VII Gesetze. Register der Gesamtausgabe, Leipzig 1940, S. 530 Anm. 44 schließt aus dem *γὰρ* in Lg. 843 b 1 zu Recht, daß es sich hier nur um eine Inhaltsangabe handelt, worauf auch die resümierende Fassung hindeutet.

10 Lg. 843 b 1.

11 Liddell-Scott-Jones, A Greek-English Lexicon. Compiled by Henry George Liddell and Robert Scott. A New Edition, Revised and Augmented throughout by Sir Henry Stuart Jones with the Assistance of Roderick McKenzie, Oxford 1940, repr. 1968, s.v. *ὅρος*; Tillyard, Boundary and Mortgage Stones from Attica, ABSA XI (1904/05), 63–71 [63]; Thalheim, *Ὅροι*, in: RE VIII 2 (1913), 2414–2416.

derung, nicht nur die Grenz*stein*verrückung. In Griechenland benutzte man für die Abgrenzung privater Grundstücke[12] bis zum 20. Jahrhundert in der Regel statt eines Grenzsteins eine Mauer[13], einen Graben[14] oder irgendein leicht erkennbares natürliches Mal als Grenzzeichen, gelegentlich mit einer zusätzlichen Markierung versehen[15]. Eine sizilische Inschrift aus Halaisa[16] nennt z.B. Flüsse, Gräben, Quellen, Wege und Ölbäume als Grundstücksgrenzen. Nur wo ein besonderes öffentliches Interesse für eine exakte Markierung spricht, wie bei Staatsbesitz, Wegen, öffentlichen Plätzen, Grabstätten oder Tempelbezirken, wenn zwischen Privatgrundstücken natürliche Grenzen fehlen oder die Grenzziehung in besonderer Weise rechtserheblich ist, verwendet man Grenzsteine. So ist z.B. in einer chiischen Inschrift aus dem 5. Jahrhundert[17] anläßlich des Verkaufs der Grundstücke der Kinder des Annikeas von der Setzung von 75 *ὅροι* durch die *ὁρισταί*[18] die Rede, und der attische Demos Aixone läßt 346/345 v. Chr. bei einer *μίσθωσις* des Gebietes von Phelleis an Autokles und Auteas auf 40 Jahre *ὅρους ἐπὶ τῶι χωρίωι μὴ ἔλαττον ἢ τρίποδας ἑκατέρωθεν δύο* setzen[19].

Bei der Begründung seines Gesetzes spricht Platon dann allerdings konkret davon, daß es verboten sei, den *σμικρὸν λίθον* zu verrücken[20]. Obwohl das präzise Grundbuch- und Katasterwesen des Magnetenstaates genaue Grenzziehungen voraussetzt, ist es unwahrscheinlich, daß Platon die Absicht hatte, in übergroßem Perfektionismus von der oben skizzierten gemeingriechischen Praxis abzuweichen und etwa jedes Grundstück durch *ὅροι* abgrenzen wollte.

Das Verbot, die *ὅρια γείτονος* zu verändern[21], verlangt weder die Annahme, daß es sich bei dem Nachbarn um eine natürliche Person, noch die, daß es sich um einen Angrenzer handeln muß.

12 Hermann, Disputatio de terminis eorumque religione apud Graecos, Gottingae 1846, p. 35; Hermann-Thalheim, Lehrbuch der Griechischen Rechtsaltertümer (K.F. Hermann's Lehrbuch der griechischen Antiquitäten, II. Bd., 1. Abt.), 4. Aufl., Freiburg–Leipzig 1895, S. 59 Anm. 1.

13 Vgl. Dem. LV 11 und 30; davon geht auch Platon Lg. 844 c 1–3 aus.

14 Vgl. Th. I 106.

15 Tillyard, ABSA XI, 64.

16 SGDI 5200 (= CIG 5594 = IG XIV 352 = DGE 313, nur tab. II). Im folgenden werden Inschriften in der Weise angeführt, daß zunächst die im Text zitierte Publikation angegeben wird; in Klammern erscheint jeweils die Konkordanz in chronologischer Reihenfolge der Editionen.

17 DGE 688 (= Haussoulier, BCH 3 (1879), 230–241 = IGA 381 = Michel 1383 = SGDI 5653a).

18 Daß diese für die Grenzsteinsetzung zuständig sind, ergibt sich nach Haussoulier, Inscriptions de Chio (1), BCH 3 (1879), 230–255 [239] aus Z. 11 der Inschrift BCH 3, 242–248 (= Michel 1359 = SGDI 5661 = SEG XXII 508A).

19 Michel 1354, Z. 23–24 (= CIG 93 = IG II 2, 1055 = IJG I, 238–240 (XIII bis)).

20 Lg. 843 a 3.

21 Lg. 842 e 7–8.

Die Vergrößerung eines Privatgrundstücks auf Kosten eines Sakralbezirks mag zwar nach einer in den Nomoi nicht erwähnten lex specialis des Tempelrechts qualifiziert strafbar sein. Aber da im positiven attischen Recht die Polis sogar in den Weg hineinragende Gebäudeteile beansprucht[22], und da auch Platon die Astynomen anweist, darauf zu achten, *ὅπως ἰδιώτης μηδεὶς μηδὲν τῶν τῆς πόλεως μήτε οἰκοδομήμασι μήτε οὖν ὀρύγμασιν ἐπιλήψεται*[23], ist nicht ersichtlich, wieso die Grenzen eines öffentlichen Grundstücks gegenüber einem Privatgrundstück nicht mindestens den gleichen Schutz wie die Grenzen unter Privatleuten genießen sollten. Wenn man die Wege- bzw. Lokalgottheiten oder ganz profan die Polis als Nachbarn versteht, dürften die *ὅρια*, namentlich die *ὅροι* öffentlicher Wege, Plätze und Grundstücke auch unter den Tatbestand des Gesetzes fallen.

Vollends würde das Gesetz seinen Zweck verfehlen, wenn tatbestandliche Voraussetzung der Garantie der Staatsgrenzen wäre, daß auf der anderen Seite das Grundstück eines Privatmannes beeinträchtigt würde[24]. Die Grenzen der griechischen Staaten standen den Anrainern nicht zur privaten Disposition, sondern wurden von der Polis genau festgelegt und mit *ὅροι* gekennzeichnet[25]. Da an der Landesgrenze die kultische Macht der eigenen Götter endete, „mußte man die Heiligekeit der Grenzen, wo die Ansprüche der Götter und Menschen gleichermaßen halt machten, ganz besonders sichern“[26], was durch Totenkulte, Altarweihungen und Tempelbauten geschah. *Γείτονες* im Sinne des platonischen Tatbestandes sind hier außer Privatleuten die *θεοὶ ὅριοι* des Nachbarlandes[27].

22 In Athen unter Hippias (Arist. Oec. 1347 a 4–8) und 373/72 v. Chr. unter Iphikrates (Polyaen. III 9, 30).

23 Lg. 779 c 3–5.

24 So aber fälschlich England, The Laws of Plato. The Text ed. with Introd., Notes, etc. by E.B. England, Manchester 1921, vol. II, p. 358: “he must ‘own land on the frontier, and adjoin a neighbour who is a foreigner’”. Ebenso Haliste, Zwei Fragen zum Katasterwesen in Platons „Gesetzen“, Eranos XLVIII (1950), 93–106 [99 Anm. 1] und Morrow, Plato's Cretan City. A historical interpretation of the Laws, Princeton (N.J.) 1960, p. 437.

25 Z.B. Syll. 935 (= IG V 1, 1372): ὅρος | Λακεδαί|μονι πρὸς Μεσσήνην; Syll. 717, Z. 86 (= IG II 1, 476 = IG II/III^2 1028) nennt die attischen Grenzen und das Magnetum inter Itanios et Hierapytnios arbitrium die Grenzen von Itanos (IC III Nr. IV 9, Z. 56–61 = Inscr. Magn. 105 = SGDI 5060 = Syll. 685); Hegesippos führt in seiner Rede über die Herausgabe von Halonnesos die Grenzen der Chersones an (Ps.-Dem. VII 39) und Paus. VIII 34, 6 die Grenzen zwischen Messene und Megalopolis.

26 Eitrem, Beiträge zur griechischen Religionsgeschichte III (Skrifter utgit av Videnskapsselskapet i Kristiania, II. Hist.-Filos. Klasse 1919, No. 2), Kristiania 1920, S. 33.

27 Ihre Bedeutung ergibt sich deutlich aus der Passage des euripideischen Hypsipyle-Fragments, in der Amphiaraos sogleich nach Betreten nemeischen Bodens nach Wasser als *χέρνιψ* für die Grenzgötter fragt (P. Oxy. VI, Nr. 852, fr. I, col. IV, Z. 29–30 und 35–36).

Es sind aber nicht nur die Grenzen der ὁμοτέρμονες[28], der Angrenzer, gegen Verrückung geschützt, sondern die Grenzzeichen aller γείτονες. Da der subjektive Tatbestand des Gesetzes keine Schädigungs- bzw. Vorteilsabsicht erfordert und im objektiven Tatbestand nicht einmal von einer βλάβη die Rede ist[29], muß der Διὸς ὁρίου νόμος als Norm zum Schutz *aller* inländischen Grenzzeichen verstanden werden. Daß Platon an der Landesgrenze vom ὁμοτέρμων spricht, bedeutet nur, daß er auch die Landesgrenzen göttlichem Schutz unterstellen will, aber eben auch nur diese und nicht mehr Grundstücksgrenzen im Ausland, für deren Schutz weder die Götter noch die Rechtsordnung Magnesias zuständig sind.

Bei diesem Normverständnis verbietet das Gesetz des Ζεὺς ὅριος nicht etwa nur jedem magnetischen Bürger die Ausdehnung des eigenen Grundbesitzes auf Kosten des Angrenzers, sei dieser ein Privatmann, seien es die Götter, die Polis oder ein fremder Staat. Vielmehr ist jedermann die Verrückung eines inländischen Grenzzeichens schlechthin verboten, gleich, ob er davon einen Profit hat, oder ob es sich nur um einen Schabernack handelt, den er zwei anderen Bürgern spielen will. Der Schutzzweck der Bestimmung beschränkt sich nicht auf die Sicherung des Angrenzereigentums, sondern er besteht in der Erhaltung der allgemeinen Bodenordnung. Als Täter kommen daher nicht nur die landbesitzenden Bürger Magnesias, sondern auch Metöken, Sklaven oder reisende Ausländer in Frage.

Es ist nicht ganz klar, unter wessen Schutz die Grenzen in Magnesia stehen. Zweifellos falsch ist Thalheims generelle durch die Erwähnung der θεοὶ ὅριοι aber gleich wieder relativierte Behauptung, die Grenzen hätten in Griechenland unter dem Schutz des Ζεὺς ὅριος gestanden[30], da auch Apollon in Hermione diese Epiklesis trägt[31]. Für Lattes[32] und Nilssons[33] beiläufige Bemerkung, Platon stelle die Grenzmarken unter die Obhut des Zeus Ὅριος, spricht die Tatsache, daß es sich um ein *Gesetz* des Zeus Ὅριος handelt – aber mehr sagt Platon in Lg. 842 e 7 auch nicht. In Lg. 843 a 4 nennt er dagegen den Grenzstein

---

28 Tim. Lex s.v. Ὁμοτέρμονες· (p. 193 Ruhnken): οἱ ὁμοῦ τὰ τέλη ἔχοντες, οἷον οἱ γείτονες· ὁμοῦ γὰρ ἔχουσι τὰ τέρματα.

29 Die βλάβη-Tatbestände folgen erst in Lg. 843 b 7 – 846 b 2.

30 Thalheim, Ὅροι, in: RE VIII 2 (1913), 2414, Z. 51–54.

31 Paus. II 35, 2, wo Pausanias allerdings betont, daß dieser Kult unüblich ist. Seine Vermutung, er sei nach einem siegreichen Kampf um die Staatsgrenzen gestiftet worden, ist unwahrscheinlich; vgl. Jessen, Horios, in: RE VIII 2 (1913), 2408, Z. 30–33.

32 Latte, Heiliges Recht. Untersuchungen zur Geschichte der sakralen Rechtsformen in Griechenland, Tübingen 1920, S. 72.

33 Nilsson, Geschichte der griechischen Religion, Bd. I: Die Religion Griechenlands bis auf die griechische Weltherrschaft (Handbuch der Altertumswissenschaft V. 2. 1), 2. Aufl., München 1955, S. 205.

ἔνορκον παρὰ θεῶν und droht in Lg. 843 a 8 für jeden Verstoß mit einer *δίκη παρὰ θεῶν*, wobei in beiden Fällen an die *θεοὶ ὅριοι* zu denken sein dürfte, denen der Grenzstein vereidet ist und die seine Mißachtung bestrafen werden. In Lg. 843 a 4 schließlich erwähnt Platon *Ζεὺς ὁμόφυλος* als *μάρτυς* für die inländischen Grundstücksgrenzen und in Lg. 843 a 5 *Ζεὺς ξένιος* als Eideszeugen für die Grenzen gegenüber ausländischen Nachbarn.

Einem ähnlichen Wechsel von Singular und Plural begegnen wir in dem Bericht über die Einsetzung des Jupiter Terminus durch Numa bei Dionysius Halicarnassensis: *κελεύσας γὰρ ἑκάστῳ περιγράψαι τὴν ἑαυτοῦ κτῆσιν καὶ στῆσαι λίθους ἐπὶ τοῖς ὅροις ἱεροὺς ἀπέδειξεν* Ὁ ρ ί ο υ Δ ι ὸ ς *τοὺς λίθους, καὶ θυσίας ἔταξεν αὐτοῖς ἐπιτελεῖν ἅπαντας ἡμέρᾳ τακτῇ καθ' ἕκαστον ἐνιαυτὸν ἐπὶ τὸν τόπον συνερχομένους, ἑορτὴν ἐν τοῖς*[34] *πάνυ τιμίαν* [*καὶ*][35] *τὴν* τ ῶ ν ὁ ρ ί ω ν θ ε ῶ ν *καταστησάμενος*[36]. Für die römischen Verhältnisse schließt Samter[37] aus diesem Numeruswechsel mit überzeugenden Argumenten[38], daß es „die in der Tiefe der Erde hausenden Schutzgötter der Äcker sind, die man beim Setzen der Grenzsteine veranlassen will, auch die Grenzen des Ackers zu schützen: sie nehmen nun den Grenzstein zum Sitze und werden mit seinem Namen bezeichnet. Danach gibt es natürlich nicht *einen* Terminus, sondern viele – so viele wie es Grenzsteine gibt"[39]. Unabhängig davon, ob man Samters Ausführungen auch für den griechischen *Ζεὺς ὅριος* akzeptieren will, erklärt sich der Plural in Lg. 843 a 4 und a 8 schon daraus, daß z.B. die Grenzen der Heiligtümer der 12 Götter in Magnesia – wie auch sonst in Griechenland[40] – der Gottheit des betreffenden Heiligtums und nicht etwa dem *Ζεὺς ὅριος* geweiht sind[41]. Daß *Ζεὺς ὁμόφυλος* bzw. *ξένιος* Zeuge für einen Eid bei *Ζεὺς ὅριος* sein sollte, ist unwahrscheinlich, zumal *Ζεὺς ὅρκιος* der typische Eideshelfer ist. Man wird annehmen müssen, daß Platon hier in dem zwischen Tatbestand und Rechtsfolge der Norm eingeschobenen Prooimion diese beiden Gestalten des Zeus ohne juristische Bedeutung nur wegen ihrer moralischen Wirkung zur psychologischen Motivierung und Legitimierung seines Gesetzes anführt und nicht etwa damit die Grundstücksgrenzen innerhalb des Landes allgemein der Obhut des Zeus

---

34 *τοῖς* Meineke *ταῖς* O.

35 [*καὶ*] del. Bücheler.

36 D.H. A.R. II 74, 2; eigene Sperrungen.

37 Samter, Die Entwicklung des Terminuskultes, ARW 16 (1913), 137–144.

38 Im besonderen der Hinweis auf Sic. Flacc., de condicionibus agrorum, in: Blume-Lachmann-Rudorf, Die Schriften der römischen Feldmesser, Bd. I: Grom. vet., Berlin 1848 (Nachdruck: Hildesheim 1967), S. 141.

39 Samter, ARW 16, 139–140.

40 Siehe die Belege bei Michel 736–809; vgl. ferner für Athen IG I 528 (= CIG 526 + 2138c) und IG I suppl., p. 191 nr. 528^2, für Sparta IG V 1, 370 (= CIG 1468): *ὅρος τοῦ θεοῦ*, für Paros IG XII 5, 214 (= CIG 2384e): *ὅρος χωρίο ἱερο͂ Ἀπόλλωνος Δηλίο*.

41 Dafür spricht auch Lg. 778 c 4 – d 1.

ὁμόφυλος und die zum Ausland dem Schutz des Zeus ξένιος unterstellen will. Im Gegensatz zu dem häufig belegten Ζεὺς ξένιος[42] findet sich Ζεὺς ὁμόφυλος, der in Magnesia die meisten Grenzen zu schützen hätte und damit wichtiger als Ζεὺς ξένιος wäre, außer an der genannten Platonstelle weder in der griechischen Literatur noch in Inschriften[43]. Ob die Landesgrenzen möglicherweise generell dem Schutz des Ζεὺς ξένιος unterstellt sind, vermag ich nicht zu entscheiden. Der Vergleich mit Ζεὺς ὁμόφυλος spricht dagegen.

Am wahrscheinlichsten scheint mir die folgende Interpretation, die die gängige These von Ζεὺς ὅριος als dem Schützer der Grenzen in Magnesia etwas differenzierter zu übernehmen versucht: Ζεὺς ὅριος tritt als Garant der Grenzen *subsidiär* überall da auf, wo keine andere Gottheit diesen Schutz übernimmt. Zugleich ist er die *generelle Abstraktion* sakralen Grenzschutzes im Magnetenstaat, ohne daß gerade ihm jede einzelne Grenze geweiht sein müßte.

Platon sieht in der Grenzverrückung einen Verstoß gegen das Prinzip μὴ κινεῖν τἀκίνητα[44] – eine Paroimie, die Platon auch an anderen Stellen gern zitiert[45]. Wer die Norm verletzt, soll διτταῖς δίκαις ἔνοχος sein[46], d.h. einer zweifachen Strafe[47] unterworfen sein, einer sakralen δίκη παρὰ θεῶν[48] und einer weltlichen δίκη ὑπὸ νόμου[49]. Im Vordergrund steht die Rache der Götter, die in älteren Zeiten eine sozial weit wirksamere Sanktion darstellte als die staatliche Strafe. An eine staatliche Vollstreckung des göttlichen Strafanspruchs denkt Platon nicht; die Justizorgane werden nicht angewiesen, den Spruch eines Heiligtums einzuholen und den Willen der Götter zu vollstrecken. Insofern

42 Bei Platon: Lg. 730 a 1–2, 879 e 2.

43 Im Gegensatz zu den ὁμόγνιοι θεοί (Pl. Lg. 729 c 5; E. Andr. 921; Ar. Ra. 750; Plut. Mor. 2, 679d) erscheint auch Ζεὺς ὁμόγνιος – abgesehen von Pl. Lg. 881 d 2 in familienrechtlicher Funktion – erst sehr spät und selten: Schol. rec. in S. Aj. 492, p. 211, 6 ff.; Tz. ad Lyc. Al. 288; Synes. Ep. XCV, p. 233c (= Hercher, Epistolographi graeci, p. 694); Phavorinos, Dictionarium Varini Phavorini Camertis, Nucerini episcopi, magnum illud ac perutile multis variisque ex autoribus collectum, totius linguae Graecae commentarius, Basileae 1538, col. 1358, 44 et 1377, 18–20. Der Anonymus Laurentianus führt diese Epiklesis unter den 100 resp. 103 Epitheta des Zeus im Cod. Ambros. und Cod. Laurent. nicht auf.

44 Lg. 842 e 9 – 843 a 1.

45 Lg. 684 e 1 und 913 b 9; vgl. die Anspielung in Lg. 736 d 1 und in Pl. Min. 321 b 3; die Konkretisierung μὴ κινεῖν λίθον (Lg. 843 a 2–3) wird in einem Epigramm App. Anth. cap. II, Nr. 546 aufgenommen: μὴ κίνει λίθον ἐκ γαίης . . . – allerdings mit Bezug auf einen Grabstein.

46 Lg. 843 a 7–8.

47 Daß δίκη hier im Sinne von poena und nicht als actio zu verstehen ist, ergibt sich aus dem Kontext. Müller übersetzt etwas vage „Verantwortlichkeit".

48 Lg. 843 a 8.

49 Lg. 843 a 8.

50 γεωργοῖς A L O : γεωμόροις O².

handelt es sich um eine lex imperfecta. Offenbar verläßt sich Platon darauf, daß die Götter den Täter ohne menschliches Zutun schon finden und bestrafen werden. Sachlich ist hier mit der δίκη παρά θεῶν das gleiche gemeint wie in Lg. 871 b 4 mit ἡ τοῦ νόμου ἀρά.

Die juristische Rechtsfolge ist detaillierter behandelt: ὃς δ' ἂν κινήσῃ, μηνυέτω μὲν ὁ βουλόμενος τοῖς γεωργοῖς[50], οἱ δὲ εἰς τὸ δικαστήριον ἀγόντων. ἣν δέ τις ὄφλῃ τὴν τοιαύτην δίκην, ὡς ἀνάδαστον γῆν λάθρᾳ καὶ βίᾳ ποιοῦντος τοῦ ὄφλοντος, τιμάτω τὸ δικαστήριον ὅτι ἂν δέῃ πάσχειν ἢ ἀποτίνειν τὸν ἡττηθέντα[51].

Im Wege der μήνυσις kann der quivis ex populo, also auch ein Sklave – obwohl Platon hier nicht, wie an anderen Stellen[52], den Sklaven eigens erwähnt und als Belohnung die Freilassung vorsieht[53] – die Sache den (nicht notwendig verletzten) Bauern anzeigen, die dann gerichtlich gegen den Täter vorgehen. Die Tatsache, daß die Anzeige nicht an eine offizielle Stelle, sondern an Privatpersonen erfolgen soll, befremdet und hat einen Emendator des Codex Vaticanus zu der Korrektur γεωμόροις[54] statt γεωργοῖς veranlaßt, der auch Stallbaum gefolgt ist[55]. Eigentlich hätte man an dieser Stelle wegen der Zuständigkeit der Agronomen in Landwirtschaftssachen[56] ἀγρονόμοις erwarten sollen[57].

51 Lg. 843 b 1–6.

52 Lg. 914 a 6–8, 932 d 3–4.

53 Allerdings fehlt dieser Hinweis auch bei den traditionell durch μήνυσις eingeleiteten Verfahren wegen Sakraldelikten (Tempelraub, Lg. 854 d 1 – 855 d 3) und Hochverrat (Lg. 856 b 2 – c 8), für die den jüngeren Gesetzgebern die nähere Ausgestaltung des Verfahrens übertragen wird, Lg. 855 d 1–3. Er fehlt ebenfalls bei der Anzeige wegen unerlaubten Besitzes ausländischen Geldes (Lg. 742 b 5 – c 2), Überschreitung der zulässigen Vermögensgrenzen (Lg. 744 e 5 – 745 a 6), Asebie (Lg. 907 d 7 – e 2) und verbotener Einrichtung privater Heiligtümer (Lg. 910 b 8 – c 4), obwohl auch in diesen Fällen ohne Zweifel der Sklave anzeigeberechtigt ist, vgl. Morrow, Plato's Law of Slavery in its Relation to Greek Law (Illinois Studies in Language and Literature, XXV, Nr. 3), Urbana (Ill.) 1939, p. 77. – Herr Professor Dr. Eberhard Ruschenbusch, Frankfurt, hat mich allerdings darauf hingewiesen, daß die Legitimation des Sklaven oder eines mit Atimie bestraften Bürgers zur μήνυσις insofern nicht unzweifelhaft ist, als ὁ βουλόμενος häufig abgekürzt für ὁ βουλόμενος, ᾧ ἔξεστιν steht. M.E. vermutet Morrow, Law of Slavery, 79 zu Recht, daß Platon nur von der auch in Athen üblichen μήνυσις des Sklaven (vgl. Th. VI 27, 2; Plut. Alc. 19, 1; Lys. V 5, VII 16; Antiphon V 34 und Lipsius, Das Attische Recht und Rechtsverfahren. Unter Benutzung des Attischen Prozesses von M.H.E. Meier und F.G. Schömann, Leipzig 1905–1915, S. 208–209; Morrow, Law of Slavery, 76–77) etwas extensiveren Gebrauch macht als das attische Recht.

54 In späterer Zeit sind die γεωμόροι die Behörde, die für die Landverteilung an römische Kolonisten zuständig ist, D.H. A.R. IX 25.

55 Ebenso Dareste, La science du droit en Grèce. Platon, Aristote, Theophraste, Paris 1893 (Nachdruck: Amsterdam 1968), p. 70.

56 Lg. 843 d 2–6, 844 b 7. c 6 et alibi.

57 England, Laws II, 359.

Die Strafe ist nicht absolut, sondern durch das Gericht schätzbar.

Der Passus *ὡς ἀνάδαστον γῆν λάθρᾳ καὶ βίᾳ ποιοῦντος τοῦ ἄρχοντος* enthält nach England die Erwägungen, die das Gericht bei der Straffestsetzung zugrundelegen soll[58]. Das *ἀνάδαστον ποιεῖν* stellt jedoch gar kein neues Beurteilungskriterium dar, weil es nicht nur für eine bestimmte Fallgruppe zutrifft. Nach dem vorausgegangenen religiösen und ökonomischen Aspekt ist es nur der staatspolitische Aspekt des *ὅρια κινεῖν*[59]: Eine Neuverteilung des Landes[60] fällt in die Kompetenz der Polis und ihrer Organe und wurde auch in diesen Fällen in der Geschichte meist als revolutionärer Akt empfunden, wie das Echo auf die Landreformen Kleomenes' III. in Sparta, auf den *ἀναδασμὸς* des Pythagoreers Theages in Kroton[61] und die 422 v. Chr. in Leontinoi vom *δῆμος* gegen den Willen der Oligarchie vorgenommene Landneuverteilung[62] zeigen. Nach der den status quo sichernden Konvention vom Isthmos mit Alexander dem Großen von 335 v. Chr. waren gerade *μηδὲ γῆς ἀναδασμοί, μηδὲ χρεῶν ἀποκοπαί* erlaubt[63]. Obwohl Platon in Lg. 684 e 1–5 expressis verbis diesen in den dorischen Staaten üblichen *ἀναδασμὸς* lobt, bedeutet ein solcher Versuch von privater Seite ohne öffentliche Legitimierung das gleiche wie die revolutionäre Losung der novae tabulae im römischen Bürgerkrieg: einen Angriff auf die verfassungsmäßige Ordnung des Staates[64]. So schworen in Athen die Heliasten, *οὐδὲ τῶν χρεῶν τῶν ἰδίων ἀποκοπὰς οὐδὲ γῆς ἀναδασμὸν τῆς Ἀθηναίων οὐδ' οἰκιῶν* zuzulassen[65]. Während in Athen nur Beamte eidlich dem *ἀναδασμὸς* abschworen, wurde das Itaniorum iusiurandum[66] von allen Bürgern geleistet[67].

---

58 England, Laws II, 359.

59 In diesem Sinne auch schon Lg. 684 d 8 – e 2.

60 Schol. Pl. Lg. 843 b (= Scholia Platonica contulerunt atque investigaverunt Fredericus de Forest Allen, Ioannes Burnet, Carolus Pomeroy Parker. Omnia recognita praefatione indicibusque instructa edidit Guilelmus Chase Greene (Philological Monographs, publ. by the American Philological Association, VIII), Haverford (Penns.) 1938, p. 337): *ἀνάδαστον· ἀναμεμερισμένην*; Hsch. s.v. *ἀναδάσασθαι·* (A 4256): *ἀναμερίσασθαι* und Tim. Lex. s.v. *ἀνάδαστος· ἡ κληρουχθεῖσα γῆ, ἢ πάλιν εἰς διαίρεσιν διαδιδομένη* (= p. 33 Ruhnken).

61 Iamb. VP XXXV, pp. 257. 261. 262 Nauck.

62 Th. V 4, 2.

63 Ps.-Dem. XVII 15.

64 vgl. Hiller v. Gaertringen, Nota 6 ad Syll. 526.

65 Dem. XXIV 149. Daß der Heliasteneid nicht solonisch ist, wie Demosthenes behauptet, sondern aus späterer Zeit stammt, ist sicher; vgl. Ruschenbusch, ΣΟΛΩΝΟΣ ΝΟΜΟΙ. Die Fragmente des solonischen Gesetzeswerkes mit einer Text- und Überlieferungsgeschichte (Historia. Einzelschriften, 9), Wiesbaden 1966, S. 55.

66 IC III Nr. IV 8, Z. 21–24: *οὐ||[δὲ γᾶς] ἀναδασμὸν οὐδὲ οἰκιᾶν ||[οὐδὲ] ọἰκοπέδων, οὐδὲ χρεῶν ἀ||[ποκ]ọπ̣ὰν ποιησέω* (= Michel 1317 = SGDI 5058 = Syll. 526).

67 Guarducci, IC III, p. 91 (ad Nr. IV 8).

Auch Platon bezeichnet in der Politeia die Verheißung von Schuldentilgung und Landneuverteilung als typisch für die propagandistischen Methoden eines zur Macht strebenden Tyrannen[68] und seinen Wolfscharakter[69].

Λάθρᾳ καὶ βίᾳ sind die beiden überhaupt nur denkbaren Begehungsformen: heimlich oder gar[70] mit Gewalt. An die Differenzierung mag eine unterschiedliche τιμή anknüpfen. Angesichts der ungewandten Fassung der Passage und angesichts der Dürftigkeit ihres Inhalts ist Englands Vermutung, es handele sich bei der Wendung ὡς ἀνάδαστον γῆν λάθρᾳ καὶ βίᾳ ποιοῦντος τοῦ ἄρχοντος möglicherweise um einen das τοιαύτην in Lg. 843 b 3 interpretierenden Zusatz eines Kommentators[71], nicht von der Hand zu weisen.

II. Positives Recht

Die Frage nach positivrechtlichen Vorbildern für das platonische Gesetz zerfällt in drei Unterfragen:

1. Gab es in Griechenland einen Kult des Ζεὺς ὅριος, den Platon zum Vorbild seines göttlichen Grenzschutzes nehmen konnte?

2. Stand in Griechenland auf Grenzverrückung eine Sakralstrafe?

3. Wurde die Grenzverrückung mit einer Profanstrafe belegt, und existierte diese neben einer sakralen Sanktion?

1. Ζεὺς-ὅριος-Kult

Zeus ὅριος als Schützer der Grenzen wird in der Literatur und in Inschriften mehrfach erwähnt:

(1) Hegesippos erwähnt einen Altar des Ζεὺς ὅριος an der Nordgrenze der thrakischen Chersones und zitiert ein dort vorhandenes Epigramm zu seinen Ehren.[72]

(2) Pollux nennt ihn als Grenzgottheit.[73]

---

68 Rep. 566 a 1–2.

69 Rep. 566 a 3: καὶ λύκῳ ἐξ ἀνθρώπου γενέσθαι.

70 Das καί ist selbstverständlich mit England, Laws II, 359 alternativ und nicht disjunktiv oder gar konjunktiv zu verstehen, wie Wagner, Stallbaum, Müller und Apelt annehmen, da sich beide Modalitäten ausschließen.

71 England, Laws II, 359.

72 Ps.-Dem. VII 39–40.

73 Poll IX 8

(3) Der Anonymus Laurentianus führt unter den Ἐπίθετα Διὸς auch ὁρίου an.[74]

(4) Dionysios von Halikarnassos erwähnt ihn an der oben zitierten Stelle.[75]

(5) Der Kalender der attischen Tetrapolis von Marathon aus dem frühen 4. Jahrhundert schreibt für den Monat Skirophorion vor, Διὶ ὁρίωι ein Schaf zu opfern.[76]

(6) Die Fasti sacri demi Erchiae aus dem 2. Viertel des 4. Jh. v. Chr.[77] bestimmen, daß am 16. Posideon in Erchia Διὶ Ὁρίωι ein Ferkel zu opfern sei.[78]

(7) In der Inschrift des Daduchen Themistokles II. aus den letzten Jahren des ersten vorchristlichen Jahrhunderts findet sich eine Erwähnung τοῦ λιθοφόρου | τοῦ ἱεροῦ Λίθου καὶ ἱερέως Διὸς Ὁρίου καὶ Ἀθηνᾶς Ὁρίας.[79]

(8) Eine am Übergang der via Egnatia über den Nestos gefundene Dedikationsinschrift der Abderiten für Kaiser Hadrian schließlich spricht von Ζηνὶ Ἐφορίῳ.[80]

Diese Stellen beweisen zur Genüge die Verbreitung des Ζεὺς-ὅριος-Kultes in Griechenland[81]. Daß dieser Gott keineswegs nur die griechische Wiedergabe des

74 Anecdota varia graeca et latina. Ediderunt Rud. Schoell et Guil. Studemund, Berolini 1866, I, p. 265, nr. 71 (Cod. Ambros.) und p. 266, nr. 66 (Cod. Laurent.).

75 D.H. A.R. II 74, 2.

76 Richardson, Papers of the American School of Classical Studies at Athens. A Sacrificial Calendar from the Epakria, AJA 10 (1895), 209–226 [210], col. I, Z. 11 (= Leg. Sacr. I 26A = IG II/III^2 1358 = LSG 20).

77 So die Datierung von Daux, La grande démarche: un nouveau calendrier sacrifiel d'Attique (Erchia), BCH 87 (1963), 603–634 [615]. Dow dagegen datiert die Inschrift auf die Mitte des 4. Jh., Dow, The Greater Demarkhia of Erkhia, BCH 89 (1965), 180–213 [180].

78 Daux, BCH 87, 603–634, col. E, Z. 28–30 mit einer Korrektur des Preises in Z. 30 von Δ꜔꜔ zu ꜔꜔꜔ in: Daux, Notes de lecture, BCH 88 (1964), 676–679 [676] (= SEG XXI 541 = LSG 18)

79 Roussel, Un nouveau document concernant le génos des ΚΗΡΥΚΕΣ, Annuaire de l'Institut de Philologie et d'Histoire orientales II (1934) (= Mélanges Bidez, Bruxelles 1934), pp. 819–834 [819–821], Z. 15–16 (= Θρεψιάδης, in: Κουρουνιώτης, Ἐλευσινιακά, I (Ἀθῆναι 1932), pp. 225–226).

80 RA, 6. sér., X (1937), 386, Nr. 170, Z. 5 (= Μπακαλάκης, Θρακικά VIII (1937), 26).

81 Halistes Vorwurf, weder Cook, Zeus. A Study in Ancient Religion, II (Cambridge 1925), p. 1090 noch das Roscher-Lexikon führten das Material über Zeus ὅριος vollständig an (Haliste, Katasterwesen, Eranos XLVIII, 102 Anm. 3), trifft zwar zu, doch sind die von ihm zitierten Inschriften nicht einschlägig. Nach der von Haliste ibid. ergänzend angeführten delischen Weihinschrift Syll. 1126, Z. 4 ist Διὶ Οὐρίωι ein χαριστήριον dediziert worden. Ζεὺς οὔριος, der Spender günstigen Fahrtwindes, ist auf Delos die Hauptgottheit der Handelsschiffer, die seinen Kult dort

Jupiter Terminus oder Terminalis war, sondern eine genuin griechische Gottheit, "the natural protector of boundaries", hat Cook festgestellt[82]. Dafür spricht neben der relativ frühen attischen Inschrift im besonderen der Vergleich der Berichte von Dionysius Halicarnassensis und Plutarch: Während Plutarch Terminus in Anlehnung an das Lateinische Τέρμων nennt[83], übersetzt Dionysios von Halikarnassos den Namen des römischen Gottes ohne Zweifel in Anlehnung an einen bestehenden Ζεὺς-ὅριος-Kult.[84]

Daraus folgt, daß auch Platon Ζεὺς ὅριος bereits vorgefunden hat und mit seinem Kult gemeingriechischer Sakralpraxis gefolgt ist[85].

2. Sakralstrafe

Damit ist jedoch noch nicht die zweite Frage beantwortet, ob es in Griechenland einen sanktionsbewehrten Sakralschutz der Grundstücksgrenzen gab und ob ein Gesetz des Zeus ὅριος existierte, das eine göttliche Strafe für Grenzverrückung vorsah.

Die Quellen zu Ζεὺς ὅριος geben darüber keinen Aufschluß. Die römische lex sacrata des Numa Pompilius kann nicht als Beweis dienen, da Ζεὺς ὅριος bei Dionysios von Halikarnassos nur die Übersetzung des Jupiter Terminus ist und keine Rezeption des römischen Gesetzes oder eine Parallele dazu im griechischen Recht erwähnt wird. Bis hierher ist Guiraud zu folgen[86]. Außerdem beruft sich Guiraud bei seiner Ablehnung eines positivrechtlichen Vorbildes für Platons Gesetz[87] auf die bekannte chiische Inschrift aus dem 5. Jahrhundert über die Fines Lophitidis regionis venditionesque bonorum in ea sitorum[88], nach der die

---

eingeführt haben, Cook, Zeus III (1940), 152; Roussel, Les cultes égyptiens à Délos du IIIe au Ier siècle av. J.-C. (Annales de l'Est, 29/30), Paris-Nancy 1916, p. 152; Roussel, Délos, colonie athénienne (Bibliothèque des Écoles françaises d'Athènes et de Rome, sér. 1, t. 111), Paris 1916, p. 275. Er hat mit Ζεὺς ὅριος nichts zu tun.

Die zweite von Haliste ibid. genannte Inschrift IG XIV 574 (=SGDI 5248) enthält in Zeile 3 die Form Διὶ 'Ωρίῳ. Wie K.H. Meyer schon 1886 festgestellt hat, steht in dieser Inschrift ω für ου (Meyer, Nachträge, Grammatik und Wortregister zu den Inschriften von Sicilien und Wortschatz der Inschriften von Abu-Simbel, in: SGDI IV, S. 1209–1232 [1215]). Auch hier handelt es sich demnach um den Windgott Zeus οὔριος und nicht um den Grenzgott Zeus ὅριος.

82 Cook, Zeus III, 1183.

83 Plut. Num. 16, 1.

84 Vgl. Beauchet, Histoire du droit privé de la république athénienne, Paris 1897, III, 72.

85 Haliste, Katasterwesen, Eranos XLVIII, 102.

86 Guiraud, La propriété foncière en Grèce jusqu'à la conquête romaine, Paris 1893, p. 186–187.

87 Guiraud, Propriété, 187.

88 DGE 688 A (= IGA 381a = Michel 1383A = SGDI 5653a).

Entfernung, Verrückung und Unkenntlichmachung von Grenzsteinen zum Schaden der Stadt mit einer Geldstrafe von 100 Stateren und Atimie geahndet wird: ἤν τις τ|ινα τῶν ὅρων τούτων |ἢ ἐξέληι ἢ μεθέληι ἢ ἀ|φανέα ποιήσει[89] ἐπ' ἀδικί|ηι τῆς πόλεως, ἑκατὸν σ|τατῆρας ὀφειλέτω κἄτι|μος ἔστω[90]. Aus dem Schweigen dieses Dokuments über eine sakrale Sanktion für die Verletzung der Grenzen folgert Guiraud, ein göttlicher Schutz habe weder für die Grenzen privater noch die staatlicher Grundstücke bestanden[91]. Bereits Beauchet hat dieser These widersprochen[92]. Allerdings bleibt seine Ansicht „le Ζεὺς ὅριος ... nous semble avoir le même caractère que le Dieu Terme des Romains“[93] – jedenfalls was die lex sacrata angeht – unbewiesen.

Angesichts der Eigenständigkeit des Zeus ὅριος gegenüber Jupiter Terminus trägt die Analogie zum römischen Recht nicht viel aus. Überzeugender ist Beauchets Hinweis auf Ζεὺς ἕρκειος, den Schützer der Familie und des Familienvermögens[94], dem natürlich auch der Schutz der Grenzen dieses Vermögens unter dem Epitheton ὅριος zustand[95].

Ein wertvolles in diesem Zusammenhang bisher noch nicht entsprechend gewürdigtes Zeugnis für die Verbreitung sakralen Schutzes der Grenzen von Privatgrundstücken durch den *Fluch* liefert Platon selbst in den Nomoi bei der Besprechung der dorischen Verfassungen, wo er die Verhältnisse in den außerdorischen Staaten kritisiert: ὡς ἐπιχειροῦντι δὴ νομοθέτῃ κινεῖν τῶν τοιούτων τι πᾶς ἀπαντᾷ λέγων μὴ κινεῖν τὰ ἀκίνητα, καὶ ἐπαρᾶται γῆς τε ἀναδασμοὺς εἰσηγούμενον ...[96] Der Fluch trifft nach Platons Zeugnis zwar den Gesetzgeber, muß aber a fortiori auch für jeden Privatmann gegolten haben. Von der ἀρά bis zu der in Lg. 843 a 8 unbestimmt gelassenen δίκη παρὰ θεῶν ist es nur noch ein Schritt[97]: Der Umstand, daß sich jemand durch Grenzveränderung den Fluch zugezogen hat, begründet die Zuständigkeit der Götter und die Legitimation ihrer Strafe.

Unabhängig davon, ob die die Grenzverrückung als ἀναδασμός qualifizierende Stelle in Lg. 843 b 4 platonisch ist oder auf einen Kommentator zurückgeht,

89 Zu ἀφανέα ποιήσει vgl. Z.35–41 der Dirae Teiae, DGE 710B (= CIG 3044B = IGA 497B = Michel 1318B = SGDI 5632b = Syll. 38): ὃς ἂν τὰ(ς) στήλ|ας : ἐν ἧισιν : ἠπαρὴ : γέγρ|απται : ἢ κατάξει : ἢ φοιν|ικήια : ἐκκόψει : ἢ ἀφανέ|ας : ποιήσει, : κε͂νον : ἀπόλ|λυσθαι : καὶ αὐτὸν : καὶ γ|ένος [τὸ κένō].

90 DGE 688 A, Z. 9–16.

91 Guiraud, Propriété, 187.

92 Beauchet, Droit privé III, 72–73.

93 Beauchet, Droit privé III, 72.

94 Vgl. die Belege und die Literatur bei Cook, Zeus III, 243 n. 5.

95 Beauchet, Droit privé III, 73; in diesem Sinne auch schon Hermann, De terminis, 15.

96 Lg. 684 d 8 – e 2.

97 Im Gesetz über den freiwilligen Mord ist z.B. der Fluch expressis verbis in das Gesetz selbst aufgenommen: ἡ τοῦ νόμου ἀρά, Lg. 871 b 4.

beweist die Wendung ἐπαρᾶται γῆς ἀναδασμοὺς εἰσηγούμενον im Zusammenhang mit dem in Lg. 843 a 1 wieder aufgenommenen μὴ κινεῖν τὰ ἀκίνητα, daß es jedenfalls außerhalb der dorischen Staaten in Griechenland[98] zu gewissen Zeiten üblich war, die Grundstücksgrenzen durch ἐπαρὰ zu sichern.

Das wird durch eine chiische Stelle aus dem 5. Jahrhundert[99] bestätigt, auf der bestimmt ist: Οὖρον ὅ|[ς] ἂν ἐκβάλ|ηι, στατῆρ' |[ἀ]ποδότω ἰ|[θυ]ναγ καὶ | [τ]ἠπαρῆι ἐ|[ν]εχέσθω[100]. Hier tritt neben die gegenüber der vorigen chiischen Inschrift wesentlich geringere Geldstrafe von einem Stater für die Entfernung eines Grenzsteins als sakrale Sanktion der Fluch. Für die unterschiedlichen Rechtsfolgen in beiden Inschriften gibt es zwei Erklärungen: Im ersten Falle kann sich die Stadt mit der von ihren Beamten einzutreibenden Geldstrafe begnügen[101], während im zweiten zu der vermutlich auf einem Volksbeschluß der Kaukaseer[102] beruhenden geringeren Ordnungsstrafe als zusätzliche Sicherung der Fluch hinzutreten muß[103]. Daneben wird man im Anschluß an Beauchet[104] und Haliste[105] eine historische Entwicklung im Schutz der Grundstücksgrenzen vom Sakral- zum Profanrecht berücksichtigen müssen.

Die Existenz stark sakraler Momente im älteren griechischen Landbesitzrecht steht außer Zweifel, wenngleich Guiraud[106] und Beauchet[107] unter dem Einfluß von Fustel de Coulanges diesen Aspekt etwas zu stark akzentuieren[108]. Wie Thalheim feststellt, „galt fortwährend als Fundament des ganzen bürgerli-

98 Natürlich auch in nichthellenischen Rechten, wie Dt. 27, 17 für das mosaische Recht beweist.

99 Forrest, The tribal organization of Chios, ABSA LV (1960), 172–189 [187] datiert sie auf 450–425.

100 SGDI 5654, Z. 9–15 (= Haussoulier, REG III (1890), 212 = 'Αθηνᾶ 20 (1908), 190).

101 Aber auch hier trifft der Fluch die πεντεκαίδεκα als die Kontrollbehörde, wenn sie es unterlassen, von den bei pflichtwidriger Begünstigung selbst haftenden ὁροφύλακες die Strafsumme einzuziehen: DGE 688 A, Z. 20–21. „An diesem Beispiel tritt besonders gut hervor, wie die sakrale Strafe erst eintritt, nachdem der Instanzenzug des Staates erschöpft ist", Latte, Heiliges Recht, 74–75.

102 Gegen Lattes auf Hdt. V 33 gestützte Vermutung, es handele sich dabei um den chiischen Demos Kaukasa (Heiliges Recht, 72 Anm. 29), bestehen m.E. keine Einwände.

103 Latte, Heiliges Recht, 72 Anm. 29.

104 Beauchet, Droit privé III, 71 ff.

105 Haliste, Katasterwesen, Eranos XLVIII, 102, wobei allerdings auf S. 101 („... laut welcher die Unantastbarkeit der Grenzen von privatem Grundbesitz mit einer Geldstrafe und mit Atimie geahndet wird") die Wendung ἐπ' ἀδικίηι τῆς πόλεως (DGE 688 A, Z. 12–13) nicht gewürdigt wird.

106 Guiraud, Propriété, 30–35.

107 Beauchet, Droit privé III, 68–77.

108 Haliste, Katasterwesen, Eranos XLVIII, 102–103 und 103 Anm. 1.

chen Lebens die Heiligkeit der Grenzen, die schon vor aller bürgerlichen Gesetzgebung durch ihre gottesdienstliche Beziehung, um nicht zu sagen Vergötterung, dem Eigentum eine höhere Weihe erteilt hatten"[109]. Im Laufe der historischen Entwicklung schwächte sich die Wirkung des Sakralschutzes ab, und juristische Garantien traten an seine Stelle. Eine Parallele für die Ablösung der sakralen Sanktion durch profane bietet im römischen Recht die Entwicklung von der lex Numae[110] bis hin zur lex Julia agraria von 59 v. Chr., die nur noch eine pecuniaria poena festsetzt[111]. In der Übergangszeit, die für Griechenland nach dem Vergleich der beiden chiischen Inschriften ins 5. Jahrhundert fällt, bestehen sakrale und profanrechtliche Momente nebeneinander[112]. Im 4. Jahrhundert verschwindet der Fluch immer mehr und hat seine Rolle als wirksamer Rechtsschutz in Griechenland spätestens um 300 v. Chr. ausgespielt[113].

Ob die erstmals 1899 von Hogarth publizierte lex sacra des Heraions von Agia Moni auf Zypern aus dem 3. Jh. v. Chr.[114], die später erneut von Mitford[115] und Bousquet[116] und jüngst wieder von Sokolowski[117] ediert worden ist, ein „règlement relatif à la protection des bornes" ist, wie Sokolowski – allerdings

109 Hermann-Thalheim, Griechische Rechtsaltertümer, 58.

110 D.H. A.R. II 74, 3: εἰ δέ τις ἀφανίσειεν ἢ μεταθείη τοὺς ὅρους, ἱερὸν ἐνομοθέτησεν εἶναι τοῦ θεοῦ τὸν τούτων τι διαπραξάμενον· und für das Umpflügen eines Grenzsteins Fest. s.v. Termino sacra, p. 505, Z. 20 f. Lindsay: Numa Pompilius statuit, eum, qui terminum exarasset, et ipsum et boves sacros esse (= p. 368, 3–4 Mueller = p. 560, 6–8 Thewrewk = Bruns, Fontes juris romani antiqui, 7. ed., Tubingae 1909, II, 42). Davon, daß die lex Numae mit ihrer Kapitalstrafe nur die Grenzen öffentlicher Grundstücke, Plätze und Wege geschützt habe und die Grenzverschiebung unter Privaten im Zivilrechtsweg erledigt worden sei, wie Mommsen, Römisches Strafrecht (Systematisches Handbuch der Rechtswissenschaften, I. Abt., 4. Teil), Leipzig 1899, S. 822 Anm. 1 meint, kann nicht die Rede sein.

111 Lex Mamilia Roscia Peducaea Alliena Fabia, c. 55 bei Blume-Lachmann-Rudorff, Grom. vet., p. 264–266 (= Bruns, Fontes[7], I 15 [p. 96]), womit Call. D. 47, 21, 3 pr. übereinstimmt. Rudorff, Ueber die sogenannte lex Mamilia de coloniis, Zeitschrift für geschichtliche Rechtswissenschaft, Bd. 9 (1838), 379–420 [409–420] und ders., Gromatische Institutionen, in: Blume-Lachmann-Rudorff, Römische Feldmesser, II, 244 schreibt diese lex Caligula zu, ebenso Dareste, Science du droit, 71. Zur Entwicklung in Rom vgl. Mommsen, Römisches Strafrecht, 822 f.

112 Haliste, Katasterwesen, Eranos XLVIII, 105.

113 Latte, Heiliges Recht, 76.

114 Hogarth, Devia Cypria. Notes of an archeological journey in Cyprus in 1888, Oxford 1889, pp. 33–34, nr. 11.

115 Mitford, Further Contributions to the Epigraphy of Cyprus, AJA 65 (1961), 93–151 [nr. 8, pp. 105–107].

116 SEG XX 256.

117 LSG 149.

mit einem Fragezeichen versehen – vermutet[118], und ob die in ihr statuierte doppelte Verantwortlichkeit des Täters eine Parallelbestimmung zu Pl. Lg. 843 a 6–8 indiziert[119], ist angesichts der stark differierenden Lesarten, Konjekturen und inhaltlichen Interpretationen der Herausgeber sehr zweifelhaft. Als Vergleichsbestimmung zu Platons *Διὸς ὁρίου νόμος* ist die stark beschädigte Inschrift zu unzuverlässig.

Zusammenfassend ist festzuhalten, daß wir von einer lex sacrata des *Ζεὺς ὅριος* zum Schutz aller Grundstücksgrenzen in Griechenland nichts wissen und daß auch bei Platon die Garantie durch diesen Gott nicht so lückenlos ist, wie sie von manchen Autoren verstanden wird. Vielmehr dürfte Platon den Zeus-*ὅριος*-Kult mit einem aus der griechischen Vergangenheit entlehnten mehr oder minder umfassenden sakralen Schutz der Grenzen durch den Fluch in seinem *Διὸς ὁρίου νόμος* verbunden haben. Guiraud hält es für möglich, daß in den ersten Jahrhunderten der griechischen Geschichte die Grenzverrückung wie in Rom generell ein Sakrileg gewesen sei[120]. Gernets Vermutung, es handele sich um eine „conception proprement platonicienne, que justifie le caractère religieux des *ὅροι*“[121], trifft nur insoweit zu, als zu Platons Lebzeiten sakraler Grenzschutz kaum noch in Übung war.

3. Profanstrafe

Staatliche Geldbußen für Grenzverrückung sind in den beiden Inschriften von Chios belegt. Auf eine interessante Parallele zwischen DGE 688A und dem juristischen Teil des platonischen Gesetzes hat Haliste hingewiesen: dem *ἀποτίνειν* bei Platon[122] entspricht das *ἑκατὸν στατῆρας ὀφειλέτω* in Chios[123] und dem platonischen *πάσχειν*[124], das Körper- und Ehrenstrafen umfaßt, das chiische *κἄτιμος ἔστω*[125]. Ein wesentlicher Unterschied besteht jedoch darin, daß die platonische Strafe schätzbar ist, während es sich auf Chios um eine absolute Strafe handelt.

118 Sokolowski, Lois sacrées des cités grecques (École française d'Athènes. Travaux et mémoires des anciens membres étrangers de l'école et de divers savants, XVIII), Paris 1969, p. 250 (ad LSG 149).

119 Sokolowski, Lois sacrées, 251 (ad LSG 149).

120 Guiraud, Propriété, 63.

121 Gernet, Introduction, CLXXIV n. 1.

122 Lg. 843 b 5.

123 DGE 688 A, Z. 13–14.

124 Lg. 843 b 5.

125 DGE 688 A, Z. 14–15. Das *ἤ* in Lg. 843 b 5 ist natürlich disjunktiv und nicht alternativ zu verstehen, so daß Platons Rechtsfolge der chiischen Strafenhäufung nicht widerspricht.

Da auf Chios ohne nähere Ausführungen zum Verfahren nur von der Eintreibung der Geldstrafe durrch die ὁροφύλακες die Rede ist[126], wird die bloße Anzeige an diese Behörde zur Eröffnung des Verfahrens genügt haben.

Wenn auch ein Gesetz des Ζεὺς ὅριος, das dem platonischen entspricht, nicht nachweisbar ist, so ist doch die Sakralstrafe für Grenzverrückung – nämlich der Fluch – neben einer Profanstrafe im positiven griechischen Recht hinreichend belegt. Platon hat das Vorbild für sein Gesetz mit hoher Wahrscheinlichkeit nicht dem geltenden Recht seiner Zeit, sondern der Vergangenheit entnommen. Dabei hat er allerdings die archaische Starrheit der Rechtsfolge durch eine modernere und flexiblere Regelung, die schätzbare Strafe, ersetzt.

Von einem privaten Grenzberichtigungsanspruch, wie ihn das römische Recht in Gestalt der actio finium regundorum bzw. der reivindicatio kennt, ist in den Nomoi und im chiischen Gesetz ebensowenig die Rede wie von einer δίκη βλάβης. Offenbar haben die Behörden – bei Platon die Gerichtsorgane oder, was sachlich näher liegt, die Agronomen, auf Chios die ὁροφύλακες – von Amts wegen den alten Grenzverlauf wieder herzustellen. Für eine δίκη βλάβης dürfte neben der rein pönalen Klage kein Platz mehr gewesen sein.

Daß Platon in der Grenzverrückung ein Delikt gegen die verfassungsmäßige Ordnung und keine private βλάβη sieht und darum auch den Zugang zu einer δίκη βλάβης nicht eröffnet, ergibt sich nicht nur aus dem Gesetzeswortlaut, sondern auch aus dem unmittelbar anschließenden Satz, der zu den weiteren Bestimmungen seines Agrarkodex überleitet: τὸ δὲ μετὰ τοῦτο βλάβαι πολλαὶ καὶ σμικραὶ γειτόνων γιγνόμεναι[127]. Erst die folgenden Tatbestände sind βλάβαι und damit Anknüpfungstatbestand für eine δίκη βλάβης.

126 DGE 688 A, Z. 15–16.

127 Lg. 843 b 7–8.

§ 3 ALLGEMEINES ÜBER DIE ΒΛΑΒΑΙ ΓΕΩΡΓΙΚΑΙ

An das Gesetz des Zeus *ὅριος* schließt sich die Regelung der vielen kleinen nachbarlichen Beeinträchtigungen an. Gegenüber der Grenzverrückung und an und für sich sind sie zwar eigentlich belanglos; aber durch ihre Häufung lassen sie angesichts der besitzorientierten und nachtragenden bäuerlichen Mentalität einen wahren Berg an Feindschaft anwachsen, dessen Entstehung Platon von vornherein verhindern will.

Platon regelt im folgenden vorsätzliche direkte Übergriffe auf das Nachbargrundstück ohne Grenzverrückung – Abackern[1] und Abweiden[2] –, die Zueignung fremder Bienen[3], indirekte Schädigungen des Nachbarn durch Feuer auf dem eigenen Grundstück[4] und Anpflanzungen nahe der Grenze[5] sowie das Wasserrecht[6], das Recht der Ernte[7], das Wegerecht[8] und die Schädigungen des Nachbarn, die nicht corpore suo, sondern durch *κτήματα* begangen werden[9]. Damit ist das materielle Nachbarrecht abschließend behandelt.

Die formellen *σμικρὰ νόμιμα* des Prozeßrechts[10] dagegen überlassen die Gesprächspartner den späteren Gesetzgebern. Für greise Gesetzgeber sind sie eine cura posterior und verdienen darum keine längere Erörterung[11].

In allen Fällen eines Verstoßes gegen die Normen des Nachbarrechts gibt Platon dem Verletzten eine *δίκη βλάβης*. Für die moderne am klassischen römischen Recht orientierte Betrachtungsweise ist auffällig, daß der Verletzte keine Klagmöglichkeit auf Grund eines dinglichen Rechts hat, wie sie das römische Recht in Gestalt der rei vindicatio oder der actio negatoria kennt. Das griechische Recht sieht und löst die Probleme nicht sachenrechtlich, sondern deliktisch. Die Restitutionshaftung folgt, wie schon Partsch festgestellt hat, einfach aus dem *ἀδίκημα*[12]; denn „der bewußt erfaßte Begriff des Eigentums als eines absoluten Rechtes fehlt" bei Platon wie im griechischen Recht über-

---

1 Lg. 843 c 6 – d 2, s.u. § 5.

2 Lg. 843 d 6–7, s.u. § 6.

3 Lg. 843 d 7 – e 1, s.u. § 7.

4 Lg. 843 e 2–3, s.u. § 8.

5 Lg. 843 e 3 – 844 a 1, s.u. § 9.

6 Lg. 844 a 1 – d 3 und 845 d 4 – e 9, s.u. § 10.

7 Lg. 844 d 4 – 845 d 3, s.u. § 11.

8 Lg. 845 e 10 – 846 a 3, s.u. § 12.

9 Lg. 846 a 3 – b 2, s.u. § 13.

10 Daß es sich bei den Lg. 846 b 6 erwähnten *νόμιμα* um „methods of legal procedure" handelt, hat bereits England, Laws II, 366 festgestellt.

11 Lg. 846 b 6 – c 5.

12 Partsch, Die alexandrinischen Dikaiomata, ArchPap VI (1920), 34–76 [50].

haupt[13]. In einer Rechtsordnung, in der materielle Rechte als solche noch nicht ins juristische Bewußtsein getreten und nicht zu prozessualer Eigenexistenz gediehen sind, kann der Gedanke, den Eigentümer oder Besitzer als solchen umfassend zu schützen, nicht auftauchen. Die Griechen denken ausschließlich in Rechtsfolgen ungerechtfertigter Eingriffe in Positionen eines anderen und sind damit auf – modern gesprochen – *indirekte* Mittel zum Schutz des Berechtigten angewiesen. Die δίκη βλάβης dient „der *Repression des Delikts,* für welche die eigene Rechtsstellung des zur Verfolgung Berechtigten in der Regel ohne Interesse" ist[14]. Zu Rechtsbehelfen, die unmittelbar auf die Wahrung eines von der Rechtsordnung gebilligten Zustandes abzielen, ist das griechische Rechtsdenken nie gelangt[15].

Juristisch wird ἡ τῆς βλάβης ἔκτησις – gleich ob es sich um das simplum oder um ein Mehrfaches handelt – von den Griechen rein poenal als Deliktsbuße verstanden. Unter wirtschaftlichem Aspekt steht allerdings auch für sie eine Vermischung strafrechtlicher Sühneprinzipien und zivilrechtlicher Entschädigungsgedanken außer Frage[16]. Ins juristische Bewußtsein tritt die Funktion eines zivilrechtlichen Schadensausgleichs aber erst bei Platon. Platon wendet sich in seinen rechtsphilosophischen Ausführungen zum ἀδίκημα gegen das traditionelle Rechtsverständnis von der βλάβη als Delikt. Er unterscheidet zwischen bloß objektiven Schädigungen, βλάβαι, bei denen die Ersatzpflicht nur Ausdruck der Erfolgshaftung ist[17], und den von einer Willensschuld getragenen Ungerechtigkeiten, ἀδικίαι, und polemisiert gegen die übliche Abgrenzung dieser Begriffe sowie gegen das traditionelle Verständnis von ἄκων und ἑκών[18]. Ein ἀκούσιον ἀδίκημα ist seiner Ansicht nach keine ἀδικία[19]. Bei den βλάβαι genügt der einfache Ersatz des angerichteten Schadens zur Wiederherstellung der Rechtsordnung. Dementsprechend tritt für Platon in diesen Fällen die poenale Bußfunktion hinter die zivile Schadensausgleichsfunktion zurück[20]. Wenn ein subjektives Schuldmoment hinzukommt, das Platon im allgemeinen, gemeingriechischer

---

13 Partsch, ArchPap VI, 50.

14 Wolff, (Rez.) Arnold Kränzlein, Eigentum und Besitz im griechischen Recht des 5. und 4. Jahrhunderts v. Chr. (Berliner juristische Abhandlungen, VIII), Berlin 1963, SavZ 81 (1964), 333–340 [338].

15 Wolff, SavZ 81, 339.

16 Goppel, Untersuchungen zu Klagzielen attischer Klagen. Kannte das attische Recht Mischklagen?, Diss., München 1970, S. 7; Mummenthey, Zur Geschichte des Begriffs Βλάβη im attischen Recht, Diss., Freiburg 1971, S. 84.

17 Maschke, Die Willenslehre im griechischen Recht. Zugleich ein Beitrag zur Frage der Interpolationen in den griechischen Rechtsquellen, Berlin 1926, S. 119.

18 Lg. 861 e 1 – 863 a 6

19 Lg. 862 a 2–7.

20 Lg. 862 b 6 – c 2.

Rechtsterminologie folgend, mit dem Ausdruck ἑκών, gelegentlich aber auch mit anderen Worten wie ἀναίδεια[21] oder ἀνελευθερία[22] bezeichnet, wird die Tat zur ἀδικία, für die der Täter zur Heilung seiner Seele[23] bestraft wird. In den νόμοι γεωργικοί besteht diese Strafe in der Regel in der Erhöhung der an den Verletzten zu zahlenden Summe auf das duplum oder triplum, aber auch in Geldbußen an eine Tempelkasse oder in Schlägen. Diese Rechtsfolgen der ἑκούσια ἀδικήματα versteht auch Platon als poenale Sanktion.

Trotzdem scheint es mir aus formalen und inhaltlichen Gründen zulässig zu sein, die ἔκτησις τῆς βλάβης – gleich, ob es sich um das simplum bei unabsichtlichen oder das duplum bzw. triplum bei absichtlichen Schädigungen handelt – einheitlich als Schadensersatz und nicht als Buße zu bezeichnen. Man entgeht so der Gefahr, die Rechtsfolge der δίκη βλάβης mit den in die Staatskasse fließenden Bußen und Ordnungsstrafen, den Rechtsfolgen der Polizeidelikte oder Ordnungswidrigkeiten, zu verwechseln. Zweitens muß man beim simplum nicht danach differenzieren, ob es sich um eine Norm Platons (dann „Schadensersatz") oder des positiven Rechts (dann „Buße") handelt, und drittens wird das τὸ βλάβος ἐκτίνειν Platons nicht unterschiedlich übersetzt, je nachdem, ob es sich um das simplum oder das duplum handelt. Eine sachliche Rechtfertigung für die einheitliche Verwendung des Begriffs „Schadensersatz" ergibt sich daraus, daß dieses Institut auch nach modernem Verständnis nicht nur Ausgleich, sondern auch Genugtuung bezweckt, daß ihm also auch heute noch ein poenales Element inhärent ist[24].

Der Schadensersatz ist stets in Geld zu leisten. Eine Naturalrestitution im modernen Sinne hat das griechische Recht ebensowenig wie das klassische römische Recht gekannt[25]. In Lg. 862 b 6 – c 2 klingt zwar in rechtspolitischer

---

21 Lg. 843 c 7.

22 Lg. 843 d 1.

23 Lg. Vgl. Lg. 843 d 1 und 862 c 7–9.

24 Esser, Schuldrecht, Bd. I: Allgemeiner Teil, 4. Aufl., Karlsruhe 1970, S. 267. Zur Genugtuungsfunktion vgl. BGHZ 18, 149 [154–156].

25 Mummenthey, Βλάβη, 78. Niederländer mißversteht sowohl Lipsius, Attisches Recht, 440 als auch das dort in Anm. 79 zitierte attische Diebstahlsgesetz (Dem. XXIV 105 = Solon F 23d), wenn er behauptet, der Dieb werde u.U. zum Naturalersatz des Gestohlenen verurteilt (Niederländer, Die Entwicklung des furtum und seine etymologischen Ableitungen, SavZ 67 (1950), 185–260 [225]). Die bei Demosthenes erwähnten ἐπαίτια, der Streitgegenstand, sind nicht die gestohlenen Sachen selbst, sondern entweder ihr Wert in Geld oder – was Kaser, Der altgriechische Eigentumsschutz, SavZ 64 (1944), 134–205 [146 mit Anm. 34] unter Hinweis auf Foed. Delph. Pell. II A, Z. 21 (= DGE 328a) in Erwägung zieht – ein Strafzuschlag. Eine dingliche Herausgabeklage gegen den unberechtigten Besitzer fremden Eigentums und damit auch die Verurteilung zur Herausgabe der gestohlenen Sache in natura sind dem griechischen Recht unbekannt (Kaser, SavZ 64, 137–138; Wolff, Die Grundlagen des griechischen Vertragsrechts, SavZ 74 (1957), 26–72 [69] = in: Berneker, Zur griechischen

Sicht der Gedanke der Naturalrestitution an; aber dieser vorsichtige Ansatz findet sich nur ein einziges Mal in Platons rechtsphilosophischen Erörterungen und wird in den Einzelbestimmungen seiner Gesetzgebung nicht wieder aufgegriffen und positiviert. Die Aussagekraft von Lg. 862 b 6 – c 2 wird m.E. überfordert, wenn man aus dieser Stelle wie Goppel prinzipiell und generell für die Einzeltatbestände der *δίκη βλάβης* folgert, Platon sehe den Schadensausgleich allein unter dem Gesichtspunkt der Naturalrestitution[26].

Maschke hat zutreffend hervorgehoben, daß Platon dem geltenden Recht praktisch wesentlich näher steht, als es seine Polemik gegen die herrschende Auffassung erwarten läßt[27]. Nicht nur die Erfolgshaftung bei zivilem Unrecht und die Bestrafung freiwillig begangenen Unrechts dürften positivem Recht entsprechen; auch die Qualifizierung der unfreiwilligen Ungerechtigkeiten als *βλάβαι* steht, was die Rechtsfolgen betrifft, z.B. der unfreiwilligen Tötung im attischen Recht nahe[28].

Rechtsgeschichte, 483–533 [531]; Kränzlein, Eigentum und Besitz im griechischen Recht des 5. und 4. Jahrhunderts v. Chr. (Berliner Juristische Abhandlungen, VIII), Berlin 1963, S. 139). Vielmehr nimmt der Bestohlene im Wege der Vollstreckungsselbsthilfe und unter dem Schutz der *δίκη ἐξούλης* Zugriff auf die ihm entzogene Sache (Kränzlein, Eigentum und Besitz, 143). Scheitert ein solcher Zugriffsversuch, weil die Sache untergegangen ist oder unauffindbar bleibt, so wird der Dieb gemäß dem Gesetz bei Dem. XXIV 105, 2. Alternative zum Wertersatz resp. zur Zahlung des Strafzuschlages verurteilt (vgl. Kaser, SavZ 64, 146 Anm. 34; Kupiszewski, Le droit hellénistique dans le Νόμος Γεωργικός, JJP XVI/XVII (1971), 85–98 [95]).

26 Goppel, Klagziele, 207.

27 Maschke, Willenslehre, 120.

28 Maschke, Willenslehre, 120.

§ 4 VERFAHRENSRECHT

Für die Ermittlung des Sachverhalts, die Taxierung des Schadens und die Entscheidung der Klage sind in allen Landwirtschaftssachen bis zu einem Schaden von drei Minen die Agronomen, die ländliche Verwaltungsbehörde in Magnesia, zuständig[1]. In leichteren Fällen entscheiden die fünf Phrurarchen allein, in schwereren zusammen mit zwölf ihnen unterstellten Agronomen[2]. Für Schäden über drei Minen ist das *κοινὸν δικαστήριον* in erster und letzter Instanz zuständig[3].

Grundsätzlich haben in Magnesia alle Beamten eine gewisse Jurisdiktionsgewalt: *πάντα μὲν γὰρ ἄρχοντα ἀναγκαῖον καὶ δικαστὴν εἶναί τινων*[4].

Wie die athenischen Behörden seit Solon auf Grund des erstarkten demokratischen Bewußtseins vorwiegend als Kollegialorgane tätig waren[5], so üben auch die Beamten in Magnesia die Rechtsprechung in kollektiven Spruchkörpern aus[6]. Ihre Strafgewalt ist auf Geißelung, Haftstrafen und Geldbußen bis zu 100 Drachmen, bei gemeinsamer Entscheidung zusammen mit dem Kollegialorgan einer anderen Verwaltungsbehörde auf maximal 200 Drachmen, beschränkt[7]. In Zivilsachen sind sie auch für höhere Streitwerte zuständig[8]. Der Umfang der richterlichen Tätigkeit der Agronomen wird erst dann voll verständlich, wenn man sich vor Augen hält, daß der durchschnittliche Tageslohn im 5. Jahrhundert eine Drachme betrug. Selbst wenn man eine Steigerung der Löhne und Preise im 4. Jahrhundert in Rechnung stellt, bedeuten drei Minen immer noch einen

---

1 Lg. 843 d 2–4 und 846 a 6–7. Die sachliche Zuständigkeit bestimmt sich nicht nach dem Streitwert, der bei einer auf das duplum oder triplum gerichteten Klage höher als drei Minen sein kann. Anders wohl Morrow, Cretan City, 244, der von „claims up to the amount of three minae" spricht.

2 Lg. 843 d 4–6 in Verbindung mit 760 b 3 – c 1 und 761 d 8 – e 4.

3 Lg. 846 a 8 – b 2.

4 Lg. 767 a 6–7.

5 Busolt-Swoboda, Griechische Staatskunde, 3. Auflage der „Griechischen Staats- und Rechtsaltertümer" (Handbuch der Altertumswissenschaft IV. 1. 1), München 1920/1926, S. 481. 1059–1060; Kahrstedt, Untersuchungen zur Magistratur in Athen. Studien zum öffentlichen Recht Athens, Teil II (Geisteswissenschaftliche Forschungen, 10), Stuttgart 1936, S. 148–165; Morrow, Cretan City, 245.

6 Vgl. Lg. 764 b 1 – c 4, 843 d 2–6. d 7. e 3, 846 a 3–4. a 6–7, 847 a 4 – b 6, 879 e 1–5, 936 c 1–7.

7 Lg. 764 b 1 – c 4. Daß diese Beschränkung der Strafgewalt nicht nur für Agoranomen und Astynomen bei Brunnendelikten gilt, ergibt sich aus Lg. 949 c 6 – e 2. In Handwerkersachen erstreckt sich die Strafbefugnis der Astynomen gegenüber Metöken ausnahmsweise nur auf Epibolai bis zu 50 Drachmen, Lg. 847 b 2–6.

8 Aus Lg. 846 a 7 in Verbindung mit der Pflicht zum Ersatz des triplum in Lg. 843 c 6 – d 2 ergibt sich, daß sie bei der Epergasie bis 900 Drachmen zusprechen können.

beträchtlichen Teil des Jahreseinkommens eines Mannes[9]. Die weit überwiegende Zahl der Landwirtschaftssachen wird demnach von den Agronomen entschieden. Nur ein ganz geringer Prozentsatz von Verfahren kommt vor das *κοινὸν δικαστήριον*.

Einen einheitlichen Höchstsatz der *ἐπιβολαί*, die Beamte auferlegen konnten, hat es im klassischen Recht Athens nicht gegeben; das *τέλος* der jeweiligen *ἐπιβολή* war durch Spezialgesetz bestimmt. Die 500 Drachmen, die der Rat als Ordnungsstrafe verhängen konnte, waren als Relikt einer umfassenden Koerzitationsgewalt offenbar das Maximum[10]. Die Hieropoioi des Hephaistosfestes besaßen die Kompetenz für Bußen bis zu 50 Drachmen[11], ebenso die Proedroi der Gemeindeversammlung[12]. Wenn auch die Jurisdiktionsgewalt der Verwaltungsbehörden in Magnesia etwas über die der letztgenannten Beamten hinausgeht, so ist darin jedoch kein Indiz für eine Abkehr Platons vom klassischen athenischen Recht und für eine Rückwendung zu der alten umfassenden magistralen Koerzitationsgewalt zu sehen.

Gegen das Urteil der Agronomen gibt es anscheinend kein Rechtsmittel[13]. Darin folgt Platon dem Recht seiner Vaterstadt, das aller Wahrscheinlichkeit nach in klassischer Zeit keinen Rechtsbehelf gegen *ἐπιβολαί* der Beamten kannte[14] – zumindest dann nicht, wenn es sich um eine *ἐπιβολὴ κατὰ τὸ τέλος* handelte[15].

Landwirtschaftssachen werden in Magnesia demnach – von wenigen Ausnahmen abgesehen – in einer einzigen Instanz abschließend verhandelt. Für andere Privatklagen sieht Platon dagegen einen dreistufigen Instanzenzug von dem Schiedsgericht, dessen Mitglieder die streitenden Parteien selbst wählen, über das Phylengericht bis hin zum *κοινὸν δικαστήριον* vor[16].

---

9 Morrow, Cretan City, 244.

10 Busolt-Swoboda, Griechische Staatskunde, 1046. 1054.

11 IG I^2 84, Z. 26–30 (= IG I 46 = IG I suppl., p. 64 nr. 35 = Leg. Sacr. II 12 = LSG 13).

12 Aeschin. I 35.

13 So auch Morrow, Cretan City, 246.

14 Bonner-Smith, The Administration of Justice from Homer to Aristotle, Chicago 1930/1938, vol. II, pp. 245–246; Paoli, La ΕΦΕΣΙΣ ΕΙΣ ΤΟ ΔΙΚΑΣΤΗΡΙΟΝ, RIDA, 1. sér., 5 (1950) [= Melanges Fernand de Visscher, IV], pp. 325–337 [335]; Morrow, Cretan City, 246. 247; Just, Die Ephesis in der Geschichte des attischen Prozesses. Ein Versuch zur Deutung der Rechtsnatur der Ephesis, Diss., Würzburg 1965, S. 151–152. – Dagegen meinen Lécrivain, Ephesis, in: DS II 1 (1892), 639b–644a [640b]; Lipsius, Attisches Recht, 53–54. 197. 954 und Busolt-Swoboda, Griechische Staatskunde, 316. 423. 441–442. 466–467. 543. 1054. 1097, daß zumindest im 4. Jahrhundert gegen die *ἐπιβολή* die *ἔφεσις εἰς τὸ δικαστήριον* zulässig war.

15 So Thalheim, 'Επιβολή 1), in: RE VI 1 (1907), 29–30 [29, Z. 30–48] und Siegfried, De multa quae *ἐπιβολή* dicitur, Diss., Berolini s.a. [1876], pp. 50–59.

16 Lg. 766 e 3 – 767 a 4, 767 b 2 – c 4, 768 b 1 – c 2.

In Athen konnten die Beamten nach Ablauf ihrer Amtszeit im Rahmen der *εὔθυνα* nicht nur für ihre Rechnungsführung, sondern auch für andere *ἀδικήματα*, darunter auch Rechtsbeugung, von jedermann zur Rechenschaft gezogen werden. Während ihrer Amtszeit konnte im 4. Jahrhundert die Bürgerschaft in der Hauptversammlung jeder Prytanie einem Beamten wegen des Verdachts eines Verstoßes gegen seine Amtspflichten im Wege der *ἀποχειροτονία* das Mißtrauen aussprechen. Das hatte zur Folge, daß der Beamte damit zeitweilig von seinem Amt suspendiert war und vor Gericht gestellt wurde.

Platon bestimmt: *ἐὰν δέ τις τῶν ἀρχόντων δοκῇ μετ' ἀδίκου γνώμης κρίνειν τὰς ζημίας, τῶν διπλασίων ὑπόδικος ἔστω τῷ βλαφθέντι· τὰ δὲ αὖ τῶν ἀρχόντων ἀδικήματα εἰς τὰ κοινὰ δικαστήρια ἐπανάγειν τὸν βουλόμενον ἑκάστων τῶν ἐγκλημάτων*[17]. Agronomen, die ihre Amtspflichten durch ein *μετ' ἀδίκου γνώμης κρίνειν* verletzen, können von jedermann[18] – nicht nur von der benachteiligten Partei – vor den *κοινὰ δικαστήρια* auf das duplum in Anspruch genommen werden[19]. Es dürfte sich hierbei, wie sich aus dem *ἀδίκου* ergibt, um Fälle parteiischer Entscheidungen und vorsätzlicher Rechtsbeugung handeln. Als Eingangs- und Schlußinstanz entscheidet über die Anklage der Rechtsbeugung wie auch bei passiver Bestechung und Diebstahl im Amt[20] das *κοινὸν δικαστήριον*, jenes Gericht, das in allen anderen Privatklagesachen dritte und letzte Instanz ist[21]. Für alle anderen Amtsdelikte der Agronomen[22] sieht Platon entweder das Unterwerfungsverfahren vor den Phylengerichten[23] oder das allgemeine gesetzliche Verfahren vor dem *κοινὸν δικαστήριον*[24] vor.

In zwei Punkten scheint Platon von der attischen Regelung abzuweichen: Es ist nicht wie bei der *εὔθυνα* ein besonderes Gericht *ἄρχουσιν καὶ ἰδιώταις ὅσα περὶ ζημιώσεων ἀμφισβητοῦσιν*[25], sondern das *κοινὸν δικαστήριον* für diese Anklagen zuständig, und es bedarf keines Mehrheitsbeschlusses wie bei der *ἀποχειροτονία*, sondern der bloßen Privatklage eines einzelnen, um den Beamten zur Rechenschaft zu ziehen. Kohler-Ziebarth gehen wohl zu weit, wenn sie unter Berufung auf das gortynische Stadtrecht[26] und die delphische Labyadenin-

---

17 Lg. 846 b 2–6; vgl. Lg. 761 e 5 – 762 b 6.

18 Lg. 846 b 5: *τὸν βουλόμενον*.

19 Vgl. Lg. 762 a 2–5.

20 Lg. 761 e 7 – 762 a 4 in Verbindung mit 762 b 3–4 und 846 b 2–6.

21 Lg. 767 c 2–4.

22 Lg. 762 a 5: *τῶν δὲ ἄλλων ἀδικημάτων*.

23 Lg. 762 a 6: *ἐν τοῖς κωμήταις* in Verbindung mit 956 c 2.

24 Lg. 762 a 5 – b 4.

25 Arist. Pol. 1300 b 21–22.

26 IC IV 72, col. I, Z. 51–53 (= IJG I, 352–391 (XVII) = Michel 1333 = SGDI 4991 = Kohler-Ziebarth, Stadtrecht, 1–27) und ebenso IC IV 41, col. IV, Z. 10–14 (= IJG I, 392–397 (XVIII) = SGDI 4998 = Kohler-Ziebarth, Stadtrecht, 28–31 = DGE 181).

schrift[27] einen allgemeinen Grundsatz postulieren, daß in Griechenland Beamte während ihrer Dienstzeit nicht wegen Amtspflichtverletzungen angeklagt werden konnten[28]. Vorsichtiger und wohl korrekter stellt Lipsius fest, daß „kein Fall dafür *bekannt* ist, daß schon während der Amtszeit gegen einen Beamten eine *Privatklage* angestellt werden konnte“[29].

27 DGE 323 A, Z. 38–44 (= SGDI 2561 = IJG II, 179–198 (XXVIII) = Michel 995).

28 Kohler-Ziebarth, Das Stadtrecht von Gortyn und seine Beziehungen zum gemeingriechischen Rechte, Göttingen 1912, S. 127.

29 Lipsius, Attisches Recht, 802–803, Sperrung vom Verf.; so auch Morrow, Cretan City, 247.

§ 5 ABACKERN

I. Pl. Lg. 843 c 6 – d 6

In allen bäuerlichen Gesellschaften, im besonderen auf den kargen Böden Griechenlands, finden wir neben dem berechtigten Interesse, das eigene Feld bis auf den letzten Quadratmeter zu nutzen, die Versuchung, auch ohne direkte Grenzverschiebung das Grundstück des Angrenzers ein wenig mitzunutzen. Typischerweise geschieht das in zwei Formen, entweder indem man ein wenig über die Grenze hinweg auf dem Nachbargrundstück sät und erntet, zumindest aber den Pflug erst auf dem angrenzenden Felde wendet, um so auf der eigenen Parzelle gerade Furchen zu erzielen, oder indem man sein Vieh auf der Wiese des Nachbarn weiden läßt.

Die *ἐπεργασία*, das Übergreifen auf fremdes Land bei der Feldbestellung[1], führt leicht zu Streitigkeiten unter Nachbarn. Platons Gesetz lautet deshalb: *ὃς δ' ἂν ἐπεργάζηται τὰ τοῦ γείτονος ὑπερβαίνων τοὺς ὅρους, τὸ μὲν βλάβος ἀποτινέτω, τῆς δὲ ἀναιδείας ἅμα καὶ ἀνελευθερίας ἕνεκα ἰατρευόμενος διπλάσιον τοῦ βλάβους ἄλλο ἐκτεισάτω*[2] *τῷ βλαφθέντι*[3].

Wer mit Guiraud von einem droit de propriété fictif der Götter an allem Land in der Magnetenpolis ausgeht[4], wird ein Indiz für seine Auffassung in der Wendung *ἐπεργάζηται* finden, denn das Verb *ἐπεργάζεσθαι* wird häufig für die widerrechtliche Bestellung heiligen Landes benutzt[5]. Dieser Beiklang dürfte von Platon durchaus beabsichtigt sein, weil er einmal die juristisch irrelevante aber sozialpsychologisch wirkungsvolle Widmung allen Landes an die Götter[6] unterstreicht und zum anderen noch einmal das Gesetz des Zeus *ὅριος* in Erinnerung ruft.

---

1 Zur Bedeutung der Begriffe *ἐπεργασία* und *ἐπεργάζεσθαι* vgl. Lattermann, Ἐπεργάζεσθαι und Verwandtes, Ath. Mitt. 34 (1909), 363–368 und Haliste, Zur ΕΠΕΡΓΓΑΣΙΑ, in: Apophoreta Tartuensia. Acta Universitati Tartuensi (Dorpatensi) ad diem restitutionis Kal. Dec. MCMXIX nunc tricesimum celebrandum a professoribus discipulisque eorum in exilio dedicata, Holmiae 1949, pp. 21–29.

2 *ἐκτεισάτω* : *ἐκτισάτω* Stallbaum.

3 Lg. 843 c 6 – d 2.

4 Guiraud, Propriété, 362.

5 Siehe Lys. VII 24; Aeschin. III 113; Th. I 139, 2; DGE 325, Z. 15–18 (= CIG 1688 = IG II 1, 545 = SGDI 2501 = Michel 702 = Leg. Sacr. II 75 = Syll. 145 = IG II/III^2 1126 = LSG 78); IG II/III^2 1035 a, Z. 21–22.

6 Lg. 741 c 1–2, 955 e 6–7.

Um den Tatbestand ganz klar zu fassen und um neben dem sakralen Aspekt das juristische Moment zu betonen, fügt Platon *ὑπερβαίνων τοὺς ὅρους*[7] hinzu, worin für griechische Ohren möglicherweise eine Anspielung auf das – allerdings von der Errichtung einer Abgrenzung handelnde – solonische Gesetz *ὅρον μὴ παραβαίνειν*[8] zu hören ist. Die tatbestandsmäßige Handlung besteht allein in der Verletzung des nachbarlichen Grundstücks bei der Feldbestellung, „in der Aneignung fremden Terrains, welches man bearbeitet, als ob es zu eigenem Besitztum gehöre"[9], in der faktischen Verschiebung der Grenze zum Nachteil des Angrenzers. Wird darüber hinaus – etwa um das Abackern zu verdecken – ein Grenzzeichen verrückt, z.B. ein Grenzstein untergepflügt, so greift der härtere *Διὸς ὁρίου νόμος* ein, weil damit der Tatbestand des *ὅρια κινεῖν* erfüllt ist. Der Unterschied ist der gleiche wie der zwischen § 370 Abs. I Ziff. 1 a.F. StGB und § 274 Abs. I Ziff. 2 StGB. Weiss ist im Irrtum, wenn er meint, Platon knüpfe an das terminum exarare als Rechtsfolge nur die Pflicht zu dreifachem Schadensersatz[10].

Neben der Wiedergutmachung, die der Täter zu leisten hat, hat er dem Verletzten als Buße noch einmal das duplum zu zahlen. Die *δίκη βλάβης* geht also bei der *ἐπεργασία* auf das Dreifache des angerichteten Schadens. Daß es sich in summa nicht nur um doppelten Schadensersatz handelt, wie Dareste[11], Guiraud[12], Beauchet[13], Ritter[14], Schulte[15], Gernet[16] und Chase[17] – alle

---

7 *ὑπερβαίνειν* statt *παραβαίνειν* ist selten. LSJ führen nur Hdt. VI 108 für *ὑπερβαίνειν τοὺς ὅρους* an. In IG II/III^2 1035 a, Z. 21–22 findet sich das Fragment *εἰ [δέ τιν]ε[ς ὑπ]ερβάντες τοὺς ἱεροὺς ὅρους ἐπειργάσαν|[το–]* (Athen, 1. Jh. v. Chr.), in einer Inschrift aus Mantinea (27 v. Chr.) *ὑπερέ|[β]η τοὺς τῆς Ἑλλάδος ὅρους*, Syll. 783, Z. 22–23 (= IG V 2, 268); figurativ in Syll. 889, Z. 31–32 (= IG XII 7, 53): *τ]ῆς εἱμαρμένης | ὅρον ὑπερβῆναι* (Arkesine).

8 Gai. D. 10. 1. 13 (Solon F 60a); vgl. P. Hal. 1, Z. 86–87: *τὸν | [ὅρον μὴ π]αρα <β> αινέτω.*

9 Haliste, in: Apophoreta Tartuensia, 26.

10 Weiss, Der Rechtsschutz der römischen Wasserleitungen, SavZ 45 (1925), 87–116 [107 Anm. 5]. Entweder hat Weiss übersehen, daß im Tatbestand der *ἐπεργασία* nicht vom *ὅρια κινεῖν* die Rede ist, oder er geht von Mommsens irriger Annahme aus, mit der Wendung „qui terminum exarasset" bei Festus sei nicht der Grenzstein, sondern die Grenze überhaupt gemeint (Mommsen, Römisches Strafrecht, 822 Anm. 2).

11 Dareste, Science du droit, 71.

12 Guiraud, Propriété, 311.

13 Beauchet, Droit privé III, 74.

14 Ritter, Platos Gesetze, Leipzig 1896, Bd. I: Darstellung des Inhalts, S. 78.

15 Schulte, Quomodo Plato in Legibus publica Atheniensium instituta respexerit, Diss., Münster 1907, S. 72.

16 Gernet, Introduction, CLXXV.

17 Chase, The influence of Athenian institutions upon the Laws of Plato, Harv. Stud. Cl. Philol. XLIV (1933), 131–192 [187].

offenbar unter dem Eindruck des attischen Rechtsprinzips bei Demosthenes Or. XXI 43[18] – annehmen, folgt klar aus dem ἄλλο in Lg. 843 d 2.

Der Grund für die zusätzliche Pflicht zur Zahlung des duplum sind der Mangel an heiliger Scheu (ἀναίδεια), der den Täter die heilige Grenze hat überschreiten lassen[19], und die eines freien Bürgers unwürdige Gesinnung (ἀνελευθερία). Unter ἀνελευθερία versteht Platon primär den χρηματισμός[20], die φιλοχρηματία[21], die sich auf den niedrigsten Wert in seiner Werttafel, das Geld[22], richtet und darum besonders verwerflich ist. Es geht Platon bei der Festsetzung des duplum um die Heilung[23] des Schuldigen von diesen beiden „Krankheiten der Seele"[24]. Aus der Rechtsfolge und ihrer Begründung ergibt sich klar, daß hier nur die absichtliche Epergasie geregelt ist.

Die gegenüber dem Gesetz über die Grenzverrückung erheblich mildere Rechtsfolge erklärt sich daraus, daß hier kein direkter Angriff auf die Götter vorliegt; denn ὑπερβαίνειν τοὺς ὅρους besagt gerade, daß der Täter den Geltungsanspruch der den Göttern vereideten Grenze und ihre Heiligkeit prinzipiell unangetastet läßt: Er überschreitet die fortbestehende Grenze und verschiebt sie nicht. Zum zweiten fehlt es an einem Angriff auf die verfassungsmäßige Ordnung des Staates (ἀναδασμός!), da weder die Katasterbehörden noch der Angrenzer selbst über den wahren Grenzverlauf getäuscht werden. Zum dritten schließlich handelt es sich um einen zeitlich auf eine Saison bis zur nächsten Ernte beschränkten Vorteil, während die Grenzverrückung ein κτῆμα εἰς ἀεὶ ist.

Bei der Epergasie sind mehrere Fallkonstellationen denkbar: Entweder zerstört der Täter durch seine Bearbeitung des Nachbarfeldes die dortigen Saaten, oder er bearbeitet den noch unbestellten angrenzenden Acker. Beide Male kann er erfolglos bleiben, weil ihn der Anrainer sofort an der Weiterarbeit hindert; er kann einen Teilerfolg erzielen, indem er die Aussaat beendet, oder er kann schließlich, wenn der Nachbar sein Tun zu spät bemerkt, mit dem Abernten den erstrebten Erfolg voll realisieren.

Für die nicht gerade typische Vernichtung nachbarlicher Saaten ist die

---

18 So ausdrücklich Schulte, Quomodo Plato, 72: „Nec vero praetermittendum videtur esse Platonem, ius atticum secutum, multam reo irrogatam *totam* actori fingere obtingentem, id quod efficitur ex verbis . . . διπλάσιον τοῦ βλάβους ἄλλο ἐκτισάτω τῷ βλαφθέντι."

19 Knoch, Die Strafbestimmungen in Platons Nomoi (Klass.-phil. Studien, 23), Wiesbaden 1960, S. 65.

20 Rep. 590 b 6–9; Lg. 728 e 4–7, 741 e 3.

21 Lg. 747 b 7–8; Rep. 486 b 6.

22 Lg. 743 e 1–3, vgl. Lg. 697 b 5–6, 728 e 4–7.

23 Lg. 743 d 1: ἰατρευόμενος.

24 Vgl. Lg. 862 c 6–8: Τὰς τοίνυν ἀδίκους αὖ βλάβας καὶ κέρδη δέ, ἐάν τις ἀδικῶν τινα κερδαίνειν ποιῇ, τούτων ὅπόσα μὲν ἰατά, ὡς οὔσῶν ἐν ψυχῇ νόσων ἰᾶσθαι.

Rechtsfolge klar: Der Täter hat den angerichteten Schaden dreifach zu ersetzen. Aber worin besteht eigentlich im zweiten Falle der Schaden seines Nachbarn? Die Antwort auf diese Frage hängt davon ab, wem – läßt man einmal die Möglichkeit beiseite, daß der Täter sofort zu Beginn seiner Arbeit vom Berechtigten zurückgedrängt wird – das Recht an den Früchten auf dem rechtswidrig bebauten Land zusteht. Wo die *ἐπεργασία* als vertraglich vereinbartes *Recht* erwähnt wird, umfaßt sie selbstverständlich auch das Ernterecht[25]. Gilt das gleiche aber auch für die *ἐπεργασία* als *Delikt?*

Haliste ist der Ansicht, „daß von zugefügtem Schaden nur in dem Fall die Rede sein kann, wenn der der Epergasie für schuldig Erklärte nicht nur den fremden Acker bearbeitet, sondern auch die ganze Ernte sich angeeignet hat“[26]. Er meint darüber hinaus, daß der *ἐπεργαζόμενος* trotz der Rechtswidrigkeit seines Übergriffs auf das Nachbarfeld berechtigt ist, die Früchte seiner Arbeit zu ernten[27].

Diese Auffassung korrespondiert gut mit dem archaischen Produktionsprinzip des älteren römischen Rechts[28] und findet eine Parallele in dem alten deutschen Rechtsgrundsatz: „Wer sät, der mäht.“[29] Der Vergleich mit dem älteren römischen und deutschen Recht macht es sehr wahrscheinlich, daß auch im griechischen Recht das Produktionsprinzip gegolten hat, daß also derjenige ernteberechtigt war, der durch Arbeit und Aufwand an Saatgut den entscheidenden Beitrag zur Hervorbringung der Früchte geleistet hatte[30]. Da den Griechen die Vorstellung, daß Bestandteile eines Grundstücks Gegenstand besonderer Rechte sein können, durchaus geläufig war[31], bestehen auch unter diesem Aspekt keine Bedenken, anzunehmen, daß der *ἐπεργαζόμενος* Eigentümer der von ihm gesäten Pflanzen und ihrer Früchte bleibt, ohne daß es für sein Eigentum auf separatio oder perceptio ankäme.

---

25 X. Cyr. III 2, 18–23.

26 Haliste, in: Apophoreta Tartuensia, 27.

27 Haliste, in: Apophoreta Tartuensia, 27. Andernfalls müßte das platonische Gesetz etwa folgendermaßen lauten: *ἐάν τις ἐπεργάζηται τὰ τοῦ γείτονος ὑπερβαίνων τοὺς ὅρους, τους καρποὺς ἀποβαλέτω καὶ ζημίαν προσαποτισάτω*, Haliste, ibid.

28 Vgl. Kaser, Die natürlichen Eigentumserwerbsarten im altrömischen Recht, SavZ 65 (1947), 219–260 [256]; ders., Ehe und „conventio in manum“, Iura 1 (1950), 64–101 [81]; ders., Römisches Privatrecht I, 427.

29 Gierke, Deutsches Privatrecht (Systematisches Handbuch der deutschen Rechtswissenschaft, II. Abt., 3. Teil), Leipzig 1895–1917, Bd. II (1905), S. 586–588; Hübner, Grundzüge des deutschen Privatrechts, 5. Aufl., Leipzig 1930, S. 464–465. Voraussetzung war allerdings, daß der Betreffende die Bestellung in gutem Glauben vorgenommen hatte, vgl. Sachsenspiegel II 46 § 2: „Sve so dat land saiet under der klage, die verlüset sin arbeit unde sine sat dar an“, ebenso c. 211 Schwabenspiegel.

30 Kränzlein, Eigentum und Besitz, 75.

31 Kränzlein, Eigentum und Besitz, 75–76. 104.

Für ein Ernterecht iure seminis und nicht iure soli spricht auch eine prozessuale Erwägung: In Griechenland reift die Ernste in zwei bis drei Monaten. Ebenso lange konnte sich aber in Athen auch ein Epergasieprozeß hinziehen[32]. Wenn auch Platon durch die Zuweisung dieser Streitigkeiten an die ländliche Verwaltungsbehörde[33] eine gewisse Beschleunigung des Verfahrens anstrebt, so daß die Entscheidung der Agronomen meist vor der Ernte ergehen wird, so sind doch Komplikationen durch Prozeßverschleppung, vorzeitiges Ernten u.dgl. nicht auszuschließen. Einem archaischen Recht wie dem griechischen im allgemeinen und dem platonischen im besonderen entspricht es aber eher, daß der Täter mit der Zahlung des dreifachen Wertes der geernteten oder noch zu erntenden Früchte an den Betroffenen sein Delikt pauschal sühnt, dafür aber die producta sceleris behalten bzw. sich noch für diese Saison aneignen darf.

Wer dagegen dem Substantialitätsprinzip folgend iure soli dem von der Epergasie Betroffenen die Ernte zusprechen will, steht unter anderem vor der Frage, wie hoch eigentlich der Schaden ist, wo doch der „Geschädigte“ ohne eigene Aufwendungen an Saatgut und Arbeit ernten darf. Der Kläger müßte bei dieser Auffassung stets geltend machen und beweisen, daß er selbst bei der Bewirtschaftung seines Ackers andere Ziele verfolgt hätte, deren Erreichung ihm mehr Nutzen gebracht hätte als der ihm jetzt aufgedrängte Erntevorteil. Eine derartig komplizierte Schadensberechnung ist aber dem griechischen Recht fremd. Wenn sich auch in dieser Frage keine völlige Gewißheit erreichen läßt, neige ich doch zu der Annahme Halistes, daß das Ernterecht für die laufende Saison abweichend vom klassischen römischen Recht dem ἐρεπγαζόμενος verbleibt und daß der dreifach zu ersetzende Schaden nicht bloß in der widerrechtlichen Bearbeitung fremden Bodens besteht, sondern auch den durch diese Handlungen erzielten oder zu erzielenden Gewinn einschließt[34].

II. Positives Recht

Obgleich uns ausdrückliche Überlieferungen fehlen, ist die Überzeugung weit verbreitet, daß wir für das attische Recht ähnliche Bestimmungen vorauszusetzen haben, wie sie Platon vorsieht[35]. Der Umstand, daß die Buße an den Geschädigten und nicht an die Staatskasse zu zahlen ist, entspricht der attischen Rechts-

32 Haliste, in: Apophoreta Tartuensia, 28 Anm. 22.

33 Lg. 844 d 2–6.

34 Haliste, in: Apophoreta Tartuensia, 27.

35 Beauchet, Droit privé III, 74; Lipsius, Attisches Recht, 655–656; Weiss, SavZ 45, 107 Anm. 5; Apelt, Gesetze, 530 Anm. 45; Chase, Harv. Stud. Cl. Philol. XLIV, 188.

folge bei Privatklagen[36]. Allerdings kann im 4. Jahrhundert in Athen die δίκη βλάβης wegen Epergasie nicht auf das triplum gegangen sein, da der qualifizierende Vorwurf der ἀναίδεια mangels sakralen Schutzes der Grundstücksgrenzen entfällt. Vielmehr wird man entsprechend dem attischen Rechtsprinzip[37] ἂν μὲν ἑκὼν τις βλάψῃ, διπλοῦν, ἂν δ' ἄκων, ἁπλοῦν τὸ βλάβος ἐκτίνειν[38] für vorsätzliche Epergasie doppelten, für fahrlässige dagegen einfachen Schadensersatz vermuten dürfen.

Die einzige erhaltene attische Regelung aus der ersten Hälfte des 1. Jh. v. Chr. ist lückenhaft. Zu lesen sind nur die Worte: εἰ [δέ τιν]ε[ς ὑπ]ερβάντες τοὺς ἱεροὺς ὅρους ἐπειργάσαν|[το – – –][39]. Wenn wir auch aus diesem Fragment nichts über die attische Rechtsfolge erfahren, so ist doch die terminologische Verwandtschaft zur platonischen Norm unübersehbar[40].

Die lex Amphictyonum Delphorum von 380 v. Chr., die allerdings dem Tempelrecht und nicht dem Profanrecht angehört, bestimmt: [αἴ τις τὰν γᾶν ἐπιερ]| γάζ[ο]ιτ[ο] ἂν 'Αμφικτίονες ἰάρωσαν ... ἀποτ[εισάτω ποτ τὸν θεὸν – –] |

36 Haliste, in: Apophoreta Tartuensia, 29.

37 Mit Maschke, Willenslehre, 114 ist das Demosthenes-Zitat als verallgemeinernde Schlußfolgerung aus mehreren Einzelgesetzen zu verstehen. Die δίκη βλάβης ist kein universeller Rechtsbehelf, wie die ältere Lehre meinte, z.B. Hérauld, Desiderii Heraldi Observationes ad ius atticum et romanum, in quibus Claudii Salmasii miscellae defensiones eiusque specimen expenduntur, Parisiis 1650, p. 208; Lipsius, Attisches Recht, 653; Thalheim, Βλάβης δίκη, in: RE III 1 (1897), 552–554; Hitzig, Zum griechisch-attischen Rechte. (Rez.) L. Beauchet, Histoire du droit privé de la république athénienne, Paris 1897, SavZ 18 (1897), 146–196 [184]; Vinogradoff, Outlines of Historical Jurisprudence, Oxford 1920/1922, vol. II: The Jurisprudence of the Greek City, p. 194; Paoli, Studi sul processo attico (Studi di diritto processuale diretti da P. Calamandrei, 2), Padova 1933, p. 86; Arangio-Ruiz, (Rez.) F. Pringsheim, The Greek Law of Sale, Weimar 1950, Iura II (1951), 281–291 [282 n. 1] und jüngst auch noch КЕЧЕКЬЯН, Государство и право древней Греции, Москва 1963, p. 62. Eine Generalklausel hätte dem legalistischen Charakter des attischen Rechts (vgl. Weiss, Griechisches Privatrecht. 26; Arangio-Ruiz, La règle de droit et la loi dans l'antiquité classique, L'Egypte Contemporaine 29 (1938), 17–42 [24 n. 1] widersprochen. Die δίκη βλάβης war vielmehr „nur ein gemeinsamer Name für eine Anzahl klar definierter Ansprüche" (Wolff, Dike Blabes in Demosthenes, Or. LV, in: ders., Beiträge zur Rechtsgeschichte Altgriechenlands und des hellenistisch-römischen Ägypten (Forschungen zum römischen Recht, 13), Weimar 1961, S. 91–101 [100]; so jetzt auch Mummenthey, Βλάβη, 34–41 mit ausführlichen Nachweisen. Den gleichen Bedenken wie die ältere Auffassung ist Ruschenbuschs Versuch einer vermittelnden Theorie ausgesetzt, der neben Spezialtatbeständen einen generalklauselartigen νόμος βλάβης als universalen Auffangtatbestand annehmen will (Ruschenbusch, 'ΥΒΡΕΩΣ ΓΡΑΦΗ, SavZ 82 (1965), 302–309 [306 mit Anm. 22].

38 Dem. XXI 43.

39 IG II/III^2 1035 a, Z. 21–22.

40 Vgl. Keil, Ueber zwei elische Inschriften, NGG 1899, 136–164 [143 Anm. 1]; Haliste, in: Apophoreta Tartuensia, 29.

σταꞇῆρας Αἰγιναίος κὰτ τ[ὸ] πέλεθρον ἕκαστον[41]. Das Gesetz könnte – mit allen Vorbehalten, da es sich um Tempelrecht handelt und die Fixbeträge in äginetischen Silberstateren leider nicht erhalten sind – einen Hinweis darauf bieten, daß auch in anderen griechischen Rechtsordnungen der Schaden pauschal nach der Fläche des beschädigten und durch den Anrainer bestellten Nachbarlandes berechnet wurde. Das platonische Gesetz zeichnet sich demgegenüber durch größere Flexibilität aus, weil es auf den Schaden im Einzelfall abstellt.

---

41 DGE 325, Z. 15–17 (= CIG 1688 = IG II 1, 545 = SGDI 2501 = Michel 702 = Leg. Sacr. II 75 = Syll. 145 = IG II/III ^{2} 1126 = LSG 78).

§ 6 ABWEIDEN

I. Pl. Lg. 843 d 6–7

Neben der Versuchung, bei der Feldbestellung auf den Acker des Angrenzers überzugreifen, ist es verführerisch, das eigene Vieh zur Weide auf die Wiesen oder gar schon bestellten Felder des Nachbarn zu treiben. Im Interesse einer harmonischen Nachbarschaft trifft Platon auch dagegen Vorsorge: *ἐάν τις βοσκήματα ἐπινέμῃ, τὰς βλάβας ὁρῶντες κρινόντων καὶ τιμώντων*[1].

Wie die XII Tafeln einen Unterschied zwischen der actio de pastu pecoris[2] und der actio de pauperie[3] machen, so nimmt auch Platon den Fall der *ἐπινομία* aus der allgemeinen Regelung der Vermögensschädigung durch Haustiere[4] heraus. Der Täter hat den Schaden einfach zu ersetzen[5]; denn das das Gesetz einleitende *καὶ* soll keine Übernahme der Epergasierechtsfolge statuieren, sondern nur die Zuständigkeit der Agronomen[6] für die Besichtigung des Schädigungserfolges, die Abschätzung des materiellen Schadens[7] und die Entscheidung über die Klage wie im vorangegangenen Falle festlegen. Den Plural *τὰς βλάβας* in Lg. 843 d 7 verstehe ich nur als stilistische Variation gegenüber dem üblichen Singular.

Ebenso wie das römische Recht – soweit wir wissen – keine noxae datio bei der actio de pastu pecoris kannte, sieht auch Platon bei der *ἐπινομία* im Gegensatz zu den anderen Fällen der Haftung für Sachbeschädigung durch Haustiere keine Möglichkeit einer *παράδοσις* vor. Die *δίκη βλάβης* ist unmittelbar gegen den Tierhalter (oder auch gegen den Hirten, wenn dieser sua sponte handelt?) ge-

---

1 Lg. 843 d 6–7.

2 XII-Tab. VIII, 7; Ulp. D. 19, 5, 14, 3.

3 XII-Tab. VIII, 6; Ulp. D. 9, 1, 1 pr; beide vermengt in Paul. Sent. I 15, 1.

4 Lg. 936 e 3–5.

5 Arg. aus Lg. 843 e 1. So auch Fliniaux, Une vieille action du droit romain. L' „actio de pastu", in: Mélanges de droit romain dédiés à Georges Cornil, Gand-Paris 1926, t. I, p. 245–294 [249]. Ritters Auffassung, bei dolosem Verhalten sei doppelter Schadensersatz vorgesehen (Gesetze I, 78), ist durch den Text nicht belegt. Ob sie, weil sie dem attischen *Prinzip* entspricht, auch durch ein *Gesetz* bestätigt wird, ist zweifelhaft. Auch die XII Tafeln sehen nur den Ersatz des simplum vor, vgl. Zimmern, Das System der Römischen Noxalklagen, Heidelberg 1818, S. 111 Anm. 71; Voigt, Die XII Tafeln, Leipzig 1883, Bd. II, S. 538.

6 Nicht der Agoranomen, wie Mummenthey, Βλάβη, 54 irrtümlich annimmt.

7 Zum Unterschied von ἡ βλάβη und τὸ βλάβος siehe Wolff, The δίκη βλάβης in Demosthenes, Or. LV, AJPh 64 (1943), 316–324 [324 n. 24] = Beiträge, 101 Anm. 24. Als einen Sonderfall, in dem ἡ βλάβη ausnahmsweise den materiellen Vermögensschaden meint, führt Mummenthey, Βλάβη, 43 Anm. 124 Din. I 60 an: *οἱ νόμοι . . . διπλῆν τὴν βλάβην ὀφλεῖν κελεύουσι.*

geben. Der Grund für diesen Unterschied liegt auf der Hand und läßt sich philologisch durch den Gesetzestext beweisen: Im allgemeinen Fall ist das Haustier handelndes Subjekt[8] und auf Grund seiner Quasiverantwortlichkeit dem Zugriff des Geschädigten ausgesetzt, vor dem es nur die Schadensersatzleistung seines Herrn bewahren kann. Hier jedoch fehlt es an dieser Voraussetzung der Noxalhaftung: Der Herr ist Subjekt, das von ihm geweidete und seinem Willen unterworfene Haustier juristisch nur Werkzeug[9] und damit unverantwortlich[10].

II. Positives Recht

Es ist kein Profangesetz aus Griechenland überliefert, das eine Klage wegen Weideschäden bezeugt. Wenn zahlreiche Proxenie-Inschriften[11] Fremden neben anderen Rechten expressis verbis die ἐπινομία, die „Weide-Benutzung"[12] bzw. ein „Weide- und Hütungsrecht"[13] einräumen und Xenophon die Vereinbarung eines gegenseitigen Weiderechts zwischen Armeniern und Chaldäern erwähnt[14], läßt das nicht den Umkehrschluß auf ein gesetzliches gegenseitiges Weiderecht ohne besondere Vereinbarung unter Politen zu. Das Argument des Beklagten gegen Kallikles, sein Vater Teisias habe die Mauer um sein Besitztum nur deshalb gezogen, weil die Nachbarn dort ihr Vieh geweidet hätten und ständig über das Grundstück gegangen seien[15], ist vielmehr ein Indiz dafür, daß das Weiden auf fremdem Land prinzipiell nicht gestattet war. Wie die anderen antiken und mit-

---

8 Lg. 936 e 3–5.

9 Grammatikalisch Akkusativobjekt.

10 Ebenso konnte auch im römischen Recht der Fall des depascere nicht mit der actio de pauperie verfolgt werden, weil keine pauperies i.e.S. vorlag, wenn das Tier infolge bewußter menschlicher Einwirkung Schaden anrichtete (Düll, Das Zwölftafelgesetz, 3. Aufl., München 1959, S. 90). Nicht ganz klar ist Lenels Vermutung, man habe in alter Zeit das depascere nicht als pauperiem dare verstanden, Lenel, Das Edictum perpetuum, 2. Aufl., Leipzig 1907, S. 193 Anm. 2, nicht mehr in EP^3.

11 Z.B. Tegea 229/228 v. Chr.: Syll. 501, Z. 9–10 (= SGDI 1234 = Michel 189 = IG V 2, 11); Lamiai 218/217 v. Chr.: Syll. 532, Z. 9 (= SGDI 1440 = Michel 296 = IG IX 2, 62); Delphi 218/217 v. Chr.: Syll. 534 A, Z. 15; Delphi 29 v. Chr.: Syll. 770B, Z. 12 (= IG V 1, 1556); Orchomenos: IG VII 3171, Z. 37 (= CIG 1569a = SGDI 489).

12 Hiller v. Gaertringen, in: Pomtow, Delphische Neufunde, II. Neue Delphische Inschriften, Klio XV (1918), 1–77 [41].

13 Pomtow, Klio XV, 41.

14 X. Cyr. III 2, 23; vgl. Poll. VII 184. Siehe dazu Haliste, in: Apophoreta Tartuensia, 25 Anm. 13 und 14.

15 Dem. LV 11.

telalterlichen Rechte beweisen, war das pascere in agro alieno verboten und zog im Regelfall die Verpflichtung zu einfachem Schadensersatz nach sich[16].

Dagegen haben wir für das griechische Tempelrecht des 4. Jahrhunderts hinreichend Belege für das Verbot der ἐπινομία in Sakralbezirken.

Wer im Sakralbezirk des Zeus Diktaios auf Kreta sein Vieh weidete, dort wohnte, ackerte oder Holz schlug, verfiel dem Fluch und der Atimie. Diese Bestimmung galt noch im 2. Jahrhundert, wie das Schiedsurteil der Magneten über Itanos und Hierapytna von 139 v. Chr. beweist[17].

Eine chiische Inschrift verbietet das Weiden im heiligen Bezirk bei einer Strafe von einem Zwölftel Goldstater[18] für jedes geweidete Stück Vieh[19].

In den Tabulae Heracleenses ist das Weiden im Sakralbezirk bei schwerstmöglicher Geldstrafe[20] verboten[21].

Die auf den Beginn des 4. Jahrhunderts zu datierende[22] lex sacra de fano Athenae Aleae[23] aus Tegea enthält ausführliche weiderechtliche Tatbestände und sieht für Verstöße feste Geldstrafen vor[24].

---

16 §§ 57, 58 Cod. Hammurabi bestimmen den Ersatz einer gewissen Getreidemenge je Flächeneinheit für vertraglich nicht vereinbartes Weiden von Schafen. § 79 Cod. Hethit. gibt dem Geschädigten ein Nutzungsrecht an weidenden Rindern für einen Tag, § 86 gewährt ihm ein Selbsthilferecht gegenüber weidenden Schweinen, das bis zur straflosen Tötung bei Pflicht zur Rückgabe des Kadavers reicht. Die germanischen Rechte gewähren ein Selbsthilferecht und einen Anspruch auf einfachen Schadensersatz, zu dessen Sicherung der Geschädigte das Recht der Schüttung, der Pfandnahme des Tieres, hat; siehe Näheres bei Brunner-Schwerin, Deutsche Rechtsgeschichte (Systematisches Handbuch der Deutschen Rechtswissenschaft, II. Abt., 1. Teil), Bd. II, 2. Aufl., München-Leipzig 1928, S. 698–702.

17 IC III Nr. IV 9, Z. 81–82 (= CIG 2561b = Inscr. Magn. 105 = SGDI 5060 = Syll. 685). Vgl. dazu Heerdegen, Die res extra commercium im Griechischen und Altorientalischen Recht, Diss. (Mschr.), Erlangen 1949, S. 37 und Glossner, Der Gebietsstreit zwischen Itanos und Hierapytna auf Kreta im 2. Jahrhundert a. Chr. n., Diss. (Mschr.), Erlangen 1947, S. 33 ff.

18 Babelon, Traité des monnaies grecques et romaines, I. partie: Théorie et doctrine, t. I, Paris 1901, p. 440; Hiller v. Gaertringen, n. 4 ad Syll. 986.

19 DGE 693, Z. 3–4. 9–14 (= CIG 2214c = Michel 707 = SGDI 5662 = Leg. Sacr. II 111 = Syll. 986 = LSG. 116).

20 Homolle, Observations épigraphiques, BCH 15 (1891), 627 und Meister, ad SGDI 4629 verstehen πολιστὸς korrekt als dorische Form des attischen πλεῖστος und nicht, wie Franz, ad CIG 5774 vorschlägt, ἀπολίστων = ἀτίμων.

21 DGE 62, Z. 128–130 (= CIG 5774 = IG XIV 645 I = IJG I, 194–213 (XII) = SGDI 4629 I).

22 Nach SEG XI 1046 ca. 400/396 v. Chr., nach Sokolowski, ad LSG 67 [p. 136] zwischen 395/394 und 371/370 v. Chr.

23 Sokolowski, ad LSG 67 [p. 135] spricht von einem Heiligtum der Hera.

24 DGE 654, Z. 1–21 (= Michel 695 = Leg. Sacr. II 62 = IG V 2, 3 = LSG 67).

Die lex sacra zum Schutz des Heiligtums der Alektrone in Ialysos auf Rhodos von etwa 300 v. Chr. verbietet das Hineintreiben von Vieh in den Sakralbezirk und bestimmt: *εἰ δέ κα | πρόβατα ἐσβάληι, ἀποτεισάτω ὑ|περ ἑκάστου προβάτου ὀβολὸν | ὁ ἐσβάλων*[25].

Von einem einfachen Wegnahmerecht spricht ein Dekret der delphischen Amphiktyonen von 178 v. Chr. für den Fall, daß jemand[26] in dem für die heiligen Rinder und Pferde reservierten Bezirk privates Vieh weidet[27].

Nach dem Gesetz des Zeus Temenitos von Arkesine endlich verfällt das weidende Tier dem Gott[28], was wie in der lex Numae wohl als piaculum und daneben natürlich als Sanktion gegen den Eigentümer, aber kaum als Folge einer Quasiverantwortlichkeit des Tieres zu verstehen sein dürfte[29].

Die beiden Stellen aus der Literatur sowie der Vergleich mit außergriechischen antiken Rechten und mit dem griechischen Tempelrecht sprechen dafür, daß es in Griechenland Bestimmungen über Weideschäden gegeben hat, die der platonischen Norm tatbestandsmäßig ähnlich waren[30]. In Attika dürfte für die Übertretung des Gesetzes vermutlich die Pflicht zum einfachen Schadensersatz angeordnet gewesen sein.

---

25 Syll. 338, Z. 30–33 (= SGDI 4110 = Michel 434 = Leg. Sacr. II 145 = LSG 136); vgl. auch Syll. 1157, Z. 82–83 (= Michel 842 B, Z. 33–34 = Leg. Sacr. II 81, Z. 13–14 = IG IX 2, 1109 = LSG 84, Z. 13–14).

26 Nach Pomtow, Syll. 636, Z. 28–31, Hiller v. Gaertringen, n. 24 ad Syll. 636 und Sokolowski, ad LSG 79 [p. 162] ist das Weiden jedem Privatmann, nach Baunack (ad SGDI 2536, p. 717) und Ziehen (ad Leg. Sacr. II 76, p. 235) nur Fremden, nicht aber einheimischen Bürgern verboten.

27 Syll. 636, Z. 28–31 (= Foucart, BCH 7 (1883), 427 = SGDI 2536 = Michel 256 = Leg. Sacr. II 76 = LSG 79).

28 IG XII 7, 62, Z. 36–37 (= SGDI 5371 = Syll. 963).

29 So Mommsen, Römisches Strafrecht, 822 Anm. 2 für das römische Recht.

30 Ein attisches Vorbild für Platons Gesetz vermuten Guiraud, Propriété, 312; Beauchet, Droit privé III, 74; Lipsius, Attisches Recht, 655–656; Apelt, Gesetze, 530 Anm. 45.

§ 7 BIENENZUEIGNUNG

I. Pl. Lg. 843 d 7 – e 1

Eine Kultur, die weder Zuckerrübe noch Zuckerrohr kennt, ist auf den Honig als das einzige Süßmittel und Bienen als das Produktionsmittel angewiesen. Die Bienenzucht spielte daher – ungeachtet der minimalen Kenntnisse der Antike über Biologie und Physiologie der Bienen[1] – in der griechischen Wirtschaft eine wichtige Rolle[2], auf die bei Platon schon in Lg. 842 d 7 das *μελιττουργοῖς* neben *γεωργοῖς* und *νομεῦσι* hinweist.

Das Recht des Imkers an seinen Bienen wird durch das Gesetz geschützt[3]: *ἐὰν ἑσμοὺς ἀλλοτρίους σφετερίζῃ τις τῇ τῶν μελιττῶν ἡδονῇ συνεπόμενος καὶ κατακρούων οὕτως οἰκειῶται*[4], *τινέτω τὴν βλάβην*[5].

Diese Bestimmung bietet sowohl philologisch als auch juristische einige Verständnisschwierigkeiten.

Zunächst ist die Bedeutung des *κατακρούων* umstritten. Die herrschende Meinung versteht darunter das Erzgeklingel oder Schlagen von ehernen Becken[6], mit dem man in der Antike Bienen zurückschreckte[7] oder anlockte und sammelte[8], weil man annahm, daß sie daran Gefallen fänden[9]. Dagegen sieht Ritter darin ein „‚herabklopfen, herabschütteln', nämlich den Schwarm, der ja eben durch Abschütteln gewöhnlich gefangen wird, nachdem er sich an einen Baumast gesetzt

---

1 Vgl. Olck, Biene, in: RE III 1 (1897), 431–450 [432–438]; Skydsgaard, Bienen, in: Lexikon der Alten Welt, Zürich–Stuttgart o.J. [1965], Sp. 464–465.

2 Vgl. Rostovtzeff, Gesellschafts- und Wirtschaftsgeschichte der hellenistischen Welt, Darmstadt 1955/1956, Bd. II, S. 954–955; Olck, Bienenzucht, in: RE III 1 (1897), 450–457; Klek, Bienenzucht (Nachtrag), in: RE Suppl. IV (1924), 211–213.

3 Ganz abwegig Scialoia, L'orazione di Demostene contro Callicle; tradotta ed illustrata in rapporto alla teorica delle servitù prediali nel diritto greco, Atti della R. Accademia della Scienze die Torino, XXV (1889/1890), 792–813 [798], der die ratio legis des platonischen Bienengesetzes darin sieht, Schäden am Nachbargrundstück anläßlich „persecuzione e usurpazione degli sciami delle api altrui" zu verhindern.

4 „*οἰκειοῦσθαι* has the notion of ‚making the bees like him'; it is more than *σφετερίζειν*. ... The *καὶ* connecting *σφετερίζῃ* and *οἰκειῶται* is explanatory" (England, Laws II, 360). Ich verstehe die Qualität beider Verben gerade umgekehrt.

5 Lg. 843 d 7 – e 1.

6 Susemihl, Stallbaum, Schneider, H. Müller, Eyth, England, Diès, Bury, Novotný, Maykowska, Pabon-Fernandez–Galiano, Cassarà sowie die Wörterbücher.

7 Col. IX 12, 2; Pall. VII 7, 9.

8 Varro RR III 16, 7; Verg. Geor. IV 64; Lucan. IX 288; Quint. Decl. 13, 3 et 9.

9 Arist. HA 627 a 15–17; Plin. HN XI 68; Ael. NA V 13; Gp. XV 3, 7.

hat"[10]. Die traditionelle Übersetzung ist in der Literatur nicht weiter belegt und gewinnt auch durch ihr Alter und die Vielzahl ihrer Anhänger nicht an Gewicht. Demgegenüber ist κατακρούω im Sinne von ‚deorsum pello, defigo, adfigo'[11], ‚knock'[12], ‚strike'[13], ‚herunterschlagen oder -treiben, niederschlagen'[14] hinreichend belegt[15]. Zweifellos haben sich die meisten Interpreten und Übersetzer beim Verständnis von Lg. 843 e 1 wegen der Wendung τῇ τῶν μελιττῶν ἡδονῇ in Lg. 843 d 8 durch die Assoziation zu der Passage „gaudent plausu atque tinnitu aeris, eoque convocantur" bei Plinius irritieren lassen[16]. Da auch das Substantiv κατάκρουσις bei Aristoteles[17] als ‚downward pressure'[18], ‚Wegstoßen'[19] oder ‚Herabstoßen'[20] zu verstehen ist, verdient Ritters Übersetzung gegenüber der gekünstelten traditionellen Interpretation den Vorzug.

Während einige Autoren in τῇ τῶν μελιττῶν ἡδονῇ συνεπόμενος einen normalen genetivus subjectivus sehen[21] und dementsprechend die Stelle „by humouring the delight felt by bees"[22] o.ä. übersetzen, nehmen andere einen genetivus objectivus an[23] und verstehen darunter: „seiner Freude an Bienen folgend". Die

10 Ritter, Gesetze II, 259. Ihm sind Apelt und Taylor gefolgt.

11 Θησαυρὸς τῆς Ἑλληνικῆς γλώσσης. Thesaurus Graecae Linguae, ab Henrico Stephano constructus. Post editionem anglicam novis additamentis auctum, ordineque alphabetico digestum tertio ediderunt Carolus Benedictus Hase, Guilelmus Dindorfius et Ludovicus Dindorfius, Parisiis s.a. [1865 ff.], s.v. κατακρούω.

12 LSJ s.v. κατακρούω (1).

13 Lampe, A Patristic Greek Lexicon, Oxford 1961 [–1968], s.v. κατακρούω.

14 Passow, Handwörterbuch der griechischen Sprache. Begründet von Franz Passow, neubearbeitet und zeitgemäß umgestaltet von Val. Chr. Fr. Rost, Friedr. Palm [u.a.], 5. Aufl., Leipzig 1847–1857, s.v. κατακρούω; Pape, Griechisch-deutsches Handwörterbuch, 3. Aufl., Nachdruck: Graz 1954, s.v. κατακρούω.

15 Hsch. s.v. σπάθημα (Σ 1386 Schmidt); Gp. X 23, 5 et X 61; Chrys. hom. 1, 1 in Jo. (8. 2C) et hom. 12, 3 in Eph. (11. 94C) – daneben in medizinischer Bedeutung bei Hp. Ulc. 24 et 25 und Hp. Medic. 7 und i.S. von ‚übertäuben, betäuben' bei Poll. VII 154 sowie in der Patristik.

16 Plin. HN XI 68.

17 Arist. Pr. 874 b 12, 963 b 9.

18 L & S s.v. κατάκρουσις.

19 Flashar, Aristoteles. Problemata Physica, übers. H. Flashar (Aristoteles. Werke in deutscher Übersetzung, 19), Berlin 1962, S. 43 (Arist. Pr. 874 b 12).

20 Flashar, Aristoteles. Problemata, S. 279 (Arist. Pr. 963 b 9).

21 So H. Müller, England, Taylor, Diès, Novotný, Maykowska.

22 England, Laws II, 360; ebenso schon Bembo, in: Bembo-Serano, Opere di Platone. Tradotte di Dardi Bembo cogli Argomenti, e Note di Serano, Venezia 1742–1743, vol. III, p. 205: „Se alcun si attribuisse l' altrui api, sequendo il loro diletto . . ."

23 So Wagner, Susemihl, Eyth, Apelt, Bury, Cassarà. Pabon-Fernandez–Galiano, Las leyes, Madrid 1960, t. II, p. 85 übersetzen: „llevado de su afición a las abejas", halten aber a.a.O. 98 n. 19 auch das Verständnis „halagando el instinto de las abejas" für möglich.

erste Übersetzung steht und fällt mit dem Verständnis des κατακρούων und ist daher nach dem oben Gesagten abzulehnen. Der genetivus subjectivus ließe sich allenfalls dann halten, wenn man davon ausginge, daß die Antike das Schwärmen der Bienen als einen Rausch, als Lustausbruch verstanden hätte. Man müßte dann συνεπόμενος rein lokal[24] verstehen und etwa übersetzen: „die Bienen bei ihrem triebhaften Flug verfolgend". So anschaulich und wegen der Assoziation an die persecutio des römischen Rechts verführerisch diese Interpretation auch ist: Es gibt keine Stelle in der Literatur, aus der zu schließen wäre, daß man in Griechenland oder Rom das Schwärmen der Bienen als freudevollen Rauschzustand der Insekten verstanden hätte[25]. Das Griechische kennt die Doppeldeutigkeit des deutschen Verbs ‚schwärmen' überhaupt nicht[26]. Die Ausdrücke für den Insektenschwarm (ἑσμός, ἀφεσμός, σμῆνος) sind verschieden von den Termini, die den Schwarm lustiger Zecher (κῶμος) oder das enthusiastische Schwärmen (ἐνθουσιασμός) bzw. die pure Überspanntheit (μανία) bezeichnen. Das Verständnis als genetivus subjectivus muß daher wohl ausscheiden. Für die Annahme eines genetivus objectivus spricht, daß im asketischen Staat der Nomoi bereits das Verlangen nach Honig eine ἡδονή ist[27].

Ich übersetze Platons Bestimmung so: „Wenn jemand seinem Verlangen nach Bienen so weit nachgibt, daß er sich fremde Schwärme aneignet und sie durch Herunterschütteln in seinen Besitz bringt, dann soll er den Schaden ersetzen."

Ein romanistisches Verständnis der Vorschrift, wie es immer wieder versucht worden ist[28], stößt auf erhebliche Schwierigkeiten.

Zweifellos geht Platon vom Eigentum des Züchters an den in seinen Stöcken gehaltenen Bienen aus[29]. Beim ἑσμὸς handelt es sich um einen ausziehenden Bienenschwarm im technischen Sinne, wie der figurative Gebrauch des Wortes in

24 Wie z.B. bei S. OR 1125: ποίμναις τὰ πλεῖστα τοῦ βίου συνειπόμην.

25 Im Zusammenhang mit dem Schwärmen spricht allein Plinius von einem *gaudium*, allerdings mit anderem Bezug: nämlich daß sich beim Schwärmen jede Biene in die Nähe der Königin drängt „et in officio conspici gaudet" (Plin. HN XI 54).

26 Auf eine Assoziation zwischen Bienenschwarm und musisch-enthusiastischer Begeisterung in Pl. Cra. 401 e 6 (σμῆνος σοφίας) hat mich freundlicherweise Herr Professor Dr. Konrad Gaiser, Tübingen, aufmerksam gemacht. Aber auch nach seiner Ansicht indiziert der Begriff ἡδονὴ in Lg. 843 d 8 keinen ἐνθουσιασμός.

27 Ich verdanke dieses Argument Kurt Latte aus seinen Übungen über die privatrechtlichen Abschnitte in Platons Gesetzen im Wintersemester 1961/62 an der Universität München.

28 Z.B. Dareste, Science du droit, 72: Beauchet, Droit privé III, 111 und jüngst auch wieder Kränzlein, Eigentum und Besitz, 103, allerdings ohne Annahme der Herrenlosigkeit schwärmender Bienen.

29 Kränzlein, Eigentum und Besitz, 103. Das ergibt sich auch aus den Worten σφετερίζῃ und οἰκειῶται, mit denen Platon die Zueignungshandlung des Täters beschreibt.

Lg. 708 b 2 beweist, und nicht um ein einen Stock bewohnendes Volk[30] oder einfach um eine größere Anzahl Bienen[31]. Damit ist ausgeschlossen, daß Platons Tatbestand die Zueignung von Bienen aus einem fremden Stock ohne Mitnahme des Korbes durch Herausschütteln der Bienen erfaßt. Taugliches Objekt ist nur der ausgewanderte Bienenschwarm außerhalb seines ehemaligen Stockes.

Nach Gaius besteht das Eigentum eines Imkers an einem ausziehenden Schwarm nur so lange fort, wie dieser in conspectu ist und die Verfolgung keine großen Schwierigkeiten bereitet[32]. Fehlen diese Voraussetzungen, so werden schwärmende Bienen eine res nullius und können von jedermann okkupiert werden.

Demgegenüber spricht Platon von *fremden* Schwärmen[33]. Selbst wenn man annehmen wollte, daß Platon mit dem ἀλλοτρίους nur die frühere Zugehörigkeit des Schwarms zum Vermögen des Geschädigten ausdrücken und feststellen wollte, daß es sich um einen Schwarm handeln muß, der bisher nicht dem Täter gehörte, oder daß wilde Bienenschwärme nicht unter den Tatbestand fallen – beides im Grunde eine Trivialität –, bleibt nach romanistischen Kategorien unklar, warum der bisherige Eigentümer eine δίκη βλάβης gegen den Aneigner hat. Offenbar deshalb, weil sie dem bisherigen Halter noch zustehen, weil der Imker, aus dessen Stöcken der Schwarm ausgezogen ist, nach wie vor ein Recht an ihnen hat, das jeder Dritte durch das Einfangen verletzt. Da Platon von keiner persecutio des Schwarms spricht, kann es nicht ein Verfolgungs- oder ein Wiederaneignungsrecht sein, das verletzt wird, sondern nur das Eigentumsrecht an dem Schwarm. Unter Eigentum verstehe ich hier nicht das trotz Kränzleins Arbeit für das griechische Recht höchst zweifelhafte absolute Recht, sondern das rechtlich geschützte wirtschaftliche Eigentum, das bessere Recht zum Besitz und zur Nutzung.

Die seit dem römischen Recht für die Dogmatik scheinbar so entscheidende Vorfrage, ob Bienen den wilden, gezähmten oder zahmen Tieren zuzurechnen sind, machte den der Rechtspraxis zugewandten und an einer wissenschaftlichen Behandlung des Rechts uninteressierten Griechen zu Recht keine Skrupel. Eine historisch und dogmatisch vergleichende Betrachtung des Rechts an schwärmenden Bienen zeigt, daß weder die Naturwissenschaften noch die Natur der Sache

---

30 So aber wohl Kränzlein, Eigentum und Besitz, 103, der von „im Stock gehaltenen Schwärmen" spricht.

31 So anscheinend Bembo, in: Bembo-Serano, Opere di Platone III, 205, der übersetzt: „Se alcun si attribuisse l' altrui api . . ."

32 Gai. D. 41, 1, 5, 4, ebenso Gai. 2,67 und I. 2, 1, 14, 3. Zum Verständnis der Stelle vgl. Busch, Handbuch des heutigen in Deutschland geltenden Bienen-Rechtes, Arnstadt 1830, S. 78–81 und 92–108; Bälz, Das Recht an Bienen. Zugleich ein Beitrag zur allgemeinen Lehre vom Recht an Tieren, Diss., Stuttgart 1890, S. 38–40.

33 Lg. 843 d 7–8: ἑσμοὺς ἀλλοτρίους.

eine verbindliche Lösung der Frage zu geben imstande sind[34]. Die Naturwissenschaften können diese Frage mit ihren Kategorien nicht beantworten, weil die Begriffe ‚zahm' und ‚wild' gesellschaftswissenschaftliche Begriffe sind; der Gesetzgeber ist an einer Antwort gar nicht interessiert. Für den Rechtswissenschaftler ist sie nur insoweit von Bedeutung, als sie ihm zur systematisch korrekten Begründung der positivrechtlichen Regelung dienen kann. Legislativer Ausgangspunkt ist nicht die Zuordnung der Bienen zu den wilden oder zahmen Tieren, woraus dann automatisch Eigentumsverlust des Imkers an seinem Bienenschwarm, der die consuetudo revertendi verloren hat, oder Fortdauer des Eigentums folgt, sondern die politisch-ökonomische Entscheidung ob und wie lange schwärmende Bienen dem bisherigen Eigentümer verbleiben sollen, oder ob und unter welchen Bedingungen sie okkupationsfähig sind. Die ökonomische Entscheidung geht der juristischen Konstruktion voraus. Wenn das rechtspolitisch erwünschte Ziel feststeht, wird die Biene im nachhinein von der Rechtswissenschaft dogmatisch widerspruchsfrei als wildes oder zahmes Tier qualifiziert. Das zeigt besonders klar die schweizerische Rechtsentwicklung: Nachdem sich Eugen Huber entschieden hatte, für das Zivilgesetzbuch in dem heutigen § 719 III ZGB die Regelung des § 714 CG Solothurn zu übernehmen, wonach ein entflogener Bienenschwarm weiterhin Eigentum des bisherigen Halters bleibt, qualifizierte er die Biene als zahmes Tier[35] und stellte zutreffend fest: „Die gegenteilige Behandlung dürfte sich weniger aus der Erfassung der Natur der Sache, als aus einer gewissen Geringschätzung in der rechtlichen Wertung des Eigentums an Bienen erklären"[36].

Das platonische Gesetz zeigt besonders schön, daß der Gesetzgeber der Nomoi

---

34 Zum Theorienstreit siehe Bälz, Recht an Bienen, 6–27. Zur Rechtszersplitterung im Hl. Röm. Reich vgl. Heusler, Institutionen des Deutschen Privatrechts (Systematisches Handbuch der Deutschen Rechtswissenschaft, II. Abt., 2. Teil), Leipzig 1885/1886, II, 194; Gengler, Das Deutsche Privatrecht in seinen Grundzügen für Studierende erläutert, 4. Aufl., Erlangen-Leipzig 1892, S. 216–217; Gierke, Deutsches Privatrecht II, 530–532; Hübner, Grundzüge des deutschen Privatrechts, 455–457; zum Kantonalrecht der Schweiz vor dem Inkrafttreten des ZGB: Huber, System und Geschichte des Schweizerischen Privatrechts, Basel 1886–1893, Bd. III (1889), S. 155–157. Überblick über das zu Beginn des Jahrhunderts in den europäischen Staaten geltende Recht bei Cuntz, Das deutsche Bienenrecht, Diss., Heidelberg 1909, S. 20–21 und 47–51 und bei Gieseke, Bienenrecht, in: Rechtsvergleichendes Handwörterbuch für das Zivil- und Handelsrecht des In- und Auslandes, hrsg. G. Schlegelberger, Berlin, Bd. II (1929), S. 561–562.

35 Huber, Schweizerisches Zivilgesetzbuch, Erläuterungen zum Vorentwurf des Eidgenössischen Justiz- und Polizeidepartments, 2. Aufl., Bern 1914, Bd. II, S. 122. Ebenso übrigens mit der rechtspolitischen Absicht, für das BGB eine andere Regelung als die des § 961 BGB einzuführen Dernburg seit der 3. Auflage seines Pandektenlehrbuchs: Dernburg, Pandekten, 5. Aufl., Berlin, Bd. I (1896), § 223 Anm. 8 [= Bd. I, S. 528].

36 Huber, Erläuterungen II, 122.

typisch griechisch das rechtspolitische Problem nicht sachenrechtlich, sondern deliktisch gesehen und gelöst hat. Eine Konkurrenz von reipersekutorischer und deliktischer Klage wie im römischen Recht ist dem griechischen Recht schon wegen des Fehlens der rei vindicatio fremd. Das Einfangen eines fremden Bienenschwarms wird ausschließlich als deliktische Störung einer fremden vermögensrechtlichen Position, in die einzugreifen der Bienenfänger kein Recht hat, also als βλάβη, verstanden und konsequent im Wege einer δίκη βλάβης geregelt.

Aus der δίκη βλάβης des Imkers gegenüber dem Einfänger und dem Schweigen Platons über eine Rückgabepflicht schließt Kränzlein, „daß der Schwarm als dem Berechtigten verloren und in das Eigentum des Täters gefallen" anzusehen sei[37]. Kränzleins These scheint mir vom Ergebnis her unzutreffend zu sein, weil sie den kriminalpolitischen Skopos der Norm verkennt: Wenn dem Bieneneinfänger schlimmstenfalls eine δίκη βλάβης auf einfachen Schadensersatz, also bloßer Vorteilsentzug, drohen, bestenfalls aber der Wert eines Bienenschwarms winken würde, falls der bisherige Eigentümer den Verlust nicht bemerkte, den Täter nicht fände oder die Identität seines Schwarmes nicht beweisen könnte, dann wäre der prohibitive Charakter des Gesetzes von vornherein in Frage gestellt. Ich habe keine Bedenken, anzunehmen, daß der geschädigte Imker genau wie jeder andere Eigentümer in Griechenland, dem sein Eigentum widerrechtlich entzogen worden ist, das Recht hat, sich im Wege der Selbsthilfe seinen Schwarm zurückzuholen und möglicherweise dieses Recht zur Not im Wege der δίκη ἐξούλης durchsetzen kann[38].

Kann der Bienenzüchter aber seinen Schwarm überhaupt noch verfolgen, wenn dieser nicht mehr in conspectu nostro et nec difficilis eius persecutio est? Die Vermutung, die Regelung des römischen Rechts sei die einzige der Sach- und Beweislage angemessene und Platon habe möglicherweise nur davon abgesehen, die Haftbarkeit des Aneigners auf die Zeit zu beschränken, während der der bisherige Eigentümer den Schwarm noch verfolgen und sein Eigentum daran beweisen kann – d.h. im Ergebnis stimmten platonisches Gesetz und römisches Recht doch überein –, läßt sich leicht widerlegen. Abgesehen von der Möglich-

---

37 Kränzlein, Eigentum und Besitz, 103; ebenso schon Dareste, Science du droit, 72 und Beauchet, Droit privé III, 111, die beide in romanistischer Betrachtung der Sache von der falschen Annahme ausgehen, auch bei Platon sei ein entflogener Bienenschwarm eine res nullius.

38 Allerdings paßt dieser Fall der Besitzkehr in keine der vier bekannten Fallgruppen der δίκη ἐξούλης, siehe Rabel, Δίκη ἐξούλης und Verwandtes, SavZ 36 (1915), 340–390 [374]. Rabel hat in SavZ 36, 379 klar ausgesprochen, daß die δίκη ἐξούλης keine allgemeine Deliktsklage zum Schutz berechtigter Selbsthilfe ist und auf S. 374 festgestellt, daß nicht jedes Selbsthilferecht zur δίκη ἐξούλης führt. Andererseits räumt Rabel, SavZ 36, 389 ein, daß uns nicht alle Fälle überliefert sind. Gerade für eine reine Privatsache ohne besonderes öffentliches Interesse wie einen Bienenprozeß könnte es angesichts des verhältnismäßig niedrigen Streitwerts möglich sein, daß sie als quantité négligeable nicht tradiert worden ist.

keit, die Weisel bereits vor dem Schwärmen mit einer Farbmarkierung zu versehen und so die Identität eines entflogenen Schwarms nachzuweisen, sind die von Busch angeführten Identifikationsmethoden[39], im besonderen der Kreidetest, ein zuverlässiges Beweismittel für die Herkunft eines Schwarms.

So wie aus den oben genannten Gründen nicht ersichtlich ist, warum der Einfänger Eigentum am Schwarm erwerben sollte, ist andererseits auch nicht verständlich, warum der bisherige Halter sein Eigentum verlieren sollte, wenn er die Verfolgung seines Schwarms nicht unverzüglich aufnimmt oder nur saumselig betreibt. Eine solche Betrachtungsweise wäre ganz ungriechisch. „Im Prozeß ging es nicht um den Bestand oder Nichtbestand eines Rechts, sondern um die rechtliche Begründetheit oder Unbegründetheit einer *δίκη*, d.h. eines begehrten Zugriffs bzw. einer verlangten Genugtuung.“[40] Ob der nach Platons Gesetz mit einer *δίκη βλάβης* oder mit der *δίκη ἐξούλης* gegen den unberechtigten Widerstand des Aneigners bei der Zurücknahme seines Bienenschwarms im Wege der Selbsthilfe klagende Geschädigte Eigentümer des Schwarms ist oder nicht, wird im Prozeß gar nicht entschieden, sondern nur, ob er die Voraussetzungen seiner *δίκη* gegen den Aneigner bewiesen hat. So wie das griechische Recht an die verspätete prozessuale Verfolgung von Ansprüchen ohne ausdrückliche gesetzliche Regelung nie die Rechtsfolge der Unzulässigkeit der Klage, geschweige denn einen materiellen Verlust des Rechts geknüpft hat[41], so kann die verspätete körperliche Verfolgung eines Schwarms nicht Verlust des materiellen Rechts, also des Eigentums, sondern allenfalls den Ausschluß der Klagmöglichkeit zur Folge haben, sofern das durch Gesetz angeordnet ist[42]. Davon aber findet sich in Platons Bienengesetz kein Wort – und eine solche Bestimmung ist auch überflüssig. Anders als die deutschen Rechte, die nach erfolglosem Ablauf einer regelmäßig vorgeschriebenen Verfolgungsfrist[43] das Eigentum des bisherigen Halters materiellrechtlich untergehen lassen, löst das griechische Recht dieses Problem prozessual: Wenn der Kläger die tatbestandsmäßigen Voraussetzungen seiner *δίκη βλάβης* bzw. seiner *δίκη ἐξούλης* nicht mehr beweisen kann – d.h. in concreto: wenn auch die Identifikationsmethoden zu keinem den Klagvortrag stützenden Ergebnis führen –, wird er mit seiner Klage abgewiesen, ohne daß es eines Eingehens auf einen dem griechischen Recht unbekannten Eigentumstitel

39 Busch, Handbuch des Bienen-Rechtes, 100–101.

40 Wolff, Verjährung von Ansprüchen nach attischem Recht, in: 'Ερανιον πρὸς Γ.Σ. Μαριδάκην, I: ἱστορία τοῦ δικαίου, Ἀθῆναι 1963, S. 87–109 [102].

41 Wolff, in: 'Ερανιον πρὸς Γ.Σ. Μαριδάκην I, 103. 105.

42 Die Notwendigkeit einer einzelgesetzlichen Verjährungsbestimmung hat Wolff, in: 'Ερανιον πρὸς Γ.Σ. Μαριδάκην I, 88–89. 90–95. 99 ausführlich nachgewiesen.

43 In der Regel 1–3 Tage. Die kängste Frist enthält das Weistum von Eich mit „sechs wochen und dreyen tagen“, Hardt, Luxemburger Weisthümer, als nachlese zu Jacob Grimm's Weisthümern, gesammelt und eingeleitet von Hardt, Luxemburg 1870, S. 210.

bedarf. Nicht das platonische Bienengesetz, sondern das griechische Prozeßrecht zwingt den Imker zu einer alsbaldigen Verfolgung seines ausgezogenen Schwarms und einer schnellen Geltendmachung seiner Ansprüche.

Nach Widerlegung der romanistischen Interpretationen des platonischen Gesetzes und auf Grund der Annahme des Züchtereigentums an schwärmenden Bienen stellt sich die Frage, warum Platon für die Bienenzueignung eine eigene Norm schafft und dieses Delikt nicht unter die allgemeinen Bestimmungen subsumiert, durch die auch das Eigentum an Haustieren geschützt wird.

Das Gemeinsame aller Eigentumsdelikte bei Platon ist das *ἄγειν καὶ φέρειν*[44]. Da Bienen jedoch nicht wie das Vieh weggetrieben werden können, andererseits aber auch kein totes Mobiliarvermögen sind, das man wegtragen könnte, fallen sie nicht unter den Grundtatbestand der Eigentumsdelikte. Daß in Griechenland wie in Rom der Gedanke *ἡ τῶν μελισσῶν φύσις ἐστὶν ἀγρία*[45] die Abgrenzung zu den Haustieren und die Privilegierung gegenüber deren Zueignung begründet haben mag, erscheint mir nach den Ausführungen oben zweifelhaft.

Aus dem Verbot des *ἄγειν καὶ φέρειν* läßt sich für Platons Nomoi erschließen, daß derjenige, der einem Imker die Stöcke mitsamt den Bienen darin wegträgt, nicht mit einer *δίκη βλάβης* auf einfachen Schadensersatz verklagt wird, sondern nach der *δίκη κλοπῆς* verantwortlich ist. Die härtere Rechtsfolge der *δίκη κλοπῆς* ist durch die besondere deliktische Intensität gerechtfertigt, die den Täter sogar in den räumlichen Herrschaftsbereich des Eigentümers hat eindringen lassen, während die Zueignung schwärmender Bienen in freier Natur oder gar auf dem eigenen Grundstück des Täters milder beurteilt wird.

Eine interessante Parallele zu der platonischen Bestimmung findet sich im hethitischen Recht, das ebenfalls Schwarm- und Stockdiebstahl unterscheidet. Für die Zueignung eines fremden Bienenschwarms hat der Täter nach § 91 Cod. Hethit. 5 Sekel Silber an den Geschädigten zu zahlen[46], während der Diebstahl von zwei

---

44 Lg. 884 a 1–4.

45 Theophil. Inst. II, 1, 14.

46 Friedrich, Die hethitischen Gesetze. Transkription, Übersetzung, sprachliche Erläuterungen und vollständiges Wörterverzeichnis (Documenta et monumenta Orientis antiqui, 7), Leiden 1959, S. 44–45. Daß es sich um einen Schwarm handelt, stellt Friedrich, a.a.O., 102 ad § 91 und Anm. 3 mit überzeugenden Gründen gegen Hrozný, Code Hittite provenant de l'Asie Mineure (vers 1350 av. J.-C.) (Hethitica. Collection des travaux relatifs à la philologie, l'histoire et archéologie hittites, 1), Paris 1922, p. 71; Zimmern, in: Friedrich-Zimmern, Hethitische Gesetze aus dem Staatsarchiv von Boghazköi (um 1300 v.Chr.). Übers. von Johannes Friedrich und Heinrich Zimmern (Der Alte Orient, 23. Jg., Heft 2), Leipzig 1922, S. 19 [§§ 92, 93] und Rosenkranz-Uedem, Zur Chronologie der hethitischen Gesetze, ZA N.F. 10 (1935), 210–211 fest. Friedrichs inzwischen aufgegebene Ansicht, es handele sich um einen bloßen Diebstahl von Bienen im Freien (Friedrich, Die hethitischen Bruchstücke des Gilgameš-Epos, ZA N.F. 5 (1930), 1–82 [80 Anm. 1]) wird durch ein einfaches sachliches

oder drei Stöcken mitsamt den Bienen eine Ersatzpflicht in Höhe von 6 Sekel Silber pro Stock nach sich zieht. Trotz vieler Übereinstimmungen zwischen Platons Norm und dem hethitischen Recht – Eigentum des Züchters am Bienenschwarm, Unterscheidung von Schwarm- und Stockdiebstahl, verschärfte Sanktion beim Stockdiebstahl[47] – ist natürlich nicht an eine Rezeption der 1000 Jahre älteren hethitischen Bestimmung durch Platon zu denken.

II. Positives Recht

Die Frage ist, ob Platons Gesetz griechisches Recht widerspiegelt. Dafür fehlt uns jedes schriftliche Zeugnis. Das von vielen Autoren[48] gern an dieser Stelle erwähnte solonische Gesetz über das Aufstellen von Bienenstöcken[49] enthält ordnungspolizeiliche Vorschriften und hat mit dem Recht der schwärmenden Bienen nichts zu tun[50]. Lipsius[51] und Chase[52] halten ohne nähere Begründung attischen Einfluß auf Platons Gesetz für möglich bzw. wahrscheinlich. Dareste[53] und Beauchet[54] versuchen, die angebliche Übereinstimmung zwischen platonischer Norm und römischem Recht auf Griechenland auszudehnen und meinen, „que l'on sauvait les mêmes principes qu'à Rome"[55]. Da ihre Prämisse widerlegt ist, ist die Annahme, schwärmende Bienen seien für die Griechen eine res nullius gewesen, durch nichts bewiesen. Dagegen spricht, daß das griechische Recht nie den abstrakten Rechtsbegriff der res nullius gekannt hat – obwohl es praktisch natürlich herrenlose Sachen gab, wie das Jagdrecht zeigt – und auch faktisch mit der Herrenlosigkeit bereits einmal durch den Menschen beherrschter Sachen weit

---

Argument widerlegt: Man kann Bienen nicht „im Freien" wie Schmetterlinge einfangen und sich zueignen: Entweder gehen sie zugrunde oder sie kehren bei ihrem nächsten Flug sofort zu ihrem alten Stock und ihrer Königin zurück.

47 Die Bestimmung, daß der Stockdieb von den Bienen zerstochen werden sollte, war um 1300 v. Chr. schon durch die mildere Geldbuße ersetzt, § 92 Cod. Hethit.

48 Stallbaum, Plato. Opera omnia, recensuit, prolegomenis et commentariis illustravit Godofredus Stallbaum, vol. X, sect. 1–3 Leges et Epinomis, Gothae et Erfordiae 1859–1860, ad 843 D [= X.2, p. 460]; Guiraud, Propriété, 189; Beachet, Droit privé III, 111; Kränzlein, Eigentum und Besitz, 103.

49 Plut. Sol. 23, 8 (= Solon F 62).

50 So schon Ritter, Gesetze II, 259 Anm. 1.

51 Lipsius, Attisches Recht, 655–656.

52 Chase, Harv. Stud. Cl. Philol. XLIV, 187–188.

53 Dareste, Science du droit, 72.

54 Beauchet, Droit privé III, 111.

55 Beauchet, Droit privé III, 111.

sparsamer als das römische Recht umging, was sich z.B. daran zeigt, daß dem griechischen Recht die Dereliktion fremd war.

Wenn Platons Bestimmung geltendes griechisches Recht wiedergibt, was ich für möglich halte, dann folgt aus ihr gerade, daß das griechische Recht auch an schwärmenden Bienen Eigentum des Züchters anerkannte und damit dem sozio-ökonomisch weiter entfernten hethitischen Recht juristisch näher stand als dem römischen.

§ 8 BRANDSCHÄDEN

I. Pl. Lg. 843 e 2–3

Platons Gesetz über Feuerschäden lautet: *ἐὰν πυρεύων την ὕλην μὴ διευλαβηθῇ τῶν*[1] *τοῦ γείτονος, τὴν δόξασαν ζημίαν τοῖς ἄρχουσι ζημιούσθω*[2].

Trotz des Streits der Philologen um die Konstruktion des Satzes[3] ist der Sinn klar: Wer auf seinem Felde – im Regelfall nach der Ernte oder auch vor der Frühjahrsbestellung – ein Feuer macht, um Laub, Gesträuch, Reisig und Getreidestoppeln[4] zu verbrennen und dabei durch Unachtsamkeit dem Besitztum seines Nachbarn Schäden zufügt, soll die von den Agronomen festgesetzte Geldstrafe zahlen.

Platon bezieht sich hier auf die zeitgenössische Methode der Ackerkultivierung: Strauchwerk, ausgehauene trockene Zweige, verdorrte Weinstöcke usw. werden verbrannt; die Asche wird als Dünger auf das Feld gestreut[5]. Von einem Waldbrand, wie H. Müller meint, kann nicht die Rede sein. Sowohl in dem im 4. Jahrhundert schon stark abgeholzten Attika als auch auf Kreta, wo in der Gegend Magnesias nach Kleinias' Mitteilung der Tannen- und Fichtenbestand nicht der Rede wert ist und wo nur wenige Zypressen, Föhren und Platanen wachsen[6], hat man im 4. Jahrhundert bei der Urbarmachung von Land den Wald nicht mehr mit dem Feuer gerodet[7]. Durch Platons Norm wird natürlich u.a. auch der Waldbestand des Angrenzers geschützt.

Gegenüber Maschkes Auffassung, Platon schreibe „eine Pflicht zur Sorgfalt im Nachbarrecht vor", „besonders bei der Feldbestellung und beim Umgehen mit

---

1 *τῶν* : *τὴν* Stephanus. Wie hier im Text Burnet und ihm folgend Pabon-Fernandez-Galiano. Ast, England, Bury und Diès folgen Stephanus und lesen gegen die Mss. *τὴν*. Bei dieser Lesart ist nur der Wald des Nachbarn geschütztes Objekt.

2 Lg. 843 e 2–3.

3 Siehe Ast, Platonis Leges et Epinomis. Ad optimorum librorum fidem emendavit et perpetua adnotatione illustravit Fridericus Astius, Lipsiae 1814, t. II, p. 417 und England, Laws II, 360–361.

4 Längere Getreidehalme ließ man beim Mähen etwa bis zur Hälfte als Stroppeln stehen, vgl. X. Oec. XVIII 2 und Hsch. s.v. *ποάστριαι* (Π 2657 Schmidt); Büchsenschütz, Besitz und Erwerb im griechischen Alterthume, Halle 1869, S. 309.

5 Vgl. Ps.-Arist. Mete. 341 b 26–27.

6 Lg. 705 c 3–5.

7 Zum Schutz des Waldbestandes vgl. die Tabulae Heracleenses aus dem 4. Jh.: DGE 62, Z. 144–145 (= CIG 5774 = IG XIV 645 I = IJG I, 194–213 (XII) = SGDI 4629 I).

Feuer"[8], hat Kunkel zu bedenken gegeben, daß sich bei Platon zwar Anfänge einer Sorgfaltspflicht im Nachbarrecht finden, aber daß man in der ἀμέλεια bei Platon „noch keine technische Diligenzpflicht sehen" darf, „wie sie das späte römische Recht als Ausdruck einer konsequent durchgeführten Verschuldenshaftung aufstellt"[9]. Der platonische Brandstiftungstatbestand ist mit dem modernen Verständnis als fahrlässiges Erfolgsdelikt im Sinne einer vorhersehbaren und vermeidbaren Schadensverursachung auf Grund einer Sorgfaltspflichtverletzung nicht korrekt zu erfassen. Anhand der Bestimmungen des Zwölftafelgesetzes[10] kommt Daube zu dem Schluß, daß „in earlier ages, the element escaping control must have been deemed the principal agent"[11]. Die römischen Juristen sahen im Feuer – ebenso wie in der aqua pluvia der entsprechenden actio in den XII Tafeln – den eigentlichen Schadenstifter[12]: „The general problem, for the decemviri, appears to have been not so much how far a man is answerable for a wrong even where he sets merely a remote cause in motion (instead of damaging corpore suo), as how far he is answerable even where it is committed by another being, so long as that being belongs to his sphere of power"[13]. Μὴ διευλαβηθῇ in Lg. 843 e 2 legt den Schluß nahe, daß dieselbe Vorstellung einer eigentlichen Täterschaft des Feuers auch der platonischen Bestimmung zugrunde liegt. Handelnder ist der Brandstifter nur in dem Sinne, daß er einen Kausalablauf in Gang gesetzt hat, für dessen Schadensfolge er bei Unachtsamkeit verantwortlich gemacht wird. Wenn sich Platon weigert, ein ἀκούσιον ἀδίκημα als ἀδικία anzuerkennen und darin nur eine βλάβη sieht, die die Pflicht zum Ersatz des einfachen Schadens nach sich zieht[14], so ergibt sich auch daraus, daß er den strafrechtlichen Schuldvorwurf einer fahrlässigen *Pflicht*verletzung nicht kennt, sondern daß die Wendung μὴ διευλαβηθῇ nur die imputatio iuris auf Grund eines Ingangsetzens des Kausalverlaufs bedeutet. Beim τραῦμα etwa verlangt Platon auch keine ἀμέλεια als Voraussetzung der Schadensersatzpflicht, sondern rechnet dem Verursacher auch die τύχη mit der Rechtsfolge einfachen Schadensersatzes zu[15]. Die Strafe ist schätzbar. Eigentlich sollte man statt τὴν ζημίαν ζημιούσθω wie bei den vorangegangenen und den folgenden Privatdelikten und auf Grund der

8 Maschke, Willenslehre, 129.

9 Kunkel, (Rez.) Richard Maschke, Die Willenslehre im griechischen Recht. Zugleich ein Beitrag zur Frage der Interpolationen in den griechischen Rechtsquellen, Berlin 1926, SavZ 48 (1928), 709–722 [717].

10 XII-Tab. VIII, 10. „Gaius in D. 47, 9, 9 no doubt gives a highly modernized version of the old rules", Daube, Nocere and Noxa, CLJ VII (1939), 23–55 [31 n. 21].

11 Daube, CLJ VII, 31.

12 Daube, CLJ VII, 32.

13 Daube, CLJ VII, 33.

14 Lg. 862 a 5. b 6 – c 1.

15 Lg. 879 b 1–5.

Einleitung zu dem Agrarkodex, wo von βλάβαι πολλαὶ καὶ σμικραὶ die Rede ist[16], τινέτω τὴν βλάβην erwarten. Obwohl die Scholia Vaticana das befremdliche ζημιούσθω ausdrücklich als ἀπὸ κοινοῦ τὸ ζημιούσθω· δίκην ὑπέχετο[17] interpretieren, nehmen zahlreiche Autoren[18] m.E. zu Recht – allerdings zumeist ohne nähere Begründung – an, daß Platon hier dem Geschädigten eine auf einfachen Schadensersatz gehende δίκη βλάβης gibt und damit positivem Recht folgt. Platons Rechtsnorm ist jedoch die einzige bekannte griechische Bestimmung, die von unvorsätzlicher Sachbeschädigung durch Feuer handelt. Die Analogie zum attischen Recht ist darum eine petitio principii; denn daß die bei dem Rhetor Seneca in der Controverse Domus cum arbore exusta angeführte Bestimmung, vorsätzliches Inbrandsetzen fremden Privateigentums verpflichte zu vierfachem, die fahrlässige Brandstiftung dagegen zu einfachem Schadensersatz[19], positives griechisches Recht sei, wie Glotz[20] und Bornecque[21] unterstellen, scheint mir nicht zwingend nachweisbar zu sein.

II. Attisches Recht

Im attischen Recht dürfte die unfreiwillige Brandstiftung[22] mit Schädigung fremden Eigentums ein Fall des ἐμπρησμός, der gegen Sachen gerichteten Brandstiftung, im Unterschied zu der gegen Menschenleben gerichteten πυρκαϊά gewesen sein[23]. Während der ἐμπρησμὸς im Falle einer Beschädigung staatlicher Gebäude auch einen öffentlichen Strafanspruch, die Eisangelie, zur Folge hatte[24], sprechen gute Gründe dafür, daß die Schädigung privaten Besitzes nur

---

16 Lg. 843 b 7.

17 O[4], Schol. Pl. Lg. 843 e (ed. Greene, p. 337).

18 Guiraud, Propriété, 315; Beauchet, Droit privé III, 362; Glotz, Incendium (Grèce), in: DS III 1 (1899), 447b–448a [447b]; Lipsius, Attisches Recht, 984; Gerner, Zur Unterscheidbarkeit von Zivil- und Straftatbeständen im attischen Recht, Diss., München 1934, S. 45–46; Chase, Harv. Stud. Cl. Philol. XLIV, 187.

19 Sen. Contr. V 5.

20 Glotz, Incendium (Grèce), in: DS III 1, 447b.

21 Bornecque (éd.), Sénèque le rhéteur, Controverses et Souasoires. Nouvelle édition revue et corrigée avec introduction et notes par Henri Bornecque, Paris 1932, t. I, p. 471 n. 284.

22 Zu den Brandstiftungstatbeständen im attischen Recht siehe Gerner, Zivil- und Straftatbestände, 44–46.

23 Glotz, Incendium (Grèce), in: DS III 1, 447b; Gerner, Zivil- und Straftatbestände, 45.

24 Glotz, Incendium (Grèce), in: DS III 1, 447b; Lipsius, Attisches Recht, 984 unter Berufung auf Hyp. Lyc. bei Poll. IX 156; Gerner, Zivil- und Straftatbestände, 45–46.

eine Privatklage *βλάβης* nach sich gezogen hat. Auch das Zwölftafelrecht kannte bei fahrlässiger Brandstiftung mit Sachschaden nur eine poena civilis auf einfachen Schadensersatz[25]. Für das platonische Gesetz ergibt sich eine Schadensersatzpflicht des Brandstifters m.E. aus dem Kontext der Norm. Sie entspricht auch der grundsätzlichen Anweisung an den Gesetzgeber, in Fällen der *βλάβαι* Schadensersatz anzuordnen[26]. Dem Geschädigten wäre mit einer Geldstrafe, die der Täter an die Polis zu zahlen hätte, nicht gedient.

Eine Übereinstimmung des platonischen Gesetzes mit dem attischen Recht hinsichtlich des Tatbestandes und der Rechtsfolge ist wahrscheinlich, aber nicht nachzuweisen.

---

25 XII-Tab. VIII, 10; Gai. D. 47, 9, 9: noxiam sarcire. Vgl. Humbert, Incendium (Rome), in: DS III 1 (1899), 448a–449a [448a].

26 Lg. 862 b 6 – c 1. d 1–4.

§ 9 PFLANZABSTÄNDE

I. Pl. 843 e 3 – 844 a 1

Die Ausnutzung des eigenen Grundstücks ohne Rücksicht auf den Nachbarn hat namentlich bei der Errichtung technischer Anlagen wie Gebäude, Mauern, Gräben und Brunnen und bei Anpflanzungen unmittelbar an der Grenze im Regelfall für das Nachbargrundstück nachteilige Folgen. Bereits in früher Zeit hat man in Griechenland Normen zur Regelung solcher nachbarlichen Interessenkollisionen aufgestellt und bestimmte Abstände von der Grenze des eigenen Grundstücks festgelegt, die beim Bauen, Graben und Pflanzen einzuhalten waren.

Auch Platon sieht im Interesse des Rechtsfriedens und der von ihm häufig beschworenen Freundschaft unter den Bürgern eine solche Sozialbindung des Eigentums vor. Als höherer Ordner des Staates[1] hat er jedoch keine Lust, die Abstände bis ins Detail zu regeln, sondern überläßt das als eine cura posterior den jüngeren Gesetzgebern, die er auf die zahlreichen geltenden Gesetze verweist, an denen sie sich orientieren sollen: *ἐὰν φυτεύων μὴ ἀπολείπῃ*[2] *τὸ μέτρον τῶν τοῦ γείτονος χωρίων, καθάπερ εἴρηται καὶ πολλοῖς νομοθέταις ἱκανῶς, ὧν τοῖς νόμοις χρὴ προσχρῆσθαι*[3].

Was Platon mit seiner Anweisung an die jüngeren Gesetzgeber juristisch meint – ein Problem, das bisher in der Literatur nicht gesehen worden ist –, ist zweifelhaft: Entweder ist darin eine bloße Tatbestandsverweisung zu sehen, oder er will den Nachfolgern die Kompetenz für die Regelung der gesamten Materie zuweisen.

1. Im ersten Falle ist Platons Gesetz eine *Blankettnorm*, d.h. es bedarf nur noch der inhaltlichen Ausfüllung durch die späteren Bestimmungen, während die Rechtsfolge bereits von Platon festgelegt ist. Dann muß man entweder das vorangegangene *τὴν δόξασαν ζημίαν τοῖς ἄρχουσι ζημιούσθω*, das hier wie bei der unfreiwilligen Brandstiftung als Pflicht zum Schadensersatz zu interpretieren ist, auch als Rechtsfolgeanordnung zu dieser Norm verstehen[4] oder ein *τινέτω τὴν βλάβην* ergänzen, das bereits im Gesetz über die *ἐπινομία* fehlte – dort, weil eine zwanglose grammatische Anknüpfung unmöglich war, hier, weil es an der gram-

---

1 Lg. 843 e 7 – 844 a 1.

2 ἀπολείπῃ A O : ἀπολίπῃ O[4].

3 Lg. 843 e 3–6.

4 So die h.L.: Beauchet, Droit privé III, 161 n. 2; England, Laws II, 361. Vorsichtiger Stallbaum, Plato X. 2, 461 (ad 843E): "in his reticetur ζημιούσθω aut simile quiddam"; Ast, Leges II, 417 ergänzt ζημιούσθω.

matikalisch richtigen Stelle hinter τῶν τοῦ γείτονος χωρίων wegen des anschließenden καθάπερ semantisch verwirren würde. Der stereotype Gesetzesanfang καὶ ἐάν, mit dem jeweils eine neue Bestimmung eingeleitet wird, verbietet beim Abstandsgesetz nicht notwendig die Übernahme der Schadensersatzanordnung aus der vorhergehenden Norm; auch für das mit der gleichen Wendung eingeleitete Epinomiegesetz in Lg. 843 d 6–7 ist die Rechtsfolge sinngemäß aus der vorangehenden Norm zu ergänzen[5].

2. Wenn Platons Gesetz dagegen eine reine *Kompetenzzuweisungsnorm* ist, d.h. sowohl Tatbestands- als auch Rechtsfolgeverweisung, wie Apelt annimmt, dann bezieht sich das vorangehende τὴν ζημίαν ζημιούσθω nicht auf die Bestimmung über die Pflanzabstände. Man muß dann zwischen τῶν τοῦ γείτονος χωρίων und καθάπερ sinngemäß ὁ νόμος κείσθω bzw. εἰρήσθω einfügen und die Stelle mit Apelt so übersetzen: „Wer beim Pflanzen von Bäumen den richtigen Abstand von des Nachbars Grundstück nicht einhält, mit dem soll nach den Vorschriften zahlreicher früherer Gesetzgeber verfahren werden"[6].

Für das Verständnis als Blankettnorm scheinen die Stellung inmitten der anderen βλάβη-Tatbestände, die Einleitung der nachbarrechtlichen Vorschriften[7] und weiterhin der Abschluß des Agrarkodex zu sprechen. Dort weist Platon die νόμιμα, καθ' ἃ δεῖ τὰς τιμωρίας γίγνεσθαι κτλ.[8] den jüngeren Gesetzgebern zu[9]. Bei diesen νόμιμα handelt es sich, wie bereits oben festgestellt wurde[10] um Prozeßrecht und nicht um materielles Recht: *Wie* die Klagansprüche geltend gemacht und durchgesetzt werden, bleibt künftigen Gesetzgebern überlassen, aber *ob* ein Anspruch gegeben ist und mit *welcher* Klage der Verletzte vorgehen kann, ist bereits von Platon abschließend geregelt worden.

Eine sichere Entscheidung der Alternative ist jedoch nicht möglich.

---

5 Siehe oben S. 36.

6 Apelt, Gesetze, 341. Ebenso schon Bembo, in: Bembo-Serano, Opere di Platone III, 205: „Chi simigliantemente non lasciò nel piantare la misura del campo vicino così sia condannato, come egli si è detto bastevolmente da molti Legislatori" und auch Cassarà, in: Carratelli, Platone. Tutte le opere à cura di G.P. Carratelli, Firenze 1974, p. 1315: „... sia punito a quel modo ch'è stato acconciamente stabilito da molti legislatori".

7 Lg. 843 b 7–8; τὸ δὲ μετὰ τοῦτο βλάβαι πολλαὶ καὶ σμικραὶ γειτόνων γιγνόμενα κτλ.

8 Lg. 846 b 6–7.

9 Lg. 846 b 6 – c 8.

10 Siehe oben S. 21.

II. Positives Recht

Seit Hérauld[11] ist man allgemein davon überzeugt, daß Platon mit seinem Hinweis auf das geltende Zwischenraumrecht die Bestimmungen seiner Vaterstadt meint und das magnetische Gesetz in Anlehnung an das attische erlassen will[12]. Die Einhelligkeit dieser Überzeugung dürfte darauf zurückzuführen sein, daß uns nur die Abstandsvorschriften Athens bekannt sind. Immerhin spricht Platon von den Gesetzgebern, deren Bestimmungen man heranziehen soll, im Plural. Da die Kolonisten Magnesias aus ganz Griechenland kommen, ist es nicht auszuschließen, daß das Nachbarrecht irgendeiner anderen Polis in Magnesia rezipiert werden soll. Da uns aber ein anderes als das attische Abstandsgesetz nicht überliefert ist, ist es müßig, bei einem Vergleich der platonischen Norm mit dem positiven Recht Spekulationen darüber anzustellen, auf welche anderen Gesetzgeber Platon verwiesen haben mag.

Das von Plutarch und Gaius als solonisch deklarierte attische Gesetz[13], das später mit lokalen Abweichungen in das Stadtrecht von Alexandria übernommen worden ist, ist durch so viele Quellen[14] bezeugt, daß Paoli sogar den Versuch einer Textrekonstruktion unternommen hat[15]. Da Platon an der vorliegenden Stelle nur vom *φυτεύειν* spricht, können wir uns auf die Bestimmungen über die Pflanzabstände beschränken.

Bei Oliven- und Feigenbäumen mußte ein Abstand von neun Fuß von der Grenze eingehalten werden[16], bei allen anderen Bäumen – Plutarch spricht generell von

11 Hérauld, Desiderii Heraldi Observationum et emendationum liber, in: Thesaurus juris romani, continens rariora meliorum interpretum opuscula, in quibus Jus Romanum emendatur, explicatur, illustratur &c. cum praefatione Everardi Ottonis, Basileae 1741–1744, t. II, col. 1309–1386 [1364].

12 Ast, Leges II, 417; Hermann, Disputatio de vestigiis institutorum veterum, imprimis Atticorum per Platonis de Legibus libros indagandis, Marburg 1836, p. 63; Stallbaum, Plato X. 2, 461 (ad 843E); Guiraud, Propriété, 188; Beauchet, Droit privé III, 159 n. 5 [160] et 161; Kohler-Ziebarth, Stadtrecht, 119; Dikaiomata, 67; Gernet, Introduction, CLXXIV; Taylor, The Laws of Plato. Translated into English by A.E. Taylor, London 1934, p. XLVIII; Paoli, La loi de Solon sur les distances, RHD, 4. sér., 27 (1949), 505–517 [516–517]; Kränzlein, Eigentum und Besitz, 60.

13 Ruschenbusch, ΣΟΛΩΝΟΣ ΝΟΜΟΙ, 46 zählt F 60b (Plut. Sol. 23, 7–8) zu dem zuverlässigen Teil der von Plutarch als solonisch überlieferten Gesetze. Als weitere Quelle führt Ruschenbusch in F 60a nur noch Gai. D. 10, 1, 13 an.

14 Plut. Sol. 23, 7–8 (= Solon F 60b); P. Hal. 1, Z. 84–102; Gai. D. 10, 1, 13; Bas. 58, 9, 4; Blume-Lachmann-Rudorff, Grom. vet., p. 278, Z. 25 – p. 279, Z. 5.

15 Paoli, RHD, 4. sér., 27, 517.

16 Plut. Sol. 23, 7 (= Solon F 60b); P. Hal. 1, Z. 98–99; Gai. D. 10, 1, 13; Bas. 58, 9, 4, 3.

Anpflanzungen aller Art[17] – fünf Fuß[18]. Wie beträchtlich dieser Abstand für heutige Verhältnisse ist, zeigt ein Vergleich mit den Artt. 71–75 bayAGBGB, § 16 bwNachbarrechtsG, § 38 hessNachbarrechtsG und besonders mit den geringen Abstandspflichten des § 50 ndsNachbarrechtsG. Nach Plutarch war die ratio legis, das Hinüberwachsen der Wurzeln auf das Nachbargrundstück und die Entziehung von Wasser und Nährstoffen zu verhindern[19]. Hauptzweck dürfte die Vermeidung negativer Immissionen gewesen sein: Dem Nachbargrundstück sollten nicht Luft[20] und – wie bereits Partsch unter Hinweis auf das byzantinische Agrarrecht[21] festgestellt hat[22] – Licht entzogen werden.

Nur für Alexandria sind die Rechtsfolgen eines Verstoßes gegen die Abstandsbestimmungen überliefert. Der beeinträchtigte Nachbar hat dem Schädiger zunächst vor Zeugen[23] eine Frist von einigen Tagen[24] zur Beseitigung der Anpflanzungen zu setzen[25]. Läuft diese Frist ab, ohne daß die illegale Anpflanzung beseitigt worden ist, so wird der erfolglos Gemahnte schadensersatzpflichtig: *ὑπόδικο[ς ἔσ]τω τοῦ βλάβους*[26]. Außerdem hat der Nachbar das Recht, im Wege der Selbsthilfe *κ[αϑαιρεῖν τὰ ὠικοδομημέ]να [[η]] καὶπεφυτ[ευ]μένα*[27], die Anpflanzungen zu beseitigen. Daß dies nicht durch Umhauen der Bäume, sondern nur durch Ausgraben geschehen darf, wie die Herausgeber unter Berufung auf P. Teb. 5, Z. 205 meinen[28], scheint mir nach Partschs Ausführungen zweifelhaft[29]. Die Rechtswidrigkeit ist gerade für den Fall ausgeschlossen, daß der beeinträchtigte Angrenzer den unmittelbar benachbarten Grundstücksstreifen wieder in den ursprünglichen Zustand bringt, ohne daß es darauf ankäme, *wie* er das besorgt[30].

17 *πεφυτευμένα* in P. Hal. 1, Z. 102 bedeutet natürlich keine tatbestandliche Erweiterung der Norm, sondern ist Oberbegriff für die in Z. 98–99 genannten Bäume.

18 Plut. Sol. 23, 7 (= Solon F 60b); P. Hal. 1, Z. 99; Gai. D. 10, 1, 13; Bas. 58, 9, 4, 3.

19 Plut. Sol. 23, 7 (= Solon F 60b).

20 Andeutungsweise findet sich dieser Gedanke bei Plut. Sol. 23, 7 (= Solon F 60b) für Oliven- und Feigenbäume, allerdings unter Annahme positiver Immissionen: *καὶ βλάπτουσαν ἐνίοις ἀπορροὴν ἀφίησι.*

21 Ashburner, The Farmer's Law, I., JHS XXX (1910), 85–108 [102, § 31].

22 Partsch, ArchPap VI, 48–49.

23 Das ergibt sich aus dem *προείπηι* (P. Hal. 1, Z. 100), Dikaiomata, 71.

24 Die Herausgeber vermuten 5 Tage, Dikaiomata, 72.

25 P. Hal. 1, Z. 99–100.

26 P. Hal. 1, Z. 101.

27 P. Hal. 1, Z. 102.

28 Dikaiomata, 71–72.

29 Partsch, ArchPap VI, 49.

30 P. Hal. 1, Z. 102. Partsch, ArchPap VI, 49 versteht das *καϑαῖρειν* zwar etwas rigider als „zerstören". Im Ergebnis ist ihm zuzustimmen, wenn auch ein Bauer in der Regel ein frischgepflanztes Bäumchen schneller durch Ausreißen beseitigen kann. Man darf jedoch nicht die bäuerliche Mentalität übersehen, die einen Beeinträchtigten vielleicht lieber das umständlichere, aber dem Nachbarn schädlichere Umbauen wählen läßt.

Der Normalfall wird natürlich sein, daß man ein frisch gepflanztes Bäumchen einfach ausreißt.

Wie weit die alexandrinischen Rechtsfolgen dem attischen Recht entsprechen, ist umstritten. Die Graeca Halensis vermutet Übereinstimmung wegen des engen Zusammenhanges von attischem Tatbestand und sanctio im Papyrus Halensis[31]. Derselben Ansicht ist Partsch, der unter Berufung auf die Kallikles-Rede[32] geltend macht, es müsse auch nach solonischem Recht eine Befugnis zur eigenmächtigen Zerstörung illegaler Anpflanzungen gegeben haben, „da Demosthenes das κωλύειν ἐξ ἀρχῆς als eine intensivere Abwehr kennt als das bloße Protestieren (διαμαρτύρεσθαι)“[33].

Die Gegenmeinung bezweifelt zwar nicht das Bestehen einer auf einfachen Schadensersatz gerichteten δίκη βλάβης für Verletzung der Pflanzabstände im attischen Recht, hält aber ein Selbsthilferecht für unwahrscheinlich. Sie versteht die alexandrinische Abweichung vom attischen Recht als Ausdruck einer Rechtsfortbildung in Alexandria[34]. Nach Wolffs Untersuchungen ist es sehr wahrscheinlich, daß mit dem κωλύειν ἐξ ἀρχῆς in Dem. LV 4 ein unverzüglicher formeller Protest in Gegenwart von Zeugen und nicht ein Recht zur Zerstörung fremder Anlagen gemeint ist[35]. Aber selbst wenn man in dieser Demosthenes-Stelle ein Argument für ein Selbsthilferecht gegenüber störenden Anlagen auf dem Nachbargrundstück für den Fall der Überflutung des eigenen Terrains sehen wollte, bliebe es zweifelhaft, ob eine Analogie für den Fall rechtswidriger Anpflanzungen zulässig wäre: Der Schaden ist bei einer Überflutung des Grundstücks ungleich größer als bei der negativen Immission des Lichtentzuges durch Baumpflanzungen. Der Gesetzgeber hat diesen Unterschied gesehen. Das ergibt sich aus den wesentlich härteren Sanktionen, denen sich der Störer bei einer Überflutung des Nachbargrundstücks auf Grund seiner baulichen Anlagen gegenübergestellt sieht: Nach attischem Recht verfällt sein Grundstück, wenn er es nicht mit einer Geldbuße in Höhe von 1000 Drachmen auslöst[36], nach Platons Gesetz

31 Dikaiomata, 71.

32 Dem. LV 4.

33 Partsch, ArchPap VI, 50.

34 Wolff, AJPh 64, 323 = Beiträge, 99–100; Kränzlein, Eigentum und Besitz, 60–61.

35 Wolff, AJPh 64, 320 = Beiträge, 96; ebenso Kränzlein, Eigentum und Besitz, 60. Im P. Teb. 488 übersetzt Partsch, ArchPap VI, 49 selbst das κωλύειν als „protestieren“, während Taubenschlag, Der Schutz der Rechtsverhältnisse an Liegenschaften im gräko-ägyptischen Recht, SavZ 55 (1935), 278–288 [286–287] = Taubenschlag, Opera minora, Warszawa 1959, Bd. II, S. 381–396 [394] es als „verhindern . . . durch Einbringen einer Beschwerde an den kompetenten Beamten“ versteht; ebenso Taubenschlag, The Law of Greco-Roman Egypt in the Light of the Papyri 332 B. C. – 640 A. D., 2nd rev. ed., Warszawa 1955, p. 253 n. 17.

36 So die Auffassung von Wolff, AJPh 64, 319. 322 = Beiträge, 94–95. 99, auf die ich unten in § 10 IV im einzelnen eingehe.

hat er bei Verstoß gegen die Regenwasserordnung der Agronomen doppelten Schadensersatz zu leisten[37]. Dagegen sieht Platon für eine Verletzung der Pflanzabstände ebenso wie der P. Hal. 1 nur einfachen Schadensersatz vor. Selbst wenn der Betroffene im ersten Falle die schneidige Waffe des Selbsthilferechts gehabt haben sollte, kann man demnach nicht daraus schließen, daß ihm auch im zweiten Falle dieses Recht zugestanden hat.

Ein weiteres Argument gegen ein Recht zur eigenmächtigen Beseitigung der Anpflanzungen im attischen Recht ist die Tatsache, daß Platon trotz möglicher Anknüpfung an diese Norm ein solches Recht nicht erwähnt, sondern nur einen einfachen Schadensersatzanspruch gewährt[38]. Allerdings ist dieses Argument nur stichhaltig, wenn man Platons Bestimmung als Blankettnorm versteht. Im Falle einer Rechtsfolgeverweisung hätte Platon es gar nicht nötig gehabt, eine aus dem positiven Recht bekannte Rechtsfolge eigens zu erwähnen, so daß sich dann aus seinem Schweigen über diesen Punkt kein Argument gegen ein attisches Selbsthilferecht herleiten ließe.

Ob der attische Bauer, wenn er schon die zu nahe der Grenze gepflanzten Bäume auf dem Nachbargrundstück nicht beseitigen durfte, wenigstens das Recht hatte, ihre Wurzeln zu kappen, wenn sie auf sein Grundstück herüberwuchsen, oder herüberhängende Zweige abschneiden durfte, wie Beauchet meint[39], ist ebenfalls nicht mit Sicherheit auszumachen. Guiraud[40] und Beauchet[41] berufen sich auf eine Notiz des Aristoteles, wonach Kondalos, der Untersatrap des karischen Dynasten Mausolos, im 4. Jahrhundert Früchte von Zweigen, die auf die königlichen Straßen überhingen, verkaufte[42]. Diese Stelle hat jedoch mit unserer Frage überhaupt nichts zu tun, da es sich in diesem Falle gar nicht um eine Verletzung nachbarschützender Pflanzabstände handelt.

Als Ergebnis ist festzuhalten, daß wir über die Rechtsfolgen einer Verletzung der Pflanzabstände im attischen Recht keine sicheren Angaben machen können. Ein mit einer *δίκη βλάβης* zu verfolgender Anspruch auf einfachen Schadensersatz ist wahrscheinlich, ein Recht des Beeinträchtigten zur eigenmächtigen Beseitigung höchst zweifelhaft.

Für Bauten und Grabungen auf dem Lande erwähnt Platon keine Abstandspflichten. Innerhalb der Stadt ist dagegen die geschlossene Bauweise des hippodami-

37 Lg. 844 c 1 – d 3.

38 Guiraud, Propriété, 188; Beauchet, Droit privé III, 161; Kränzlein, Eigentum und Besitz, 60.

39 Beauchet, Droit privé III, 161; zweifelnd Guiraud, Propriété, 188.

40 Guiraud, Propriété, 188.

41 Beauchet, Droit privé III, 161.

42 Ps.-Arist. Oec. 1348 a 23–25.

schen Systems vorgeschrieben[43], die vom 5. Jahrhundert bis in die Zeit des Hellenismus als besonders schön empfunden wurde[44]: τὰς οἰκοδομίας χρὴ τὰς τῶν ἰδίων οἰκήσεων οὕτως ἐξ ἀρχῆς βάλλεσθαι, ὅπως ἄν ᾖ πᾶσα ἡ πόλις ἓν τεῖχος, ὁμαλότητί τε καὶ ὁμοιότησιν εἰς τὰς ὁδοὺς πασῶν τῶν οἰκήσεων ἐχουσῶν εὐέρκειαν, ἰδεῖν τε οὐκ ἀηδὲς μιᾶς οἰκίας σχῆμα ἐχούσης αὐτῆς, εἴς τε τὴν τῆς φυλακῆς ῥᾳστώνην ὅλῳ καὶ παντὶ πρὸς σωτηρίαν γίγνοιτ' ἂν διάφορος[45].

Die Forderung nach Gleichartigkeit der Häuser ist nicht nur durch verteidigungspolitische Erwägungen begründet. Sie ist auch Ausdruck der platonischen Philosophie, nach der es eben nur eine ideale Hausform geben kann, die zu variieren kein Grund besteht. Diese Gleichartigkeit aller Häuser indiziert am stärksten eine Konzeption nach dem hippodamischen Plan. Da diese Bauweise im 4. Jahrhundert herrschend war und für Kolonien ausschließlich benutzt wurde, ist mit ziemlicher Sicherheit anzunehmen, daß auch in Alexandria ἐντὸς τοῦ ἄστεως die geschlossene Bauweise zugelassen war[46]; der P. Hal. 1 gibt wegen der Zerstörung der Zeilen 95–96 darüber leider keine Auskunft. Ob das solonische Gesetz über die Bauabstände auch innerhalb der Stadt Athen galt, wie Partsch[47] und Koschaker[48] meinen, oder ob es nur ἔξω τοῦ ἄστεως Anwendung fand, wie Paoli mit beachtlichen Gründen annimmt[49], läßt sich nicht sicher entscheiden. Man wird

---

43 Wenn Platon in Lg. 778 b 2 seine Gründung τὴν νέαν καὶ ἀοίκητον ἐν τῷ πρόσθεν πόλιν nennt, bedeutet das im 4. Jh. selbstverständlich die Wahl des hippodamischen Systems, Gerkan, Griechische Städteanlagen, Berlin-Leipzig 1924, S. 62.

44 Ps.-Dicaearch. Hist. fr. 59, 1 (FHG II, 254); Str. V 235.

45 Lg. 779 b 1–7. Vgl. auch Eden, The Plan of Mesta, Chios, ABSA XLV (1950), 16–20. Die Verbindung von Stadtmauer und Häuserrückwänden, wie sie Platon in Lg. 779 a 8 – b 7 empfiehlt, findet sich jedoch bereits lange vor Hippodamos im 7. Jh. in Vroulia auf Rhodos, das in dieser Weise zur Landseite hin geschützt war, während zur See hin die steil abfallenden Klippen genug Sicherheit boten; vgl. Kinch, Vroulia (Fondation Carlsberg – Copenhague. Fouilles de Vroulia (Rhodes)), Berlin 1914, col. 5–8 und die Karte am Ende des Bandes.

46 So schon Koschaker, (Rez.) Dikaiomata. Auszüge aus alexandrinischen Gesetzen und Verordnungen in einem Papyrus des philologischen Seminars der Universität Halle (Pap. Hal. 1), BPhW 34. Jg. (1914), 548–555 [548].

47 Partsch, ArchPap VI, 46.

48 Koschaker, BPhW 34, 548.

49 Paoli, RHD 27, 512. Leider differenziert Paoli nicht zwischen ἡ χώρα und τὰ ἔξω τοῦ ἄστεως, obwohl Arist. Pol. 1321 b 28, auf den er sich beruft, gerade beide Gebiete unterscheidet. Die Graeca Halensis versteht als τὰ ἔξω τοῦ ἄστεως den Rechtsbezirk zwischen der Stadtmauer und der χώρα (Dikaiomata, 69–70), ebenso Wilhelm, Neue Beiträge zur griechischen Inschriftenkunde, 14–15 unter Hinweis auf Syll. 141, Z. 5–6. Zu vv. 5–6 siehe Klaffenbach, Zur Siedlungsinschrift von Korkyra Melaina, in: Изследвания в чест на академик Димитър Дечев по случай 80-годишината му. Studia in honorem Acad. D. Dečev, София 1958, pp. 219-220.

vermutlich eine historische Entwicklung anzunehmen haben, die sich archäologisch durch die Unterschiede zwischen der ungeordneten Bauweise Athens und dem regelmäßigen Plan des Piräus mit seiner geschlossenen Bauweise belegen läßt.

§ 10 WASSERRECHT

I. Grundsätze

Im Wasserrecht, das in Griechenland wegen der Wasserarmut des Landes und der Gefahr der Bodenerosion und Überschwemmung durch Regenfluten eine wichtige Rolle spielt, gibt es nach Platons Zeugnis *παλαιοὶ καὶ καλοὶ νόμοι κείμενοι οὐκ ἄξιοι παροχετεύειν λόγοις*[1]. *Νόμοι κείμενοι* ist ohne Zweifel der griechische Terminus für positives Rechts[2]. Dagegen ist der Sinn der Wendung *οὐκ ἄξιοι παροχετεύειν λόγοις* umstritten.

England[3], Novotný[4] und Maykowska[5] meinen, Platon wolle damit sagen, diese Wassergesetze seien es nicht wert, ausführlicher besprochen zu werden. Konsequenterweise können sie dann in den anschließend ausgeführten wasserrechtlichen Bestimmungen nur eine mehr oder weniger zufällige exemplarische Auswahl von alten positivrechtlichen Regelungen sehen[6] und müssen außerdem die wörtliche Übernahme älterer Wassergesetze in das platonische Wasserrecht unterstellen. Die erste Folgerung ist sachlich zutreffend, die zweite falsch, wie im folgenden zu zeigen sein wird. Keiner der drei Autoren kann sinnvoll erklären, wieso Platon eine angeblich so nebensächliche und unwichtige Materie im folgenden so ausführlich und detailliert abhandelt, statt sich – wie in Lg. 843 e 5–6 beim Gesetz über die Pflanzgrenzen – mit einem einfachen Verweis auf bestehende Gesetze zu begnügen.

Es scheint daher sowohl aus sachlichen als auch aus stilistischen Gründen angemessener, Lg. 844 a 2–3 so zu verstehen, daß die Gesprächspartner die alten und schönen Gesetze des Wasserrechts nicht durch überflüssige wortreiche Erörterun-

---

1 Lg. 844 a 2–3.

2 Vgl. Gagnér, Studien zur Ideengeschichte der Gesetzgebung (Acta Universitatis Upsaliensis. Studia Iuridica Upsaliensia, 1), Stockholm-Uppsala-Göteborg o.J. [1960], S. 243–244. 248–250, wo Gagnér leider auf S. 245 Pl. Lg. 844 a 2 übersehen hat.

3 England, Laws II, 361: "are not important enough for us to let them pericolate through our discourse".

4 Novotný, Zákony, 222: „. . . jež nejsou tak důležité, abychom je zaváděli struhami našich řečí." (dt. Übers.: „. . . die nicht so wichtig sind, daß wir sie durch die Gräben unserer Reden herleiten müßten.").

5 Maykowska, Prawa, 368: „Nie warto może wciągać ich w nurt naszych rozważań, ale parę przykładów podać nie zawadzi." (dt. Übers.: „Es hat vielleicht keinen Wert, sie in die Strömung unserer Erwägungen hineinzuziehen, aber das ist kein Hindernis, wenigstens ein paar Beispiele anzuführen.").

6 So expressis verbis England, Laws II, 361.

gen in eine andere Richtung leiten wollen[7], wobei die stilistisch reizvolle metonymische Verwendung des Verbs *παροχετεύειν* im *παροχετεύειν λόγοις*[8], mit der Platon auf die Ableitung von Wasserläufen anspielt[9], auch semantisch in der Übersetzung gewahrt bleibt.

Aus dem *ἀλλ'* in Lg. 844 a 3 schließt England zutreffend, daß Platon auf die detaillierte Ausführung der Gesetze verzichtet und nur Beispiele anführt, um daran die Grundprinzipien zu erläutern[10]. Ein weiteres Argument für den exemplarischen Charakter der Wassergesetze *ἐν ἀγρῷ* ist die Analogie zum Wasserrecht *ἐν ἄστει*, wo die Nomophylakes eigens angewiesen werden, zu ergänzen, *ὁπόσα ἂν ὁ νόμος ἐκλείπῃ δι' ἀπορίαν*[11].

Die Bindung an die *παλαιοὶ καὶ καλοὶ νόμοι κείμενοι* bedeutet keine wörtliche, ja nicht einmal unbedingt eine tatbestandliche Rezeption der alten Gesetze, sondern nur die Wahrung der ratio legis und die Übernahme alter Rechts*prinzipien*[12].

Es handelt sich um vier Bestimmungen, die Platon nach seinen eigenen Worten dem positiven Recht entnimmt:

1. ein Gesetz über das Recht der Wasserderivation zum Zwecke der Landbewässerung[13],
2. eine Bestimmung über das Recht des Trinkwasserbezuges vom Nachbarn[14],
3. eine Norm zur Regelung von Überflutungsschäden[15] und
4. eine Strafvorschrift gegen Wasserentziehung und -vergiftung[16]

Wegen des sachlichen Zusammenhanges soll neben diesen vier auf dem Lande geltenden Gesetzen auch

---

7 So Ast, Leges II, 417; Stallbaum, Plato X. 2, p. 461 (ad 844); Müller, Nomoi, 209; Diès, Platon XII. 1, p. 88; Bury, Laws II, 175; in der Wertung ebenso, aber in der Übersetzung unpräzis Apelt, Gesetze 341: „. . . die nicht verdienen, in Vergessenheit zu geraten“. Etwas unklar übersetzt Taylor, Laws, 232: “there is no need that they should be destilled in our discourse”.

8 Vgl. *παρωχέτευσας* in E. Ba. 479.

9 Vgl. Suid. s. v. *παροχετεύει* (Π 708)

10 England, Laws II, 361.

11 Lg. 779 d 1–2 in Verbindung mit Lg. 779 c 5 – d 1.

12 Siehe unten S. 82 f.

13 Lg. 844 a 3–7, siehe unten II.

14 Lg. 844 b 1 – c 1, siehe unten III.

15 Lg. 844 c 1–7, siehe unten IV.

16 Lg. 845 d 4 – e 9, siehe unten V. In der uns überlieferten, von Philipp von Opus edierten Fassung der Nomoi gehört diese Norm nicht mehr zu dem Komplex der als *παλαιοὶ καὶ καλοὶ νόμοι* apostrophierten Gesetze *τῶν ὑδάτων*, da sie von den anderen Bestimmungen des Wasserrechts durch die Erntegesetze (Lg. 844 d 4 – 845 d 3) getrennt ist. Wegen des unmittelbaren systematischen Zusammenhangs der außerhalb der Stadt geltenden Wasserbestimmungen vermute ich, daß die Passagen Lg. 845 d 4

5. das Gesetz über die Beschädigung städtischer Trinkwasserbrunnen[17] mitbehandelt werden.

Platon legt in Übereinstimmung mit der antiken griechischen Wasserwirtschaft zwei getrennte Wasserversorgungssysteme zugrunde: ein im allgemeinen offenes Bewässerungssystem für die Landwirtschaft und ein geschlossenes Leitungssystem für die Trinkwasserversorgung.

Zur *Feldbewässerung* stellt die Polis in erster Linie die natürlichen Wasserläufe (Flüsse, Bäche und Quellen) zur Verfügung. Daneben kann jeder Landwirt sein Land selbstverständlich auch aus Quellen, die auf seinem Grundstück entspringen, bewässern. Für wasserarme Gegenden errichten die Agronomen und ihre Helfer Kunstbauten, und zwar sowohl Talsperren, die die bei Regenfällen von den Bergen herabstürzenden Bäche auffangen und regulieren[18], als auch unterirdische Kanäle[19], die kleinere natürliche Wasserläufe verbinden und die Bewässerung des Landes zu jeder Jahreszeit sichern[20].

Im Gegensatz zu dem offenen Bewässerungssystem, dem natürliche Verschmutzungen nicht schaden, besteht das *Trinkwassersystem* Magnesias nach athenischem Vorbild[21] aus geschlossenen unterirdischen Röhren[22]. Es dient in erster Linie der Versorgung der Stadt. An Ziehbrunnen und Zisternen innerhalb der Stadt, auf die z.B. der Piräus zu Perikles' Zeiten noch ausschließlich angewiesen war[23], bis wahrscheinlich Meton gegen 414 v.Chr. durch die Piräusleitung Sickerwasser vom Ilissos in die Hafenstadt leitete[24], denkt Platon nicht. Nur die Landbevölkerung wird für den Notfall auf Schöpfbrunnen verwiesen, die ent-

– e 9 und 844 d 4 – 845 d 3 in den Handschriften in ihrer Reihenfolge vertauscht sind; so auch Maykowska, Platon. Prawa. Przełożyła i opracowała Maria Maykowska, s.l. [Warszawa] 1960, p. 369–370 adn.; auch Ritter vermutet eine „offenbare Störung des natürlichen Zusammenhangs" (Gesetze I, 79 Anm. 2 und II, 260).

17 Lg. 764 b 1 – c 2.

18 Lg. 761 a 6 – b 2.

19 Daß die *μεταλλεία* kein offener Kanal sein kann, ergibt sich aus D. S. XVI 74, 3 und Ael. NA XVI 15.

20 Lg. 761 c 1–3.

21 Zur Wasserversorgung Athens siehe Judeich, Topographie von Athen (Handbuch der Altertumswissenschaft, III. 2. 2), 2. Aufl., München 1931, S. 189–205 und Gomme, A Historical Commentary on Thucydides, Oxford 1945/1956, vol. II, p. 53–61 [ad Th. II 15, 5] mit weiteren Nachweisen.

22 Hochbauten wie die römischen Aquädukte sind in Griechenland unbekannt, Saglio, Aquaeductus, I Chez les Grecs, in: DS I (1877), 336b–338b [337a].

23 Th. II 48, 2: ... *ὡς οἱ Πελοποννήσιοι φάρμακα ἐσβεβλήκοιεν ἐς τὰ φρέατα· κρῆναι γὰρ οὔπω ἦσαν αὐτόθι.* Daß *φρέατα* hier sowohl ‚cisterns' als auch ‚wells' umfaßt, stellt Gomme, Comm. on Th. II, 147 [ad Th. II 48, 2] zutreffend fest.

24 Phryn. Com. fr. 21 (CAF I, 376) bei Schol. Ar. Av. 997. Obwohl der Bau dieser Wasserleitung durch Meton von klassischen Autoritäten sonst nicht bezeugt ist, gibt es manche archäologischen Belege dafür, daß in klassischer Zeit Ilissos-Wasser in den

weder durch Grundwasser oder durch eine unterirdische Quelle[25] gespeist werden[26]. Die Trinkwasserleitungen münden in die städtischen Brunnen, unter denen Platon besonders die am Marktplatz erwähnt[27]. Innerhalb des Stadtgebiets unterstehen die Wasserleitungen und Brunnen der Aufsicht der Astynomen[28], die im besonderen für ausreichenden Zufluß und Reinheit des Wassers zu sorgen haben[29]. Nur die Marktbrunnen sind der Zuständigkeit der Astynomen entzogen und der Kontrolle der Agoranomen unterstellt[30].

Für die Eigentumsverhältnisse an den Anlagen und dem Wasser ergibt sich folgendes:

Kunstbauten stehen ohne Rücksicht auf das Eigentum am betroffenen Grundstück im Eigentum des Bauherrn. Talsperren, öffentliche Zisternen und Wasserreservoirs sowie die unterirdischen Trinkwasserleitungen und die Brunnen in der Stadt gehören also der Polis. Ebenso hat ein Privatmann Eigentum an dem von ihm selbst auf seinem Grundstück angelegten Ziehbrunnen (*φρέαρ*[31]) und an der Quellfassung (*κρήνη*[32]). Problematisch ist die Eigentumsfrage nur für die Fälle, in denen nicht die Polis als Bauherr eine Wasserleitung durch ein Privatgrundstück legt und auf Grund ihrer Vorrechte Eigentümer des Bauwerks ist, sondern in denen ein Privatmann Kunstbauten zur eigenen Brauchwasserversorung auf einem fremden Grundstück anlegt. Diese Frage soll später bei der Besprechung des ersten platonischen Wassergesetzes näher erörtert werden[33].

Das Wasser der natürlichen Wasserläufe ist Gemeineigentum[34], ebenso der Inhalt der Talsperren und der von den Agronomen und Phrurarchen angelegten Kanäle[35]. Dagegen steht das Wasser der Brunnen und Quellen grundsätzlich dem

---

Piräus geleitet wurde, Ziller, Untersuchungen über die antiken Wasserleitungen Athens, Ath. Mitt. 2 (1877), 107–131 [109] und Gomme, Comm. on Th. II, 148 [ad Th. II 48, 2].

25 Jedenfalls spricht Paus. X 36, 10 auch in einem solchen Fall von einem *φρέαρ*.

26 Lg. 844 b 3–4.

27 Lg. 764 b 3.

28 Lg. 763 d 1–4.

29 Lg. 763 d 1–4 in Verbindung mit Lg. 763 c 5–7.

30 Lg. 764 b 1–3.

31 Dieser Terminus findet sich im Corpus Platonicum nicht. Die Anlage wird jedoch in Lg. 844 b 3–4 beschrieben.

32 Für die Quellfassung argumentum a fortiori aus Lg. 844 a 5: *πηγὰς . . . ἰδιώτου*: Wenn das ungefaßte Quellwasser auf einem Privatgrundstück dem Grundstückseigentümer zusteht, dann erst recht der Kunstbau, mit dem er diese Quelle faßt.

33 Siehe unten S. 68f.

34 Lg. 844 a 4: *ἐκ τῶν κοινῶν ναμάτων*. Brugi, Rapporti di vicinanza in materia di acque nel diritto attico comparato al diritto romano, AG XXXIV (1885), 297–311 [302]: „. . . sorgenti pubbliche (comuni) . . .“.

35 Lg. 761 a 6 – c 3.

Grundstückseigentümer, also entweder der Polis oder einem Privatmann, zu[36]. Allerdings kann das Recht an einem besonderen Wasservorkommen auf dem Grundstück auch vom Herrschaftsrecht am Boden getrennt werden[37]. An dem in Röhren gefaßten Trinkwasser hat die Polis so lange das ausschließliche Recht, bis es die öffentlichen Brunnen erreicht. Erst an dieser Stelle wird es gemeinfrei, so daß jedermann hier seinen Bedarf an Wasser decken kann.

II. Bewässerungsgraben

1. Pl. Lg. 844 a 3 – 7

Wenn einem Bauern zur Bewässerung seines Landes eigene Quellen fehlen und er auch keinen unmittelbaren Anschluß an das öffentliche Bewässerungssystem hat, muß er eine Zuleitung über fremden Grund und Boden führen. Platons Gesetz bestimmt für diesen Fall: *ὁ βουληθεὶς ἐπὶ τὸν αὐτοῦ τόπον ἄγειν ὕδωρ ἀγέτω μὲν ἀρχόμενος ἐκ τῶν κοινῶν ναμάτων, μὴ ὑποτέμνων πηγὰς φανερὰς ἰδιώτου μηδενός, ᾗ δ' ἂν βούληται ἄγειν, πλὴν δι' οἰκίας ἢ ἱερῶν τινων ἢ καὶ μνημάτων, ἀγέτω, μὴ βλάπτων πλὴν αὐτῆς τῆς ὀχεταγωγίας*[38].

Nach diesem Gesetz hat jeder Bürger das Recht, von dem öffentlichen Bewässerungssystem, d.h. Flüssen, Bächen und Quellen, aber auch von den Talsperren und den Kanälen aus, auf beliebigem Wege einen Bewässerungsgraben bis zu seinem Grundstück zu ziehen – allerdings unter folgenden Bedingungen:

a) Es ist nicht erlaubt, die offen zutage liegenden Quellen eines Privatmanns anzuschneiden und ihnen Wasser zu entziehen.
b) Der Kanal darf weder durch Häuser noch durch Sakral- oder Grabbezirke führen.
c) Dem zur Duldung des Kanals verpflichteten Grundstückseigentümer darf *πλὴν αὐτῆς τῆς ὀχεταγωγίας* kein Schaden zugefügt werden, woraus man schließen darf, daß weitergehende Schädigungen von dem Recht der Wasserderivation nicht gedeckt sind und zum Schadensersatz auf Grund einer *δίκη βλάβης* verpflichten[39]. Ob neben dem Irrigationskanal ein Freistreifen wie in

36 So richtig Dareste, Science du droit, 73 und Beauchet, Droit privé III, 165; unzutreffend England Laws II, 361: "All rivers, brooks, and springs were public; wells were private", da in Lg. 844 a 5 von *πηγὰς ἰδιώτου* die Rede ist.

37 Vgl. Behrend, Attische Pachturkunden. Ein Beitrag zur Beschreibung der *μίσθωσις* nach den griechischen Inschriften (Vestigia, 12), München 1970, S. 75. 122–123 mit den entsprechenden Belegen.

38 Lg. 844 a 3–7.

39 Vgl. Beauchet, Droit privé III, 166.

Halaisa[40] verbleiben muß, auf dem keine Feldarbeiten vorgenommen werden dürfen, um die ὀχεταγωγία vor einer Beschädigung durch Ackerwerkzeuge zu schützen, läßt sich nicht feststellen.

d) Der bedürftige Landwirt ist nicht verpflichtet, zum Zwecke der Versorgung mit Brauchwasser auf dem eigenen Grundstück nach Wasser zu graben[41]. Eigenartigerweise beschränkt das Gesetz die Wassermenge, die ein Bauer dem öffentlichen Bewässerungssystem entnehmen darf, durch keine Gemeinwohlklausel. Eine *τάξις τῆς ὑδρείας παρὰ τοῖς ἀγρονόμοις* ist nur für das Trinkwasser im anschließenden Gesetz vorgesehen.

Der Bewässerungskanal ist ein offener Graben. Das ergibt sich einmal daraus, daß Platon auch im übrigen der griechischen Technik der Wasserbauwerke folgt. Ein Hochbau wird durch die Wendung *ὑποτέμνων πηγὰς* ausgeschlossen. Gegen unterirdische Röhren[42] spricht weniger der Terminus ὀχεταγωγία, der sowohl den offenen Graben[43] als auch die geschlossene Wasserleitung[44] bezeichnet, als vielmehr die Tatsache, daß die in Lg. 844 a 5 erwähnte Möglichkeit der Anzapfung fremder Quellen bei einer geschlossenen Röhre schon technisch unmöglich ist und daß außerdem ein Tiefbau technisch komplizierter und wirtschaftlich teurer ist.

Obwohl Platon expressis verbis nur das Anschneiden privater Quellen verbietet, ist selbstverständlich von dem Recht der Derivation *ἐκ τῶν κοινῶν ναμάτων* nur die Ableitung aus dem öffentlichen Brauchwassersystem gedeckt. N*άματα* sind bei Platon nur die offenen Wasserläufe[45]. Trinkwasser wird abstrakt als *ὕδωρ*[46] oder konkret als *πῶμα*[47] bezeichnet. Aus der strengen Trennung der beiden Wasserversorgungssysteme und der Kompetenzzuweisung an die Astynomen, dafür zu sorgen, *ὅπως* (scil. *τὰ ὕδατα*) *εἰς τὰς κρήνας ἱ κ α ν ὰ καὶ καθαρὰ πορευόμενα ... ὠφελῇ τὴν πόλιν*[48] folgt, daß Wasser zur Feldbewässerung nicht den Trinkwasserleitungen entzogen werden darf. Platon folgt ohne Zweifel dem

40 SGDI 5200 I, Z. 7–9 (= CIG 5594 = IG XIV 352).

41 Fälschlich nimmt Clemens von Alexandria an: Πλάτων κελεύει τοὺς γεωργοὺς μὴ ἐπαρδεῦσαι ... ὕδωρ παρ' ἑτέρων, ἐὰν μὴ πρότερον ὀρύξαντες παρ' αὐτοῖς ... τὴν γῆν (Strom. I 1, 10, 2), weil er in seiner Paraphrase die Gesetze über die Trinkwasserversorgung und die Landbewässerung vermischt.

42 ὑπόνομος – siehe X. HG III 1, 7; Ps.-Arist. Mete. 350 a 1; Plb. X 28, 2–4; IG XII 9, 191 A, Z. 18. 23. 25 et 27 (= IJG I, 143–157 (IX)); P. Cair. Zen. 745, Z. 19.

43 So wohl bei Poll. I 221, der die ὀχεταγωγοὶ unter den γεωργικὰ ὀνόματα aufführt.

44 So bei Hdt. III 60, wo ὕδωρ ὀχετευόμενον zur Trinkwasserversorgung der Polis auf Samos durch ein ὄρυγμα geleitet wird.

45 Lg. 761 b 4 (= rivus und flumen perenne), 844 a 4 (= aqua profluens); Pl. Criti. 111 d 6, 112 d 1, 117 a 4.

46 Lg. 763 d 1, 844 b 4. c 1.

47 Lg. 844 b 2. b 5.

48 Lg. 763 d 3–4.

attischen Gesetz, nach dem prinzipiell ὑφαίρεσις und παροχεταγωγία von Wasser aus den Trinkwasserleitungen Athens strafbar waren[49], gleich, ob das entzogene Wasser zur Bewässerung oder als Trinkwasser dienen sollte. Die Strafwürdigkeit liegt darin, daß der Täter durch seinen Wasserentzug unkontrollierte Sondervorteile verfolgt und die Wasserversorgung der städtischen Trinkwasserbrunnen gefährdet. Der Hinweis auf die alten und schönen Gesetze und der exemplarische Charakter der von den Gesprächspartnern ausgeführten Normen legen den Schluß nahe, daß Platon in dieser Beziehung nicht vom attischen Recht abweichen wollte.

Da die νάματα eines Sakralbezirks nicht κοινὰ sind, darf ihnen ebenfalls kein Wasser entzogen werden. Außerdem unterstehen sie den besonderen Regeln des Tempelrechts, dessen Normen Platon in den Nomoi nicht aufgestellt hat. Ein positivrechtliches Verbot u.a. auch der Wasserentziehung aus dem heiligen Bezirk enthält „wahrscheinlich in Übereinstimmung mit alter Tradition“[50] die Mysterieninschrift von Andania in dem generellen Verbot, ὅπως . . . (μηθεὶς) . | . ἄν τι ἄλλο κατασκευασθεῖ ἐν τῶι ἱερῶι χάριν τοῦ ὕδατος[51].

Es ist erstaunlich, daß der in anderen Fragen so kollektivistisch eingestellte Platon sich für eine individualistische Lösung der landwirtschaftlichen Bewässerung entscheidet und jedem Landwirt zumutet und gestattet, sich einen privaten Bewässerungskanal anzulegen, wenn er nicht gerade Anrainer eines öffentlichen Wasserlaufs ist. Offenbar lag ein genossenschaftliches Bewässerungssystem wie in den spanischen Huertas dem oikenwirtschaftlichen Denken der Griechen so fern, daß nicht einmal der Verfasser der Politeia diesen Gedanken in Erwägung gezogen hat.

Sichere Aussagen über das Eigentum am Bewässerungsgraben und dem darin enthaltenen Wasser lassen sich nicht machen. Brugis Annahme eines „acquedotto coattivo“, an dem auch der durch den Bewässerungsgraben beeinträchtigte Nachbar partizipieren darf[52], ist mehr aus seiner unbewiesenen Prämisse einer „comunione delle acque tra vicini“[53] deduziert als aus dem Text des platonischen Gesetzes induziert. Nichtsdestoweniger ist Brugis Feststellung, daß das griechische Wasserrecht kollektivistischere – besser: stärker genossenschaftliche – Züge als das römische aufweist[54], zutreffend.

Für das Eigentum des nutzungsberechtigten Bauherrn sprechen die ratio legis (Warum sollte sich jemand auf eigene Kosten einen Graben durch fremdes Land

49 Plut. Them. 31, 1.

50 Van Buren, Wasserleitungen, in: RE VIII A 1 (1955), 453–485 [483].

51 DGE 74, Z. 103–104 (= Michel 694 = SGDI 4689 = Leg. Sacr. II 58 = IG V 1, 1390 = Syll. 736 = LSG 65).

52 Brugi, AG XXXIV, 309.

53 Brugi, AG XXXIV, 299.

54 Brugi, AG XXXIV, 299. 309.

zur Bewässerung seiner Felder anlegen, wenn der betroffene Nachbar ohne weiteres an diesem Wasser partizipieren und sich die Früchte seiner Arbeit aneignen dürfte?) und das – allerdings induktiv erschlossene – Prinzip der privaten Bewässerung, verbunden mit der Absage an ein genossenschaftliches Feldbewässerungssystem.

Gegen das Eigentum des Bauherrn am Wasser könnte sprechen, daß in der platonischen Strafnorm gegen *σκάμμα* und *κλοπὴ ὕδατος*[55] nur *ὕδωρ ἀλλότριον, εἴτε καὶ πηγαῖον εἴτε συναγυρτόν*[56], also nur fremdes Quell- und Zisternenwasser als Angriffsobjekt genannt sind, nicht jedoch *ὕδωρ ἀγόμενον* bzw. *ὀχετευόμενον*. Es wird jedoch weiter unten[57] nachgewiesen werden, daß *ὕδωρ πηγαῖον* und *ὕδωρ συναγυρτὸν* nicht im Sinne eines abschließenden Kataloges der Angriffsobjekte verstanden werden dürfen, sondern nur exemplifizierend den Oberbegriff *ὕδωρ ἀλλότριον* erläutern. Damit aber liefert Lg. 845 e 2–5 kein Argument mehr gegen das Eigentum des Bauherrn am Wasser in dem von ihm angelegten Graben.

Instandhaltungspflichten bezüglich der Gräben oder Kanäle im positiven Recht gestatten keinen Schluß auf das Eigentum am Bauwerk, da sie nicht an das Eigentum, sondern an die Nutzungsvorteile anknüpfen: Chairephanes hat während der zehnjährigen Dauer seines Pachtvertrages die von ihm durch fremdes Land gelegten Abflußröhren instandzuhalten[58], obwohl er nur Pächter ist – aber eben weil er den Nutzen von ihnen hat. Ebenso haben nach den Tabulae Heracleenses die Anrainer der Bewässerungskanäle als deren Nutznießer zwar Wartungs- und Reinigungspflichten, dürfen aber am Lauf und Bau der Kanäle nichts verändern[59]. Auch in Alexandria bemessen sich die Reinigungspflichten nach der Nutzung des Anliegers am Graben[60].

2. Positives Recht

Bei der Untersuchung, wie weit Platon in seinem Gesetz positivem griechischen Recht folgt, sind zwei Fragen zu unterscheiden:

a) Hatte der griechische Bauer das Recht, unentgeltlich und ohne Sondererlaubnis das Wasser öffentlicher Gewässer zur Bewässerung seiner Felder zu benutzen?

---

55 Lg. 845 e 2–5.

56 Lg. 845 e 2–3.

57 Siehe unten S. 108 f.

58 IG XII 9, 191 A, Z. 22–24 (= IJG I, 143–157 (IX)).

59 DGE 62, Z. 130–133 (= CIG 5774 = IJG I, 194–213 (XII) = SGDI 4629 I = IG XIV 645 I).

60 P. Hal. 1, Z. 111–112.

b) War er berechtigt, zu Bewässerungszwecken Kunstbauten auf fremden Privatgrundstücken zu errichten?

a. Daß in Griechenland gewisse Wasserrechte mit einem Grundstück verbunden waren[61], beweist das Grundstücksregister von Tenos aus dem 3. Jahrhundert[62]; allerdings läßt sich aus der Formulierung *τὰ ὕδατα ὅσα ἐστὶ τῆς γεωργίας*[63] bzw. *τὰ ὕδατα τὰ προσόντα τοῖς χωρίοις*[64] nicht erkennen, um welche Rechte es sich dabei handelt, im besonderen nicht, ob von öffentlichen Wasserläufen die Rede ist, deren Nutzung rechtlich mit dem Grundstück verbunden ist, oder nur von Quellen auf diesem Grundstück wie in IG II^2 1361, Z. 9[65].

Ein kretischer Volksbeschluß aus dem 5. Jahrhundert bestimmt ausdrücklich, daß straflos sei, wer von der Mitte des Flußbettes Wasser für sein Land ableitet[66], wenn er nur dem Fluß mindestens die normale durch die Brücke am Marktplatz bestimmte Breite beläßt[67]. Durch diese Klausel soll ein übermäßiger Wasserentzug verhindert und sichergestellt werden, daß genügend Wasser im Flußbett verbleibt[68]. Daß eine solche Gemeinwohlklausel nur zu berechtigt war, ergibt sich aus Ulpians Bemerkung D. 43, 13, 7.

Ebenso hatten nach den Tabulae Heracleenses die Anlieger der Wassergräben das Recht, deren Wasser zu nutzen, ohne allerdings an den Gräben bauliche Veränderungen vornehmen zu dürfen[69].

---

61 Zum *ὕδωρ προσὸν τοῖς χωρίοις* vgl. die interessanten Ausführungen bei Koerner, Zu Recht und Verwaltung der griechischen Wasserversorgung nach den Inschriften, ArchPap XXII/XXIII (1974), 155–202 [159–162]. Koerner interpretiert diese Formel als Ausdruck eines Rechtsanspruchs auf Wasser für bestimmte Liegenschaften (S. 160). Herr Dr. Koerner hat mich in dem ursprünglichen Manuskript seiner Arbeit darauf aufmerksam gemacht, daß das griechische Recht nicht wie das römische Servitutendenken die Dienstbarkeit des belasteten Grundstücks im Auge hat, sondern umgekehrt die Wassergarantie für die zu beliefernde Liegenschaft, unabhängig vom jeweiligen Grundstückseigentümer.

62 IG XII 5, 872, Z. 103–123 (= CIG 2338 = IJG I, 63–106 (VIII) = Michel 1387 = Syll. 1201); vgl. auch die Hypothekenhoroi Syll. 1186, Z. 4–7 (= IG II 2, 1138 = IJG I, 108 (VIII, 5) = Michel 1365): *τοῦ ὕδα‖[τ]ος τοῦ προσόν‖[τ]ος τοῖς χωρίοι‖[ς]*. und IG II/III^2 2655, Z. 2–5 (= IG II 2, 1141): *[ὅρος]‖ οἰκίας κα[ὶ τοῦ ὕδατος]‖ τοῦ προσόν[τος*.

63 IG XII 5, 872, Z. 94.

64 IG XII 5, 872, Z. 105.

65 (= IG II 1, 610 = Michel 979 = Leg. Sacr. II 41 = LSG 45): *τὸ ὕδωρ ὅσου ἄμ πραθῆι*.

66 Thalheims Übersetzung in Hermann-Thalheim, Griechische Rechtsaltertümer, 59 Anm. 5 [60] ist unrichtig.

67 IC IV 43 B b (= Kohler-Ziebarth, Stadtrecht, 39 Nr. 8 II b = IJG I, 402 (XIX D, Col. II Nr. 2) = SGDI 5000 II b = Syll. 1183).

68 Vgl. Guiraud, Propriété, 190; Kohler-Ziebarth, Stadtrecht, 73; Ziebarth, Nota ad Syll. 1183.

69 DGE 62, Z. 130–132.

Um Streitigkeiten unter den Grundeigentümern über das Wasser zu vermeiden, pflegte man in Griechenland im allgemeinen im voraus die Wassermenge, die jeder entnehmen durfte, und vielleicht auch die Zeiten zu bestimmen[70].

Der Chairephanesvertrag beweist, daß auch aus Kanälen Wasser zur Feldbewässerung entnommen werden durfte. Chairephanes soll am Ausfluß des Sammelbeckens für das Entwässerungswasser in die unterirdischen Abzugskanäle eine Sperre bauen, mit der die Bauern im Frühjahr den unterirdischen Abflußkanal sperren und das Wasser aus dem Auffangbassin zur Bewässerung verwenden können[71]. Ob zur Wasserentnahme eine besondere Genehmigung erforderlich war, wie es Guiraud für möglich hält[72], ist aus der Inschrift nicht zu ersehen.

In der Befugnis zur freien Nutzung öffentlicher – im Chairephanesvertrag sogar privater – Wasserläufe entspricht Platons Gesetz geltendem Recht. Befremdlich ist jedoch, daß in seinem Gesetz im Gegensatz zur griechischen Praxis eine Gemeinwohlklausel bzw. ein Verteilungsschlüssel für das Brauchwasser fehlt[73]. Das ist um so merkwürdiger, als Platon gerade im Nachbarrecht von vornherein Streitigkeiten begegnen will und alle anderen Landwirtschaftsgesetze deutlich auf einen Ausgleich nachbarlicher Interessen abzielen[74]. Ein Mangel intimerer Kenntnisse der kretischen Wasserverhältnisse kann nicht der Grund sein, da Platon auch ohne eigene Anschauung der örtlichen Gegebenheiten für das Trinkwasser eine *τάξις ὑδρείας* vorsieht. Auch die Möglichkeit, daß die in Lg. 846 b6–c7 angesprochenen jüngeren Gesetzgeber hier Fehlendes ergänzen sollte, scheidet aus, da sie nur noch für den Erlaß formellen Rechts zuständig sind, während die Gesprächspartner das materielle Recht der *νόμοι γωργικοὶ* bereits abschließend geregelt haben. Ebenso ist der Gedanke, Platon habe in seiner Bestimmung mehr ein Prinzip als ein detailliertes Gesetz aufstellen wollen, abwegig, da er im übrigen das Recht der Derivation bis in alle Einzelheiten ausgeführt hat.

b Für den Romanisten ist es auffallend, daß der magnetische Bauer ohne Bestellung einer servitus aquaeductus einen Bewässerungsgraben über das Feld des Nachbarn führen darf. Die dogmatische Konzeption eines ius in re aliena liegt Platon wie den Griechen überhaupt völlig fern[75].

---

70 Caillemer, Aqua, III, in: DS I (1877), 333b–334b [334a].

71 IG XII 9, 191 A, Z. 24–27 (= IJG I, 143–157 (IX))

72 Guiraud, Propriété, 191.

73 Darestes These, der Nutzungsberechtigte dürfe nur „une certaine quantité" ableiten (Dareste, Science du droit, 73), findet im Text keine Stütze.

74 Z.B. Lg. 843 e 3–4, 844 b 1 – c 1, 844 c 1–7, 846 a 1–3.

75 Vgl. Wolff, Der Rechtshistoriker und die Privatrechtsdogmatik, in: Festschrift für Fritz von Hippel zum 70. Geburtstag, Tübingen 1967, S. 687–710 [702] = in: Wolff, Opuscula dispersa, 41–64 [56].

Nur Platons Hinweis auf die παλαιοὶ καὶ καλοὶ νόμοι κείμενοι indiziert, daß diese Eigentumsbeschränkung des Betroffenen einem griechischen Rechtsprinzip entsprach.

Aus dem oben erwähnten kretischen Volksbeschluß[76] erfahren wir nicht, ob sich die Äcker, die mit Flußwasser bewässert werden dürfen, unmittelbar am Wasser befinden oder ob auch einem Nichtanlieger das Ableitungs- und Aquäduktrecht zusteht und ob im letzteren Falle die Zustimmung des Betroffenen zu einem solchen Bauwerk erforderlich ist[77]. Es bleibt daher unklar, ob es sich bei dieser Inschrift um eine Parallelbestimmung zum platonischen Gesetz handelt.

In einer anderen gortynischen Inschrift ist zwar von einer Wasserleitung die Rede[78], aber eine Antwort auf unsere Frage ist ihr nicht zu entnehmen, da der Text stark zerstört ist.

Auch die oben erwähnten Stellen IG XII 5, 872, Z. 92–96 et 105 und Syll. 1186 geben auf die Frage nach dem Recht, einen Bewässerungsgraben über fremdes Land zu führen, keine Antwort. Allerdings setzt das tenische Grundstücksregister bereits bestehende Wasserleitungen durch fremde Grundstücke voraus: Zusammen mit den Liegenschaften nennt es beim Verkauf ὕδατος ἀγωγὰς ὅσαι εἰσὶν τῶν χωρίων τούτων[79]. An anderer Stelle erwähnt die Inschrift ὕδατος ἀγωγὰς τὰς οὔσας τῶν χωρίων[80]. Es dürfte sicher sein, daß die ὕδατος ἀγωγαὶ zum Grundstück gehörende Irrigationsleitungen waren. Da diese Leitungen für

76 IC IV 43 B b (= Kohler-Ziebarth, Stadtrecht, 39 Nr. 8 II b = IJG I, 402 (XIX D, Col. II Nr. 2) = SGDI 5000 II b = Syll. 1183).

77 Guiraud, Propriété, 190; Beauchet, Droit privé III, 166; Kohler-Ziebarth, Stadtrecht, 73; Willets, Aristocratic Society in Ancient Crete, London 1955, p. 215; Haliste, Das Servitut der Wasserleitung in Platons „Gesetzen", Eranos XLVIII (1950), 142–149 [143]; Kränzlein, Eigentum und Besitz, 67. – Unzutreffend Partsch, ArchPap VI, 52–53 und 53 Anm. 1 und Taubenschlag, Prawo rzymskie w epoce Dioklecjańskiej (Das römische Recht zur Zeit Diokletians), Bulletin international de l'Académie Polonaise des Sciences et des Lettres. Classe de philologie, classe d'histoire et de philosophie, années 1919, 1920 (Cracovie 1922–1924), p. 141–281 [243–244], jetzt auch in: ders., Opera Minora I, 3–177 [130], die für Gortyn das gleiche Recht wie bei Platon postulieren. Schon Dareste, Science du droit, 73 hatte beim Vergleich des kretischen Beschlusses mit Platons Gesetz bedenkenlos „un réglement de ce genre" unterstellt – offenbar alle in kritikloser Übernahme der Anmerkungen Comparettis zur Erstpublikation der Inschrift (Iscrizioni arcaiche di Gortyna rivenute nei nuovi scavi al Letheo, Museo italiano di antichità classica, II (1888), 635–644 [642–643]; dagegen schon Scialoia, Atti della R. Accademia delle Scienze di Torino, XXV, 796: „in questa legge non si tratta di servitù prediali, ma di regolamenti delle acque pubbliche".

78 IC IV 52 B, Z. 5–6.

79 IG XII 5, 872, Z. 52 (= CIG 2338 = IJG I, 63–106 (VIII) = Michel 1387 = Syll. 1201).

80 IG XII 5, 872, Z. 56 und 112.

die Eigentümer der Äcker und Wiesen, über die sie führten, ein Hindernis bei der Feldarbeit darstellten, wurden sie wohl gern beseitigt, wenn das begünstigte Grundstück den Eigentümer wechselte[81]. Um das zu verhindern, wurden sie wohl in der Regel eigens im Kaufvertrag erwähnt. Leider erfahren wir aus dem Grundstücksregister von Tenos nichts über das Recht der Neuanlage solcher Bewässerungsgräben.

Nur beschränkt kann davon die Rede sein, daß Platons Bestimmungen „optime illustrantur pacto Chairephanis XII 9, 191A 18 sq.“[82]. Der Chairephanesvertrag setzt zwar ebenso wie Platons Gesetz für wasserwirtschaftliche Bauten Eingriffsrechte der Polis in privates Grundeigentum und die Dispositionsfreiheit der Polis über diese Rechte zugunsten eines Dritten voraus: Der Demos von Eretria räumt dem Unternehmer das Recht ein, durch Privatland einen unterirdischen Abflußkanal zu bauen, ohne daß es der Zustimmung der betroffenen Landbesitzer bedarf. In gleicher Weise schränkt Platon durch Gesetz die Nutzungsbefugnisse der Grundeigentümer an ihrem Land ein. In allen anderen Punkten aber weichen beide Regelungen voneinander ab. Chairephanes darf nur gegen vorherige Entschädigung bauen. Er soll, wenn er *φρεατίαι* anlegt, den Bauern, unter deren Land hindurch er den Entwässerungskanal führt, eine Drachme pro Fuß zahlen[83]. Für offene Abflußkanäle an der Oberfläche wird bestimmt, daß Chairephanes sie durch zum Ackerbau ungeeignetes Land zu führen hat, damit sie keinen Schaden anrichten: [*ἐὰν δὲ ποταμοῖς ἄγει τὴν λίμν*]|*ην, ἐξαγέτω ἀπὸ τῶν ἐργασίμων χωρίων δι*[*ὰ*] *τῶν ἀργῶ*[*ν, ἵνα μὴ βλάπτωνται . . .*][84]. Der Chairephanesvertrag beweist also durchaus nicht, daß es sich bei dem *ᾗ δ' ἄν βούληται ἄγειν* in Lg. 844 a 5–6 um positives Recht handelt. Die Entschädigungspflicht des Chairephanes steht ebenfalls in Widerspruch zu dem Gesetz Platons, das keinen Kaufpreis oder Schadensersatz vorsieht. Allerdings scheinen weder Guiraud noch Ziebarth die wesentlichen Unterschiede in der beiden Regelungen zugrunde liegenden Interessenlage zu sehen: Chairephanes baut *Ent*wässerungskanäle, die das – außer zur Zeit der Frühjahrsbewässerung – störende Sumpfwasser ableiten, und er baut diese Kanäle in höchstpersönlichem Interesse, da er den trockengelegten Sumpf in Ptechai für die nächsten zehn Jahre privat nutzen darf. Es geht Chairephanes beim Bau des *ὑπόνομος* und der *ποταμοὶ* quasi um die Beseitigung des Abfalls, der ihm bei der Verfolgung ganz privater Interessen entsteht. Der *Be*wässerungsgraben in Magnesia dient dagegen direkt der Produktion und – wegen der strengen Ernte-, Markt- und Preisbestimmungen – nur dem gesellschaftlich konzedierten Privatinteresse des Bürgers. Aus diesen Gründen sind die platonische Norm und die Bestimmungen des Chaire-

---

81 Koerner, ArchPap XXII/XXIII, 161.

82 Ziebarth, Nota ad Syll. 1183.

83 IG XII 9, 191 A, Z. 17–19.

84 IG XII 9, 191 A, Z. 20–21.

phanesvertrages wohl nicht vergleichbar. Damit wird dann aber auch die Berufung auf den Chairephanesvertrag als Argument *gegen* eine Übereinstimmung des platonischen Gesetzes mit dem positiven Recht hinfällig.

Ein Indiz dafür, daß Platons Gesetz geltendem griechischen Recht entspricht, ist nach Guiraud[85] und Haliste[86] die Tatsache, daß der Boden Griechenlands von Wasserleitungskanälen, die die Städte mit Wasser versorgten, durchquert war und daß dabei häufig privater Landbesitz von diesen Leitungen durchschnitten wurde[87]. Angesichts der starken Eingriffsrechte der Polis dürfte der private Boden für diese Leitungen kaum eigens angekauft worden sein[88]. Es bestand vielmehr zugunsten öffentlicher Trinkwasserleitungen eine gesetzliche Eigentumsbeschränkung des Landwirts an seinen Feldern – die meisten Autoren sprechen in nachklassischer Terminologie unschön von einer Legalservitut. Ob allerdings auch Privatleute daraus unentgeltlich Nutzen ziehen konnten, wie Haliste ohne Bedenken annimmt[89], scheint mir keineswegs sicher. Für den strafrechtlichen Schutz der öffentlichen Trinkwasserleitungen gegen Beschädigung und Wasserentzug galten jedenfalls strengere Maßstäbe als für öffentliche Wasserläufe, die der Landbewässerung dienten. Der Wasserentzug aus ersteren war poenalisiert[90], die Derivation von Brauchwasser aus letzteren zumindest gegen Bezahlung gestattet.

Guirauds und Halistes Argumentation für eine positivrechtliche Vorlage der platonischen Eingriffsnorm setzt stillschweigend voraus, daß sich das Recht der Trinkwasserleitungen nicht von dem der Bewässerungsanlagen unterscheidet. Angesichts der unterschiedlichen strafrechtlichen Behandlung scheint es mir durchaus nicht zwingend, daß für einen privaten Bewässerungsgraben die gleichen Eingriffsprinzipien gelten müssen wie für die städtischen Trinkwasserleitungen, die unmittelbar dem *κοινὸν* dienen.

Die beiden von Kohler-Ziebarth[91] und von Scialoia[92] angeführten Inschriften[93] beweisen durchaus nicht deren These, „daß jeder berechtigt sei, auch über

---

85 Guiraud, Propriété, 192–193.

86 Haliste, Wasserleitung, Eranos XLVIII, 143.

87 Siehe z.B. den Pachtvertrag um 285 v. Chr. DGE 709 (= Benndorf, Topographische Urkunde aus Ephesos, JÖAI, Bd. II (1899), Beibl., Sp. 15–36 [27–28] = SGDI 5597 = Michel 1353 = Syll. 1182), wo allerdings das Aquäduktrecht in Z. 14 ausdrücklich vereinbart wird: *οὐ κωλύ[σε]ι..*

88 Haliste, Wasserleitung, Eranos XLVIII, 143.

89 Haliste, Wasserleitung, Eranos XLVIII, 144.

90 Plut. Them. 31, 1.

91 Kohler-Ziebarth, Stadtrecht, 120 Anm. 5.

92 Scialoia, Atti della R. Accademia delle Scienze di Torino, XXV, 801.

93 SEG XIII 488 (= Le Bas – Waddington III 387 = Froehner, Inscr. Grecques du Louvre, nr. 133 = CIG 2692) und IG XII 2, 103 (= CIG 2172).

fremde Grundstücke Wasser zu leiten, nur natürlich mit der entsprechenden Diskretion"[94]; denn bei der ersten Inschrift aus dem karischen Mylasa von 318/317 v.Chr. handelt es sich um ein Dekret aus der Zeit des Nachfolgers Alexanders des Großen, Philipp Aridäus, bezüglich einer zum Palast führenden Trinkwasserleitung, in der Eingriffe in private Grundstücksrechte nicht ausdrücklich erwähnt werden, bei der zweiten um die bloße Erwähnung eines ὑδραγώγιον in Mytilene ohne nähere sachdienliche Angaben.

In summa läßt sich feststellen: Außer Platons eigener Berufung auf ein positivrechtliches Vorbild haben wir keinen Beweis dafür, daß nach griechischem Recht jedermann befugt gewesen sei, über fremdes Privatland einen Bewässerungsgraben auf sein Feld zu führen.

Das Verbot, mit dem Bewässerungsgraben πηγὰς φανερὰς ἰδιώτου μηδενὸς anzuschneiden, entspricht dem gemeingriechischen Grundsatz, daß niemand berechtigt ist, sich das Wasser eines anderen anzueignen[95].

Von der Befugnis, sich Brauchwasser durch einen Graben oder Kanal zuzuleiten, sind auch nach positivem Recht bestimmte Objekte stets ausgenommen. Zu dem Verbot, einen Bewässerungskanal durch Häuser zu führen, hat Haliste bereits erschöpfend Stellung genommen: „Was nun Häuser betrifft, so musste es schon faktisch schwerfallen, Wasserleitungen durch sie (...) durchzuführen, und ausserdem ist solch ein Verfahren wie aus sakralen, so auch aus rechtlichen Rücksichten kaum denkbar. Zu denken gibt allerdings, dass Platons Gesetz so etwas überhaupt erwähnt"[96]. Obwohl uns aus dem positiven Recht dafür keine Belege erhalten sind, darf es als sicher gelten, daß Platons Bestimmung dem griechischen Recht entspricht.

Bei dem Sonderrechtsstatus des Tempeleigentums versteht es sich von selbst, daß der Bewässerungsgraben Sakralbezirke nicht verletzen darf. In der Sache ist Haliste zuzustimmen, daß es sich bei den in Lg. 844 a 6 genannten ἱερῶν höchstwahrscheinlich „nicht nur um Tempel, sondern auch um das Land, das den Tempel umgab", handelt[97]. Allerdings kann seine philologische Argumentation, der Terminus ἱερὸν werde gelegentlich, z.B. bei Thukydides IV 90, 2 und in IC III Nr. IV 9, Z. 81–82[98], in diesem weiteren Sinne gebraucht[99], nicht überzeugen. Platon unterscheidet in den Nomoi τέμενος und ἱερὸν und führt in Lg. 758 e 5 und 759 e 4 sogar beide nebeneinander an. Der Ausdruck ἱερῶν in

94 Kohler-Ziebarth, Stadtrecht, 120.

95 Guiraud, Propriété, 191.

96 Haliste, Wasserleitung, Eranos XLVIII, 144.

97 Haliste, Wasserleitung, Eranos XLVIII, 142 Anm. 3. Auch Ritter, Gesetze I, 78 spricht vom „geheiligten Gebiet".

98 (= CIG 2561b = Inscr. Magn. 105 = SGDI 5060 = Syll. 685).

99 Halistes Beispielen läßt sich DGE 74, Z. 104 (= Michel 694 = SGDI 4689 = Leg. Sacr. II 58 = IG V 1, 1390 = Syll. 736 = LSG 65) hinzufügen.

Lg. 844 a 6 ist wohl eher mit den Flüchtigkeiten des von Platon nicht mehr korrigierten Manuskripts der Nomoi zu erklären. Im Wege einer systematischen und teleologischen Interpretation muß man per analogiam zum positiven Recht schließen, daß Tempelbezirke von privaten Bewässerungsgräben nicht durchschnitten werden dürfen. Wenn z.B. ein Grenzstein aus Kos vermerkt: *ἱερὰ ἁ γᾶ καὶ ἁ οἰκία*[100], zeigt das besonders deutlich, daß Tempelgebäude und Tempelbezirk gleichem Sonderrecht unterstehen.

Ob das Magnetum inter Itanios et Hierapytnios arbitrium ein tempelrechtliches Verbot enthält, Wasserleitungen durch den Sakralbezirk des Zeus Diktaios zu führen, ist umstritten. Die Stelle lautet: *νόμοις γὰρ ἱεροῖς καὶ ἀραῖς καὶ ἐπιτίμοις ἄνωθεν διεκώλυτο ἵνα μηθεὶς ἐν τῷ ἱ|ερῶι τοῦ Διὸς τοῦ Δικταίου μήτε ἐννέμηι μήτε ἐναυλοστατῆι μήτε σπείρηι μήτε ξυλεύηι*[101].

Es ist kontrovers, ob *ἐναυλοστατῆι* das Aufstellen von Viehhürden[102] oder das Anlegen von Wasserröhren[103] meint. Sprachlich ist grundsätzlich beides möglich; denn *ἐναυλοστατεῖν* läßt sich entweder von *αὐλός*, Röhre, oder von *αὐλή*, Hof, ableiten. Guarducci, die Wilamowitz' Auffassung teilt, führt aus dem Foedus Hierapytniorum et Prasiorum[104] als Parallele das Verb *αὐλοστατεῖν* an[105]. Dort hat *αὐλοστατεῖν* ohne Zweifel den Sinn „tugurium rusticum sisto, in eo dego"[106] und erscheint als besonderes gegenseitiges Recht der Parteien neben der *ἐπινομή*[107]. Benndorf dagegen bringt *ἐναυλοστατεῖν* mit *ἐναυλίζειν* in Verbindung, das in einer ephesischen Pachtinschrift[108] ebenso unzweifelhaft den Bau von Wasserleitungen meint, und beruft sich dafür auf Kumanudis, der *ἐναυλοστατῆι* auch von der Bewässerung her versteht[109]. Die Kontroverse läßt sich nicht mit Sicherheit entscheiden; allerdings spricht für das Aufstellen von

---

100 DGE 249, Z. 1 (= SGDI 3701 = Michel 798).

101 IC III Nr. IV 9, Z. 81–82 (= CIG 2561b = Inscr. Magn. 105 = SGDI 5060 = Syll. 685).

102 Wilamowitz-Möllendorff, Lesefrüchte, Hermes 34 (1899), 203–228 [211].

103 Benndorf, JÖAI II, Beibl., Sp. 34–35.

104 IC III Nr. IV 1 B (= SGDI IV, p. 1204–1205 nr. 37 = DGE 197).

105 Guarducci, Inscriptiones Creticae (opera et consilio Friderici Halbherr collectae), III: Tituli Cretae orientalis, curavit M. Guarducci, Roma 1942, p. 81 [ad Nr. IV 1 B, vv. 52 sqq.].

106 Schwyzer, Dialectorum Graecarum exempla epigraphica potiora, Lipsiae 1923, p. 419 s.v. *αὐλοστατέω*.

107 IC III Nr. IV 1 B, Z. 33. *ἐπινομή* statt *ἐπινομία* nur hier, Fraenkel in: SGDI IV, p. 1205.

108 DGE 709, Z. 14.

109 Benndorf, JÖAI II, Beibl., 34–35; *Κουμανούδης, Συναγωγὴ λέξεων ἀθησαυρίστων εν τοῖς ἑλληνικοῖς λεξικοῖς*, 'Αθῆναι 1883, p. 105 ad CIG 2561b, Z. 80 (= IC III Nr. IV 9).

Viehhürden[110], daß sowohl IC III Nr. IV 9 als auch IC III Nr. IV 1 B in kretischem Dialekt abgefaßt sind und daß beide Inschriften sich auf Grenzfragen der Hierapytnier mit ihren Nachbarn beziehen, während der wesentlich ältere Pachtvertrag aus Ephesos demgegenüber keine Übereinstimmungen aufweist. Als positivrechtliche Parallele zum platonischen Verbot, durch Tempelbezirke Wassergräben zu ziehen, muß das Magnetum inter Itanios et Hierapytnios arbitrium daher wohl ausscheiden.

Die Grabstätten schließlich als unveräußerliches Besitztum der *γένη*, die nicht einmal vom Verkauf des Grundstücks betroffen werden, dürfen wegen ihrer durch sakralen Brauch geheiligten Unantastbarkeit keinesfalls vom Bewässerungsgraben durchschnitten werden.

Über die Rechtsfolgen einer Beschädigung der gesetzlich geschützten Objekte äußert sich Platon nicht. Für den Tempelbezirk wird Tempelrecht, für die Grabstätten Sakralrecht Anwendung finden[111].

III. Trinkwasserversorgung

1. Pl. Lg. 844 b 1 – c 1

Während die Stadtbevölkerung ihr Trinkwasser aus den öffentlichen *κρῆναι* bezieht, fehlt es auf dem Lande schon wegen des technischen und finanziellen Aufwandes an einem so dichten Brunnensystem.

Für die Trinkwasserversorgung *ἔξω τοῦ ἄστεως* bestimmt Platons Gesetz: *ἀνδρία*[112] *δὲ εἴ τισι τόποις σύμφυτος ἐκ γῆς τὰ ἐκ Διὸς ἰόντα ἀποστέγει*[113] *νάματα, καὶ ἐλλείπει*[114] *τῶν ἀναγκαίων πωμάτων*[115], *ὀρυττέτω μὲν ἐν τῷ αὑτοῦ χωρίῳ μέχρι τῆς κεραμίδος γῆς, ἐὰν δ' ἐν τούτῳ τῷ βάθει μηδαμῶς ὕδατι προστυγχάνῃ, παρὰ των γειτόνων ὑδρευέσθω μέχρι τοῦ ἀναγκαίου*

110 Heerdegen, Die res extra commercium, 37 versteht *ἐναυλοστατεῶ* schlicht als „wohnen“.

111 Diese Annahme schließt aus, daß die nächstgenannte Rechtsfolge des Wasserrechts in Lg. 844 c 7 – d 3 auch für das Gesetz über den Bewässerungsgraben durch fremdes Land gilt; denn die Pflicht zu doppeltem Schadensersatz (Lg. 844 d 2) ist profanrechtlich – ganz abgesehen davon, daß es in der vorliegenden Bestimmung an der in Lg. 844 c 7 vorausgesetzten *τάξις* fehlt.

112 *ἀνδρία* A[2] (ref. in ras.) O[2] (ι s.v.) : *ἀνδρεία* A O.

113 *ἀποστέγει* Aldina : *ἀποστέγειν* libri.

114 *ἐλλείπει*] *ἐλλιπῆ* in marg. a.

115 *πομάτων* fecit A[2] (et mox b 5).

πώματος ἑκάστοις τῶν οἰκετῶν· ἐὰν δὲ δι' ἀκριβείας ᾖ καὶ τοῖς γείτοσι, τάξιν τῆς ὑδρείας ταξάμενος παρὰ τοῖς ἀγρονόμοις, ταύτην ἡμέρας ἑκάστης κομιζόμενος, οὕτω κοινωνείτω τοῖς γείτοσιν ὕδατος[116].

Wenn es einem Bürger an Trinkwasser fehlt, weil das Regenwasser wegen der Bodenbeschaffenheit versickert, ist er berechtigt, sich von seinen Nachbarn so viel Wasser zu holen, wie für seinen Haushalt notwendig ist. Voraussetzung dieses Notbrunnenrechts ist allerdings, daß er zuvor erfolglos auf seinem eigenen Grundstück bis auf die wasserundurchlässige Tonschicht[117] nach Wasser gegraben hat[117a]. Die prinzipiell auf das Notwendige beschränkte Wassermenge[118] kann repartiert werden, wenn es auch bei den Nachbarn mit Trinkwasser knapp bestellt ist. In diesen Fällen bestimmt eine *τάξις τῆς ὑδρείας παρὰ τοῖς ἀγρονόμοις*, in welchem Maße der Bedürftige am Trinkwasser seiner Nachbarn partizipieren darf.

Nach Pringsheim ist unter dem Ausdruck *ταξάμενος* in Lg. 844 b 7 genau wie in Pl. Rep. 416 e 1 (*ταξαμένους*) und unter dem *τάττεται* in Lg. 743 e 7 ein mündliches Versprechen der Parteien zu verstehen, das durch seine Abgabe vor den offiziellen Staatsorganen – hier vor den Agronomen – rechtsverbindlich und erzwingbar wird[119]. Demgegenüber meint England: „*τάξασθαι* is here used in the sense of 'getting a thing settled'."[120] Während Pringsheim sich für seine Auffassung, nach der die Agronomen in Trinkwasserverteilungssachen keine andere Aufgabe haben, als nur eine ein- oder mehrseitige Willenserklärung entgegenzunehmen und möglicherweise zu protokollieren, auf zahlreiche Papyrusstellen berufen kann[121], versteht England Lg. 844 b 7 analog zu Lg. 844 c 6 so, daß die Agronomen ihrerseits auf Antrag einer Partei eine für alle Beteiligten verbindliche Regelung der Trinkwasserverteilung aufstellen[122]. Es kann dahingestellt bleiben, ob die beiden anderen von Pringsheim angezogenen Platonstellen die Auffassung des Autors wirklich so stark stützen, wie er meint[123]. Trotz der

116 Lg. 844 b 1 – c 1.

117 Sachlich dasselbe bezeichnet Clem. Al. Strom. I 1, 10, 2 in seiner Paraphrase des platonischen Gesetzes mit dem Ausdruck *ἄχρι τῆς παρθενίου καλουμένης* (scil. *γῆς*).

117a Bromehead, Plato and the law of water supply, Geographical Journal 108 (1946), 123–125 [124] hebt diese Passage hervor als „an important witness to the real knowledge of hydro-geology current in Plato's time."

118 Lg. 844 b 5: *μέχρι τοῦ ἀναγκαίου πώματος*.

119 Pringsheim, The Greek Law of Sale, Weimar 1950, p. 62 et n. 6.

120 England, Laws II, 362; ebenso schon Ast, Leges II, 419: „sich anweisen, sich bestimmen lassend".

121 Pringsheim, GLS, 62 n. 3–5 et 7.

122 So auch die Übersetzungen von H. Müller, Apelt, Diès, Bury, Novotný, Maykowska und Cassarà; ferner Guiraud, Propriété, 193 und Beauchet, Droit privé, III, 167.

123 Auch England, Laws II, 362 führt gerade Pl. Rep. 416 e 1 – allerdings mit der Einschränkung „probably" – als Belegstelle für seine Auffassung an.

mangelnden begrifflichen Präzision platonischer Rechtsterminologie darf man wohl davon ausgehen, daß Platon im Wasserrecht auf dem Lande die Kompetenzen der Agronomen hat einheitlich festlegen wollen. In der unmittelbar folgenden wasserrechtlichen Bestimmung schließt aber der Ausdruck *ταξάσθω* in Lag. 844 c 6 wegen des vorausgehenden *καὶ περὶ ταῦτα μὴ ἐθέλωσιν διὰ ταῦτα κοινωνεῖν ἀλλήλοις*[124] eine gemeinsame einverständliche Erklärung vor den Agronomen aus[125]. Die Parallelität beider Bestimmungen spricht auch in Lg. 844 b 7 für eine Trinkwasserregelung von seiten der Agronomen und damit für Englands Interpretation der Stelle. Theoretisch ist zwar beim Trinkwasserbezug vom Nachbarn auch für den Fall, daß der in Anspruch Genommene Eigenbedarf an dem vorhandenen Trinkwasser geltend macht, denkbar, daß alle Beteiligten sich freiwillig auf einen Verteilungsschlüssel einigen und diesen vor den Agronomen zu Protokoll geben; aber eine solche Einigung ist bei widerstreitenden Interessen nicht gerade wahrscheinlich. Folgt man Pringsheims Auffassung, bleibt unklar, was in dem praktisch einzig relevanten Konfliktfall geschehen soll, daß sich die Parteien nicht einig werden und keine deckungsgleichen Erklärungen vor den Agronomen abgeben wollen. Platon, der im Zusammenhang mit den vielen kleinen Übergriffen unter Nachbarn besonders auf die Notwendigkeit hingewiesen hat, *εὐλαβεῖσθαι γείτονα γείτονι μηδὲν ποιεῖν διάφορον*[126], kann den Ausgleich einer ökonomisch so gravierenden Differenz nicht in das Blieben der Beteiligten gestellt haben. Daß er mögliche Kontroversen nicht erkannt habe, dürfte sicher ausscheiden. Vielmehr muß man davon ausgehen, daß Platon mit der Wendung *τάξιν τῆς ὑδρείας ταξάμενος παρὰ τοῖς ἀγρονόμοις* ein schiedsrichterliches Verfahren vor der ländlichen Verwaltungsbehörde vorgesehen hat, das den Agronomen die Kompetenz einräumt, nicht nur als Quasi-Notariat zur Entgegennahme einer Verpflichtungserklärung tätig zu werden, sondern auf Antrag der Parteien nach eigener Anschauung eine inter partes verbindliche *τάξις τῆς ὑδρείας* zu setzen.

Platon erwähnt eine Entschädigungspflicht des Berechtigten weder für den Normalfall noch für den Fall des Eigenbedarfs des Verpflichteten. In der Naturrechtsdiskussion war eine solche Ersatzpflicht umstritten[127]. Sie dürfte kaum in der bisweilen notwendigen *τάξις τῆς ὑδρείας* vorgesehen sein, wie Haliste meint[128]. Die Analogie zu dem Recht, ohne Entschädigungspflicht einen Bewäs-

124 Lg. 844 c 4–5.

125 Pringsheim hat freilich Lg. 844 c 6 bei seiner Interpretation in GLS, 62 n. 6 übersehen.

126 Lg. 843 c 2–3.

127 Siehe Grotius, De jure belli ac pacis libri tres, II 2, 9 (bejahend).

128 Haliste, Wasserleitung, Eranos XLVIII, 146. – Guiraud, Propriété. 193 und ihm folgend Beauchet, Droit privé III, 167 halten dagegen eine finanzielle Ausgleichspflicht für unwahrscheinlich.

serungsgraben durch das Grundstück des Nachbarn zu ziehen, und die gesetzliche Verpflichtung der Nachbarn zum Abschluß einer Vereinbarung über die Trinkwasserverteilung lassen nur den Schluß zu, daß der Berechtigte für das entnommene Trinkwasser nichts zu bezahlen hat.

Etwas anderes ergibt sich auch nicht daraus, daß in Attika der Verkauf von Grund- oder Quellwasser durch zahlreiche Inschriften belegt ist[129]. Wer z.B. aus dem Halkyos-Brunnen eines Nymphenheiligtums im attischen Demos Lamptrai trinken wollte, hatte dafür jährlich einen Obolos zu zahlen[130], wer Wasser aus dem Brunnen nach Hause schaffen wollte, schuldete der Tempelklasse je Amphore einen Obolos[131]. Aus den sehr verschiedenen Formen des Wasserkaufs und dem Umstand, daß er nur in Attika anzutreffen ist, schließt Koerner wohl zu Recht, daß er kein Bestandteil des alten griechischen Wasserrechts, sondern eine genuin attische Schöpfung ist[132].

Für eine volle Mitberechtigung des Bedürftigen und gegen ein mit einer Ersatzverbindlichkeit behaftetes Recht spricht ferner die Grundvoraussetzung des platonischen Vermögensrechts in den Nomoi: die qualitative Gleichheit aller *κλῆροι*[133]. Die Gleichheit der Bodenrente wäre gestört, wenn der Eigentümer eines wasserlosen Grundstücks laufende Zahlungen an seine bessergestellten Nachbarn zu leisten hätte. Schließlich spricht auch das *κοινωνείτω* in Lg. 844 b 8, in dem die von Platon häufig zitierte Paroemie *κοινὰ τὰ τῶν φίλων*[134] anklingt, für eine volle Mitberechtigung. Brugi sieht durch Lg. 844 b 8

129 Vgl. die Belege bei Klaffenbach, ΟΡΟΙ ΕΝΝΑΙΑΣ, Ath. Mitt. 76 (1961), 121–126.

130 Bousquet, Deux inscriptions attiques, BCH 91 (1967), 90–95 [92–95, Z. 3–6] (um 400 v. Chr.).

131 Bousquet, BCH 91, 92–95, Z. 9–11.

132 Koerner, ArchPap XXII/XXIII, 174.

133 Lg. 745 c 2–3. Vgl. Büchsenschütz, Besitz und Erwerb, 23; Trever, A History of Greek Economic Thought, Chicago 1916, p. 58; Ott, Bemerkungen zur Landaufteilung in Platos Gesetzen, Jahrbücher für Nationalökonomie und Statistik 168 (1956), 416–425 [416]. – Unrichtig Hildebrand mit Bezug auf die *κλῆρος*-Größe: „Platon will absolute arithmetische Gleichheit" (Die soziale Frage der Verteilung des Grundeigentums im klassischen Altertum, Jahrbücher für Nationalökonomie und Statistik 12 (1869), 1–25. 139–155 [7]).

134 Pl. Lg. 739 c 2–3, Phdr. 279 c 6–7, Rep. 424 a 1–2, 449 c 5, Ly. 207 c 10 und Schol. Pl. Phdr. 279 c (ed. Greene, p. 88) = Schol. Pl. Ly. 207 c (ed. Greene, p. 120), das das Sprichwort für Clearch. fr. 59 (FHG II, 320), Timae. FGrHist 566 F 13a (= FHG I, 211 fr. 77) und Men. fr. 10 Koerte (= CAF III, 6 fr. 9) bezeugt; ferner Arist. EN 1159 b 31, Timae. bei D. L. VIII 10 (= FGrHist 566 F 13b), Suid. s.v. *κοινὰ τὰ τῶν φίλων* (K 2549), Phot. s.v. *κοινὰ τὰ φίλων* und bei den Paroemiographen: Apostol. IX 88 (Paroemiographi II, 481), Diogenian. V 76 (Paroemiographi I, 266). Gegr. Cypr. (Cod. Leid.) II 54 (Paroemiographi II, 76) und Zen. IV 79 (Paroemiographi I, 106) sowie in der urbinatischen Sammlung von Spruchversen: monost. Urbin. N 2 (Meyer, ABAW 15/2 (1880), S. 439). Vgl. auch das Zitat bei Ter. Ad. 803 und die Anspielung bei Mart. II 43.

– c 1 und durch die weiter unten zu erörternde Stelle Lg. 844 c 4–5 „l'idea della comunione dell' acqua tra vicini" bestätigt[135] und entdeckt darin die Tendenz zu der modernen Auffassung, „a considerare le acque come patrimonio comune di tutti gli agricoltori ed industriali e ad allargare il concetto della presa coattiva dell' acqua altrui"[136]. Bereits bei anderen Bestimmungen des platonischen Nachbarrechts hat sich gezeigt, daß die römischrechtliche Kategorie des Miteigentums (condominium) bzw. der communio incidens ebensowenig zur Erfassung dieser griechischen Rechtsfiguren geeignet ist wie die einer gesetzlichen Prädialservitut. Brugis Verständnis der *κοινωνία* als communio im rechtstechnischen Sinne[137] ist daher verfehlt. Die Annahme einer Mitberechtigung auf Grund einer genossenschaftlichen Flurgemeinschaft wird dem vorliegenden Rechtsverhältnis am besten gerecht[138].

Die in Lg. 844 c 7 – d 3 für eine Verletzung der bei Regenwasserüberschwemmungen statuierte Rechtsfolge findet auch bei einer Verletzung der *τάξις τῆς ὑδρείας* Anwendung[139]: Wer als Nutzungsberechtigter mehr Trinkwasser entnimmt, als ihm zusteht oder umgekehrt als Quelleigentümer die in der *τάξις τῆς ὑδρείας* festgelegte Trinkwassermenge verweigert, ist dem anderen zum doppelten Ersatz des Schadens verpflichtet.

2. Solonisches Recht

Das mit ziemlicher Sicherheit solonische Gesetz[140] bestimmt: *ὅπου μέν ἐστι δημόσιον φρέαρ ἐντὸς ἱππικοῦ, χρῆσθαι τούτῳ· τὸ δ' ἱππικὸν διάστημα τεσσάρων ἦν σταδίων· ὅπου δὲ πλεῖον ἀπέχει, ζητεῖν ὕδωρ ἴδιον· ἐὰν δ' ὀρύξαντες ὀργυιῶν δέκα βάθος παρ' ἑαυτοῖς μὴ εὕρωσι, τότε λαμβάνειν παρὰ τοῦ γείτονος, ἑξάχουν ὑδρίαν δὶς ἑκάστης ἡμέρας πληροῦντας*[141]. Plutarch bemerkt zu dieser Norm unmittelbar anschließend: *ἀπορίᾳ γὰρ ᾤετο δεῖν βοηθεῖν, οὐκ ἀργίαν ἐφοδιάζειν*[142]. Mit fast denselben Worten kommentiert Clemens von Alexandria Platons Bestimmung: *ἀπορίᾳ γὰρ ἐπαρκεῖν [οὐ] δίκαιον,*

135 Brugi, AG XXXIV, 304 et 299 n. 12.

136 Brugi, AG XXXIV, 304.

137 Brugi, AG XXXIV, 299 et nota 12.

138 So schon Partsch, ArchPap VI, 52.

139 Zur näheren Begründung vgl. unten die Ausführungen zu Lg. 844 c 7 – d 3 auf S. 94.

140 Ruschenbusch, ΣΟΛΩΝΟΣ ΝΟΜΟΙ, 46 rechnet es zu dem zuverlässigen Teil der von Plutarch überlieferten solonischen Gesetze.

141 Plut. Sol. 23, 6 (= Solon F 63).

142 Plut. Sol. 23, 6. Vgl. zu Pl. Lg. 844 b 1 – c 1 Plut. Mor. 2, 827 e: ... *ἀπορίᾳ γὰρ βοηθεῖν τὸν νόμον.*

ἀργίαν δὲ ἐφοδιάζειν οὐ καλόν[143]. Für die antiken Autoren bestand zwischen beiden Gesetzen – zumindest, was den Interessenausgleich angeht – offenbar kein Unterschied.

Dem Rechtshistoriker stellt sich die Situation etwas differenzierter dar: Gemeinsam ist der solonischen und der platonischen Norm die Statuierung eines Notbrunnenrechts und der Interessenausgleich im Tatbestand des Gesetzes. Im übrigen aber weicht Platon in mehreren Punkten von der solonischen Bestimmung ab. Darauf hat Kränzlein bereits im einzelnen hingewiesen[144]. Erstens verweist Platon den wasserlosen Landwirt nicht auf öffentliche Ziehbrunnen innerhalb von vier Stadien (ca. 740 m). Zweitens behält er zwar als Voraussetzung des Notbrunnenrechts die vorausgegangene Wassersuche auf dem eigenen Grundstück bei, weicht aber von der strikten Verpflichtung, zehn Klafter (ca. 18,5 m) tief zu graben, ab und entscheidet sich für die Begrenzung auf den von örtlichen Gegebenheiten abhängigen Grundwasserspiegel. Zum dritten ist Platons Gesetz auch hinsichtlich der Menge, die der Berechtigte entnehmen darf, flexibler: Während Solon zweimal täglich sechs Choës, also pro Tag einen Metretes (knapp 40 Liter), gewährte, bestimmt sich die Menge bei Platon nach der Größe des Haushalts, ist jedoch auf das Notwendige beschränkt. Der Nachbar kann nach Platons Bestimmung die Trinkwasserabgabe verweigern, wenn dadurch die Versorgung seines eigenen Haushalts in Frage gestellt wird. Wer nach Solons Gesetz die Wasserentnahme zu dulden hatte, hatte nur die Einrede der Erschöpfung und mußte im übrigen zusehen, was ihm selbst über die knapp 40 Liter, die der Berechtigte davontrug, noch übrigblieb.

Ein weiterer Unterschied, den Kränzlein im Anschluß an Guiraud[145] und Beauchet[146] feststellt, dürfte kaum große praktische Bedeutung haben: Während das entnommene Wasser bei Platon als Trinkwasser (πῶμα) zweckgebunden ist, gewährte Solon ein allgemeines Nutzungsrecht[147]. Der von Solon bewilligte tägliche Metretes dürfte aber neben der Versorgung des Haushalts mit Trinkwasser kaum zur Viehtränke oder etwa gar zur Feldbewässerung ausgereicht haben.

Angesichts der recht erheblichen Abweichungen der platonischen Norm von dem solonischen Gesetz ist zu fragen, wie ernst Platons Berufung auf die παλαιοὶ καὶ καλοὶ νόμοι κείμενοι οὐκ ἄξιοι παροχετεύειν λόγοις[148] eigentlich zu nehmen ist. Diese Frage ist bisher nie prinzipiell gestellt worden, weder von den Autoren, die angesichts des platonischen Verweises sofort eine Rezeption solonischer Gesetze

143 Clem. Al. Strom. I 1, 10, 3. [οὐ] Potter.

144 Kränzlein, Eigentum und Besitz, 65–66.

145 Guiraud, Propriété, 193.

146 Beauchet, Droit privé III, 167.

147 Kränzlein, Eigentum und Besitz, 65.

148 Lg. 844 a 2–3.

vermuten[149] oder großzügig über die Unterschiede zwischen solonischem und platonischem Gesetz hinweggehen[150], noch von Kränzlein, der die Unterschiede beider Bestimmungen sehr klar hervorhebt[151].

Englands auf das ἀλλ' in Lg. 844 a 3 gestützte These, daß Platon „proceeds to give samples (scil of laws), which will explain their main principles"[152], wird durch das vorliegende Beispiel bestätigt. Beim Notbrunnenrecht hat Platon nur das *Institut* Solons und seine Interessenabwägung übernommen, den archaisch starren Tatbestand aber flexibler und differenzierter neu gestaltet. Die Möglichkeit, Platon habe gar nicht das alte Gesetz Solons, sondern eine bereits weiterentwickelte Bestimmung des attischen Rechts als Vorbild gewählt, muß ausscheiden. Für eine solche Hypothese fehlen positivrechtliche Indizien. Außerdem läßt es Clemens' Kommentar zu Platon, der sich fast wörtlich mit Plutarchs zu Solon deckt, unwahrscheinlich erscheinen, daß Platon an ein anderes Gesetz als an das solonische angeknüpft hat. Hätte es ein solches attisches Gesetz gegeben, hätte Plutarch es zweifellos bei der Behandlung der platonischen Bestimmung in den Moralia[153] erwähnt. Die Bindung an die *παλαιοὶ καὶ καλοὶ νόμοι κείμενοι* darf daher wie beim Notbrunnenrecht so auch bei den anderen wasserrechtlichen Bestimmungen nicht als Rezeption alter Gesetze, sondern nur als Übernahme alter *Rechtsprinzipien* verstanden werden.

Außer dem solonischen Gesetz sind uns keine Bestimmungen zum Notbrunnenrecht in Griechenland überliefert.

Eine Pachturkunde aus Thestia in Ätolien aus dem 2. Jahrhundert v.Chr., in der für den Erbpächter und seine Nachkommen bestimmt wird, sie sollten den auf dem Pachtgrundstück befindlichen Brunnen[154] der Allgemeinheit ungehindert zur Verfügung stellen[155], trägt ebenso wie andere Pachtverträge[156] nichts aus, da es sich in diesen Fällen stets darum handelt, daß dem Pächter von vornherein durch vertragliche Vereinbarung nicht das volle und alleinige Nutzungsrecht an

149 So Gernet, Introduction, p. CLXXIV; Diès in seiner Anmerkung zu Lg. 844 a 2; Brugi, AG XXXIV, 302 et n. 22.

150 Brugi, AG XXXIV, 302: „concordanza tra Platone e Plutarco"; Beauchet, Droit privé III, 167: „Platon édicte un réglement à peu près semblable"; Haliste, Wasserleitung, Eranos XLVIII, 145.

151 Kränzlein, Eigentum und Besitz, 65.

152 England, Laws II, 361.

153 Plut. Mor. 2, 827 d–e.

154 Nach den Argumenten bei Koerner, ArchPap XXII/XXIII, 166 dürfte es sicher sein, daß dieser Brunnen nicht etwa außerhalb des Pachtlandes lag.

155 Klaffenbach, Neue Inschriften aus Ätolien, SPAW 1936, 358–388 (Thestia nr. 1 B, Z. 9–11 [S. 381]).

156 Koerner, ArchPap XXII/XXIII, 166–177 führt IG II/III^2 2494, Z. 9–11 (= SEG XIII 61) und DGE 709, Z. 13–14 (= SGDI 5597) an.

dem Brunnenwasser auf dem Pachtland gewährt wird. Es fehlt der für das solonische und platonische Gesetz signifikante Eingriff in ein fremdes privates Wasserrecht[157].

Nach Haliste handelt auch eine gortynische Inschrift aus dem 5. Jahrhundert von einer sog. Trinkwasserservitut[158]. Nach Guarducci[159], de Sanctis[160] und Willets[161] regelt diese Bestimmung jedoch die Schadensersatzpflicht eines Grundstückseigentümers, der Regenwasser auf ein Nachbargrundstück ableitet. Der Anfang der Inschrift lautet: *αἴ τίς] κα διαρύε̄ι ὕδο̄ρ ἐ|ς τõ γείτονος, προ[Fείπαντ|ι ἄπατον] ἐ̄μεν αἰ μὲ̄ διαρεῖ*[162]. Guarducci und de Sanctis verstehen *διαρύεω* als *διερύειν*[163] im Sinne von ‚traducere'[164]. Dagegen schlägt Haliste die Lesart *δι–αρύει* vor und versteht darunter ‚schöpfen'[165]. Im kretischen Dialekt findet sich in Wurzelsilben häufig *ᾰ* für das attische *ε*[166]. Die Lesart Guarduccis und de Sanctis' wirft insoweit keine Probleme auf. Dagegen ist Haliste gezwungen, das *ἐς* in Z. 1 f. als *ἐκ* zu verstehen[167], obwohl de Sanctis inzwischen gezeigt hat, daß statt dessen *εἰς* vorzuziehen ist[168] und auch Guarducci jetzt diese Version übernommen hat[169]. Nach allem handelt es sich bei der vorliegenden gortynischen Inschrift wohl kaum um eine Parallele zum platonischen Gesetz.

---

157 Das übersieht Koerner, ArchPap XXII/XXIII, 166 bei seinem Vergleich der Pachturkunde aus Thestia mit Pl. Lg. 844 b 1 – c 1.

158 Haliste, Wasserleitung, Eranos XLVIII, 146.

159 Guarducci, Iscrizioni arcaiche inedite di Gortina, Nr. 1, RIA III (1931), 7–14 [8–9]; Guarducci, Inscriptiones Creticae (opera et consilio Friderici Halbherr collectae), IV: Tituli Gortynii, Roma 1950, p. 172 (ad Nr. 73 A).

160 De Sanctis, Note di epigrafia cretese, Nr. 1, RFIC N. S. X (1932), 80–81 [80].

161 Willets, Aristocratic Society, 216.

162 IC IV 73 A, Z. 1–3.

163 Bei Hdt. VII 24: *διειρύειν*.

164 Guarducci, RIA III, 9 und jüngst wieder Koerner, ArchPap XXII/XXIII, 175 Anm. 1, der annimmt, die Inschrift handele von dem Recht eines Bauern, Brauchwasser vom Feld des Angrenzers auf sein eigenes herzuleiten.

165 Haliste, Wasserleitung, Eranos XLVIII, 146 Anm. 1.

166 Fraenkel, Index der kretischen Inschriften nebst Nachträgen und kurzem Abriß der Laut-, Formen- und Wortbildungslehre des kretischen Dialekts, in: SGDI IV, S. 1029–1208 [1044].

167 So auch noch Guarducci, RIA III, 9.

168 De Sanctis, RFIC N.S. X, 80.

169 Guarducci, IC IV, p. 172 (ad Nr. 73 A, vv. 1 sq.).

IV. Regenwasserschäden

1. Pl. Lg. 844 c 1–7

Den Schwierigkeiten der Wasserversorgung auf der einen Seite, denen die beiden vorangegangenen Normen Rechnung tragen, stehen auf der anderen Seite technische und juristische Probleme des Schadenswassers gegenüber. Wegen der starken Höhenunterschiede Griechenlands, des geringen Waldbestandes und des mediterranen Klimas führen Regenfälle leicht zu Sturzbächen[170]. Die Gefahren einer Überschwemmung berücksichtigt Platon durch folgendes Gesetz: ἐὰν δὲ ἐκ Διὸς ὕδατα γιγνόμενα, τὸν ἐπάνω γεωργοῦντα ἢ καὶ ὁμότοιχον οἰκοῦντα τῶν ὑποκάτω βλάπτῃ τις μὴ διδοὺς ἐκροήν, ἢ τοὐναντίον ὁ ἐπάνω μεθιεὶς εἰκῇ τὰ ῥεύματα βλάπτῃ τὸν κάτω, καὶ περὶ ταῦτα μὴ ἐθέλωσιν διὰ ταῦτα κοινωνεῖν ἀλλήλοις ἐν ἄστει μὲν ἀστυνόμον, ἐν ἀγρῷ δὲ ἀγρονόμον ἐπάγων ὁ βουλόμενος ταξάσθω τί χρὴ ποιεῖν ἑκάτερον[171].

Der örtliche Geltungsbereich dieses νόμος γεωργικὸς umfaßt auffälligerweise auch die Stadt: Das Gesetz gilt sowohl ἐν ἀγρῷ[172] als auch ἐν ἄστει[173]. Der sachliche Grund dafür dürfte darin liegen, daß Regenwasserschäden kein spezifisches Landwirtschaftsproblem sind und daß angesichts gleicher klimatischer und topologischer Bedingungen in der Stadt und auf dem Lande eine übereinstimmende Regelung geboten erscheint. Etwas anderes gilt selbstverständlich da, wo technische oder ökonomische Unterschiede – z.B. bei der Trinkwasserversorgung oder bei der Feldbewässerung – eine Differenzierung zwischen ἄστυ und ἀγρὸς nahelegen.

Die Bestimmung enthält zwei Alternativen.

Die erste besteht darin, daß ein Grundstückseigentümer dem Nachbarn, dessen Acker höher liegt, dadurch einen Vermögensschaden zufügt, daß er den Abfluß des Regenwassers von dessen Feld hindert oder daß er – und hier hat Platon wohl die Verhältnisse in der Stadt im Auge – den Nachbarn, dessen mit einem Wohnhaus bebautes Grundstück nur durch eine Mauer von seinem Grundstück getrennt ist, also den Angrenzer, durch Restagnation des Regenwassers schädigt. Bei dem schädigenden Verhalten dürfte primär an den Rückstau durch den Bau einer Grenzmauer[174] oder durch Grenzanpflanzungen[175], daneben wohl auch

170 Vgl. Lg. 761 a 6 – b 1.

171 Lg. 844 c 1–7.

172 Lg. 844 c 6.

173 Lg. 844 c 5.

174 Siehe oben S. 6 mit Anm. 13.

175 Vgl. Serv.-Ulp. D. 39, 3, 1, 6.

durch mangelhafte Pflege von Abflußgräben[176] zu denken sein. Angesichts der abstrakten Fassung des platonischen Gesetzes erübrigt sich jedoch eine Diskussion der umfänglichen römischen Kasuistik zur actio aquae pluviae arcendae.

Die zweite Alternative behandelt den umgekehrten Fall: Der Eigentümer des höher gelegenen Grundstücks läßt das Regenwasser rücksichtslos abfließen und fügt dadurch einem tiefer gelegenen Acker oder Wohnhaus Schaden zu.

Dem Romanisten fällt zunächst auf, daß „der normale Fall", an den man im römischen Recht nach Schönbauer „früher gedacht" hat, nämlich der der Schädigung des tiefer Gelegenen durch den höher Gelegenen[177], bei Platon erst an zweiter Stelle erwähnt wird, während der – nach Schönbauer erst später von Servius Sulpicius Rufus hervorgehobene[178] – Fall der Schädigung des superior durch den inferior durch restagnatio aquae pluviae[179] bei Platon an erster Stelle rangiert.

Wie im römischen Recht nicht jede aqua pluvia eine Restitutions- bzw. Schadensersatzpflicht auslöst[180], so begründet auch nach dem platonischen Gesetz nicht jeder Regenwasserschaden Rechtspflichten des Grundstückseigentümers, dessen Besitz für die Überschwemmung ursächlich geworden ist. Das Recht, Regenwasser in normalem Rahmen mit entsprechender Diskretion auf das Besitztum des inferior abzuleiten und die Pflicht zur Duldung des natürlichen Zuflusses vom Nachbargrundstück ergeben sich aus nachbarlichen Gemeinschaftspflichten und bilden nachbarrechtliche Schranken des Eigentums, wie Partsch anhand der alexandrinischen Anliegerbeiträge zu den Bewässerungsgräben festgestellt hat[181]. Aus dem *μεθιεὶς εἰκῇ τὰ ῥεύματα* in Lg. 844 c 3–4 folgt, daß nur die durch Rücksichtslosigkeit gegenüber dem Nachbarn qualifizierte Ableitung von Regenwasser den gesetzlichen Tatbestand erfüllt.

Es ist umstritten, welche Rechte der tiefer Gelegene hat. Während Guiraud der Ansicht ist, der inferior habe nicht nur nach positivem griechischen Recht sondern auch nach Platons Gesetz das Recht, den Wasserabfluß vom höheren Niveau zu hemmen[182], vertritt Beauchet die entgegengesetzte Auffassung[183]. Haliste schließlich meint, „dass weder der eine noch der andere Gelehrte Recht hat.

---

176 Vgl. Lab.-Paul. D. 39, 3, 2, 1 und Nam.-Paul. D. 39, 3, 2, 6.

177 Schönbauer, Die actio aquae pluviae arcendae. Ein Beitrag zur Geschichte des römischen Agrarrechts, SavZ 54 (1934), 233–257 [240].

178 Schönbauer, SavZ 54, 239–240.

179 Serv.-Ulp. D. 39, 3, 1, 6.

180 Vgl. Beseler, Beiträge zur Kritik der römischen Rechtsquellen, Bd. III, Tübingen 1913, S. 135; Bonfante, Corso di diritto romano, II: La proprietà, sezione 1, Roma 1926, p. 426 n. 1; Schönbauer, SavZ 54, 240.

181 Partsch, ArchPap VI, 52–53 – zustimmend Wolff, AJPh 64, 322 = Beiträge, 98.

182 Guiraud, Propriété, 189.

183 Beauchet, Droit privé III, 162–163.

... Der Besitzer des niedriger gelegenen Grundstücks hat das Recht, den Abfluß von höherem Niveau zu hemmen, allein unter der Bedingung, dass der Besitzer des höheren Grundstücks dadurch nicht zu sehr leide"[184]. Guirauds These steht offensichtlich in Widerspruch zu der Wendung *μὴ διδοὺς ἐκροὴν κτλ.* in Lg. 844 c 3. Haliste ist gezwungen, in diesem Ausdruck das Verbot einer totalen Restagnation zu sehen, wenn er dem inferior noch die Errichtung von wasserhemmenden Anlagen konzedieren will. Meiner Meinung nach ist die Norm so zu verstehen, daß der Eigentümer des tiefer gelegenen Grundstücks alle Rechte eines Grundstückseigentümers hat, auf seinem Land Bauwerke zu errichten – also im besonderen einen Erdwall oder eine Mauer auf der Grenze zum höher gelegenen Grundstück zu bauen –, sofern er nicht dadurch den Tatbestand des *οὐ διδόναι ἐκροὴν* mit einer Schadensfolge erfüllt: Er darf also gerade nicht durch sein Bauwerk den Wasserabfluß hemmen oder versperren, wenn dadurch dem superior ein Schaden entstehen würde[185]; er kann dem abfließenden Wasser aber eine für ihn selbst günstigere Richtung über sein Grundstück geben. Da der superior seinerseits durch das Gesetz gehalten ist, das Wasser diskret abfließen zu lassen, besteht keine Notwendigkeit, ein darüber hinausgehendes Abwehrrecht des inferior anzunehmen.

Ob über die bloßen Duldungspflichten hinaus Mitwirkungspflichten dergestalt bestehen, daß der inferior haftbar ist, wenn er nicht auf seinem Grundstück zugunsten des superior eine Abflußmöglichkeit schafft, falls die örtlichen Gegebenheiten sonst zu einer Stagnation des Wassers auf dem höher gelegenen Grundstück führen, ist aus dem *ἐκροὴν διδόναι* nicht zu ersehen.

Die ältere Lehre hat versucht, das Recht des superior zur Ableitung des Regenwassers und die Pflicht des inferior, dem Wasser vom höher gelegenen Grundstück Abfluß zu gewähren, mit einer Legalservitut zu erklären[186], wobei sie sich an der Auffassung Labeos und Ulpians orientierte, semper enim hanc esse servitutem inferiorum praediorum, ut natura profluentem aquam excipiant[187]. Nach Partschs Ausführungen zum alexandrinischen und platonischen Recht[188] und seit Schönbauers eingehender Untersuchung zur actio aquae pluviae arcendae[189]

---

184 Haliste, Wasserleitung, Eranos XLVIII, 148.

185 So schon Brugi, AG XXXIV, 301: „Ciascun proprietario deve permettere che le acque scorrano naturalmente dai fondi superiori agli inferiori senza fare opera alcuna che possa recare danno al fondo o all' edificio del proprietario superiore ...".

186 Beauchet, Droit privé III, 162 nimmt eine servitus natura loci an, spricht dann allerdings a.a.O. III, 172–173 mit Bezug auf Dem. LV 19 von einer „servitude conventionelle, bien qu'elle se rattache à une servitude légale". Haliste sieht in Platons Bestimmung eine Konventionalservitut (Wasserleitung, Eranos XLVIII, 149).

187 Lab.-Ulp. D. 39, 3, 1, 22 – nach Perozzi, Le obbligazioni romane, Bologna 1903, p. 76 n. 2 interpoliert; vgl. auch Paul. D. 39, 3, 2 pr.

188 Partsch, ArchPap VI, 52–53.

189 Schönbauer, SavZ 54, 237–239.

bedarf es keiner erneuten Widerlegung der individualistischen Konstruktion einer Servitut[190].

In Platons Bestimmung ist nicht expressis verbis davon die Rede, daß die Schädigung des Nachbarn manu oder opere facto herbeigeführt sein müsse. Die Partizipialformen *διδοὺς* und *μεθιεὶς* legen jedoch den Schluß nahe, daß eine menschliche Handlung (positives Tun, Dulden oder Unterlassen) erforderlich ist und der Grundstückseigentümer nicht für eine schadenstiftende „Handlung" des Regenwassers verantwortlich gemacht werden soll. Wir dürfen daher annehmen, daß jedenfalls mindestens beim rücksichtslosen Abfließenlassen des Wassers erforderlich ist, daß der Schädiger in irgendeiner Weise den natürlichen Ablauf des Regenwassers verändert hat.

Die Unterscheidung zwischen dem *γεωργῶν* und dem *ὁμότοιχος οἰκῶν* läßt mehrere Interpretationen zu.

Der zwischen ager[191] und aedificium differenzierende Romanist könnte geneigt sein, darin einen Hinweis auf das geschädigte *Objekt* zu sehen – aber dann wäre *ἀγρὸν ἢ οἶκον* (bzw. *οἰκίαν* oder *οἴκημα*) *βλάπτῃ* zu erwarten. Diese Deutung scheidet daher aus.

Auf den ersten Blick scheinen die beiden Präsenspartizipien vielmehr auf die *Nutzungsart* des überschwemmten Grundstücks hinzudeuten: einerseits ein Acker, andererseits ein bebautes Grundstück[192]. Aber diese Auffassung führt zu dem sonderbaren und ökonomisch nicht gerechtfertigten Ergebnis, daß die Überschwemmung des Nutzgartens auf einem Wohngrundstück anders behandelt wird als die eines Feldes. Während das Gesetz nämlich allen *Nachbarn*[193] landwirtschaftlich genutzter Grundstücke Rücksichtspflichten – natürlich nicht im technischen Sinne – auferlegt, schützt es den Eigentümer einer mit einem Wohnhaus bebauten Parzelle nur vor dem vom *Angrenzer* einströmenden Regenwasser bzw. vor dem Wasser, das nicht auf das angrenzende Grundstück abfließen kann; denn bei dieser Interpretation ist Voraussetzung, daß das Grundstück, von dem aus das Regenwasser auf das bebaute Grundstück einströmt bzw. auf das es nicht abflie-

190 Bereits Brugi hat – von einem Miteigentum der Nachbarn am Wasser (AG XXXIV, 299), und zwar auch am Schadenswasser (a.a.O. 307), ausgehend – gegen die Annahme einer Legalservitut polemisiert: „Non si tratta di una servitù legale agli occhi di Platone, ossia di una sottaposizione legale di un fondo all' altro." (Brugi, AG XXXIV, 307). Ablehnend auch Scialoia, Atti della R. Accademia delle Scienze di Torino, XXV, 800–801. Guiraud führt dieses Gesetz nicht unter den Servituten (Propriété, 191–195), sondern unter den Normen des Wasserrechts (Propriété, 188) auf.

191 Vgl. Ulp. D. 50, 16, 27 pr.: ager est locus qui sine villa est.

192 So z.B. Brugi, AG XXXIV, 306 und Beauchet, Droit privé III, 163 n. 1.

193 *ἐπάνω* und *ὑποκάτω* in Lg. 844 c 2 bezeichnen nur die Belegenheit des Grundstücks auf einem anderen Höhenniveau als dem des überschwemmten, enthalten aber keinen Hinweis darauf, daß es sich um ein angrenzendes Grundstück handelt.

ßen kann, einem ὁμότοιχος gehört. Dabei wäre ὁμότοιχος philologisch extensiv als ὁμοτέρμων[194] zu verstehen: Kriterium ist auf dem Lande dann nicht das τεῖχος im technischen Sinne, sondern ὁμότοιχος ist jeder Angrenzer, gleich, welches Grenzzeichen die beiden Grundstücke trennt. In der Stadt ist wegen der geschlossenen Bauweise[195] ὁμότοιχος natürlich derjenige, der mit einem anderen Wand an Wand wohnt. Für die Anknüpfung an eine Mauer, die bei diesem Verständnis nicht als opus factum, sondern als Hinweis auf die gemeinsame Grenze zu verstehen wäre, gibt es keine sachlichen Gründe. Es ist nun aber unwahrscheinlich, daß Platon den nachbarrechtlichen Schutz von Eigentümern landwirtschaftlich genutzter Parzellen und von Eigentümern mit einem Wohnhaus bebauter Grundstücke gegen Überschwemmung in der Weise unterschiedlich hat regeln wollen, daß im ersten Falle auch ein durch einen Weg oder andere Felder von dem Grundstück des Schädigers getrennter Acker geschützt ist, während sich im zweiten Falle der Geschädigte nur an seinen Angrenzer, nicht jedoch an den möglicherweise entfernteren eigentlichen Verursacher halten kann.

Sachlich einleuchtend, aber mit dem Gesetzeswortlaut unvereinbar ist die Annahme von Chase, der inferior sei nur dem Angrenzer ("a neighbor with whom he shares a common wall") zur Aufnahme des Regenwassers verpflichtet, der superior habe dagegen bei der Ableitung seines Wassers auf jeden tiefer gelegenen Nachbarn ("neighbor") Rücksicht zu nehmen[196].

Eine andere Lösung versucht Taylor. Er bezieht den Ausdruck ὁμότοιχον nicht nur auf das folgende οἰκοῦντα sondern auch auf das vorausgehende γεωργοῦντα und übersetzt: "If a man causes damage to the occupant of the farm or dwelling-house immediately above his own . . ."[197]. Abgesehen von den grammatikalischen Schwierigkeiten dieser Konstruktion sprechen sachliche Gründe gegen die Annahme, Platon habe auch auf dem Lande Regenwasserschäden nur unter Angrenzern regeln wollen: Platons Gesetz würde dann gerade den der Kalliklesrede zugrunde liegenden Sachverhalt nicht erfassen, weil Kallikles und der Sohn des Teisias, deren Grundstücke außerhalb der Stadt liegen, angesichts des ihre Parzellen trennenden öffentlichen Weges zwar Nachbarn, nicht aber ὁμότοιχοι sind. Für eine haftungsbegrenzende Tatbestandseinengung des platonischen Gesetzes gegenüber dem attischen Recht haben wir aber kein Indiz.

Am überzeugendsten dürfte folgender Lösungsversuch sein. Wenn man unter ὁμότοιχος sensu stricto nur den Angrenzer versteht, mit dem man eine gemeinsame (Haus-)Wand hat, dann sind wegen der geschlossenen Bauweise in der Stadt und der offenen auf dem Lande ὁμότοιχοι nur innerhalb der Stadt zu finden.

194 Ast, Lexicon Platonicum sive vocum Platonicarum Index, Lipsiae 1835–1838, s.v. ὁμότοιχος: „communem parietem habens".

195 Siehe oben S. 59 f.

196 Chase, Harv. Stud. Cl. Philol. XLIV, 186.

197 Taylor, Laws, 232.

Dementsprechend enthalten γεωργεῖν und οἰκεῖν einen Hinweis auf die *Belegenheit* des Grundstücks[198]. Diese Interpretation gibt zwar die Parallele zum römischen Recht und dessen Differenzierung nach ager und aedificium sowie die durch die Verbalkonstruktion nahegelegte Zweiteilung nach der Nutzungsart auf, gelangt dafür aber zu einer besser begründbaren Unterscheidung der Rücksichtspflichten auf dem Land und in der Stadt. Der Sinn der Stelle ist dann: Auf dem Lande hat man bei Überschwemmungen auf alle Nachbarn Rücksicht zu nehmen, in der Stadt dagegen nur auf den Angrenzer. In chiastischer Konstruktion des Gesetzeswortlauts entspricht dann das γεωργοῦντα (844 c 2) dem ἐν ἀγρῷ (c 6) und das ὁμότοιχον οἰκοῦντα (c 2) dem ἐν ἄστει (c 5). Γεωργεῖν und οἰκεῖν sind bei diesem Verständnis keine eigenen Tatbestandsmerkmale, sondern nur andere Termini für die Belegenheit des Grundstücks.

Für unterschiedlich ausgestaltete Rücksichtspflichten in der Stadt und auf dem Lande sprechen einmal die technischen Unterschiede des Abwassersystems, die sich auch in den unterschiedlichen Kompetenzen von Agronomen und Astynomen niederschlagen, zum anderen der auf dem Lande stärker herrschende Genossenschaftsgedanke.

Nach athenischem Vorbild[199] setzt Platon innerhalb der Stadt ein ausgebautes Abwassersystem voraus. Die Astynomen werden angewiesen, ὑδάτων τῶν ἐκ Διὸς εὐροίας ... ἐπιμελεῖσθαι[200]. Für das Land erwähnt Platon ein solches öffentliches Abwassersystem nicht. Es dürfte technisch und finanziell zu aufwendig sein, so daß man seine Existenz bezweifeln muß. Dann aber kann das Bestehen eines kommunalen Abflußsystems für Regenwasser in der Stadt ein ausreichender Grund dafür sein, daß in der Stadt Rücksichtspflichten nur unter Angrenzern bestehen, weil im übrigen die Astynomen von sich aus für Schutz vor Überschwemmungen sorgen, während auf dem Lande, wo es am technischen Schutz durch Abwasserkanäle fehlt und die Agronomen auch nur auf Antrag tätig werden, ein erhöhter Schutz auch gegenüber ferneren Nachbarn durch das Gesetz erforderlich ist.

Nach dieser Auffassung werden ager und aedificium bei Platon durch denselben Tatbestand in gleichem Umfang geschützt[201]. Das entspricht auch Schönbauers

---

198 So England, Laws II, 362: „ἐν ἄστει: i.e. in the case of the ὁμότοιχος of c 2.".

199 Vgl. Judeich, Topographie von Athen, 204–205. Das Decretum Atticum de sacello Codri, Nelei, Basilae von 418/417 v. Chr. Syll. 93, Z. 20–21. 34 (= IG I suppl., p. 66 nr. 53a = Leg. Sacr. II 13 = IG I^2 94 = LSG 14) bezeugt offene Wasserabflüsse in der Stadt. Es dürfte inzwischen unzweifelhaft sein, daß der Tempel innerhalb der Stadtmauer lag, vgl. Michaud, Chronique de fouilles et découverts archéologiques en Grèce en 1968 et 1969, BCH 94 (1970), 883–1164 [889]; Travlos, Bildlexikon zur Topographie des antiken Athen, Tübingen o.J. [1971], S. 291. Herr Dr. Diederich Behrend hat mir mitgeteilt, daß damit die Ausführungen in Behrend, Attische Pachturkunden, 55–56 Anm. 23 hinfällig geworden sind. – Kloaken werden in Ar. Pax 99 erwähnt.

200 Lg. 779 c 5–6.

– mit dem Hinweis auf D. 39, 3, 1, 6; 1, 21; 4, 3; 5; 6 pr.; 6, 7; 19 und dem Argument, daß sonst die Kontroversen-Literatur unverständlich wäre[202], gut begründeter – These für das römische Recht, daß die einzelnen Tatbestandsmerkmale der actio aquae pluviae arcendae, im besonderen aber der Terminus ‚agro' nicht in der formula der actio gestanden haben dürften[203]. So mag es dahingestellt bleiben, ob D. 39, 3, 1, 17 pro parte interpoliert ist[204] oder nicht[205], ob also im römischen Recht der ager durch die actio aquae pluviae arcendae, das aedificium dagegen durch die actio de fluminibus et stillicidiis geschützt wurde.

Wenn sich die Beteiligten nicht gütlich darüber einigen wollen bzw. können, wie sie gemeinsam die Notsituation bei einer Regenwasserüberflutung meistern sollen[206], hat jede der Parteien das Recht, sich an die Verwaltungsbehörde – in der Stadt an den Astynomen, auf dem Lande an den Agronomen – zu wenden und sich von ihr eine Regelung bestimmen zu lassen[207]. Der Singular *ἀστυνόμου* bzw. *ἀγρονόμου* ist befremdlich, da die Verwaltungsbehörde in allen anderen Fällen als Kollegialorgan tätig wird[208]. Morrow versucht ihn damit zu erklären, daß die

---

201 So auch schon Brugi, AG XXXIV, 306 n. 42 mit Bezug auf die Kalliklesrede: „Anche Demostene ... parla insieme di acqua derivante dai campi e dagli edifici." „Il concetto di un' unica azione" (Brugi, AG XXXIV, 306) ist nicht ganz zutreffend, da in der Stadt nur der *ὁμότοιχος*, auf dem Lande aber jeder *γείτων* geschützt ist.

202 Schönbauer, SavZ 54, 283 Anm. 2.

203 Schönbauer, SavZ 54, 253–254; ebenso Kaser, Das römische Privatrecht (Handbuch der Altertumswissenschaft X. 3. 3), Bd. I, 2. Aufl., München 1971, S. 407; a.M. Lenel, EP^3, 375–377.

204 So Beseler, Beiträge III, 135 und Beiträge IV (1920), 283; Albertario, Actio de universitate e actio specialis in rem (Annali dell'Istituto giuridico della Università di Perugia, 31 (1919) 4, 1), Roma 1919, p. 32; Pringsheim, Beryt und Bologna, in: Festschrift für Otto Lenel zum fünfzigjährigen Doctorjubiläum am 16. Dezember 1921, Leipzig 1921, S. 204–285 [258] = Pringsheim, Gesammelte Abhandlungen, Heidelberg 1961, Bd. I, S. 319–449 [429].

205 So Levy, Die Konkurrenz der Aktionen und Personen im klassischen römischen Recht, Berlin 1918/1922, Bd. I, S. 276 Anm. 5 und 277 Anm. 7; Bonfante, Corso di diritto romano, II 1, p. 426 n. 1 (konzediert Beseler, Beiträge III, 135, daß der Nachbar nicht alles Regenwasser – nämlich nicht stillicidium und flumen – abwehren kann) und p. 442 n. 1.

206 *κοινωνεῖν* ist nach allgemeiner Auffassung mit Ficinus als ‚convenire' und nicht als ‚communia habere' (so Schneider, ebenso Brugi, AG XXXIV, 307, der die Annahme einer ‚comunione delle acque tra vicini' [a.a.O. 299] auch auf Schadenswasser ausdehnt) zu verstehen. Vgl. Beauchet, Droit privé III, 163 n. 2.

207 Daß *ὁ βουλόμενος* hier nicht wie in Lg. 843 b 2 der quivis ex populo, sondern nur einer der Beteiligten sein kann, die dann später Adressat der *τάξις* sind, folgt aus dem Zusammenhang.

208 Z.B. Lg. 761 d 8 – e 4, 764 b 1 – c 4, 843 d 2–6. d 7. e 3, 844 b 7. d 3, 846 a 3–4. a 6–7, 847 a 4 – b 6, 879 e 1–5, 936 c 1–7.

Befugnisse des Einzelbeamten in diesem Fall beschränkt sind: "He can issue an order, but he cannot enforce ist"[209]. Da jedoch beim Trinkwasser von einer τάξις τῆς ὑδρείας παρὰ τοῖς ἀγρονόμοις die Rede ist[210] und auch hier das Gesetz drei Zeilen später die Wendung μὴ ἐθελήσας τοῖς ἄρχουσιν πείθεσθαι enthält[211], scheint mir bei dem Singular in Lg. 844 c 5–6 eher ein Versehen Platons oder seines Herausgebers vorzuliegen, wenn man nicht mit Morrow den Singular um jeden Preis erhalten und annehmen will, daß "the collegial character of the action is shown in the closing phrase, which implies that in the original order the single magistrate was acting as representative of the group"[212].

Wie im römischen Recht begegnen wir auch hier einem schiedsrichterlichen Verfahren vor dem arbiter[213]. Das ποιεῖν, das die Behörde anordnet, umfaßt sowohl positives Tun als auch Dulden und Unterlassen; denn Platon gebraucht den Gegenbegriff des πάσχειν noch nicht in dem technischen Sinne der aristotelischen Kategorientafel, sondern bezeichnet damit Leibes- und Ehrenstrafen.

Wenn auch die τάξις häufig die Pflicht zur restitutio, also zur Beseitigung des künstlich errichteten Hindernisses, das den Abfluß versperrt, oder des Kunstbaus, der die Überschwemmung herbeigeführt hat, enthalten dürfte, so sind doch nach Platons Gesetz Astynomen bzw. Agronomen nicht an diese für den römischen arbiter allein mögliche Entscheidung gebunden. Gerade wenn der inferior durch Unterlassen die Restagnation auf dem höhergelegenen Grundstück herbeigeführt hat, wird die Behörde den Untätigen zu positiven Handlungen verpflichten.

Während die Astynomen in der Stadt aus eigener Initiative tätig werden können[214], dürfen sich die Agronomen auf dem Lande nur auf Antrag der Parteien einschalten[215]. Die Befugnis der Astynomen, von sich aus einzugreifen, rechtfertigt sich aus der engen Bebauung der Stadt und der Gefahr, daß eine Vielzahl von Bürgern an ihrem Hab und Gut durch Regenwasser geschädigt werden, vielleicht aber auch aus dem Gesichtspunkt der auf bestimmte Tatbestände beschränkten Haftung nachlässiger oder selbstsüchtiger Bürger. Wer auf dem Lande opere facto irgendein Feld durch mutwilliges Abfließenlassen des Regenwassers beschädigt, kann von dem betroffenen Eigentümer vor die Agronomen zitiert werden[216]. Es gibt ἐν ἀγρῷ keinen schutzlosen Grundstückseigentümer, dessen Interessen die Agronomen ex officio wahrnehmen müßten. Wo sie aus eigener Machtvollkom-

209 Morrow, Cretan City, 245.

210 Lg. 844 b 7.

211 Lg. 844 d 2–3.

212 Morrow, Cretan City, 245.

213 Für die actio aquae pluviae arcendae ist es durch Cic. Top. 4, 10 und 9, 39 belegt.

214 Lg. 779 c 5–6: καὶ δὴ καὶ ὑδάτων τῶν ἐκ Διὸς εὐροίας τούτους (i.e. τοὺς ἀστυνόμους, 779 c 1) ἐπιμελεῖσθαι χρεών.

215 Lg. 844 c 4–7.

216 Das bedeutet ἐπάγειν in Lg. 844 c 6.

menheit das Regenwasser regulieren und Talsperren bauen, dient dieses Handeln primär der Landbewässerung[217]. In der Stadt dagegen, wo man sich nur an den Angrenzer halten kann, fehlt es an einem lückenlosen Rechtsschutz.

Halten sich beide Parteien an die schiedsrichterliche Regelung, so begründen Überschwemmungen, die trotzdem eintreten, keine Schadensersatzpflicht gegenüber dem Betroffenen.

Als Rechtsfolge eines auf der Nichtbeachtung der schiedsrichterlichen Regelung der Astynomen oder Agronomen beruhenden Überschwemmungsschadens bestimmt Platon: ὁ δὲ μὴ ἐμμένων ἐν τῇ τάξει φθόνου θ' ἅμα καὶ δυσκόλου ψυχῆς ὑπεχέτω δίκην, καὶ ὀφλὼν διπλάσιον τὸ βλάβος ἀποτινέτω τῷ βλαφθέντι, μὴ ἐθελήσας τοῖς ἄρχουσιν πείθεσθαι[218].

Wie für das griechische Recht nicht anders zu erwarten, hat der Betroffene keine Klage auf Erfüllung der τάξις, sondern eine Deliktsklage, wenn ihm durch nachbarlichen Verstoß gegen die Schadenswasserordnung ein Vermögensschaden entsteht. Die Pflichten, die die τάξις statuiert, sind selbst nicht einklagbar, ihre Erfüllung ist nicht vollstreckbar. Auch ein Selbsthilferecht der Parteien erwähnt Platon nicht. So scheint z.B. der höher gelegene Grundstückseigentümer nicht berechtigt zu sein, eine von seinem tiefer gelegenen Angrenzer in Widerspruch zur behördlichen Regenwasserordnung errichtete Staumauer einzureißen und so dem auf seinem Land stagnierenden Wasser einen Abfluß zu ermöglichen.

Der Geschädigte kann denjenigen, der gegen die τάξις verstößt, auf das duplum verklagen. Passiv legitimiert ist grundsätzlich der Eigentümer des Grundstücks, auf dem der Verstoß gegen die behördliche Anordnung geschehen ist. Da in Magnesia Eigentum und Besitz an Grundstücken zusammenfallen, taucht das Problem des römischen Rechts gar nicht auf. Nur wenn ausnahmsweise ein Sklave sua sponte gegen die Regelung der Verwaltungsbehörde verstößt, richtet sich die δίκη βλάβης unmittelbar gegen ihn[219]. An eine besondere δίκη φθόνου καὶ δυσκόλου ψυχῆς ist natürlich nicht zu denken. Sie ließe sich auch nicht damit begründen, daß die βλάβη per se, die in dem rücksichtslosen Abfließenlassen bzw. in der Restagnation besteht, ohne eine τάξις ἀρχόντων noch keine Schadensersatzpflicht auslöst, sondern daß erst der Ungehorsam gegenüber der behördlichen Regelung haftungsbegründende Wirkung hat. Daß der Geschädigte im Wege der δίκη βλάβης gegen den Schädiger vorgeht, ergibt sich aus der Wendung διπλάσιον τὸ βλάβος ἀποτινέτω τῷ βλαφθέντι in Lg. 844 d 2 und aus der Ähnlichkeit des Gesetzestextes mit Lg. 843 c 7 – d 2: τῆς δὲ ἀναιδείας ἅμα καὶ ἀνελευθερίας ἕνεκα ἰατρευόμενος διπλάσιον τοῦ βλάβους ... ἐκτεισάτω τῷ

217 Lg. 761 a 6 – b 6. Allerdings ist auch hier davon die Rede, ἵνα [τὰ ὕδατα] τὴν χώραν μὴ κακουργῇ, Lg. 761 a 7.

218 Lg. 844 c 7 – d 3.

219 Vgl. Dem. LV 31–32.

βλαφθέντι. Während bei der ἐπεργασία bereits die schädigende Handlung für sich allein zum Ersatz des einfachen Schadens verpflichtet[220] und ἀναίδεια und ἀνελευθερία als qualifizierende subjektive Merkmale die Schadensersatzpflicht um ein weiteres duplum auf das Dreifache erhöhen, bildet bei den Schädigungen durch Regenwasser nur die durch den eigennützigen Verstoß gegen die τάξις ἀρχόντων qualifizierte Schädigung einen Haftungsgrund. Wie in der Epergasie-Norm die beiden subjektiven Merkmale nicht in concreto nachgewiesen werden müssen, sondern durch das äußere ὑπερβαίνειν τοὺς ὅρους bei der ἐπεργασία ἑκούσια indiziert werden, so hängt auch bei der Wasserschadensklage die Pflicht zum doppelten Schadensersatz nicht von dem Nachweis ab, daß der Täter im Einzelfall tatsächlich φθόνου καὶ δυσκόλου ψυχῆς ἕνεκα gehandelt hat, sondern knüpft an den objektiven Ungehorsam gegenüber der behördlichen Regelung an, für den Eigennutz und asoziale Einstellung als Handlungsmotive unwiderleglich unterstellt werden.

Problematisch ist, ob sich die Rechtsfolge zweifachen Schadensersatzes *nur* auf das Gesetz über Regenwasserschäden bezieht[221]. Das unmittelbar vorausgehende Trinkwassergesetz in Lg. 844 b 1 – c 1 enthält keine Rechtsfolgeanordnung für den Fall der Zuwiderhandlung. Man muß daher die Schadensersatzbestimmung als Rechtsfolge beider Normtatbestände verstehen. Ein philologisches Argument dafür ist, daß auch in Lg. 844 b 7 von der in 844 c 7 genannten τάξις die Rede ist. In beiden Fällen liegt eine auf Dauer angelegte Regelung der Wasserverhältnisse durch die Verwaltungsbehörde auf Antrag der Parteien vor, die im ersten Falle Rechte garantiert, im zweiten Pflichten statuiert. Letzteres kann keinen Unterschied machen; denn die unterschiedliche juristische Konstruktion folgt daraus, daß Trinkwasser ein begehrtes Gut, Regenwasser aber eine unerwünschte schädigende Belastung ist. Fraglich ist nur, ob die ratio legis in Lg. 844 c 7 – d 3 auch durch den Tatbestand in Lg. 844 b 1 – c 1 gedeckt wird. Schädigungen durch übermäßige Trinkwasserentnahme oder durch Behinderung des konzedierten Trinkwasserverbrauchs sind auch möglich, obwohl das Trinkwassergesetz an keiner Stelle ein βλάπτειν erwähnt, und sie stellen hier ebenso wie bei der Regenwassernorm einen auf einer δύσκολος ψυχή beruhenden Ungehorsam gegenüber den Agronomen dar. Auch der φθόνος, die eigennützige Einstellung, liegt bei übermäßiger Trinkwasserentnahme oder bei Verweigerung der zulässigen Menge vor.

---

220 Lg. 843 c 6–7.

221 So offenbar Apelt, wie sich aus seiner Übersetzung und der grammatischen Anknüpfung ergibt (Gesetze, 342).

2. Attisches Recht

Positivrechtliche Belege finden wir für Attika in der demosthenischen Rede gegen Kallikles[222] und für Kreta in zwei Inschriften aus Gortyn[223].

In der Kalliklesrede darf man die Tatsachenbehauptungen des Beklagten nicht so naiv für bare Münze nehmen, wie das Guiraud getan hat, dem Beauchet nicht gerade sehr viel kritischer gefolgt ist. Das andere Extrem, von dem sich nicht erst Paoli distanziert hat, bestände darin, „zu glauben, daß man die attischen Gerichtsredner nicht ernst nehmen sollte, da die Athener als Advokaten wie als Griechen überhaupt versucht hätten, die Richter zugunsten ihres Mandanten hinters Licht zu führen"[224]. Das Ergebnis der gerichtlichen Tatsachenfeststellung kennen wir nicht und es spielt ebenso wie die Probleme der Beweissituation – Beweisbedürftigkeit, Beweiswürdigung und Beweislast – für die Erkenntnis des materiellen Rechts keine Rolle. Dagegen liefern auch die Vorträge des Klägers oder Beklagten per se für das materielle Recht insofern Indizien, als man davon ausgehen darf, daß sich jede Partei um die Schlüssigkeit ihres Vorbringens bemüht. Man wird, ohne in den Fehler modernisierender Betrachtung zu verfallen, davon ausgehen können, daß gegnerische Tatsachen- und Rechtsbehauptungen, die nicht ausdrücklich bestritten werden, der Wahrheit entsprechen. Ferner dürfen wir in einer Gerichtsrede gerade aus detaillierten Beweisführungen tatsächlicher oder rechtlicher Art[225] schließen, daß der Gesetzgeber an das Vorliegen dieser Tatsachen oder an diese Rechtslage präzise Rechtsfolgen geknüpft hat, deren induktive Erschließung daraus vielfach möglich wird[226].

Der Kalliklesrede liegt folgender Sachverhalt zugrunde: Die Parteien sind Eigentümer benachbarter Äcker, die an einem Berghang liegen und durch einen längs zum Hang laufenden öffentlichen Weg voneinander getrennt werden. Zum Schutze seines Grundstücks vor Regenwasser, unbefugtem Betreten und Abweiden hatte Teisias, der Vater des Beklagten, sein Grundstück seinerzeit mit einer Steinmauer umfriedet. Eines Tages ergoß sich nach einem heftigen Wolkenbruch ein Sturzbach über das Grundstück des Klägers und verursachte einen Schaden in Höhe von knapp 50 Drachmen. Kallikles als Geschädigter klagt *βλάβης* gegen den

---

222 Dem. LV.

223 IC IV 73 A, Z. 1–6 (= Guarducci, RIA III, 7–14 (Nr. 1) = de Sanctis, RFIC N.S. X, 80–81 (Nr. 1)) und IC IV 52 B, Z. 1–4.

224 Paoli, Die Wissenschaft vom attischen Recht und ihre Möglichkeiten, in: Berneker, Zur griechischen Rechtsgeschichte, 39–57 [49] = dt. Übers. der Abhandlung: Paoli, La scienza del diritto attico e le sue possibilità, in: ders., Studi sul processo attico, 1–19 [12].

225 Der Grundsatz „iura novit curia" war den Griechen unbekannt.

226 Vgl. Paoli, Studi sul processo attico, 13–14 = in: Berneker, Zur griechischen Rechtsgeschichte, 51.

jetzigen Eigentümer des Nachbargrundstücks mit der Behauptung, die Mauer auf dem Grundstück sei für diese Überschwemmung ursächlich. Der Beklagte wendet dagegen ein, die Ableitung des Regenwassers auf den Weg entspreche allgemein anerkannter alter Sitte.

Für den Tatbestand der attischen Wasserschadensklage ergibt sich unter der Voraussetzung, daß der Antrag des Beklagten auf Abweisung der Klage schlüssig ist, folgendes:

a) Tatbestandsmäßige Voraussetzung des Klageanspruchs ist ein damnum datum[227]. Ehe nicht tatsächlich ein Schaden eingetreten ist, kann der Gefährdete nicht einmal die Fortsetzung des Baus einer Anlage verhindern, die den Wasserabfluß hemmen würde. Durch das Erfordernis einer eingetretenen Vermögensverletzung unterscheiden sich nicht nur das attische und das platonische Gesetz, sondern auch das kretische Recht[228] vom römischen, das sich mit einer Gefährdung begnügt[229]. Bereits die veteres ließen ein damnum futurum für die Klage genügen, indem sie das Tatbestandsmerkmal „si aqua pluvia nocet“ als „si nocere poterit“ interpretierten[230], so daß diese actio locum habet in damno nondum facto, opere tamen iam facto: hoc est, de eo opere, ex quo damnum timetur . . . id est, cum quis manu fecerit, quo aliter flueret, quam natura soleret[231].

b) Eine weitere tatbestandliche Voraussetzung des Klaganspruchs ist, daß der Schaden dadurch entstanden ist, daß ein künstlich errichtetes Hindernis[232] dem Wasser seinen natürlichen Weg, der eine regelmäßige, dauernde und öffentlich anerkannte *χαράδρα* sein muß[233], versperrt und das Wasser dadurch das Grundstück des Klägers überschwemmt hat. Das folgt aus der Behauptung des Kallikles, *τὴν χαράδραν ἀποικοδομήσαντα βλάπτειν*[234], und den Gegenbehauptungen des Beklagten, die Mauer habe keinen Wasserlauf versperrt, da schon vor dem Mauerbau des Teisias an dieser Stelle eine Wein- und Feigenpflanzung gelegen habe, was *ἐν χαράδρᾳ* wohl nicht gut möglich sei[235]. Vielmehr sei der natürliche Ablauf des Regenwassers dem öffentlichen Weg

227 Vgl. Wolff, AJPh 64, 320 = Beiträge, 96.

228 Siehe unten S. 106–108.

229 Vgl. Schönbauer, SavZ 54, 239.

230 Lab.-Pomp. D. 40, 7, 21 pr.

231 Ulp. D. 39, 3, 1, 1: gl vel T Eisele, Beiträge zur Erkenntnis der Digesteninterpolationen, SavZ 11 (1890), 1–30 [12] und Kübler, in: VJR III (Berolini 1910), 196, Z. 10.

232 A.M. Beauchet, Droit privé III, 164.

233 Paley-Sandys, Select Private Orations of Demosthenes with introduction and English commentary by F.A. Paley with supplementary notes by J.E. Sandys, 3rd rev. ed., Cambridge 1896/1898, vol. II (1896), p. 72; Wolff, AJPh 64, 319 = Beiträge, 95.

234 Dem. LV 12.

235 Dem. LV 13.

gefolgt[236]. Es sei sowohl auf dem Lande als auch in der Stadt eine alte Gewohnheit, sein Grundstück gegen Überschwemmungen zu sichern[237].

c) Eine dritte Klagvoraussetzung sieht Wolff zutreffend in dem *κωλύειν ἐξ ἀρχῆς*[238]. Die Bedeutung dieses Ausdrucks ist umstritten. Obgleich die Ausführungen des Beklagten, weder Kallipides, der Vater des Klägers und damalige Grundstückseigentümer, noch sonst ein Familienmitglied habe während der 15 Jahre, in denen Teisias und Kallipides Nachbarn waren, gegen die Mauer protestiert, den Eindruck erwecken könnten, er wolle hier eine verspätete und daher rechtsmißbräuchliche Klagerhebung des Kallikles rügen, kann tatsächlich von einer Verjährungseinwendung oder einer Arglisteinrede im technischen Sinne nicht die Rede sein. Der Gedanke der Unbilligkeit verspäteter Rechtsverfolgung spielt, wie Wolff an anderer Stelle betont hat, bei dem starr archaischen Dike-Begriff in klassischer Zeit keine Rolle[239]. Der Beklagte insistiert vielmehr sehr energisch darauf, daß der Kläger bzw. sein Rechtsvorgänger mindestens vor Zeugen formell gegen den Bau der Mauer hätte protestieren müssen.

Wolff stützt seine These, daß die Wasserschadensklage im attischen Recht „nur dann gegeben war, wenn man gegen die gefährdende Anlage im Vorhinein *Protest* erhoben hatte“[240], unter anderem auf die Parallele zu Pl. Lg. 844 c 7 – d 3. Da es uns hier aber gerade darum geht, die platonische Bestimmung am geltenden Recht zu messen, trägt dieser Rückschluß für unser Untersuchungsziel nichts aus. Überzeugender ist der Vergleich mit der Bestimmung des Papyrus Halensis über die Pflanzgrenzen im alexandrinischen Recht.

Es ist Partsch zuzugeben, daß es sich beim *κωλύειν ἐξ ἀρχῆς* um eine intensivere Abwehr als um ein „bloßes Protestieren (*διαμαρτύρεσθαι*)“ handeln muß[241]. Aber seine Deutung des Ausdrucks als Befugnis zur eigenmächtigen Zerstörung des opus analog zum Selbsthilferecht in Alexandria gegenüber Anpflanzungen, bei denen der gesetzliche Grenzabstand nicht eingehalten worden war und die der Grundstückseigentümer auch trotz Aufforderung nicht beseitigt hatte[242], ist nicht zwingend. Die Kalliklesrede spricht gerade gegen ein Recht zur eigenmächtigen Beseitigung des Hindernisses[243]. Weder das kretische Recht noch Platons Wasserschadensklage lassen einen Schluß auf

236 Dem. LV 10.

237 Dem. LV 17.

238 Dem. LV 4. Wolff, AJPh 64, 320 = Beiträge, 96.

239 Wolff, in: Ἐράνιον πρὸς Γ. Σ. Μαριδάκην I, 87–88 und ders., Verjährung von Ansprüchen nach attischem Recht (Resumé), Iura XV (1965), 481.

240 Wolff, Beiträge, 96 = AJPh 64, 320.

241 Partsch, ArchPap VI, 50.

242 P. Hal. 1, Z. 100–102.

243 Kränzlein, Eigentum und Besitz, 60 und Anm. 45.

ein derartiges Selbsthilferecht zu, und auch die actio aquae pluviae arcendae liefert dafür keine Anhaltspunkte. Vielmehr dürfte unter dem διαμαρτύρεσθαι ein einfacher formloser Einspruch, unter dem κωλύειν ἐξ ἀρχῆς dagegen mit Wolff ein unverzüglicher formeller Protest in Gegenwart von Zeugen zu verstehen sein[244]. Wir wissen nicht, ob ein solcher formeller Protest nur Tatbestandsvoraussetzung eines späteren Schadensersatzanspruchs war oder ob er bereits den Erbauer des opus zur Einstellung seiner Arbeiten und zur restitutio verpflichtete. Sargenti meint, daß „nemmeno sembrava contemplato un generale divieto di compiere lavori, che alterassero il decorso delle acque“[245].

Obgleich der Schaden nach dem Beklagtenvortrag nur knapp 50 Drachmen beträgt[246], erwartet den Sohn des Teisias im Falle des Unterliegens die Verurteilung zur Zahlung einer Buße von 1000 Drachmen an den Kläger[247]. Die Richter haben nicht die Möglichkeit, den tatsächlichen Schaden zu schätzen, sondern sind gezwungen, dem Kläger die von vornherein feststehende Summe zuzusprechen, wenn er obsiegt.

Soviel wir wissen, war die δίκη βλάβης nur dann nicht schätzbar, wenn sich der Klaggrund aus dem Bruch eines Vertrages ergab, in dem für den Fall der Nichterfüllung eine feste Summe als Buße versprochen war[248]. Dann hatte das Gericht, wenn es zu der Überzeugung kam, der Beklagte habe den Vertrag nicht erfüllt, diesen zur Zahlung der Konventionalstrafe zu verurteilen. In allen anderen uns bekannten Fällen führt die δίκη βλάβης dazu, daß dem Kläger der Schätzwert (oder ein Vielfaches) des tatsächlichen Schadens zugesprochen wird. Der Ausschluß der Schätzung und die der Höhe nach im voraus feststehende Buße von 1000 Drachmen in der Wasserschadensklage des Kallikles kommen daher einigermaßen überraschend.

Einige Autoren haben dafür prozessuale Gründe ins Feld geführt[249]. Nach ihrer

---

244 Wolff, AJPh 64, 320 = Beiträge, 96; so auch Kränzlein, Eigentum und Besitz, 60. Allerdings hält Wolff, AJPh 64, 323 = Beiträge, 100 Selbsthilferegeln im alexandrinischen Wasserrecht analog zu denen im Falle rechtswidriger Anpflanzungen in P. Hal. 1, Z. 100–102 für möglich.

245 Sargenti, L'actio aquae pluviae arcendae. Contributo alla dottrina della responsabilità per danno nel diritto romano (Pubbl. dell'Ist. di Dir. rom., dei diritti dell'oriente mediterraneo e di storia del diritto dell' Univ. di Roma, XVII), Milano 1940, p. 15.

246 Dem. LV 28.

247 Dem. LV 28.

248 Beauchet, Droit privé IV, 402; Lipsius, Attisches Recht, 661–662; Wolff, AJPh 64, 316 = Beiträge, 92.

249 Heffter, Die Athenäische Gerichtsverfassung, Cöln 1822, S. 118 Anm.; Thalheim, Zu den griechischen Rechtsaltertümern, I., Prgr., Schneidemühl 1892, S. 6–7; Lipsius, Attisches Recht, 662–663 Anm. 97; Partsch, ArchPap VI, 51; Harrison, The Law of Athens, I: The Family and Property, Oxford 1968, p. 251.

Ansicht ist die Klage des Kallikles nicht schätzbar, weil in dieser Sache zwischen den Parteien bereits ein Versäumnisurteil der διαιτηταὶ gegen den Beklagten ergangen war, in dem der Betrag des Schadens auf 1000 Drachmen festgesetzt worden war[250]. Das Gericht kann nach dieser Theorie das Urteil der Schiedsrichter nur bestätigen oder aufheben, nicht aber abändern; es ist an das τίμημα der Diaiteten strikt gebunden[251]. Dabei gehen Heffter, Thalheim, Lipsius[252] und Pantazopoulos[253] davon aus, daß es sich um ein Verfahren in der zweiten Instanz, und zwar in der Beschwerdeinstanz[254] handelt.

Bei allen Meinungsverschiedenheiten im einzelnen[255] besteht heute im wesentlichen Einigkeit darüber, daß das εἰς δικαστὰς ἐφιέναι die Anrufung des ordentlichen Gerichts erster Instanz bedeutet.

Für das τίμημα von 1000 Drachmen können nicht prozessuale Gründe bestimmend sein. Wenn das an strenge Voraussetzungen geknüpfte und nur binnen einer Notfrist von zehn Tagen ausübbare Recht, ein Versäumnisurteil zu beseitigen[256], zu einem erstinstanzlichen Verfahren vor dem Volksgericht führt, dann legt weniger die von Wolff angestellte abstrakte dogmatische Überlegung[257], die immerhin dem schon von Steinwenter gegen Lipsius erhobenen Einwand gegen eine modernistische Betrachtungsweise begegnet[258], als vielmehr Wolffs Hinweis auf Poll. VIII 60 den Schluß nahe, daß das Verfahren von Anfang an neu aufgerollt wurde und auch die Schätzung davon nicht unberührt blieb. Der Rechtsbehelf der ἔφεσις gegen die ἀπόφασις der Diaiteten wird mit dem

250 Dem. LV 2. 6.

251 Heffter, Gerichtsverfassung, 118 Anm.; Thalheim, Prgr. Schneidemühl, 7; Lipsius, Attisches Recht, 662–663 Anm. 97; Steinwenter, Die Streitbeendigung durch Urteil, Schiedsspruch und Vergleich nach griechischem Rechte (Münchener Beiträge zur Papyrusforschung und antiken Rechtsgeschichte, 8), München 1925, S. 72; Harrison, Law of Athens I, 251.

252 Lipsius, Beiträge zur Geschichte griechischer Bundesverfassungen, Berichte über die Verhandlungen der Kgl. Sächs. Gesellschaft der Wissenschaften, Philol.-hist. Classe, 50 (1898), 145–176 [155–156]; ebenso auch Ed. Meyer, Forschungen zur alten Geschichte, Halle 1892/1899, Bd. II, S. 147 und Kirchner, nota 20 ad Syll. 64.

253 Pantazopoulos, Ein Beitrag zur Entwicklung der Diaitesie im altgriechischen Recht mit besonderer Berücksichtigung des attischen Rechts, in: Festschrift Paul Koschaker zum sechzigsten Geburtstag, Weimar 1939, Bd. III, S. 199–223 [212].

254 Das folgt aus der Annahme, das Volksgericht dürfe die tatsächliche Schätzung des Schadens nicht nachprüfen, obwohl Lipsius, Attisches Recht, 662 Anm. 97 von ‚Appellation' und ‚Berufung' spricht. Für das sachlich Gemeinte schlägt Just, Ephesis, 34 die Termini ‚Beschwerde' oder ‚Rekurs' vor.

255 Vgl. die ausführliche Darstellung der Lehrmeinungen bei Just, Ephesis, 22–45.

256 Vgl. Poll. VIII 60.

257 Wolff, AJPh 64, 317 = Beiträge, 93.

258 Steinwenter, Streitbeendigung, 72 Anm. 1.

terminus technicus τὴν μὴ οὖσαν ἀντιλαχεῖν[259] bezeichnet[260]. Als Wirkung der μὴ οὖσα δίκη gibt Pollux an: ἡ ἐρήμη ἐλύετο ὡς ἐξ ἀρχῆς ἐλθεῖν ἐπὶ διαιτητήν[261]. Noch deutlicher betont das Lexicon Cantabrigiense durch den Ausdruck ἀκέραιον das erneute Aufrollen der gesamten Sache, wenn es als Rechtsfolge der δίκη μὴ οὖσα angibt, ὥστε ἐξ ὑπαρχῆς ἀκέραιον αὐτοῖς καθίστασθαι τὸν ἀγῶνα[262]. Zu der Streitfrage des Novenrechts der Parteien im Verfahren vor dem δικαστήριον bedarf es hier keiner Stellungnahme[263]. Das Aufrollen des Verfahren ἐξ ἀρχῆς schließt auf jeden Fall die Möglichkeit eines neuerlichen Schätzungsverfahrens ein[264]. Die Beweisausführungen des Beklagten in der Kalliklesrede indizieren, daß eine erneute Beweisaufnahme zur Kompetenz der Volksrichter gehörte.

Die prozessualistische Begründung eines τίμημα von 1000 Drachmen zugunsten des Kallikles dürfte damit widerlegt sein.

Vollends abwegig ist Thonissens Annahme, Kallikles habe vor dem Volksgericht einen tatsächlichen Schaden von 1000 Drachmen geltend gemacht[265]. Dagegen spricht schon, wie Lipsius eingewandt hat[266], der mehrfache Hinweis des Beklagten, er sei einer δίκη ἀτίμητος ausgesetzt[267].

Ebenso widerspricht Harrisons Vermutung, der Kläger habe ein Wahlrecht, ob er die δίκη als τίμητος oder ἀτίμητος einreichen wolle, und könne im letzteren Falle nur alles oder nichts erreichen, im ersteren aber ein neues τίμημα erstreiten[268], allen Regeln des griechischen Prozeßrechts[269].

---

259 Respr. λαχεῖν, z.B. Is. XII 11.

260 Dem. XXI 90, XXXIX 38; Poll. VIII 60; Phot. Lex. s.v. μὴ οὖσα δίκη; Lex. Rhet. Cant. s.v. μὴ οὖσα δίκη (= ed. Houtsma, p. 21, Z. 4–19).

261 Poll. VIII 60.

262 Lex. Rhet. Cant. s.v. μὴ οὖσα δίκη (ed. Houtsma, p. 21, Z. 14–15).

263 Lipsius, Attisches Recht, 230–231; Leisi, Der Zeuge im Attischen Recht, Diss. Zürich, Frauenfeld 1907, S. 81; Steinwenter, Streitbeendigung, 72 und Just, Ephesis, 216 sind der Ansicht, das Ergebnis der Beweisaufnahme vor dem Diaiteten begrenze den Prozeßstoff im Heliastengericht. Dagegen vertritt Pantazopoulos, in: Festschrift Paul Koschaker III, 206. 212 die Auffassung, vor der Heliaia könnten neue Angriffs- und Verteidigungsmittel vorgebracht werden.

264 Wolff AJPh 64, 317 = Beiträge 93; zustimmend Kränzlein, (Rez.) Hans Julius Wolff, Beiträge zur Rechtsgeschichte Altgriechenlands und des hellenistisch-römischen Ägypten (Forschungen zum römischen Recht, 13), Weimar 1961, SavZ 79 (1962), 349–361 [353].

265 Thonissen, Le droit pénal de la république athénienne, Bruxelles-Paris 1875, p. 278.

266 Lipsius, Attisches Recht, 662 Anm. 97 [663].

267 Dem. LV 18. 25. 28.

268 Harrison, Law of Athens I, 251 n. 2.

269 Wolff, (Rez.) A.R.W. Harrison, The Law of Athens, I. The Family and Property, Oxford, SavZ 86 (1969), 437–443 [440 n. 3].

Die ältere materiellrechtliche Auffassung, nach der die von Kallikles gegen den Beklagten erhobene δίκη βλάβης eine echte, auf eine gesetzlich festgelegte Buße von 1000 Drachmen gerichtete δίκη ἀτίμητος ist[270], ist von Wolff wiederaufgenommen worden[271] und darf nach seiner subtilen Untersuchung heute wohl als gesichert gelten. Aus der Bemerkung über die Klagen des Kallikles und Kallikrates gegen Kallaros, den Sklaven des Beklagten, denen derselbe Sachverhalt zugrunde liegt, schließt Wolff überzeugend, „daß die Klage, wenn erfolgreich, auf den Verfall des Grundstücks, auf dem die Schadensursache gefunden wurde, an den Kläger hinauslief"[272]. Der Sprecher betont nämlich: καὶ ζητοῦσιν (Kallikles und Kallikrates) καὶ διαιτητὴν ὅστις αὐτοῖς τὰ χωρία προσκαταγνώσεται, καὶ διαλύσεις[273] τοιαύτας ἐξ ὧν τὰ χωρί' ἕξουσιν[274]. Die 1000 Drachmen, um die gestritten wird, sind dann nichts anderes als das im Gesetz festgelegte Lösegeld, durch dessen Zahlung der Eigentümer die Vollstreckung in sein Grundstück abwehren konnte. Sie sind nicht Gegenstand einer Leistungspflicht, wie sowohl Prozessualisten als auch Anhänger der materiellrechtlichen Auffassung bisher annahmen, sondern bloßes Mittel der Haftungsabwehr.

Nicht nur das ältere griechische Recht, auf das Wolff sich beruft[275], sondern auch noch das klassische Recht kannte eine Verantwortlichkeit und Haftung lebloser Gegenstände[276]. Sie wurde durch Auslieferung des schädigenden Gegenstandes zur Rache realisiert. Natürlich kann hier nicht davon die Rede sein, daß der Geschädigte sich an dem verfallenen Grundstück rächt. Dies Verfahren „verkörperte eher eine primitive Methode, einem Nachbarn, für den sich das Grundstück als schädlich erwiesen hatte, eine Genugtuung zu verschaffen"[277]. Leider

---

270 Hérauld, Observationes ad ius atticum et romanum, 212; Dareste, Les plaidoyers civils de Démosthène traduits en français, avec arguments et notes par Rodolphe Dareste, Paris 1875, t. I, p. 166; Meier-Schömann-Lipsius, Der Attische Prozeß, Berlin 1883–1887, S. 224–225; Guiraud, Propriété, 312; Beauchet, Droit privé III, 168 et IV, 402; Blass, Die attische Beredsamkeit, III, 1: Demosthenes, Leipzig 1887, S. 223; Scialoia, Atti della R. Accademia delle Scienze di Torino, XXV, 792 et 805 n. 4.

271 Wolff, AJPh 64, 318 = Beiträge, 94.

272 Wolff, Beiträge, 94 = AJPh 64, 318–319. Kritisch hierzu und für eine echte Buße von 1000 Drachmen: Kränzlein, SavZ 79, 353–354 unter Hinweis auf Praktikabilitätsprobleme im Falle mehrerer Geschädigter und auf Dem. LV 35; ferner Goppel, Klagziele, 190–191, der Dem. LV 32 nur als Anprangerung der Habgier und Mißgunst des Klägers versteht.

273 διαλύσεις v. : διαδύσεις A.

274 Dem. LV 32.

275 Wolff, AJPh 64, 320 = Beiträge, 99.

276 Siehe z.B. Pl. Lg. 873 e 6 – 874 a 3. Zur Sache vgl. Maschke, Willenslehre, 64–65.

277 Wolff, Beiträge, 99 = AJPh 64, 322–323 unter Hinweis auf de Visscher, Vindicta et noxa, in: Studi in onore di Pietro Bonfante nel XL anno d'insegnamento, Milano 1930, III, 233–248 = ders., Études de droit romain, Paris 1931, 109–134 und Rabel,

ist Wolffs Argumentation trotz des einleuchtenden Ergebnisses der Lösung nicht ganz schlüssig: Das unmittelbar schädigende Element ist nämlich nicht das Grundstück des Beklagten, sondern das Regenwasser.

Zur actio aquae pluviae arcendae hat Daube aus dem Text der XII Tafeln „si aqua pluvia nocet" geschlossen, "that the aqua is the actual wrongdoer. ... it is the aqua, not the person behind it, that does the damage"[278], und Kaser vermutet, daß „als Schuldigen ... sich eine primitive Zeit den Wasserdämon vorgestellt haben" mag[279].

Für Griechenland wird diese Vermutung durch eine Passage Herodots bestätigt[280], die bisher in diesem Zusammenhang nicht juristisch gewürdigt worden ist: Nachdem die Brücke der persischen Truppen über den Hellespont während eines Sturmes zerstört worden war und untergegangen war, verhängte Xerxes über das Meer die für vorsätzliche Körperverletzung oder Sachbeschädigung gegenüber Sklaven übliche Strafe: Fesselung und Geißelung. Er ließ den Hellespont mit 300 Geißelhieben züchtigen und ein Paar Fußfesseln ins Meer versenken. Außerdem ließ er die Aufseher des Brückenbaus köpfen.

Für die actio aquae pluviae arcendae kommt Daube zu dem Schluß, daß "the responsability of the defendant in this action was not for a delict of his own but for one committed by a thing in his *domain*"[281]. Natürlich ist Kallikles nicht damit gedient, daß ihm sein Nachbar das Regenwasser zur Bestrafung ausliefert; denn in der Zuleitung bzw. Restagnation des Regenwassers besteht ja gerade die schädigende Handlung, und eine Bestrafung, wie sie Xerxes dem Hellespont zugefügt hatte, galt zu Demosthenes' Zeiten natürlich längst als unbefriedigend und wirklungslos.

Sollte das in der Kalliklesrede einschlägige attische Wasserschadensgesetz tatsächlich ein opus factum als Tatbestandsmerkmal enthalten haben, dann ist es merkwürdig, daß trotz eines finalen Eingriffs des Grundstücksherrn das Objekt, von dem die Schädigung ausgeht, verantwortlich gemacht wird und das Grundstück verfällt; denn in diesem Falle ist das archaisch supponierte verantwortliche Verhalten von Wasser- und Erdgöttern doch gerade durch den Eingriff des Grundstückseigentümers überdeterminiert. Der Eigentümer ist handelndes Subjekt, Regenwasser und Grundstück sind nur Werkzeug. Die Voraussetzung der noxae datio, nämlich das selbständige Handeln des Gewaltunterworfenen – sei es ein

---

(Rez.) Fernand de Visscher, Études de droit romain, Paris 1931, SavZ 52 (1932), 466–481.

278 Daube, CLJ VII, 31.

279 Kaser, Römisches Privatrecht I, 126 Anm. 43 und Kaser, Das altrömische ius. Studien zur Rechtsvorstellung und Rechtsgeschichte der Römer, Göttingen 1949, S. 220.

280 Hdt. VII 35.

281 Daube, CLJ VII, 31 – eigene Sperrung.

Sklave, ein Haustier oder ein toter Gegenstand –, liegt hier ebensowenig vor wie bei der ἐπινομία[282].

Wolffs Analogie zur Noxalhaftung ist nur für den Fall korrekt, daß das der fingierten Herrschaft des Grundstückseigentümers unterworfene Regenwasser gerade ohne sein Zutun dem Nachbarn einen Vermögensschaden zugefügt hat oder daß der Eigentümer einer – von Wolff aber nicht erwähnten – Pflicht zum arcere nicht nachgekommen ist und ihm darum die Wasserschädigung zugerechnet wird.

Der Widerspruch läßt sich lösen, wenn man für das attische Wasserschadensrecht eine historische Entwicklung – vergleichbar der von der actio in den XII Tafeln bis hin zu den Klassikern – annimmt. Danach hätte das alte attische Gesetz nicht das haftungsbegrenzende Tatbestandsmerkmal des opus factum enthalten. Seine ratio wäre die von Wolff vermutete „primitive Methode, einem Nachbarn, für den sich das Grundstück als schädlich erwiesen hatte, eine Genugtuung zu verschaffen"[283], gewesen. Zur Zeit der Kalliklesrede hat man dann bereits das Erfordernis eines opus factum entwickelt und damit die alte Parallele zur Noxalhaftung und zur noxae datio zurücktreten lassen: Jetzt haftet nicht mehr das Grundstück, sondern der Grundstückseigentümer, unabhängig davon, ob er selbst oder sein Rechtsvorgänger das schädigende opus errichtet hatte. Der Beklagte haftet *mit* seinem Grundstück, wobei naturgemäß die gesetzliche Ablösungssumme von 1000 Drachmen in den Vordergrund getreten sein und den Charakter eines unschätzbaren Schadensersatzes übernommen haben muß.

Daraus würde sich auch erklären, daß der Herausgeber der Rede, am Gesetzestext orientiert, ihr den von Lipsius[284] kritisierten Titel περὶ χωρίου gab, während der Sprecher – abgesehen von der aufschlußreichen Passage in § 32 – nicht περὶ χωρίου, sondern über die Kausalität des Mauerbaus für den Überflutungsschaden und die Rechtsfolge einer Buße von 1000 Drachmen streitet.

Ein Indiz dafür, daß das opus factum nicht gesetzliches Tatbestandsmerkmal des Wasserschadensanspruchs war, ist vielleicht auch darin zu sehen, daß der Beklagte sich so ausführlich darüber ausläßt, es sei eine alte *Gewohnheit*, sein Grundstück gegen Regenzuflüsse zu sichern[285], statt auf ein *Recht* zu pochen. Das läßt den Schluß zu, daß der Grundstückseigentümer dieses Recht nicht hatte oder daß es doch zumindest durch die Rechtsentwicklung in Frage gestellt worden war, die die früher unbeschränkte Haftung des Eigentümers für Regenwasserschäden, die von seinem Besitztum ausgingen, auf die Fälle beschränkt hatte, daß ein opus factum die Überschwemmung verursacht hatte. Nun kann der Sohn des

282 Siehe oben S. 36 f.

283 Wolff, Beiträge, 99 = AJPh 64, 322–323.

284 Lipsius, Attisches Recht, 681 Anm. 17.

285 Dem. LV 17: ἀποφράττειν ... (scil. τὸ ὕδωρ) ... καὶ παροικοδομεῖν εἰώθαμεν.

Teisias gegen diese neuere Rechtsentwicklung natürlich nur noch die gute alte Gewohnheit ins Feld führen, d.h. er muß sich bemühen, die alte Gewohnheit als Gewohnheits*recht* und damit als Rechtfertigungsgrund zu erweisen, weil im Zuge der Rechtsentwicklung offenbar aus dem opus facere generell ein – allerdings in progressivem Sinne haftungsbeschränkender – Unrechtstatbestand i.S. der Wasserschadensklage geworden war.

Die recht flapsige Entgegnung des Beklagten, der Kläger könne ihn nicht zwingen, das einströmende Regenwasser zu saufen[286] – von den älteren Autoren häufig für eine überzeugende Rechtsbehauptung genommen[287] –, mag natürlich in die Reihe der mitleidheischenden rhetorischen Schachzüge der Rede gehören. Andererseits indizieren solche Volten gerade eine gewisse Schwäche in den rechtlichen Ausführungen. Auch ein Grundeigentümer, der heute aus den §§ 906 bzw. 1004 BGB in Anspruch genommen wird, pflegt sich – wie hier der Beklagte für meinen Geschmack etwas zu breit[288] – darauf zu berufen, er könne schließlich auf seinem Grund und Boden machen, was er wolle. Aber gerade die individualistische, von einem prinzipiell unbeschränkten Eigentum am Grundstück ausgehende Argumentation des Beklagten, der Eigentümer könne gegen das Regenwasser auf seinem Grund und Boden vorgehen, wie er wolle, und jedermann dürfe sich schützen, so gut es eben gehe[289], dürfte angesichts der Sozialbindung des Grundeigentums nicht mit dem positiven griechischen Recht in Einklang stehen.

Die starre archaische Rechtsfolge des attischen Wasserschadensgesetzes war ein Überbleibsel der alten mit der primitiven Auffassung der Obligation zusammenhängenden Auffassung im klassischen Recht Athens[290]. Wolffs Annahme, „daß man ihre Unangemessenheit im 4. Jh. durchaus fühlte"[291], scheint mir bestätigt durch die Argumentationsweise des Beklagten in der Kalliklesrede, die zumindest eine gewandelte Auffassung von der *καταδίκη* auf 1000 Drachmen, wenn nicht gar eine haftungsbegrenzende Tatbestandseinengung durch die Rechtsentwicklung voraussetzt.

Während Platons Gesetz den Tatbestand des attischen Wasserschadensgesetzes rezipiert, sieht es als Rechtsfolge eine flexiblere und zeitgemäßere Regelung vor. Aus dem gesetzlichen Verfall des Grundstücks mit der Möglichkeit der Auslösung durch Zahlung einer Summe von 1000 Drachmen über die Auffassung einer auf

---

286 Dem. LV 18.

287 Z.B. Guiraud, Propriété, 189; Beauchet, Droit privé III, 162.

288 Dem. LV 9. 12. 13–14. 17. 26. 30.

289 Dem. LV 17. 20. 26. 30.

290 Wolff, The Origin of Judicial Litigation among the Greeks, Traditio 4 (1946), 31–87 [50–51], jetzt auch deutsch unter dem Titel ‚Der Ursprung des gerichtlichen Rechtsstreits bei den Griechen', in: Wolff, Beiträge, 1–90 [34–37].

291 Wolff, Beiträge, 99 = AJPh 64, 323.

Verurteilung zur Zahlung dieses Betrages gehenden δίκη βλάβης ἀτίμητος wird bei Platon eine δίκη τίμητος, die den Schaden im Einzelfall berücksichtigt. Das Erfordernis eines förmlichen Protestes als Voraussetzung des Verfahrens vor den Schiedsrichtern hat Platon fallen lassen. Aber auch in Magnesia muß dem Verfahren vor den Agronomen bzw. Astynomen ein privater Einigungsversuch zwischen den Parteien über eine Schadenswasserordnung (περὶ ταῦτα κοινωνεῖν ἀλλήλοις) vorausgehen. Wenn der Protest erfolglos bleibt bzw. eine private Vereinbarung nicht zustande kommt, entscheiden die Beamten – in Athen die Diaiteten, in Magnesia die Agronomen bzw. Astynomen. Während die Diaita in Athen aber nur die Aufgabe hatte, das Vorliegen der tatbestandsmäßigen Voraussetzungen des Klaganspruchs zu prüfen und bei ihrem Vorliegen die Buße von 1000 Drachmen zu verhängen, läßt das platonische Gesetz der Behörde einen Ermessensspielraum, der sogar noch weiter ist als der des römischen arbiter. In Magnesia können die Agronomen bzw. Astynomen den Einzelfall individuell gestaltend regeln.

In Athen hängt die Vollstreckbarkeit der in Anwesenheit der Parteien gefällten ἀπόφασις der Diaita davon ab, ob beide Parteien – möglicherweise stillschweigend[292] – erklären, τῇ διαίτῃ ἐμμένειν oder ob eine von ihnen die ἔφεσις εἰς τὸ δικαστήριον mit dem Ziel, die Sache durch das ordentliche Gericht entscheiden zu lassen, vornimmt. Dagegen haben die Parteien nach Platons Gesetz nicht die Wahl zwischen ἐμμένειν und ἐφιέναι. Die τάξις τῶν ἀγρονόμων resp. ἀστυνόμων ist auch ohne ἐμμένειν-Erklärung verbindlich: ὁ μὴ ἐμμένων haftet auf doppelten Schadensersatz. Wenn man mit Paoli „contractualité" und „souveraineté" als die beiden Rechtspflegeprinzipien der Polis unterscheidet[293], dann ist die τάξις τῶν ἀγρονόμων resp. ἀστυνόμων in Magnesia vom Gedanken der „souveraineté" beherrscht. Sofern – mit aller gebotenen Zurückhaltung – ein Schluß von der theoretischen Konzeption Platons auf das positive Recht seiner Vaterstadt erlaubt ist, spricht dieser interpretierende Vergleich eher für die Auffassung Justs von der obrigkeitlichen Stellung des Diaiteten in Athen und seiner γνῶσις als hoheitlichem Befehl[294] und gegen Steinwenters[295] und Paolis[296] Verständnis des Diaitetenspruchs als eines bloßen Entscheidungsvorschlages, den die Parteien annehmen oder ablehnen können.

Während die Heliaia in Athen bei der Weigerung, ἐμμένειν τῇ διαίτῃ und der ἔφεσις εἰς τὸ δικαστήριον eine selbständige Sachentscheidung fällt, ist bei Platon dem Gericht – in der Regel, nämlich bei Schäden unter drei Minen Wert, den

292 Steinwenter, Streitbeendigung, 67–68 unter Hinweis auf Ps.-Dem. XL 17. 31. 55; Pantazopoulos, in: Festschrift Paul Koschaker III, 210.

293 Paoli, RIDA, 1. sér., 5 (1950), 335.

294 Just, Ephesis, 226–227.

295 Steinwenter, Streitbeendigung, 69. 78.

296 Paoli, RIDA, 1. sér., 5 (1950), 329 n. 4 et 335–336.

Agronomen bzw. Astynomen – die Festlegung einer neuen *τάξις* verwehrt: Es prüft nur, ob ein Verstoß gegen die verbindliche Regenwasserordnung vorliegt und ob dem Kläger daraus ein Schaden erwachsen ist.

3. Kretisches Recht

Von der Ableitung des Regenwassers auf fremde Grundstücke handelt mit hoher Wahrscheinlichkeit auch die bereits oben[297] erwähnte gortynische Inschrift IC IV 73 A, die in einigen Punkten wertvolle Ergänzungen für den Vergleich des platonischen Gesetzes mit dem positiven griechischen Recht liefert. Sie lautet mit den Ergänzungen Guarduccis: *αἴ τίς] κα διαρύēι ὕδορ ἐ|ς τō̃ γείτονος, προ[Fείπαντ|ι ἄπατον] ἔ̄μēν αἰ μὲ̄ διαρεῖ. |αἰ δ' ἀποFείπαντος [διαρύοι, δ|αρκνὰν κα]ταστασεῖ κατ' ἀμέ|ραν ὀττάκιν κα δι[αρυē̃ι vac.*[298]. Wir haben bereits oben festgestellt, daß das *ἐς* (Z. 1–2) nicht als *ἐκ* sondern als *εἰς* und das *διαρύειν* nicht als *δι-αρύειν*, ‚schöpfen', sondern als *διερύειν*, ‚traducere', zu verstehen ist[299].

Nach diesem Gesetz ist die Ableitung von Wasser auf das Nachbargrundstück straflos, auch wenn es von dort nicht abfließt. Voraussetzung ist allerdings, daß der von der Wasserzuleitung betroffene Nachbar vorher in Gegenwart von Zeugen förmlich verständigt worden ist[300] und daß ihm die Möglichkeit gegeben worden ist, dagegen Widerspruch zu erheben. Widerspricht der Betroffene, so hat der Schädiger ihm für jeden Tag, den das Wasser stagniert, eine Drachme[301] zu zahlen. Damit die Berechtigung der Wasserzuleitung nach vorheriger förmlicher Ankündigung nicht wegen der Möglichkeit des Widerspruchs leer läuft, vermutet de Sanctis, „che tanto il *προFειπεῖν* del proprietario del fondo superiore, quanto l' *ἀποFειπεῖν* del proprietario del fondo inferiore non possa farsi senza *giusta causa*"[302].

Nach Guarduccis Auffassung beschränkt sich der Begriff *ὕδορ* in diesem Gesetz auf aqua pluvia, während in einem etwas älteren gortynischen Gesetz aus dem 5. Jahrhundert[303] von aqua fluminis die Rede ist[304]. Eine Parallele zu IC IV

---

297 Siehe oben S. 84.

298 IC IV 73 A, Z. 1–6 (= Guarducci, RIA III, 7–14 = de Sanctis, RFIC N.S. X, 80–81).

299 Siehe oben S. 84.

300 *προFείπαντι* (Z. 2–3). Guarducci übersetzt ‚preavvisato' (RIA III, 8) resp. „. . . hunc antea certiorem fecerit" (IC IV, p. 172 (ad Nr. 73 A, Z. 1–6)).

301 Guarducci, IC IV, p. 172 (ad No. 73 A, vv. 4 sq.). schließt nicht aus, daß in Z. 4–5 statt *δαρκνὰν* evtl. *στατε̃ρα* zu ergänzen ist.

302 De Sanctis, RFIC N.S. X, 81 – eigene Sperrung. Guarducci, IC IV, p. 172 (ad Nr. 73 A, vv. 2 sq.) hat diese These akzeptiert.

303 IC IV 43 B b (= IJG I, 402 (XIX D, col. II, Nr. 2) = SGDI 5000 II b = Syll. 1183).

73 A, Z. 4–6 bietet eine andere ältere Bestimmung aus Gortyn: *καμ[. .]ια λαḷγαίῃι, πέντ[ε δαρκνὰς ἀποτεί]σηται κατ' | ἁμέραν ὀττ[άκω κα | λαγαίη]ι*[305]. Wenn Guarduccis Vermutung, die erste Zeile der Inschrift sei *αἰ δὲ] κ' ἀμ[ελ]ία* zu lesen[306], richtig ist, woran ich nicht zweifle, dann ist der Grund für die gegenüber IC IV 73 A, Z. 4–5 höhere Bußsumme von 5 Drachmen pro Tag der Schädigung des Nachbarn durch zugeleitetes Regenwasser vermutlich durch die vorwerfbare Nachlässigkeit und den Mangel einer iusta causa für die Ableitung begründet[307]. Von einer „servitude aquae recipiendae", als die van Effenterre diese Inschrift versteht[308], kann natürlich nicht die Rede sein.

Die Unterschiede des gortynischen Rechts zum attischen und platonischen Gesetz sind nicht so groß, wie es auf den ersten Blick scheint: Auch in Kreta ist es dem superior prinzipiell erlaubt, Regenwasser auf das Grundstück des inferior zu leiten, soweit das notwendig ist. Schadensersatzprobleme ergeben sich nur – und das bedeutet gegenüber dem attischen Recht und dem platonischen Gesetz eine Haftungsbeschränkung –, wenn das Wasser von dem Grundstück, auf das es abgeleitet wurde, nicht abfließt. Das *κωλύειν ἐξ ἀρχῆς* des attischen Gesetzes und das *ἀποϜειπεῖν* in Gortyn sind nur bedingt miteinander vergleichbar, da in Gortyn ein opus factum nicht haftungsbegründende und -begrenzende Voraussetzung des Schadensersatzanspruchs ist. Wenn jedoch unsere Vermutung, daß auch in Attika das Erfordernis eines opus factum erst später eingeführt worden ist, richtig ist und das attische Gesetz ursprünglich dieses Tatbestandsmerkmal nicht enthielt, dann offenbaren die kretischen Bestimmungen eine weitere Übereinstimmung mit der actio aquae pluviae arcendae und dem attischen Wasserschadensgesetz. Dem *προϜειπεῖν* in Gortyn, der einseitigen förmlichen Erklärung vor Zeugen, entspricht bei Platon die private nachbarliche Vereinbarung, dem begründeten *ἀποϜειπεῖν* die Anrufung der Verwaltungsbehörde.

Ein interessantes Gegenstück zu dem platonischen *εἰκῇ*[309] bildet das kretische Tatbestandsmerkmal *ἀμ[ελ]ία*[310]: *ἀμελία* gleichbedeutend mit *ἀμελέα*[311] als neutr. pl. oder acc. sg. des Adjektivs *ἀμελής*[312], kennzeichnet den Gegensatz zu *ἐπιμελής*: ‚unaufmerksam, sorglos, nachlässig, neglegenter'. Wie in Gortyn nur die dreiste Ableitung von Regenwasser zum Schadensersatz verpflichtet, so gibt auch

---

304 Guarducci, IC IV, p. 172 (ad Nr. 73 A, vv. 1–6).

305 IC IV 52 B, Z. 1–5.

306 Guarducci, IC IV, p. 111 (ad Nr. 52 B, v. 1).

307 Guarducci, IC IV, p. 172 (ad Nr. 73 A, vv. 4 sqq.).

308 Van Effenterre, La Crète et le monde grec. De Platon à Polybe (Bibliothèque des Écoles françaises d'Athènes et de Rome, 163), Paris 1948, p. 57.

309 Lg. 844 c 4.

310 IC IV 52 B, Z. 1 nach der Konjektur von Guarducci, IC IV, p. 111 (ad Nr. 52 B, v. 1).

311 Guarducci, IC IV, p. 111 (ad Nr. 52 B, v. 1).

312 Guarducci, IC IV, p. 111 (ad Nr. 52 B, v. 1).

bei Platon nur die rücksichtslose Schädigung des Nachbarn über das erforderliche Maß hinaus dem Geschädigten die Möglichkeit, einen Schiedsspruch der Verwaltungsbehörde zu erwirken. Auch hier ist mit Kunkel[313] natürlich nicht an die Verletzung einer technischen Diligenzpflicht, sondern an eine typisierte Verschuldenshaftung zu denken.

V. Vergiftung und Entzug von Wasser

1. Pl. Lg. 845 d 4 – e 9

Das Motiv seines Gesetzes zum Schutze fremden Wassers – eine Norm, die von den vorangehenden wasserrechtlichen Bestimmungen versehentlich[314] durch die Erntevorschriften[315] getrennt ist – stellt Platon der Norm voran: Von allem, was zum Gartenbau gehört, ist das Wasser besonders leicht zu verderben; denn weder den Erdboden noch Luft und Sonne kann man leicht durch Gift, Diebstahl und Ableitung unbrauchbar machen. Da das Wasser aber diesen Gefahren in erhöhtem Maße ausgesetzt ist, bedarf es eines gesetzlichen Schutzes[316]: *Ἄν τις διαφθείρῃ ἑκὼν ὕδωρ ἀλλότριον*[317], *εἴτε καὶ πηγαῖον εἴτε καὶ συναγυρτόν, φαρμακείαις ἢ σκάμμασιν ἢ κλοπαῖς, ὁ βλαπτόμενος δικαζέσθω πρὸς τοὺς ἀστυνόμους, τὴν ἀξίαν τῆς βλάβης ἀπογραφόμενος· ἂν δέ τις ὄφλῃ φαρμακείαις τισὶν βλάπτων, πρὸς τῷ τιμήματι καθηράτω τὰς πηγὰς ἢ τἀγγεῖον τοῦ*[318] *ὕδατος, ὅπῃπερ ἂν οἱ τῶν*[319] *ἐξηγητῶν νόμοι ἀφηγῶνται*[320] *δεῖν γίγνεσθαι τὴν κάθαρσιν ἑκάστοτε καὶ ἑκάστοις*[321].

Angriffsobjekt ist generell fremdes Wasser. Quell- und Zisternenwasser sind nicht etwa als abschließender Katalog, sondern als exemplifizierende Tatbestandsmerkmale zu verstehen. Eine andere Auffassung führt zu unlösbaren Schwierigkeiten. Zwar nennt Platon *ὕδωρ ἀγόμενον* resp. *ὀχετευόμενον*, das Wasser eines

---

313 Kunkel, SavZ 48, 717–718.

314 Siehe oben S. 63 f. Anm. 16.

315 Lg. 844 d 4 – 845 d 3.

316 Lg. 845 d·4 – e 1.

317 *ἀλλότριον* A O : *ἀλλότριον ὄν* L O² T. England, Laws II, 365: "Possibly L is right in reading *ἀλλότριον ὄν*."

318 *τοῦ* s.v. O² : om. O.

319 *τω* A : *τῶν* A^c (*ν* s.v.).

320 *ἀφηγῶνται* libri : *ὑφηγῶνται* Ast.

321 Lg. 845 e 2–9.

Bewässerungskanals, nicht im Tatbestand, aber der Schluß e contrario, folglich sei dieses nicht gegen *διαφθορά* geschützt, läuft der ratio legis zuwider: Wenn das Wasser, das der *κηπεία* dient, in seinem wirtschaftlichen Nutzwert geschützt werden soll, dann muß das auch für das zulässigerweise aus den öffentlichen *νάματα* abgeleitete Brauchwasser gelten, soweit es in Privateigentum steht, d.h. *ὕδωρ ἀλλότριον* ist. Diese Annahme steht nicht im Widerspruch zu unserer Behauptung, über das Eigentum am Wasser im Bewässerungsgraben auf fremdem Grund und Boden lasse sich keine sichere Aussage machen[322]; denn dort ging es nur um die Frage, wie weit der Erbauer eines Kanals *allein* das wirtschaftliche Verfügungs- und Nutzungsrecht an dem abgeleiteten Wasser hat, solange es noch über das Grundstück des Nachbarn läuft. Das seinen Feldern künstlich zugeleitete Wasser steht aber ohne Zweifel dem Erbauer des Kanals allein zu, wenn es erst einmal sein Grundstück erreicht hat. Spätestens von diesem Zeitpunkt an muß es den gleichen Schutz genießen wie Quell- und Zisternenwasser. Dogmatisch ist daher nur die angenommene Konstruktion einer exemplifizierenden Aufzählung möglich, in die Platon das kanalisierte Brauchwasser nicht eigens mitaufgenommen hat[323]. Bei dem *ὕδωρ ἀλλότριον* handelt es sich zwar nicht ausschließlich, aber doch primär um Brauchwasser und nicht um Trinkwasser, was schon der Hinweis auf die *κηπεία* in den Motiven andeutet.

Das Gesetz bezieht sich nur auf das Wasser von Privatleuten. Das städtische Trinkwasser und seine technischen Anlagen werden durch eine besondere Vorschrift geschützt[324], das Wasser des öffentlichen Bewässerungssystems ist gemeinfrei[325]. Das Wasser der Tempelbezirke schließlich unterliegt den *νόμοι περὶ τὰ θεῖα*[326], die die Polis später aus Delphi holen soll und die die Gesprächspartner nicht im einzelnen festsetzen wollen.

Tatbestandsmäßige Handlungen sind *φαρμακεία*, *σκάμμα* und *κλοπή*. Obwohl das positive Recht eigene Klagen *φαρμάκων* und *κλοπῆς* kennt, ist die Zusammenfassung der drei Modalitäten weder überflüssig noch abwegig: Die Klage *φαρμάκων* setzt die vorsätzliche Herbeiführung des Todes eines Menschen voraus[327], und die *δίκη κλοπῆς* beschränkt sich auf die Geltendmachung des un-

---

322 Siehe oben S. 68 f.

323 Eine andere Lösung hat mir Herr Professor Dr. Konrad Gaiser, Tübingen, vorgeschlagen: *εἴτε καὶ – εἴτε καὶ* weise eher auf eine abschließende Aufzählung hin. Aber *συναγυρτὸν* in Lg. 845 e 3, bei dem es sich wohl um ein *ἅπαξ λεγόμενον* handele, könne durchaus in einem weiteren Sinne verstanden werden und auch das durch Kanäle herangeführte Wasser, das vielleicht sogar auf dem eigenen Grundstück in einem Reservoir gesammelt werde, umfassen.

324 Lg. 764 b 1 – c 4, siehe unten VI.

325 Siehe oben S. 65 f.

326 Lg. 759 c 6.

327 Thonissen, Droit pénal, 248; Gerner, Zivil- und Straftatbestände, 43; Lipsius, Attisches Recht, 608.

mittelbar durch den Diebstahl verursachten Vermögensschadens. Gemeinsamer Oberbegriff aller drei in bezug auf fremdes Wasser deliktischen Tathandlungen ist das *διαφθείρειν*. *Διαφθορὰ ὕδατος* ist jede Handlung, auf Grund derer das Wasser seine Funktion als Trink- oder Brauchwasser nicht mehr erfüllen kann.

Subjektiv ist erforderlich, daß der Täter willentlich gehandelt hat[328].

Die Konkurrenzen zwischen der *διαφθορὰ ὕδατος* und anderen Delikten können erst weiter unten bei den drei tatbestandsmäßigen Handlungen erörtert werden, da sie für die *φαρμακεία* einerseits und *σκάμμα* und *κλοπή* andererseits unterschiedlich aussehen.

Bei der *φαρμακεία* unterscheidet Platon zwei Arten: Vergiftung durch toxische Substanzen und Zauberei[329]. Während mineralische Gifte in der Antike eine untergeordnete Rolle spielten, waren Pflanzen wie Schierling, Eisenhut und *δορύκνιον* (Convolvulus oleafolius?) ebenso wie die Zeitlose und das Bilsenkraut als Gifte bekannt[330]. Gift i.e.S. wurde im Gegensatz zu Zaubermitteln als *φάρμακον ὄλεθρον*, *δηλητήριον*, *θανάσιμον* oder *κακὸν* bezeichnet[331]. Wenn bei Platon Vergiftung und Verhexung trotzdem juristisch unterschiedslos unter den gemeinsamen Tatbestand der *φαρμακεὶα* subsumiert werden, so hat das kriminaltechnische Gründe. Solange und soweit toxische Substanzen als Schadensursache nicht nachweisbar waren und andere natürliche Erklärungen fehlten, wurden alle Schädigungen auf Zauberei zurückgeführt[332]. Noch die lex Cornelia de sicariis et veneficis erfaßte unter den veneficia die sacra impia nocturnave, ut quem obcantarent, defigerent, obligarent, fecerint, faciendave curaverint[333].

Mit dem Verständnis der Zauberei als der gegenüber der Vergiftung subsidiären Tatbestandshandlung erledigt sich auch die Streitfrage der Kommentatoren zu Lg. 845 e 2–9, ob Platon bei der *φαρμακεία ὕδατος* eher an Gifte im technischen Sinne[334] oder eher an Zaubermittel gedacht hat[335].

---

328 *ἑκών*, Lg. 845 e 2.

329 Lg. 932 e 4 – 933 a 5.

330 Vgl. Morel, Gifte, in: RE Suppl. V (1931), 223–228 [223]

331 Od. 1, 261 (*φ. ἀνδροφόνον*); 2, 329; 4, 230; 10, 213 et alibi; E. Ion 616; Hp. Jusj.; Luc. Herm. 62; Hdn. I 17, 8; Plut. Art. 30, 3; D. C. LXXII 14, 4; D. S. IV 45, 2; Ph. Bel. 103, 31; DGE 710 A, Z. 1–2 (= IGA 497 = Michel 1318 = SGDI 5632 = Syll. 37): *φάρμακα δηλητή|ρια*, wo allerdings auch Zaubermittel miterfaßt sind, Latte, Heiliges Recht, 68 Anm. 18 [69]); Hsch. s.v. *δηλητήριον φάρμακον* (Δ 808): *βοτάνη θανάσιμος*; BGU 21 II, Z. 14 (*τοξικὸν φ.*); möglicherweise auch Syll. 1180, Z. 2: Anathema einer Ehefrau, *ὅτι ἐγὼ τῶι ἐμῶι ἀνδ[ρὶ] φάρμακα ποιῶ θανά[σιμα]* (= SGDI 3540, wo Bechtel sich auf „*ποιῶ* – –" beschränkt).

332 Latte, Heiliges Recht, 68 Anm. 18 [68–69].

333 Paul. Sent. V 23, 15; vgl. Mod. D, 48, 8, 13.

334 So Knoch, Strafbestimmungen, 66 mit dem Argument, die Schädigung unbelebter Materie lege die Annahme einer Vergiftung nahe; ebenso die meisten Übersetzer: Bembo („con veneni"), Apelt („vergiftet"), Diès („en la droguant"), Taylor („by way

Nicht jede φαρμακεία ὕδατος ἀλλοτρίου führt zur Anwendung des Gesetzes über die διαφθορὰ ὕδατος, da mit dieser Norm andere konkurrieren. Allerdings bleibt, wie schon Maschke festgestellt hat, in Platons Systematik der Vergiftungsdelikte vieles zweifelhaft[336].

Platon leitet die Erörterungen des νόμος περὶ φαρμακείας mit der Behauptung ein, die tödliche Vergiftung schon weiter oben besprochen zu haben, während die nicht tödlichen Schäden, die jemand einem anderen ἑκὼν ἐκ προνοίας mittels Getränken, Speisen oder Salben zufügt, noch nicht abschließend erörtert worden seien[337]. Die vorsätzliche Tötung eines Menschen durch Gift oder Zaubermittel, die im griechischen Recht mit einer Spezialklage, der δίκη[338] resp. γραφὴ[339] φαρμάκων, verfolgt wurde, hat Platon in den Nomoi nirgendwo als Sondertatbestand geregelt[340]. Wenn seine Behauptung, er habe dieses Delikt schon behandelt, authentisch ist, so muß es – abweichend vom geltenden Recht – unter den φόνος ἑκούσιος[341] subordiniert werden[342]. Beim φόνος ἀκούσιος[343] dagegen erwähnt Platon eigens die unfreiwillige Tötung πώματος ἢ σίτου δόσει[344].

Den Tatbestand des νόμος περὶ φαρμακείας[345] erfüllt, wer unter Verwendung toxischer Substanzen[346] einem anderen oder dessen Familie oder Gesinde einen

of drugging"), Bury („by means of poison"), Novotný („otravou"), Cassarà („coi veleni").

335 So England, Laws II, 365: „The φαρμακεία hete mentioned was probably not commonplace poisoning, but witchcraft."

336 Maschke, Willenslehre, 127.

337 Lg. 932 e 1–4.

338 So Lipsius, Attisches Recht, 696 und Gerner, Zivil- und Straftatbestände, 43 unter Berufung auf Arist. Ath. Pol. 57, 3.

339 So Lécrivain, Veneficium, Venenum, in: DS V 1 (1912), 713a–715b [714a] und Thonissen, Droit pénal, 248 im Anschluß an Poll. VIII 48.

340 Berneker, Der Versuch im griechischen Recht, in: Festschrift für Ernst Rabel, Bd. II: Geschichte der antiken Rechte und allgemeine Rechtslehre, Tübingen 1954, S. 33–77 [42 Anm. 33] schließt daraus: „Platon hat seinen Plan (. . .), die todbringende φαρμακεία bei der vorsätzlichen Tötung (leg. IX 9 S. 869E) zu behandeln, nicht ausgeführt."

341 Lg. 871 a 2 – 872 c 6.

342 So wohl auch Apelt, Gesetze, 544 Anm. 59 und Bury, Laws II, 453 nota, die in Lg. 932 e 1–2 einen Verweis auf Lg. 869 e ff. sehen; Maykowska, Prawa, 616 n. 27 nimmt dagegen einen Rückverweis auf Lg. 865 b an.

343 Lg. 865 b 4–866 d 4.

344 Lg. 865 b 6.

345 Lg. 933 d 1 – e 5.

346 Daß in Lg. 933 d 1–2 mit φαρμακεύῃ nur eine Vergiftung i.e.S. gemeint ist, ergibt sich aus der vorangehenden Unterscheidung von Vergiftung und Verhexung (Lg. 932 e 4–933 a 5) und der trotz einheitlicher Rechtsfolge getrennten Tatbestandsfassung beider Delikte (Lg. 933 d 1–7 und 933 d 7 – e 4), vgl. Apelt, Gesetze, 545 Anm. 63 und 64.

nicht tödlichen Schaden zufügt oder dessen Vieh oder Bienen an der Gesundheit schädigt oder sie gar tötet[347]. Es bleibt unklar, worauf sich im Falle einer derartigen *φαρμακεία* gegenüber Menschen der Vorsatz des Täters erstrecken muß: Die Analogie zum Grunddelikt der Tötung, wo Platon den Tötungsversuch, der nur zu einer blutigen Verletzung führt[348], im Anschluß an die vollendete vorsätzliche Tat behandelt, zwingt nach Maschke „zu der Annahme, daß es sich hier um einen Mordversuch durch Gift handelt, der zwar nicht den Tod, aber eine geringere Schädigung zur Folge gehabt hat"[349]. Dann wäre der *νόμος περὶ φαρμακείας* in Lg. 933 d 1 – e 5 eine lex specialis gegenüber der *γραφὴ περὶ τραύματος*[350]. Andererseits kann die Wendung *ἐπὶ βλάβῃ μὴ θανασίμῳ* in Lg. 933 d 2 nach Maschke durchaus als subjektives Tatbestandsmerkmal zu verstehen sein, „so daß von vorneherein die Absicht des Täters nicht auf Tötung, sondern – abgesehen von der Sachbeschädigung an Vieh oder Bienen – auf eine geringere Verletzung, z.B. Verhexung einzelner Glieder, gerichtet ist, wie wir solche vielfach inschriftlich nachweisen können"[351]. Das würde allerdings einen wesentlichen Fortschritt gegenüber dem areopagitischen Kompetenzgesetz bilden, das ursprünglich bei Vergiftung die Berufung auf das Fehlen des Tötungsvorsatzes bei tatsächlicher Todesfolge nicht zugelassen hatte und das ohne Zweifel in der Rechtspraxis des 5. Jahrhunderts bereits auf Ablehnung gestoßen war[352]. Leider bieten auch die bei Platon vorgesehenen Rechtsfolgen kein Kriterium für die Entscheidung: Für die *γραφὴ τραύματος*, den Tötungsversuch, schließt Platon die Todesstrafe ausdrücklich aus[353], während sie bei der *φαρμακεία* sowohl für Ärzte[354] als auch für Wahrsager und Zeichendeuter[355]

---

347 Lg. 933 d 1–4.

348 Lg. 876 e 5 – 877 b 2. Während die h.L. im *τραῦμα ἐκ προνοίας* einen Mordversuch erblickt (vgl. die Belege bei Berneker, in: Festschrift für Rabel, II, 46 Anm. 50, denen Kunkel, SavZ 48, 717 hinzuzufügen ist), sehen Hérauld, Observationes ad ius atticum et romanum, 343, Gleue, De homicidarum in areopago atheniensi iudicio, Diss., Gottingae 1894, p. 23 und Latte, Beiträge zum griechischen Strafrecht, Hermes 66 (1931), 30–48 und 129–158 [147 und Anm. 3] = ders., Kleine Schriften zu Religion, Recht, Literatur und Sprache der Griechen und Römer, München o.J. [1968], S. 252–293 [283 und Anm. 48] = in: Berneker, Zur griechischen Rechtsgeschichte, 263–314 [302 und Anm. 21] sowie Latte, Mord, in: RE XVI 1 (1933), 278–289 [286] darin nur eine vorsätzliche blutige Verwundung mit einem gefährlichen Werkzeug in Körperverletzungsabsicht. Nach Bernekers ausführlicher Untersuchung (in: Festschrift für Rabel II, 45–58) ist der herrschenden Auffassung der Vorzug zu geben.

349 Maschke, Willenslehre, 127.

350 Lg. 876 e 5–877 b 2.

351 Maschke, Willenslehre, 127.

352 Maschke, Willenslehre, 128.

353 Lg. 877 a 7.

354 Lg. 933 d 4–5.

als absolute Strafe vorgeschrieben und in allen anderen Fällen jedenfalls als Möglichkeit in der Rechtsfolge παθεῖν ἢ ἀποτεῖσαι (Lg. 933 d 6) bzw. πάσχειν ἢ ἀποτίνειν (Lg. 933 e 5) enthalten ist. Daraus folgt zwar, daß der Unrechtsgehalt der φαρμακεία im Sinne des νόμος περὶ φαρμακείας nach Platons Auffassung größer ist als der eines τραῦμα im Sinne der γραφὴ περὶ τραύματος. Aber es läßt sich nicht mit Sicherheit entscheiden, worauf der erhöhte Strafrahmen beruht, ob auf dem ein und dasselbe Grunddelikt – die Körperverletzung mit Tötungsvorsatz – qualifizierenden Gebrauch eines Giftes oder auf der Tatsache, daß Platon die Vergiftung, auch wenn der Tätervorsatz nur auf eine Körperverletzung gerichtet ist, als in höherem Maße strafwürdig ansieht als einen erfolglosen Tötungsversuch ohne Gift.

Aus der Subsidiarität der διαφθορὰ ὕδατος gegenüber den Tötungstatbeständen und gegenüber dem νόμος περὶ φαρμακείας ergibt sich, daß als Schaden im Sinne der Vorschrift bei einer Unbrauchbarmachung des Wassers durch φάρμακα nur ein Vermögensschaden in Frage kommt. Ausgenommen sind nur Schäden an Haustieren und Bienen, etwa durch Vergiftung oder Verhexung der Tränke. Die Vergiftung oder Verzauberung von Trinkwasser für Menschen und Vieh ist angesichts der Sondertatbestände nur so lange als διαφθορὰ ὕδατος zu bewerten, wie sich der Schaden allein darauf beschränkt, daß das Trinkwasser ungenießbar wird. Kommt es zu Gesundheitsschäden bei Mensch oder Tier, so greift der qualifizierte Tatbestand des νόμος περὶ φαρμακείας ein.

Wichtigster Anwendungsfall des Wasserschutzgesetzes im Falle der Tatbestandsverwirklichung durch φαρμακεία ist demnach die Schädigung landwirtschaftlicher Kulturen durch vergiftetes oder verzaubertes Wasser.

Σκάμμα wird sowohl von Liddell-Scott-Jones als auch von Pape an dieser Platonstelle als nomen rei actae, „that which has been dug, pit“[356], „das Gegrabene, der Graben, die Grube“[357] verstanden. Aus Gründen der Symmetrie zu φαρμακεία und κλοπή scheint mir ein Verständnis als nomen actionis i.S. von „action of digging“[358], „Ableitung, Abgraben“ sinnvoller zu sein[359].

Während σκάμμα die Ableitung fremden Wassers durch Herstellung eines Ablaufs bezeichnet[360], meint κλοπή die Mitnahme von Wasser – zumeist wohl aus Zisternen, aber auch aus fremden Wasserläufen – mit Hilfe von Gefäßen. Da die Tathandlung der κλοπή im ἄγειν καὶ φέρειν besteht[361], scheint es philologisch

355 Lg. 933 e 2.

356 LSJ s.v. σκάμμα.

357 Pape, Handwörterbuch, s.v. σκάμμα.

358 So LSJ s.v. σκάμμα zu Apollod. Poliorc. 145, 5.

359 Auch Novotný benutzt den Instrumental des nomen actionis: „kopaním (= durch Abgraben)“.

360 In Lg. 845 d 7 benutzt Platon für σκάμμα als Synonym ἀποτροπή.

361 Lg. 884 a 1–4.

zunächst nicht recht verständlich, warum nicht auch die Ableitung als *κλοπὴ* qualifiziert wird, da doch gerade die wassertechnischen Ausdrücke wie *ὑδραγωγία*[362] und *ὀχεταγωγία* zeigen, daß Wasser dem *ἄγειν* zugänglich ist. Ich sehe den Grund dafür darin, daß der juristische Begriff des *ἄγειν* wahrscheinlich restriktiv auszulegen ist, weil die *κλοπὴ* an der alten Vorstellung konzipiert ist, daß ein Diebstahl im Wegtragen (*φέρειν*) des unbelebten Mobiliareigentums und im Wegtreiben (*ἄγειν*) des belebten Eigentums, nämlich der Sklaven und Haustiere, besteht[363]. Wasserableitung dürfte demnach nur philologisch, nicht aber juristisch unter den Begriff des *ἄγειν* fallen.

Aber auch der Diebstahlsparagraph würde dem Geschädigten nicht zu einer entsprechenden Genugtuung verhelfen: Während mit der *δίκη κλοπῆς* nur der unmittelbar verursachte Schaden, die Eigentumsverletzung, geltend gemacht werden kann, bietet Platons Gesetz über die *διαφθορὰ ὕδατος* die Möglichkeit, auch den mittelbar verursachten Schaden zu liquidieren, der bei einer Wasserentziehung wertmäßig erheblich höher sein dürfte: Der eigentliche Schaden besteht in der Regel im Verlust der Ernte oder des Viehs.

Anders als bei der Tatbestandsverwirklichung durch *φαρμακεία*, wo Schäden an Haustieren und Bienen nicht erfaßt sind, umfaßt der durch *σκάμμα* oder *κλοπὴ* des Wassers angerichtete Schaden auch Tierverluste, da für diese Fälle keine lex specialis eingreift.

Der Geschädigte kann sich gegen den Schädiger mit einer *δίκη*[364] an die Astynomen wenden, wobei er eine Erklärung über die Schadenshöhe zu Protokoll zu geben hat[365]. Es ist unverständlich, warum der Geschädigte sich nach dem Wortlaut des platonischen Gesetzes an die städtische Ordnungsbehörde und nicht an die Agronomen wenden muß. Da der Gartenbau in der Stadt gegenüber der Landwirtschaft außerhalb derselben nur eine geringe Rolle spielen und bei dem öffentlichen Trinkwassersystem in der Stadt private Brunnen oder Zisternen nicht eben häufig sein dürften, stellt die *χώρα* praktisch den einzigen räumlichen

---

362 Dieser Ausdruck findet sich im Corpus Platonicum nur in Ti. 77 e 7.

363 Einen anderen Sinn hat das *ἄγειν καὶ φέρειν* offenbar in einem Brunnengesetz von ca. 400 v.Chr. aus dem attischen Demos Lamptrai, wo es heißt: *ἐάν τις φέρη|[ι] ἢ ἄγηι τõ ὕδατο[ς, μὴ] καταθὲς ὀ[β]ολὸν τõ ἀμφορέω[ς ἑ]κάστο, ὀφε|[ι]λέτω* Ρ *ἱερὰς τα[ῖς] Νύμφαις* (Bousquet, BCH 91, 92–95, Z. 9–12). Zutreffend sieht Bousquet, BCH 91, 95 im *ἄγηι ἢ φέρηι* den Transport „à dos d'homme ou d'animal ou sur un véhicule".

364 (scil. *δίκην*) *δικαζέσθω*, Lg. 845 e 4.

365 Stallbaum, Plato X. 2, p. 468 (ad 845E) übersetzt *τὴν ἀξίαν τῆς γραφῆς* (im Text richtig: *τῆς βλάβης*) *ἀπογραφόμενος*: „damni aestimationem iudici tradens", Ast, Leges II, 421 ausführlicher: „damni aestimationem conscribens conscriptamque iudici tradens". *Ἀπογράφεσθαι* ist der terminus technicus für Erklärungen von Privatpersonen zu Protokoll einer Behörde, vgl. Lex. Seguer. (Bekker, Anecdota I), p. 214, Z. 9–15 s.v. *ἀναγωγὴ οἰκέτου*; Pringsheim, GLS, 475.

Anwendungsbereich der Wasserschutzbestimmung dar, so daß man wegen der Zuständigkeit der Agronomen in Landwirtschaftssachen in Lg. 845 e 4 *πρὸς τοὺς ἀγρονόμους* erwarten sollte[366].

Die Rechtsfolge einer *διαφθορὰ ὕδατος* ist nur zum Teil angegeben. Daß der Täter den Schaden zu ersetzen hat, darf angesichts der Schadenserklärung zu Protokoll der Behörde als sicher gelten. Da der Täter aber bei Ableitung und Diebstahl nicht nur vorsätzlich, sondern auch aus eigennütziger Gesinnung gehandelt hat, ist anzunehmen, daß er dem Verletzten ein Vielfaches des angerichteten Schadens zu bezahlen hat[367]. Mehrfacher Ersatz des Schadens liegt schon deshalb nahe, weil u.a. auch eine *κλοπὴ* Tatbestandshandlung ist und der Ersatz des duplum nicht nur bei Platon[368], sondern auch im positiven Recht[369] die normale Rechtsfolge eines einfachen Diebstahls ist.

Während *σκάμμα* und *κλοπὴ* nur eine zivile Rechtsfolge nach sich ziehen, tritt im Falle der *φαρμακεία* eine sakralrechtliche hinzu. Außer zur Zahlung des *τίμημα* – das möglicherweise auch hier im duplum oder triplum besteht, evtl. aber als Rechtsfolge eines Sakraldelikts auch noch höher ist – ist der Täter verpflichtet, Quellen oder Wasserreservoir in der Weise zu reinigen, wie es in jedem einzelnen Falle[370] die Auslegung der delphischen Gesetze[371] durch die Exegeten[372] vorschreibt; denn angesichts des praktisch untrennbaren Zusammenhanges von Vergiftung und Zauberei im Delikt der *φαρμακεία* fällt auch die Entgiftung in die Kompetenz der Sakralorgane[373]. Wir haben hier einen der seltenen Fälle vor uns, daß der Täter – allerdings aus sakralrechtlichen Gründen und nicht etwa aus einem zivilrechtlichen Grundsatz – zur Wiederherstellung des ursprünglichen Zustandes verpflichtet ist, wenn auch *καθαίρειν* primär eine sakrale Reinigung und nur per accidens eine hygienische Naturalrestitution meint.

---

366 Allerdings zieht meines Wissens kein Herausgeber oder Kommentator einen Schreibfehler in Erwägung.

367 Eine Buße neben dem Schadensersatz vermutet auch Knoch, Strafbestimmungen, 66.

368 Lg. 857 a 4–5.

369 Für Athen: Dem. XXIV 105: bei Rückgabe der gestohlenen Sache ist das duplum, sonst das triplum zu zahlen; für Delphi: DGE 328a II a, Z. 13–14 (= Foed. Delph. Pell. II A): [*αἴ τίς κα ἔνδοθεν κλέψηι, | διπλόον ἀποτεισάτω ὅτ]ι κα τιμαθῆι ἄξιον εἶμεν τὸ κλέμμα*; vgl. Latte, Hermes 66, 151–152 = ders., Kleine Schriften, 287 = in: Berneker, Zur griechischen Rechtsgeschichte, 307; für das Tempelrecht von Andania: DGE 74, Z. 76–77 (= Michel 694 = SGDI 4689 = Leg. Sacr. II 58 = IG V 1, 1390 = Syll. 736 = LSG 65): *ἀποτεισάτω δι|πλοῦν τὸ κλέμμα.*

370 *ἑκάστοτε*, Lg. 845 e 8.

371 Vgl. Lg. 759 c 6– d 1.

372 Ihre Funktion bei der Auslegung von Sakralgesetzen wird häufig betont, z.B. Lg. 774 e 9 – 775 a 3, 828 a 7 – b 7, 865 c 6 – d 1, 871 c 3 – d 2, 873 d 1–4, 916 c 3 – d 1, 958 d 3–6 et alibi.

373 Zu eng England, Laws II, 365, der nur an „witchcraft" und „spells" denkt.

Die *διαφθορὰ ὕδατος* ist demnach ein im Wege der Privatklage verfolgbares gemischttypisches Delikt, das bei Verwirklichung durch Ableitung oder Diebstahl ein Profandelikt, im Falle der *φαρμακεία* dagegen ein Sakraldelikt ist.

2. Positives Recht

Aus dem griechischen Profanrecht sind uns keine besonderen Bestimmungen über Ableitung oder Diebstahl privaten Wassers überliefert. Ebenso fehlen uns positivrechtliche Belege für die Existenz eines gegenüber *φόνος ἑκούσιος* und *φαρμακεία* subsidiären Auffangtatbestandes der *φαρμακεία ὕδατος ἀλλοτρίου*, obwohl diese Schädigung fremden Vermögens in Griechenland ohne Zweifel genau so strafbar gewesen sein dürfte wie Ableitung und Entnahme fremden Wassers ohne Zustimmung des Berechtigten.

Die Dirae Teiae enthalten keine Parallelbestimmung zu Platons Gesetz über die *διαφθορὰ ὕδατος φαρμακείαις*. Die ersten Zeilen der Inschrift lauten: *Ὅστις : φάρμακα : δηλητή|ρια : ποιοῖ : ἐπὶ Τήιοισι|ν : τὸ ξυνὸν : ἢ ἐπ' ἰδιώτηι, : κ|ῆνον : ἀπόλλυσθαι : καὶ α|ὐτὸν : καὶ γένος : τὸ κένō.:*[374]

Wie Latte zutreffend festgestellt hat, können *φάρμακα* gegen die gesamte Gemeinde[375] nur Zaubermittel und nicht Gifte im technischen Sinne sein[376]; das *φάρμακα ποιεῖν ἐπ' ἰδιώτηι* dagegen kann durchaus auch als Giftbeibringung verstanden werden, wenn man annimmt, daß die Dirae Teiae den Begriff des *φάρμακον* als Sammelbegriff für Zaubermittel und Gift verwenden. Obwohl unter die Tatbestandshandlung des *φάρμακα ποιεῖν* ohne Zweifel auch die *φαρμακεία ὕδατος* subordinierbar ist, scheint es mir angesichts der strikten sakralrechtlichen Rechtsfolge *κ|ῆνον : ἀπόλλυσθαι : καὶ α|ὐτὸν : καὶ γένος : τὸ κένō*, die eine Parallele in Platons *νόμος περὶ φαρμακείας* hat – abgesehen von der sakralrechtlich erklärbaren und für das Recht von Teos historisch verständlichen Sippenhaftung –, erforderlich, als ungeschriebenes Tatbestandsmerkmal eine Schädigung der menschlichen Gesundheit zu supponieren. Damit aber stellt dieser Straftatbestand der Dirae Teiae eine Parallele zu Platons *νόμος περὶ φαρμακείας* bzw. zum *φόνος ἑκούσιος* und nicht zu dem Auffangtatbestand der *φαρμακεία ὕδατος* dar.

Am ehesten scheint eine Bestimmung über den Halkyos-Brunnen im Nymphenheiligtum des attischen Demos Lamptrai von etwa 400 v.Chr., die Bousquet unter dem Titel „Un oracle de Delphes en Attique" publiziert hat[377], mit der

374 DGE 710 A, Z. 1–6 (= CIG 3044A = IGA 497a = Michel 1318A = SGDI 5632a = Syll. 37).

375 *ἐπὶ Τήιοισιν τὸ ξυνόν*, Z. 2–3.

376 Latte, Heiliges Recht, 68 Anm. 18 [S. 69].

377 Bousquet, BCH 91, 92–95.

platonischen Wasserdiebstahlsvorschrift vergleichbar zu sein. Dort heißt es in Z. 9–12: ἐάν τις φέρη‖[ι] ἤ ἄγηι τõ ὕδατο[ς, μὴ] καταϑὲς ὀ‖[β]ολὸν τõ ἀμφορέω[ς ἐ]κάστο, ὀφε‖[ι]λέτω Γ ἱερὰς τα[ῖς] Νύμφαις. Die Strafkompetenz der Priester zeigt jedoch, daß das Nymphaion öffentlichen Charakter trug und daß es sich bei den Benutzungsvorschriften des Brunnens um öffentlichrechtliche Schutzmaßnahmen handelt, von denen die Verkaufsbestimmungen nur ein Teil sind[378].

Ebenso ist ein Vergleich mit dem Dekret über den Nymphenkult im Asklepieion auf Kos[379] oder mit der Mysterieninschrift von Andania nicht möglich, da es sich dort nicht um privates, sondern um einem bestimmten öffentlichen Zweck, dem Tempelbedarf und den Mysterienspielen, gewidmetes Wasser handelt. Wir werden jedoch auf beide Inschriften im folgenden bei der Besprechung der Brunnendelikte zurückkommen.

VI. Brunnendelikte

1. Pl. Lg. 764 b 1 – c 2

Die städtischen Brunnen am Markt unterstellt Platon der Aufsicht der Agoranomen, die Trinkwasserversorgungsanlagen in der übrigen Stadt[380] dem Schutz der Astynomen, die nach einer früheren Anweisung Platons die Aufgabe haben, (ἐπιμελεῖσϑαι) τῶν ὑδάτων. . ., ὅπως εἰς τὰς κρήνας ἱκανὰ καὶ καϑαρὰ πορευόμενα, κοσμῇ τε ἅμα καὶ ὠφελῇ τὴν πόλιν[381].

Sein Gesetz lautet: τοὺς δὲ δὴ ἀγορανόμους τὸν περὶ τὴν ἀγορὰν κόσμον διαταχϑέντα ὑπὸ νόμων φυλάττειν, καὶ ἱερῶν καὶ κρηνῶν ἐπιμελεῖσϑαι τῶν κατ' ἀγοράν, ὅπως μηδὲν ἀδικῇ μηδείς, τὸν ἀδικοῦντα δὲ κολάζειν, πληγαῖς μὲν καὶ δεσμοῖς δοῦλον καὶ ξένον, ἐὰν δ' ἐπιχώριος ὤν τις περὶ τὰ τοιαῦτα ἀκοσμῇ, μέχρι μὲν ἑκατὸν δραχμῶν νομίσματος αὐτοὺς εἶναι κυρίους διαδικάζοντας, μέχρι δὲ διπλασίου τούτου κοινῇ μετὰ ἀστυνόμων ζημιοῦν δικάζοντας τῷ ἀδικοῦντι[382].

---

378 Koerner, ArchPap XXII/XXIII, 174.

379 LSG 152 (= M. Segre, RIA VI (1938), 191).

380 Ihre Existenz folgt aus der Zuständigkeitsregelung in Lg. 764 c 2–4, im besonderen aus Lg. 764 c 3: ἐν τῇ ἑαυτῶν ἀρχῇ (i.e. ἀστυνόμων), die sich wohl kaum nur auf die Tempel beziehen dürfte, welche nach Platons Anweisung in Lg. 778 c 4–6 πέριξ . . . τὴν πόλιν ὅλην ἐν κύκλῳ πρὸς τοῖς ὑψηλοῖς τῶν τόπων zu errichten sind.

381 Lg. 763 d 1–4.

382 Lg. 764 b 1 – c 2.

Die Bestimmung gehört zwar nicht zu den *νόμοι γεωργικοί*. Sie soll aber an dieser Stelle wegen ihrer Zugehörigkeit zum Wasserrecht und wegen des engen sachlichen Zusammenhangs mit dem Delikt der *διαφθορὰ ὕδατος ἀλλοτρίου* behandelt werden.

Gesetzestechnisch unterscheidet sich diese Vorschrift von den anderen Bestimmungen des Wasserrechts. Hier sind nicht die Bürger bzw. Einwohner Magnesias sondern die Agoranomen und Astynomen Normadressat. Ihnen wird durch das Gesetz die Aufgabe zugewiesen, *κρηνῶν ἐπιμελεῖσθαι*[383] und jeden, der durch ein nicht näher präzisiertes *ἀδικεῖν* gegenüber den *κρῆναι*[384] gegen *τὸν περὶ τὴν ἀγορὰν κόσμον διαταχθέντα ὑπὸ νόμων*[385] verstößt, zu verfolgen und ihn zu bestrafen[386]. Den größten Teil der Bestimmung machen die Abgrenzung der örtlichen und sachlichen Zuständigkeit von Agoranomen und Astynomen aus[387]. Trotzdem wäre es nur bedingt richtig, wenn man behaupten wollte, es handele sich bei dieser an die Ordnungsbehörden adressierten Norm um formelles Deliktsrecht; denn die moderne strenge Scheidung von materiellem und formellem Recht und ihre Konsequenzen sind dem griechischen Recht fremd.

Die bindende Kraft des Gesetzes beschränkt sich im griechischen Recht auf den Adressaten, an den es gerichtet ist[388]. Seine Bestimmungen treffen den einzelnen insofern nur mittelbar, als ihm bei tatbestandsmäßigem Verhalten gerichtliche Verfolgung oder Mißerfolg einer Klage drohen. Aber sie binden ihn nicht[389]. Diese von Wolff für das griechische Vertragsrecht mit dem Hinweis auf die gegenüber *νόμος* und *ψηφίσματα* derogatorische Kraft einer *κυριώτερον*-Klausel in einer Syngraphe überzeugend begründete Auffassung läßt sich auch auf das Deliktsrecht übertragen. Das zeigt sich am deutlichsten, wenn man die Rechtsfolge des platonischen Brunnengesetzes betrachtet: Wer in unzutreffender moderner Betrachtungsweise Lg. 764 b 1 – c 2 als Bestimmung des formellen Straf- oder Ordnungsrechts ansieht, kann Lg. 764 b 4 – c 2 nicht als materiellrechtlichen Strafrahmen verstehen, sondern muß darin eine sachliche Zuständigkeitsverteilung zwischen Astynomen und Agoranomen sowie eine Beschränkung der

---

383 Lg. 764 b 3.

384 Die *ἱερὰ* sollen hier und im folgenden außer Betracht bleiben.

385 Lg. 764 b 2.

386 Das ergibt sich aus der Wendung *αὐτοὺς εἶναι κυρίους διαδικάζοντας* (764 b 7); *διαδικάζω* ist hier untechnisch und ohne Bezug auf irgendeine *διαδικασία* i.e.S. zu verstehen. Ast, Lex. Plat., s.v. *διαδικάζω* übersetzt es an dieser Stelle zutreffend mit ‚condemno'.

387 Lg. 764 b 4–c 4.

388 Wolff, Gewohnheitsrecht und Gesetzesrecht in der griechischen Rechtsauffassung, in: Deutsche Landesreferate zu VI. Internationalen Kongreß für Rechtsvergleichung in Hamburg 1962, Berlin–Tübingen 1962, S. 3–18 [18], jetzt auch in: Berneker, Zur griechischen Rechtsgeschichte, 99–120 [119].

389 Wolff, in: Landesreferate, 18 = in: Berneker, Zur griechischen Rechtsgeschichte, 120.

Sanktionsgewalt dieser Organe sehen[390]. Daß diese Auffassung falsch ist, beweist ein Vergleich mit der Mysterieninschrift von Andania, ungeachtet der Tatsache, daß es sich bei dieser Inschrift einmal um Tempelrecht und zum anderen um wesentlich jüngeres hellenistisches Recht handelt. Der Abschnitt ὕδατος[391] ist wie die platonische Bestimmung aufgebaut. Er enthält eine Anweisung an die Astynomen, sich um die Trinkwasseranlagen im Tempelbezirk zu kümmern und im Falle einer Ordnungswidrigkeit Geldbußen oder Leibesstrafen zu verhängen. Wir dürfen davon ausgehen, daß es sich bei dem Abschnitt ὕδατος um die abschließende gesetzliche[392] Regelung des Wasserrechts von Andania handelt. Dann muß aber in dieser Bestimmung auch eine materielle Unrechtsfolge enthalten sein. Das bedeutet: In der Strafverfolgungsanweisung an die Hieroi ist zugleich die materiellrechtliche Strafdrohung für jedes ἀδίκημα περὶ ὕδατος enthalten.

Aus der Bestimmung τὸ κρίμα ἔστω ἐπὶ τῶν ἱερῶν[393] ergibt sich, daß für alle Delikte gegen das Wasser nur eine einzige Zuständigkeit bei den Hieroi begründet ist, also gar keine Zuständigkeits*verteilung* vorliegt. Außerdem stellt die Buße von 20 Drachmen für jeden Verstoß eines Freien[394] eine absolute Strafe und nicht eine obere Grenze der Sanktionsgewalt dar.

Daraus folgt für das messenische Recht zwingend und für das platonische Gesetz per analogiam, daß die genannten Strafen eine echte materiellrechtliche Rechtsfolge darstellen. Der Widerspruch von formellrechtlichem Tatbestand und materiellrechtlicher Rechtsfolge, zu dem eine nach den Kategorien moderner Dogmatik differenzierende Betrachtungsweise notwendig kommt, führt diese Unterscheidung für das griechische Recht ad absurdum.

Geschütztes Objekt sind die städtischen κρῆναι. Während πηγή die Quelle als Naturgabe bedeutet[395], ist κρήνη der künstlich hergestellte Wasserplatz[396], zu

---

390 Vgl. § 24 GVG, der in Abs. I Ziff. 2 auch nicht materiell eine obere Strafgrenze von 3 Jahren Freiheitsstrafe für Vergehen statuiert, sondern die sachliche Zuständigkeit der Amtsgerichte festlegt und in Abs. II die Strafgewalt des Amtsgerichts beschränkt.

391 DGE 74, Z. 103–106 (= Michel 694 = SGDI 4689 = Leg. Sacr. II 58 = IG V 1, 1390 = Syll. 736 = LSG 65).

392 Untergesetzliche Regeln, wie z.B. der in dem μερισθεῖ (Z. 104) implizierte Wasserverteilungsschlüssel, fehlen.

393 DGE 74, Z. 111.

394 DGE 74, Z. 111.

395 Curtius, Über städtische Wasserbauten der Hellenen, Archäologische Zeitung V (1847), Sp. 19–32 [32 Anm. 30]; Hitzig-Blümner, Des Pausanias Beschreibung von Griechenland. Mit kritischem Apparat hrsg. von Hermann Hitzig, mit erklärenden Anmerkungen versehen von Hermann Hitzig und Hugo Blümner, Leipzig 1896–1907, Bd. I, S. 188 (ad Paus. I 14, 1).

396 Curtius, Archäol. Zeitg. V, 32 Anm. 30; ders., Die städtischen Wasserbauten der Hellenen, in: Gesammelte Abhandlungen, Berlin 1894, Bd. I, S. 117–147 [122].

dem das Wasser der πηγὴ fließt[397], die „künstlich gefaßte Mündung der Quelle"[398].

In Attika waren nach Plutarchs Zeugnis ὑφαιρεῖσθαι und παροχετεύειν des Wassers aus öffentlichen Wasserleitungen strafbar[399]. Auch in Magnesia dürfte es nicht genügen, allein die künstlich gefaßte Mündung einer Quelle, den Röhrenbrunnen, gegen Angriffe zu schützen, die dorthin führende Wasserleitung aber ungeschützt zu lassen. So wie sich in Athen der Aufgabenbereich des κρηνῶν ἐπιμελητὴς[400] ohne Zweifel auf das gesamte Trinkwasserversorgungssystem einschließlich der Leitungen erstreckte, müssen auch in Magnesia die Zuleitungen der städtischen Brunnen gegen Beschädigung geschützt sein – mag man nun den Begriff der κρήνη extensiv auslegen[401] oder die Nichterwähnung der ὑδραγωγία mit dem Blankettcharakter des platonischen Gesetzes erklären. Auch in einem Tempeldekret aus Orchomenos vom Ende des 3. Jahrhunderts v.Chr., in dem der Demos angewiesen wird, einen Brunnen im Tempelbezirk des Zeus Meilichios anzulegen[402], sind die Wasserleitungen neben der κρήνη nicht besonders genannt. Dagegen erwähnt die Astynomeninschrift von Pergamon neben den κρῆναι[403] auch eigens οἵ εἰς αὐτὰς (i.e. κρήνας) ὑπόνομοι εἰσάγοντες καὶ ἐ|ξάγοντες τὸ [ὕδ]ωρ[404].

Über den Anschlag auf die technischen Anlagen hinaus ist natürlich das Trinkwasser der öffentlichen Brunnen in seiner Substanz gegen Beschädigung und Entziehung, im besonderen gegen σκάμμα und κλοπὴ geschützt. Das folgt schon aus der Anweisung an die Astynomen in Lg. 763 d 1–4, für ausreichenden Zufluß hygienisch einwandfreien Trinkwassers zu den öffentlichen Brunnen zu sorgen. Außerdem ist kaum denkbar, daß privates Wasser gegen Entzug strafrechtlich geschützt sein sollte, während das im öffentlichen Eigentum stehende Trinkwasser schutzlos sein sollte, ehe es in den Brunnen gemeinfrei wird; und

397 Hitzig-Blümner, Pausanias I, 188 (ad Paus. I 14, 1) unter Hinweis auf Paus. I 14, 1; X 12, 6.

398 Curtius, Archäol. Zeitg. V, 32 Anm. 30; Hitzig-Blümner, Pausanias I, 188 (ad Paus. I 14, 1). Insofern als das Brunnenwasser nur die künstlich gefaßte Quellmündung ist, kann die κρήνη auch πηγὴ heißen, wie z.B. bei Paus. II 4, 5; V 16, 8; IX 10, 5. 18, 6; X 24, 7, Hitzig-Blümner, Pausanias I, 188.

399 Plut. Them. 31, 1.

400 Siehe Arist. Pol. 1321 b 23 und Arist. Ath. Pol. 43, 1.

401 So wohl Kolbe, Die Astynomeninschrift, in: Prott-Kolbe, Die 1900–1901 in Pergamon gefundenen Inschriften, Ath. Mitt. 27 (1902), 44–151, Nr. 71 (= S. 47–77) [71].

402 Syll. 994, Z. 6–11 (= CIG 1568 = SGDI 495 et I, p. 394 = IG VII 3169 = Michel 701 = Leg. Sacr. II 72 = LSG 75).

403 OGIS 483, Z. 160 (= Klaffenbach, Die Astynomeninschrift von Pergamon (ADAW Jg. 1953, Nr. 6), Berlin 1954, S. 4–7, Z. 173 = SEG XIII 521, Z. 173).

404 OGIS 483, Z. 162–163 (= SEG XIII 521, Z. 175–176).

selbst an diesem Ort könnte eine rechtsmißbräuchliche Verfolgung privater Sondervorteile unter Verletzung der rechtlich geschützten Interessen anderer Nutzungsberechtigter möglicherweise ein *ἀδίκημα* darstellen. Ein historisches Argument dafür, daß nicht nur die technischen Anlagen, sondern auch das Wasser in seiner Substanz gegen übermäßige Entnahme durch Anzapfen der Leitungen (*ὑφαιρεῖσθαι*) und Ableitung (*παροχετεύειν*[405]) geschützt war, liefert das Zeugnis Plutarchs[406]. Auch die Astynomeninschrift von Pergamon regelt in dem Abschnitt *κρηνῶν*[407] das Recht des Brunnen*wassers*, und im Decretum Carthaeense besteht das *ἐπιμελεῖ[σθαι] τῶ[ν] κρην[ῶν]*[408] ebenfalls in der Sorge für das Brunnenwasser[409].

Die tatbestandsmäßige Unrechtshandlung gegenüber dem städtischen Trinkwasser und den Wasserversorgungsanlagen besteht in einem nicht näher präzisierten *ἀδικεῖν*[410]. Die Frage, ob es sich bei diesem Begriff um ein hinreichend konkretes Tatbestandsmerkmal oder um einen Blankettbegriff handelt, der der Ausfüllung durch detailliertere Vorschriften bedarf, dürfte im letzteren Sinne zu entscheiden sein. Das positive Recht begnügt sich zwar, gerade wenn der Normadressat eine Behörde ist, gelegentlich mit dem generellen Unrechtstatbestand des *ἀδίκημα* resp. der *ἀδικία*: Ein Tempelgesetz von Samothrake aus dem 3. Jh. v.Chr. erwähnt *ἀδικίαι* | [*καὶ*] *ἀσεβείαι τοῦ ἱεροῦ*[411], ein Dekret aus Halasarnae (204–201 v.Chr.) spricht von einem *ἀδίκημα κατᾶς χώρας*[412]. Das Dekret der Amphiktyonen über die Asylie des Heiligtums in Ptoia und die dortigen Spiele (182–179 v.Chr.[413]) bestimmt: *ἐὰν δέ τι γίνηται ἀδίκημα παρὰ τὸ δόγμα τῶν*

405 Vgl. Suid. s.v. *παροχετεύει* (Π 708): *παραπλαγιάζει. ἢ ἀπὸ ἑτέρου ὑδρηγοῦ ἰς ἕτερον ἐπιβάλλει ἢ μεταφέρει τὸ ὕδωρ.*

406 Plut. Them. 31, 1.

407 OGIS 483, Z. 159–189 (= SEG XIII 521, Z. 172–202).

408 Michel 405, Z. 3. Hiller v. Gaertringen rekonstruiert die Zeile in IG XII 5, 569 anders.

409 IG XII 5, 569, Z. 3–5; *ἐπιμελεῖ[σθαι] ... ὅπως |[ἂ]ν μήτ[ε λό]ωνται μήτε πλύ[ν]ωσιν ἐ[ν ταῖς κρήναις, ἀ]λλὰ κα[θα]ρὸν τὸ | ὕδωρ εἴσειοιν ἐς τὸ ἱε[ρὸν] τῆς Δήμητρο[ς.*

410 Lg. 764 b 4.

411 Syll. 372, Z. 9–10 (= Michel 350 = IG XII 8, 150).

412 Syll. 568, Z. 9.

413 So Pomtow ad Syll. 635 A. Sokolowski ad LSG 73 [p. 148] datiert die Inschrift Feyel, Contribution à l'épigraphie béotienne (Publications de la Faculté des Lettres de l'Université de Strasbourg, 95), Paris 1943, p. 140–141 folgend auf 228–226 v.Chr. Daux schlägt als Zeitraum 190–178 v.Chr. vor (Daux, Sur la loi amphictionique de 380 av. J.-C., RA, 6. sér., V (1935, I), 213 n. 2; ders., Delphes au IIe et au Ier siècle depuis l'abaissement de l'Étoile jusqu'à la paix romaine 191–31 av. J.-C. (Bibliothèque des Écoles françaises d'Athènes et de Rome, 140), Paris 1936, p. 223 n. 1).

414 Syll. 635 A, Z. 21–22 (= IG VII 4135 = Michel 700 = Leg. Sacr. II 70 = LSG 73).

415 DGE 74, Z. 75–78 (= Michel 694 = SGDI 4689 = Leg. Sacr. II 58 = IG V 1, 1390 = Syll. 736 = LSG 65).

'Αμφικτυ|όνων, ..[414]. Die Mysterieninschrift von Andania, die einen eigenen Abschnitt ἀδικημάτων enthält[415], trägt in dieser Beziehung allerdings nichts aus, da sie, wie sich aus der Differenzierung von τὸ κλέμμα und den ἄλλα ἀδικήματα bezüglich ihrer Rechtsfolgen ergibt, präzisere Unrechtstatbestände voraussetzt. Auch das ἀδίκημα in Z. 111 ist durch die in Z. 106–110 angeführte Badeordnung näher präzisiert.

Die Parallelbestimmungen zu Platons Gesetz über die Brunnendelikte in der Astynomeninschrift von Pergamon und in der Mysterieninschrift von Andania sind aber tatbestandlich so konkret gefaßt, daß das ἀδικεῖν bei Platon als Blankettbegriff verstanden werden muß. Für die ausfüllenden Bestimmungen der Marktbrunnenordnung – nicht aber für die anderen Stadtbrunnen, für die Platon keine besondere Ordnung erwähnt – ist an τὸν περὶ τὴν ἀγορὰν κόσμον διαταχθέντα ὑπὸ νόμων[416] zu denken.

Mangels genauerer Ausführungen Platons zur gesetzlichen Marktordnung lassen sich keine präzisen Angaben darüber machen, welche Handlungen als ἀδικήματα περὶ τὰς κρήνας zu qualifizieren sind. So viel jedoch dürfte feststehen: Angesichts der platonischen Unterscheidung von βλάβη und ἀδικία in Lg. 861 e 1 ff. kann es sich beim ἀδικεῖν nur um vorsätzlich begangene Delikte handeln[417]. Wasserableitung und -diebstahl, die bei der διαφθορὰ ὕδατος ἀλλοτρίου tatbestandsmäßige Handlungen sind, sind zweifellos auch ἀδικήματα περὶ τὰς κρήνας. Guiraud allerdings geht zu summarisch vor, wenn er nicht nur beide Tatbestände, sondern auch ihre Rechtsfolgen identifiziert und mit Bezug auf Lg. 845 d 4 – e 9 behauptet: „La faute était la même si l'eau coulait dans un aqueduc communal"[418]. Angesichts der Sakralstrafe in Lg. 845 e 5–9 für φαρμακεία gegenüber privaten Quellen, Kanälen und Zisternen und angesichts der zivilrechtlichen Buße von maximal 200 Drachmen für ein ἀδίκημα περὶ τὰς κρήνας, ist es ausgeschlossen, daß Vergiftung und Verzauberung öffentlicher Brunnen unter den Begriff des ἀδικεῖν fallen. Wo die Dirae Teiae für den Fall, daß jemand φάρμακα : δηλητή|ρια : ποιοῖ : ἐπὶ Τήιοισι|ν : τὸ ξυνόν[419], die Todesstrafe statuieren und wo Platon diese Rechtsfolge bei freiwilligem Giftmord als absolute Strafe und im Falle der φαρμακεία in Lg. 933 d 1 – e 5 als fakultative Strafe festlegt, kann die φαρμακεία gegenüber öffentlichen Brunnen nicht mit der Rechtsfolge eines einfachen Brunnendelikts abgegolten sein.

---

416 Lg. 764 b 2.

417 Vgl. Maschke, Willenslehre, 119.

418 Guiraud, Propriété, 191. Auch Lécrivain urteilt nicht präziser, wenn er im Anschluß an die angebliche Vergiftung der öffentlichen φρέατα im Piräus (Th. II 48, 2) behauptet: „Platon punit aussi l'empoisonnement des puits" und sich dabei auf Lg. 845 e 2–9 beruft, Lécrivain, Veneficium, Venenum, in: DS V 1, 714b n. 16.

419 DGE 710 A, Z. 1–3 (= CIG 3044A = IGA 497a = Michel 1318A = SGDI 5632a = Syll. 37).

Unter dem ἀδικεῖν im Sinne von Lg. 764 b 4 sind demnach verschiedene in der Marktordnung näher präzisierte Schädigungen an Kunstbauten der öffentlichen Trinkwasserversorgung sowie die Entziehung, Verschmutzung und Unbrauchbarmachung von Wasser des städtischen Trinkwassersystems zu verstehen, die nicht einen qualifizierten Deliktstatbestand erfüllen.

2. Positives Recht

Aus dem positiven Recht sind verschiedene einschlägige Bestimmungen erhalten, die den Schutz des öffentlichen Wassersystems und des Tempelwassers regeln.

Über das athenische Gesetz erfahren wir aus Plut. Them. 31, 1 nur, daß der ὑδάτων ἐπιστάτης die ὑφαιρουμένους τὸ ὕδωρ καὶ παροχετεύοντας (allerdings wohl nur freie Bürger) mit Geldstrafe belegen konnte.

Als älteste Bestimmung ist das tempelrechtliche Verbot der mißbräuchlichen Benutzung des Minoë-Brunnens auf Delos vom Ende des 5. oder Anfang des 4. Jh. v.Chr. erhalten[420]. Die Ordnung des Nymphenkultes im Asklepieion auf Kos aus dem 4. Jh. v.Chr. regelt den Schutz des Brunnenwassers im Tempelbezirk vor Verschmutzung[421]. Ebenso enthält das Decretum Carthaeense aus dem 3. Jh. v.Chr. tempelrechtliche Strafen für die Verunreinigung von Brunnen[422]. Ferner findet sich in der Astynomeninschrift von Pergamon aus dem 2. Jh. v.Chr.[423] ein Abschnitt κρηνῶν[424], und schließlich regelt die Mysterieninschrift von Andania (92 v.Chr.) in den Bestimmungen ὕδατος[425] den Schutz des Tempelwassers.

Obwohl die platonische und die pergamenische Bestimmung Profangesetze sind, während die anderen Inschriften Tempelrecht enthalten[426], obwohl etwa 300 Jahre Abstand zwischen der ältesten Regelung auf Delos und der jüngsten in Andania liegen und trotz der auffälligen Unterschiede in der Terminologie stimmen die fünf Texte inhaltlich im wesentlichen mit Platons Gesetz überein.

Als Brunnenpolizei wird bei Platon, in Pergamon und in Andania – wie in den

420 LSS 50, Z. 1–5 (= Inscr. Délos 69 = SEG XIV 495).

421 LSG 152, Z. 4–9 (= Segre, RIA VI, 191).

422 IG XII 5, 569, Z. 1–8 (= Michel 405).

423 Zu den Datierungskontroversen vgl. Klaffenbach, Astynomeninschrift, 19–25 und SEG XX 16.

424 OGIS 483, Z. 159–189 (= SEG XIII 521, Z. 172–202).

425 DGE 74, Z. 103–106 (= Michel 694 = SGDI 4689 = Leg. Sacr. II 58 = IG V 1, 1390 = Syll. 736 = LSG 65).

426 Die Jurisdiktionsgewalt der Hieroi in Andania wird mehrfach betont: DGE 74, Z. 44. 76. 79. 79 f. 82 f., besonders deutlich in Z. 102 f.: τὸ κρίμα ἔστω ἐπὶ τῶν ἱε||[ρῶν] (ebenso Z. 106 und 111).

meisten griechischen Städten[427] – die allgemeine Ordnungsbehörde tätig. Angesichts der zeitlich, räumlich und sachlich beschränkten Tätigkeit bei den Mysterienspielen ist die Agoranomie in Andania nur mit einem einzigen Beamten besetzt[428]. Auf Keos dagegen gibt es – wie in Athen[429] und in anderen Großstädten, wo der Arbeitsanfall der Verwaltung eine Aufgabenverteilung auf besondere Ressorts erforderlich macht[430] – eigens einen *ἐπιμελητῆς τῶν κρηνῶν*, obwohl der Arbeitsumfang im Tempelbezirk der Demeter in Carthaea sicher nicht die Einsetzung eines Sonderbeamten für die Brunnen erfordert haben dürfte.

Die Aufsicht der Behörde erstreckt sich auf Delos und Kos und auch in Carthaea nur auf das Wasser[431], in Pergamon sowohl auf die Anlagen[432] als auch auf das Wasser selbst[433], obgleich die Inschrift als *ἀδίκημα* nur Schädigungen des Wassers anführt[434] und Sachbeschädigung an Brunnen oder Wasserleitungen nicht im Deliktstatbestand erwähnt. In Andania schließlich ist nicht nur jede schadenstiftende Handlung *χάριν τοῦ ὕδατος*[435] verboten; Angriffe auf die technischen Anlagen[436] ziehen die gleiche Sanktion nach sich wie solche auf die Substanz des Wassers[437].

Die Ordnung des Minoë-Brunnens auf Delos lautet: *Μὴ πλύνειν ἐπὶ τὲν κρή[νε]ν | μηδέν, μηδὲ κολυμ[βᾶν ἐν τ]ε̃ι κρήνει, μηδὲ [βάλ]λ[εν] κ[α]|τὰ τὴν κρήν[εν κόπρον μηδ|έ τι ἄλλ]ο*[438]. Für jeden Verstoß gegen das Verbot, im Brunnen Wäsche zu waschen, zu baden, Unrat oder etwas anderes hineinzuwerfen, sieht das Gesetz ohne Unterschied in der Person des Täters eine Geldbuße zugunsten der Tempelkasse in unbekannter Höhe vor[439].

Die Kultordnung von Kos schreibt vor, daß den Nymphen die Opferbrote nur auf den Altären dargebracht werden dürfen: *εἰς δὲ τὰς | κράνας τὰς ἐν τῶι ἱερῶι*

427 Arist. Pol. 1321 b 23.

428 *ὁ ἀγορανόμος*, DGE 74, Z. 103.

429 Arist. Ath. Pol. 43, 1; Syll. 281, Z. 12. 21. 22 (= IG VII 3499 = IG II 5, 169b = Michel 105 = IG II/III^2 338) aus Oropos, 333/332 v.Chr.

430 Arist. Pol. 1321 b 23–27. Vgl. dazu Kolbe, Ath. Mitt. 27, 71 und Dittenberger, Nota 59 ad OGIS 483.

431 Das folgt trotz der allgemeinen Anweisung, *ἐπιμελεῖ[σθαι] τῶ[ν] κρην[ῶν]* in Michel 405, Z. 3 aus der Präzisierung des Verbots, *ἐν ταῖς κρήναις* zu waschen oder zu baden, und aus dem Auftrag, das Wasser dem Heiligtum sauber zuzuleiten, Z. 4–5.

432 OGIS 483, Z. 163–167 (= SEG XIII 521, Z. 176–180).

433 OGIS 483, Z. 160–161. 167–170 (= SEG XIII 521, Z. 173–174. 180–183).

434 OGIS 483, Z. 167–169 (= SEG XIII 521, Z. 180–182).

435 DGE 74, Z. 104.

436 *μήτε | [τὸ β]ήλημα μήτε τοὺς ὀχετούς* DGE 74, Z. 103–104.

437 DGE 74, Z. 105–106.

438 LSS 50, Z. 1–5 (= Inscr. Délos 69 + SEG XIV 495).

439 Coupry, ΑΡΧΕΘΕΩΡΟΙ ΕΙΣ ΔΗΛΟΝ, BCH 78 (1954), 285–294 [293] liest in Z. 5–6: *δραχμ|αὶ* ⊢ ⊢ [ἱ]ερ[α]ί (?).

μὴ ἐξέ|στω μηθενὶ πέμμα μηθὲν ἐνβάλ|λειν μηδὲ ἄλλο μηθέν· εἰ δέ τις | κα ἐνβάλῃ, καθαράτω τὸ ἱερὸν | τᾶν Νυμφᾶν ὡς νομίζεται[440]. Die Ordnungs- bzw. Strafverfolgungsbehörde ist ebensowenig angegeben, wie der *νόμος* über die Reinigung im Detail ausgeführt wird. Von einer Geldbuße an die Tempelkasse des Asklepieion ist nicht die Rede. Diese Bestimmung ist daher für einen über den Normtatbestand hinausgehenden Vergleich mit dem platonischen Gesetz verhältnismäßig unergiebig.

Adressat des Decretum Carthaeense ist der *ἐπιμελητής*: Er ist befugt, wenn jemand in den Brunnen badet oder etwas wäscht, den Freien mit maximal 10 Drachmen Buße zu belegen und freigeborene Kinder oder Sklaven mit Schlägen zu züchtigen[441]. Die Strafnorm des pergamenischen Gesetzes ist gesetzestechnisch anders konstruiert: Weder ist die Rechtsfolge als Strafbefugnis des Astynomen bzw. als Strafverfolgungsanweisung an die Behörde gefaßt, noch ist der Deliktstatbestand als Strafverfolgungsbedingung für die Brunnenpolizei formuliert. Das Gesetz wendet sich an alle Einwohner und verbietet jedermann, an den öffentlichen Brunnen Vieh zu tränken oder Kleider, Geräte oder irgendetwas anderes darin zu waschen[442].

Nach Koerner, der in seinem Bestreben, in allen Wasserrechtsvorschriften gemeingriechische Satzungen als gemeinsame Normbasis aufzuspüren, meines Erachtens etwas zu weit geht[443], enthalten die Brunnengesetze Griechenlands in der Regel zwei verschiedene Anordnungen[444]: Zum ersten das Verbot der Reinigung jeglicher Dinge in den Brunnen, worunter das Waschverbot die wichtigste Stelle einnimmt[445], zum zweiten das davon unterschiedene Verbot *μὴ ἐμβάλλειν*, d.h. irgendetwas in die Brunnen zu werfen.

Auf die besondere Bedeutung der pergamenischen Strafbestimmungen haben

---

440 LSG 152, Z. 4–9 (= Segre, RIA VI, 191).

441 *ἐὰ]ν δέ τις ἢ λόηται . . . πληγαῖς κολάζων*, IG XII 5, 569, Z. 5–8 (= Michel 405).

442 OGIS 483, Z. 167–170: *μηθενὶ δὲ ἐξουσία ἔ|στω ἐπὶ τῶν δημοσίων κρηνῶν μήτε | κτῆνος ποτίζειν μήτε ἱμάτια πλύνειν | μήτε σκεῦος μήτε ἄλλο ἁπλῶς μηθέν.* Für Viehtränke und Wäsche gibt es in den griechischen Poleis in der Regel besondere Plätze außerhalb der Stadt, Curtius, Gesammelte Abhandlungen I, 132 und Hitzig, Die Astynomeninschrift von Pergamon, SavZ 26 (1905), 432–449 [446].

443 Die terminologischen Abweichungen der einzelnen Brunnenordnungen lassen sich nur schwer erklären, wenn man eine formularbuchmäßige gemeingriechische Satzung postuliert. Daß in der Sache Übereinstimmung besteht, bestreite ich nicht.

444 Koerner, ArchPap XXII/XXIII, 181–182.

445 Koerner, ArchPap XXII/XXIII, 181 meint zu Recht, daß seine Hervorhebung darauf beruht, daß es sich dabei um eine besonders verbreitete Unsitte gehandelt hat, durch die man sich das unbequeme Wasserholen ersparen wollte. Das Verbot der Viehtränke in OGIS 483, Z. 168–169 (= SEG XIII 521, Z. 181–182) gehört dagegen seiner Auffassung nach wohl ursprünglich nicht zu der gemeingriechischen Satzung, Koerner, ArchPap XXII/XXIII, 182.

bereits Kolbe[446] und Hitzig[447] hingewiesen. Zunächst gilt auch hier der gemeingriechische Grundsatz, daß ein Freier nicht geschlagen werden soll, es sei denn, es handele sich um ein Kind oder um einen Jugendlichen. Neben dem Verfall der Gegenstände, die rechtswidrig mit dem Wasser in Verbindung gebracht worden sind, trifft den Freien eine Geldstrafe von 50 Drachmen. Bemerkenswert ist die Unterscheidung zwischen Sklaven, die mit Einwilligung ihres Herrn[448] und solchen, die sua sponte[449] gehandelt haben. Im ersten Falle wird der Herr durch die Konfiskation der in seinem Eigentum stehenden instrumenta sceleris getroffen[450], während der handelnde Sklave mit 50 Schlägen *ἐν κύφωνι* gezüchtigt wird[451]. Hat der Sklave ohne Einverständnis seines Herrn gehandelt, so haftet dieser nicht. Jener aber verliert sein gesamtes Vermögen[452] und erhält 100 Schläge *ἐν κύφωνι*[453]. Anschließend bleibt er 10 Tage *ἐν ξύλωι* und erhält bei der Freilassung noch einmal mindestens 50 Schläge[454].

Das Neue an dieser Bestimmung ist allerdings nicht, wie Hitzig meint, das Abstel-

446 Kolbe, Ath. Mitt. 27, 74.

447 Hitzig, SavZ 26, 446.

448 *μετὰ τῆς τοῦ κυρίου γνώμης*, OGIS 483, Z. 175–176 (= SEG XIII 521, Z. 188–189).

449 *ἄνευ τῆς τοῦ κυρίου γνώμης*, OGIS 483, Z. 177–178 (= SEG XIII 521, Z. 191–192).

450 *ὁμοίως στερέσθω*, OGIS 483, Z. 176 (= SEG XIII 521, Z. 189).

451 OGIS 483, Z. 177–178 (= SEG XIII 521, Z. 190–191). Im Gegensatz zu Latte, Hermes 66, 155 = ders., Kleine Schriften, 290 = in: Berneker, Zur griechischen Rechtsgeschichte, 311, der keinen Unterschied zwischen *κύφων* und *ξύλον* macht, hat Hitzig, SavZ 26, 446 Anm. 4 zutreffend zu OGIS 483, Z. 179–180 bemerkt, daß der *κύφων* immer mit der körperlichen Züchtigung (*μαστιγοῦσθαι*) in Verbindung gebracht wird und wohl mit der römischen furca zu vergleichen ist (vgl. Poll. X 177; Cratin. fr. 115 (CAF I, 50)), während das *ξύλον* – wie die *δεσμοί* – lediglich zur Festhaltung des Gebundenen (nach Lys. X 16 wohl an den Füßen) dient. Auf den Unterschied von *κύφων* und *ξύλον* weist auch Dittenberger, Nota 67 ad OGIS 483 hin. Der bei X. HG III 3, 11 genannte *κλοιός*, in dem in Sparta Hände und Hals befestigt wurden, ist nach Tz. Schol. ad Ar. Pl. 476b mit dem *κύφων* identisch.

452 *ὧν μὲν ἂν ἔχῃ, στερέσθω*, OGIS 483, Z. 179 (= SEG XIII 521, Z. 192). Zur beschränkten Vermögensfähigkeit des Sklaven verweist Hitzig, SavZ 26, 446 Anm. 3 auf Beauchet, Droit privé II, 445 ff. Dagegen bezieht Klaffenbach, Astynomeninschrift, 16–17 zwar mit respektablen Argumenten, aber wohl doch zu Unrecht die Worte auf die vom Sklaven zum Brunnen gebrachten Gegenstände seines Herrn.

453 OGIS 483, Z. 179–180 (= SEG XIII 521, Z. 192–193).

454 OGIS 483, Z. 181–182 (= SEG XIII 521, Z. 194–195); vgl. Hitzig, SavZ 26, 446 Anm. 5. „Neu ist in unserer Inschrift das Abstellen auf den Befehl des Herrn; ist der Herr ohne Schuld, so trifft die Strafe ausschließlich den Sklaven, handelt der Sklave im Einverständnis mit dem Herrn, so verbindet sich die Bestrafung des Herrn (Konfiskation des Viehs, der Geräte usw.) mit der körperlichen Züchtigung des Sklaven; in der Schwere der Strafe, die den Sklaven im ersteren Falle trifft, kommt wohl auch der Gedanke der Bestrafung des Ungehorsams gegen den Herrn zum Ausdruck", Hitzig, SavZ 26, 447.

len auf den Befehl des Herrn[455]; denn in der Regel macht sich in Griechenland nur der Herr strafbar, wenn der Sklave auf seine Anordnung ein Delikt begeht[456]. Neu und ungewöhnlich ist vielmehr, daß in Pergamon auch gegen den *μετὰ τῆς τοῦ κυρίου γνώμης* handelnden Sklaven eine Körperstrafe verhängt wird. Angesichts der Erweiterung der Strafbarkeit gegenüber anderen griechischen Rechtsordnungen bedarf es daher natürlich der ausdrücklichen Strafandrohung auch für den Fall, daß der Sklave nur als Werkzeug seines Herrn handelt und damit der Erwähnung beider Begehungsformen.

Die Befugnis, *κακουργοῦντας περὶ τὰς κρῆνας* vorläufig festzunehmen oder die instrumenta sceleris zu beschlagnahmen[457], die in Pergamon jedermann zustand[458], soll hier nicht näher erörtert werden, da sie für den Vergleich mit Platons Bestimmung nichts austrägt.

Eine recht allgemein gehaltene Wasserschutzbestimmung des Tempelrechts findet sich in der bereits erwähnten Mysterieninschrift von Andania: *ὕδατος· ἐχέτω δὲ ἐπιμέλειαν ὁ ἀγορανόμος καὶ περὶ τοῦ ὕδατος, ὅπως κατὰ τὸν τᾶς παναγύριος χρόνον μηθεὶς κακοποεῖ μήτε | [το β]ήλημα*[459] *μήτε τοὺς ὀχετοὺς μήτε ἄν τι ἄλλο κατασκευασθεῖ ἐν τῶι ἱερῶι χάριν τοῦ ὕδατος, καὶ ὅπως, καθὼς ἂν μερισθεῖ, ῥεῖ τὸ ὕδωρ, καὶ μη|[θ]ε[ὶς ἀ]ποκωλύει τοὺς χρωμένους. ἂν δέ τινα λαμβάνει ποιοῦντά τι τῶν κεκωλυμένων, τὸν μὲν δοῦλον μαστιγοῦτω, τὸν δὲ ἐλεύθερον |[ζαμιούτω] εἴκοσι δραχμαῖς· καὶ τὸ κρίμα ἔστω ἐπὶ τῶν ἱερῶν·*[460]

Normadressat ist der Agoranomos des Tempelbezirks von Andania. Aus dem Tatbestand ergibt sich das Verbot, Kunstbauten wie *βήλημα* oder *ὀχετοὶ* zu beschädigen (*κακοποιεῖν*[461]) oder in irgendeiner Weise im Sakralbezirk schädi-

455 Hitzig, SavZ 26, 447.

456 Z.B. in Gortyn: IC IV 41, col. V, Z. 4–7 (= Kohler-Ziebarth, Stadtrecht, S. 30–31 = IJG I, 392–397 (XVIII) = SGDI 4998 = DGE 181). Vgl. Morrow, Law of Slavery, 63.

457 Dittenberger, Nota 70 ad OGIS 483 geht von der irrtümlichen Lesung *τὸν ληφθέντα* statt *τὰ ληφθέντα* in Z. 187 (= SEG XIII 521, Z. 199) aus, wenn er Z. 186–187 als „qui aut ipsum hominem comprehensum ad astynomos deduxerit aut eius nomen ad eos detulerit" versteht; vgl. Hitzig, SavZ 26, 447 und Klaffenbach, Astynomeninschrift, 8 und 17 (ad Z. 199).

458 OGIS 483, Z. 183–187 (= SEG XIII 521, Z. 196–200).

459 So Hiller v. Gaertringen (vgl. Nota 59 ad Syll. 736), Schwyzer, DGE 74 mit n. ad Z. 104 (unter Hinweis auf Hsch. s.v. *βέλημα* (corr. *βήλημα*) (B 555): *κώλυμα· φράγμα ἐν ποταμῷ. Λάκωνες.*) und Sokolowski, LSG 65, Z. 103 (*[τὸ β]ηλημα*). Gegen Kumanudis, Sauppe, Ziehen und E. Curtius, die *[π]λῆμα* (=Wasserreservoir) lesen, vermuten Keil, NGG 1899, 138; Meister (SGDI 4689 et nota ad Z. 104) und Kolbe (IG V 1, 1390) *[ἤ]λημα* = *εἴλημα* (= Gewölbe über dem Wasser).

460 DGE 74, Z. 103–106 (= Michel 694 = SGDI 4689 = Leg. Sacr. II 58 = IG V 1, 1390 = Syll. 736 = LSG 65).

461 Die temporäre Begrenzung *κατὰ τὸν τᾶς παναγύριος χρόνον* (Z. 103) ist daraus zu erklären, daß das Gesetz nur während der Zeit der Mysterienspiele Anwendung findet, vgl. DGE 74, Z. 2–3 et alibi.

gende Handlungen bezüglich des Wassers selbst vorzunehmen (*κατασκευάζειν*). Zu den Unrechtshandlungen gehören ferner jede Veränderung der Wasserverteilung[462] und die Störung der festgelegten Benutzungsordnung[463].

Der Agoranomos soll jeden Verstoß eines Sklaven gegen das Brunnenrecht mit einer gesetzlich nicht festgelegten Zahl von Schlägen ahnden und einen Freien mit einer Geldbuße von 20 Drachmen belegen.

Die Rechtsfolge des platonischen Gesetzes weicht auffallend von dem gemeingriechischen Prinzip ab, daß nur der Sklave mit Körperstrafen, der Freie dagegen mit Geldstrafen belegt wird[464]: Nicht nur Sklaven, sondern auch *alle* Fremden sind nach Platons Vorschrift mit Schlägen und Fesselung[465] zu bestrafen. Geldstrafen werden nur gegen freie einheimische Täter[466] verhängt, und zwar für jedes *ἀδίκημα* bis zu 200 Drachmen, wobei Agoranomen bzw. Astynomen in ihrem örtlichen Zuständigkeitsbereich allein bis zu 100 Drachmen verhängen können. Höhere Bußen bis zu 200 Drachmen können Agoranomen und Astynomen nur gemeinsam festsetzen.

Ungenannte Voraussetzung der Strafbarkeit des Sklaven ist wohl, daß er nicht auf Weisung oder mit Duldung seines Herrn, sondern aus eigenem Antrieb das Delikt begangen hat; denn in Griechenland gilt der Grundsatz, daß der auf Befehl seines Herrn handelnde Sklave straflos bleibt[467] und seine Tat direkt dem Herrn zugerechnet wird. Wenn auch in Athen wie im P. Lille 29 die Klage gegen den Sklaven erhoben werden konnte, so erging das Urteil bei der vorgenannten Sachlage stets gegen den Herrn[468]. In Alexandria dagegen konnte nur gegen den Herrn, nicht gegen den Sklaven selbst geklagt werden[469]. Eine Ausnahme von der Regel bildet die Astynomenordnung von Pergamon, die nicht nur die Bestra-

---

462 *ὅπως, καθὼς ἂν μερισθεῖ, ῥεῖ τὸ ὕδωρ*, DGE 74, Z. 104.

463 *ὅπως ... μη[[θ]ε[ὶς ἀ]ποκωλύει τοὺς χρωμένους*, DGE 74, Z. 104–105. Koerner, ArchPap XXII/XXIII, 176 weist auf die Parallele zu IG XII 2, 4 + IG XII suppl., p. 2, nr. 4, Z. 10–11 hin: *μήδεις κωλύσει χρη[ματίζην τὸν |δᾶμο]ν*.

464 Das übersieht Kolbe, Ath. Mitt. 27, 74 und ihm folgend Dittenberger, Nota 65 ad OGIS 483.

465 *πληγαῖς ... καὶ δεσμοῖς*, Lg. 764 b 4–5.

466 *ἐπιχώριοι*, Lg. 764 b 5.

467 Z.B. IC IV 41, col. V, Z. 4–7 (= Kohler-Ziebarth, Stadtrecht, 30–31 = IJG I, 392–397 (XVIII) = SGDI 4998 = DGE 181). P. Lille 29 II, Z. 17 ff. spricht bei Kenntnis des Herrn nur von seiner Verurteilung, nicht aber von einer Bestrafung des Sklaven; vgl. Morrow, Law of Slavery, 63.

468 Partsch, Griechisches Bürgschaftsrecht, I. Teil: Das Recht des altgriechischen Gemeindestaats, Leipzig-Berlin 1909, S. 135 Anm. 10 unter Berufung auf Dem. XXXVII 51 und LV 2. 31. 32. 34; Partsch, ArchPap VI, 71; a.M. Lipsius, Attisches Recht, 795, der annimmt, die Klage müsse in diesen Fällen gegen den Herrn erhoben werden, und Beauchet, Droit privé II, 459, nach dem auch das Urteil gegen den Sklaven ergeht.

469 P. Hal. 1, Z. 188–192 und Z. 196–202, Partsch, ArchPap VI, 71.

fung des Herrn, sondern auch des *μετὰ τῆς τοῦ κυρίου γνώμης* handelnden Sklaven vorsieht[470]. Möglicherweise handelt auch eine Inschrift aus Syros, die aus römischer Zeit stammt, von den auf Weisung oder mit Duldung des Herrn begangenen *ἀδικήματα*, wenn sie für den Sklaven öffentliche Geißelung und für seinen Herrn eine Geldstrafe von 100 attischen Drachmen vorsieht[471].

Angesichts der Astynomeninschrift von Pergamon und der Lampadedromienordnung von Syros ist natürlich nicht auszuschließen, daß die Geißelung des Sklaven bei Platon auch für Brunnendelikte vorgesehen ist, die er auf Geheiß oder mit Billigung seines Herrn begangen hat. Ein Abweichen von der alleinigen Haftbarkeit seines Herrn im platonischen Zivilrecht für Schädigungen des Sklaven auf Weisung ließe sich immerhin damit rechtfertigen, daß es im Ordnungsrecht nicht darum geht, daß ein Verletzter eine Genugtuung bzw. Schadensersatz erhalte, sondern darum, daß bei Verstößen gegen die öffentliche Ordnung zur Abschreckung anderer Gewaltunterworfener die Sanktion den sichtbaren und äußerlich handelnden Täter auch dann treffen soll, wenn er im strafrechtlichen Sinne nur Werkzeug ist. Andererseits gehen alle anderen Bestimmungen über Delikte, die der Sklave begangen hat, im besonderen die zur Noxalhaftung des Herrn[472], davon aus, daß der Sklave aus eigener Initiative gehandelt hat[473], so daß es näher liegt, diese Voraussetzung auch bei den Brunnendelikten zu machen.

Problematisch ist, ob die magnetischen Metöken zu den *ξένοι* oder zu den *ἐπιχώριοι* zu rechnen sind. Intensional meint der Begriff *ξένος* stets den Nichtbüerger, den, der nicht *πολίτης* ist. Die Begriffsextension wechselt bei Platon wie in der griechischen Rechtssprache überhaupt. Abgesehen von vier Stellen in den Nomoi, wo *ξένος* im engen technischen Sinne den *πρόξενος*, den ausländischen Gastfreund, bezeichnet[474], umfaßt der Begriff bei Platon an den meisten Stellen sowohl den Ausländer mit Wohnsitz außerhalb Magnesias als auch den Metöken[475]. An einigen Stellen wird unter *ξένος* nur der durchrei-

---

470 OGIS 483, Z. 174–178 (= SEG XIII 521, Z. 187–191).

471 Syll.[2] 680, Z. 2–6.

472 Lg. 879 a 2–5, 936 c 8 – e 3.

473 Morrow, Law of Slavery, 63–64.

474 Lg. 646 b 2–3, 729 e 2–730 a 1, 953 b 5 – c 2, 953 c 3 – d 7.

475 Expressis verbis werden ortsansässige Metöken und nur zeitweilig aufhältliche Ausländer in Lg. 848 a 3–6, 866 b 7 – c 5, 879 d 2–3 unter den Oberbegriff *ξένος* subordiniert, wobei in Lg. 848 a 2–3 *ἐλεύθεροι* und *οἰκέται*, in Lg. 879 d 8 und e 3 *ἐπιχώριος* als Gegenbegriffe erscheinen. Sachlich umfaßt der Begriff auch an zahlreichen anderen Stellen beide Gruppen: Lg. 849 d 1. d 4, 872 a 7–8, 938 c 1 und 941 d 4 im Gegensatz zum *ἀστός*, Lg. 853 d 9 und 869 d 2 im Gegensatz zum *πολίτης*. In Lg. 949 b 6–7 bezeichnet *ξένος* wegen Lg. 949 c 1–2 wohl in erster Linie den Metöken.

sende Ausländer verstanden[476] und begrifflich dem *μέτοικος* gegenübergestellt[477]; an anderen Stellen wiederum ergibt sich aus dem Zusammenhang bzw. aus anderen Vorschriften, daß mit dem *ξένος* nur der ortsansässige Metöke, nicht aber der in Geschäften oder in privaten Angelegenheiten reisende Ausländer gemeint ist[478]. 'Επιχώριος ist zunächst nur der Bewohner eines Landes, der Inländer, aber regelmäßig nur der freie Landesbewohner, nicht der Sklave. In Lg. 846 d 2–7 werden die Begriffe *ἐπιχώριος* und *πολίτης* synonym gebraucht: Kein *ἐπιχώριος* darf ein Handwerk ausüben; das ist vielmehr Aufgabe der *ξένοι*, unter denen hier nur die ortsansässigen Metöken zu verstehen sind[479]. Wenn aber in den Handwerkergesetzen der Metöke nicht zu den *ἐπιχώριοι* gezählt wird und auch bei der Körperverletzung der *πάλαι ἐνοικῶν ξένος*, also der Metöke, vom *ἐπιχώριος* unterschieden wird[480], dann dürfte auch für die Brunnendelikte davon auszugehen sein, daß *ἐπιχώριος* nur den freien inländischen Vollbürger meint und daß der Metöke ebenso wie der durchreisende Ausländer den *ξένοι* zuzurechnen ist.

Auffällig ist aber bei der platonischen Sanktion nicht nur das Züchtigungsrecht der Ordnungsbehörde gegenüber Freien – auch wenn es sich um *ξένοι* handelt –, sondern vor allem die Fesselung, auf die in Athen als Zusatzstrafe bei der *δίκη κλοπῆς* erkannt werden konnte[481]. Positivrechtlich sind zwar nicht die *δεσμοί*, aber das *ξύλον* „als Polizeistrafe im Bereich der Agoranomen"[482] belegt. Wenn man mit Latte davon ausgeht, daß die Agoranomen „überhaupt ein freieres Züchtigungsrecht" hatten[488] und die Beschränkung auf den Markt mit Kolbe „lediglich aus dem Zusammenhange der Stelle bei Kratinos" erklärt[484], dann ist eine solche Sanktion gegen Fremde bei Platon zwar nicht positivrechtlich belegt, aber sie hält sich dann noch im Rahmen des historisch Möglichen. Auf jeden Fall aber widerlegt Platons Rechtsfolgedifferenzierung zwischen Sklaven und Frem-

---

476 Lg. 952 d 7–953 e 4, 965 e 9.

477 Lg. 845 a 5 – b 1 in Verbindung mit Lg. 845 a 4–5, 866 c 1–5, 880 c 3– d 2, 881 b 6, 920 a 3–4.

478 Lg. 847 d 7, 849 b 1 – c 5, 849 d 7, 850 a 7.

479 Das ergibt sich einmal aus Lg. 848 a 3–5, 850 b 1 und c 3–4 sowie aus dem Umstand, daß ein Handwerker eine feste Produktionsstätte benötigt (vgl. besonders Lg. 848 e 2–7, wo von der in Lg. 850 a 7 im Zusammenhang mit dem Metöken wieder erwähnten *οἴκησις τῶν ξένων* die Rede ist), während Kaufleute und bei der Ernte eingesetzte Tagelöhner durchaus Ausländer ohne festen Wohnsitz in Magnesia sein können.

480 Lg. 879 d 2 – e 6.

481 Lys. X 16.

482 Latte, Hermes 66, 155 = ders., Kleine Schriften, 290 = in: Berneker, Zur griechischen Rechtsgeschichte, 311.

483 Latte, ibid.

484 Kolbe, Ath. Mitt. 27, 74.

den einerseits und freien einheimischen Bürgern andererseits Kolbes ohnehin nicht näher begründete Vermutung, „dass die Vorschriften Platos auf den Gesetzgeber“ in Pergamon „von Einfluss gewesen sind“[485].

Die übliche Gleichgültigkeit griechischer Staaten in Fragen der Trinkwasserhygiene, von der Kolbe spricht, und die nach seiner Auffassung erst durch die lex de astynomis Pergamenorum beseitigt wurde[486], hat es zumindest im Tempelrecht nie gegeben, wie das Gesetz über den Minoë-Brunnen auf Delos, die Kultordnung von Kos und das Decretum Carthaeense von Keos beweisen.

Das pergamenische Gesetz zeichnet sich gegenüber dem Decretum Carthaeense durch eine besonders strenge Bindung der Ordnungsbehörden aus[487]: Wo Platon, das Recht von Keos und das messenische Tempelgesetz die Leibesstrafe gegenüber Sklaven nach oben hin nicht begrenzen, sondern der Brunnenpolizei bei der Strafzumessung Freiheit lassen, statuiert die Astynomeninschrift von Pergamon – jedenfalls für ein Brunnendelikt des Sklaven *μετὰ γνώμης* seines Herrn – eine absolute Strafe. Gegenüber freien Bürgern ist Platons Maximalstrafe von 200 Drachmen am höchsten, gefolgt von der absoluten Strafe in Pergamon und Andania von 50 bzw. 20 Drachmen. Milder verfährt der Gesetzgeber von Keos mit einem freien Delinquenten, wenn er ihm maximal 10 Drachmen Geldbuße androht. Ausgesprochen niedrig ist die Geldbuße von zwei Drachmen auf Delos, wenn Couprys Rekonstruktion der 6. Zeile der Inschrift[488] zutreffend ist. Allerdings darf dabei der Geldwertverfall vom 5. bis zum 1. vorchristlichen Jahrhundert nicht übersehen werden.

Die Züchtigung des Sklaven enthält eine interessante rechtliche Problematik: Können die Agoranomen Magnesias einen Sklaven auch dann der Geißelung unterwerfen, wenn sein Herr der Züchtigung widerspricht? Die Frage hat in diesem Zusammenhang mehr theoretische als praktische Bedeutung, da der Sklave in der Regel allein unterwegs sein wird – etwa zum Einkauf auf dem Markt – und auf frischer Tat bei einem Brunnendelikt gefaßt und von den auf dem Markt ständig anwesenden Agoranomen sofort mit Geißelhieben gezüchtigt wird, ohne daß diese erst lange die Einwilligung seines Herrn dazu einholen werden. Wie die Brunnengesetze des positiven Rechts spricht auch Platons Gesetz nicht von der Möglichkeit, daß der Herr durch Zahlung einer Bußsumme seinen Sklaven vor der Züchtigung bewahren könne. Ich werde auf dieses Problem an einer Stelle zurückkommen, wo es praktisch relevant wird: bei der Züchtigung eines ausländischen Sklaven, der sich in Begleitung seines Herrn an der *ἀγροῖκος ὀπώρα* vergreift[489].

485 Kolb, Ath. Mitt. 27, 77.

486 Kolbe, Ath. Mitt. 27, 74.

487 Kolbe, Ath. Mitt. 27, 75.

488 Siehe Coupry, BCH 78, 293 und LSS 50, Z. 6.

489 Lg. 845 b 2–4, siehe unten S. 168–172.

Die Übereinstimmung des platonischen Gesetzes zum Schutze der öffentlichen Brunnen zumindest mit den drei jüngeren positivrechtlichen Bestimmungen in der Gesetzestechnik, in der Zuständigkeit von Agoranomen und Astynomen, in der dogmatischen Qualifizierung der *κακουργία περὶ τὰς κρήνας* als Polizei- und nicht als Kriminaldelikt, sowie in den Strafgrundsätzen macht es wahrscheinlich, daß Platon bei der Abfassung seiner Norm – möglicherweise mit den oben im einzelnen ausgeführten Modifikationen der Rechtsfolge – geltendem Recht gefolgt ist.

§ 11 ERNTERECHT

I. Grundbegriffe und System des *νόμος περὶ ὀπώρας*

Im Anschluß an das Nachbarrecht, dem die vorangehenden Bestimmungen zugehörten, behandelt Platon im zweiten Teil der *νόμοι γεωργικοὶ* Vorschriften des Ernterechts.

Das Ernten im weiteren Sinne als das Einbringen der Produkte der verschiedensten Kulturpflanzen wird im Griechischen generell als *καρποῦσθαι*, *συγκομίζειν* oder substantivisch als *συγκομιδή* bezeichnet[1]. Daneben finden sich die Spezialausdrücke *θέρος* und *ἄμητος* für die Getreideernte und *τρύγητος* für die Weinlese; für die Heu- und Leguminosenernte hat das Griechische kein besonderes Wort[2].

Platon beschränkt sich in seiner Erntegesetzgebung auf die *ὀπώρα*. Die Ernte des Wiesenheus regelt er ebensowenig wie die des Getreides und der Leguminosen.

'*Οπώρα* ist zunächst einmal die Jahreszeit zwischen dem Aufgang des Sirius und dem des Arkturos, also die Zeit von Ende Juli bis zum Beginn der letzten Dekade des September[3]. Von daher werden auch die Früchte, die in dieser Zeit reifen, mit dem Sammelbegriff *ὀπώρα* bezeichnet[4]. '*Οπώρα* ist nicht nur Obst im engeren oder weiteren Sinne[5], sondern umfaßt als Komplementärbegriff zu den Feldfrüchten alle Baumfrüchte einschließlich der Weintrauben.

Klarer als bei Galen, der *ὀπώρα* und Baumfrüchte nicht ausdrücklich identifiziert[6], sind die Ausführungen des Mediziners Paulus Aegineta, der die Begriffe *οἱ ἀπὸ τῶν δένδρων καρποὶ* und *ὀπώρα* synonym verwendet[7]. In dem Kapitel *περὶ τῶν ἀπὸ δένδρων καρπῶν* zählt er die wichtigsten *ὀπῶραι* auf und beschreibt

---

1 Olck, Ernte, in: RE VI 1 (1907), 472–482 [472].

2 Olck, Ernte, in: RE VI 1 (1907), 472.

3 LSJ, s.v. *ὀπώρα*.

4 Bei der *ἐαρώνη ὀπώρα* (Alciphr. IV 13, 10) handelt es sich ebenso wie bei dem von Alkman bei Ath. XIV, 648b (= Alcm. fr. 75 Bergk = fr. 50 Diehl = fr. 43 Garzya) als *κηρίνα ὀπώρα* bezeichneten Honig um Ausnahmen von dem engeren technischen Sprachgebrauch.

5 So aber z.B. Bisinger, Agrarstaat, 77, der für Lg. 844 d 4 – 845 d 3 von der Obsternte spricht.

6 Gal., de alim. fac. II 7 (VI, p. 569–570 Kühn) erwähnt unter der Kapitelüberschrift *περὶ τῶν ἀπὸ δένδρων καρπῶν* nur *ἄπια*, *μῆλα*, *σῦκα*, *περσικὰ* und *ῥοιαί*, behandelt jedoch in den folgenden Kapiteln [II 8–38 (VI, p. 570–622 Kühn)] alle weiteren *ὀπῶραι*.

7 Paul. Aeg. I 81, 1.

ihre medizinische Wirkung auf den menschlichen Organismus. Neben Feigen und Weintrauben, den *κεφάλαια τῆς ὅλης ὀπώρας*[8], nennt er *συκάμινα*[9], *κεράσια*[10] und *μόρα*[11], ferner *στρόβιλος*[12], *περσικά*[13], *πρεκόκκια*[14], *δοράκινα*[15], *ἀρμένια*[16], *μῆλα*[17], *ἄπια*[18], *ῥοιαί*[19], *μέσπιλα*[20] und *φοίνικες*[21], sowie *ἐλαῖαι*[22], *λεπτοκάρυα*[23], *κάρυα*[24], *ἀμύγδαλα*[25], *πιστάκια*[26], *δαμασκηνά*[27], *σηρικά*[28], *κεράτια*[29], *συκόμορα*[30], *κίτρια*[31], *βάλανοι*[32] und *κάστανα*[33]. Ob die Baumfrüchte mit harter Schale zu den *ὀπῶραι* gehören oder nicht, ist umstritten. Während Paulus Aegineta sie dazuzählt, plädiert der Geoponiker Demokrit für eine Unterscheidung beider und definiert in dem Kapitel *περὶ διαφορᾶς ὀπώρας καὶ ἀκροδρύων*[34]: (1) *Ὀπώρα λέγεται ἡ χλοώδη τὸν κάρπον ἔχουσα, οἷον δωρακινά, μῆλα, ἀππίδια, δαμασκηνά, καὶ ὅσα μὴ ἔχει ἔξωθέν τι ξυλῶδες.* (2) *ἀκρόδρυα δὲ καλεῖται, ὅσα ἔξωθεν κέλυφος ἔχει, οἷον ῥοιά, πιστάκια, κάστανα, καὶ ὅσα ξυλώδη τὸν καρπὸν ἔξωθεν ἔχει.*[35]

---

8 Paul. Aeg. I 81, 1.
9 Maulbeeren.
10 Kirschen.
11 Schwarze Maulbeeren, Paul. Aeg. I 81, 1.
12 Zirbelnuß.
13 Pfirsiche.
14 Praecocia.
15 Ein der Aprikose verwandtes Obst.
16 Aprikosen.
17 Äpfel oder Quitten.
18 Birnen.
19 Granatäpfel.
20 Mispeln.
21 Datteln, Paul. Aeg. I 81, 2.
22 Oliven.
23 Haselnüsse.
24 Walnüsse.
25 Mandeln.
26 Pistazien.
27 Pflaumen.
28 Jujuben.
29 Johannisbrot.
30 Maulbeerfeigen.
31 Zitronen.
32 Nüsse.
33 Kastanien, Paul Aeg. I 81, 3.
34 Gp. X 74.
35 Gp. X 74, 1–2.

Die drei wichtigsten zur ὀπώρα zählenden Früchte sind Weintraube, Feige und die bei Platon nicht expressis verbis genannte Olive. Das Exzerpt des Herakleides: Ἀμοργὸς οἶνον φέρει πολὺν καὶ ἔλαιον καὶ ὀπώρας[36], in der Olivenöl gesondert neben anderen ὀπῶραι aufgeführt wird, besagt nichts gegen diese Einordnung. Auch Aristophanes z.B. stellt den von Platon ausdrücklich zur ὀπῶρα gerechneten βότρυς, der bei Sophokles[37] sogar mit der ὀπώρα gleichgesetzt wird, neben die ὀπώρα[38]. Auch Cassianus Bassus gliedert in den Geoponika Weintraube[39] und Olive[40] nur aus Gründen einer übersichtlicheren Darstellung aus dem Buch über die Baumfrüchte[41] aus, während er die Feige daselbst behandelt[42]. Trotz der Behauptung einiger antiker Autorên, die Olive gedeihe erst in einiger Entfernung vom Meer[43], ist für Platons 80 Stadien von der See entfernt gelegene Neugründung[44] ein Olivenbau genau so anzunehmen, wie er für die griechischen Inseln Rhodos[45], Samos[46], Chios[47], die Kykladen[48], Thera[49], Melos[50], Keos[51], Peparethos[52], Aigina[53] bezeugt und für Knossos auf Kreta nachgewiesen[54] ist.

36 (Ps.-)Heraclid. Pont. fr. XIX (FHG II, 218) = fr. 47 bei V. Rose in Arist. Fr. pp. 370–386 [380].

37 S. Tr. 703.

38 Ar. Fr. 569, 1.

39 Gp. IV–VIII.

40 Gp. IX.

41 Gp. X.

42 Gp. X 45–55.

43 Thphr. HP IV 4, 1 spricht von 5 Tagesreisen. Plin. HN XV 1 gibt unter Berufung auf Theophrast 40 Meilen an. Columella dagegen erwähnt eine weitverbreitete Meinung, nach der die Olive mehr als 100 Meilen (so Cod. Sangermanensis Petropolitanis 207; im Cod. Caesenas Malatestianus plut. 24, 2 findet sich dagegen: LX) vom Meer nicht mehr gedeihe (Col. V 8, 5).

44 Lg. 704 b 5.

45 Nach AP XV 11 bei Lindos.

46 A. Pers. 883; Antiph. oder Alex. bei Ath. II, 66f (CAF II, 134 [fr. 331]).

47 Arist. Pol. 1259 a 10–13.

48 Hehn-Schrader, Kulturpflanzen und Hausthiere in ihrem Übergang aus Asien nach Griechenland und Italien sowie in das übrige Europa. Von Victor Hehn, 8. Aufl., hrsg. von O. Schrader, Berlin 1911, S. 120–121.

49 Gal., De simp. med. temp. (XI, p. 872 Kühn).

50 Thphr. HP VIII 2, 8.

51 Schol. A. R. II 498–527a.

52 Ovid. Met. VII 470.

53 D.L. V 21.

54 Hegi, Illustrierte Flora von Mittel-Europa. Mit besonderer Berücksichtigung von Deutschland, Oesterreich und der Schweiz, München o.J. [1906–1931], V 3 (1927), S. 1938.

Aus der wirtschaftlichen Bedeutung der drei Grundnahrungsmittel Wein, Feigen und Öl, die gerade in dieser Trias von Philomnestos als Naturalsteuern und -strafen in Athen genannt werden[55], ergibt sich die besondere Bedeutung dieses Abschnitts der Nomoi.

Feigen bildeten in Attika vor der Einführung der Fleischkost das Hauptnahrungsmittel[56]. Zu Platons Zeiten waren sie eine beliebte Nachspeise sowohl der Armen[57] als auch der reicheren Bürger[58]. Für die ökonomische Bedeutung der Feigen sei nur noch auf das – historisch zweifelhafte[59] – attische Ausfuhrverbot für Feigen und das Sykophantentum verwiesen[60].

Da in der Antike die Verwendung tierischer Fette als Speise und im besonderen der Genuß von Butter als typisches Merkmal der Barbaren galt[61], kam der Olive und dem aus ihr gewonnenen Öl eine besondere ernährungswirtschaftliche Bedeutung zu[62].

Der eine ganze Stephanusseite umfassende *νόμος περὶ ὀπώρας*[63] enthält eine einverständliche Regelung aller Magneten[64] zum Schutz der Ernte. Sachlich zerfällt das Gesetz in drei Teile, deren erster und zweiter den Schutz der Weintrau-

---

55 Philomnest. bei Ath. III, 74f (FHG IV, 477 nr. 1).

56 Ael. VH III 39; EM 479, 14–21 (vox *ἰσχάς*); Plin. HN XXIII 121 = Gargil. Mart. 49.

57 Ar. V. 303; Alex. bei Ath. II, 54f–55a (CAF II, 356 nr. 162); Archestr. bei Ath. III, 101 d (= fr. LXII Brandt).

58 Pl. Rep. 372c; zu Platons Vorliebe für Feigen vgl. Ath. VII, 276f.

59 Plut. Sol. 24, 2. Vgl. Boeckh, Die Staatshaushaltung der Athener, 3. Aufl., Berlin 1886, Bd. I, S. 55–56.

60 Solon F 65; vgl. im übrigen dazu Olck, Feige, in: RE VI 2 (1909), 2100–2151 [2120–2121, 2135–2136, 2142–2149].

61 Olck, Butter, in: RE III 1 (1897), 1089–1092 [1090–1091] mit zahlreichen Nachweisen.

62 Vgl. Ar. Ach. 550; Ar. Ec. 308 und die weiteren Belege bei Pease, Ölbaum, in: RE XVII 2 (1937), 1998–2022 [2012–2013].

63 Lg. 844 d 4 – 845 d 3.

64 *κοινωνία* in Lg. 844 d 4 ist als „Übereinkunft" (Müller), „façon" (Diès), „an accepted general understanding" (Taylor), „a generally accepted fruit-harvest law" (England, Laws II, 362), „obecný řád" (Novotný) zu verstehen und nicht als „Teilnahme" an den Herbstfrüchten (so Apelt, vermutlich in Analogie zu dem *μὴ κοινωνεῖν* in Lg. 845 b 2). Unrichtig auch: Bembo („si facciano partecipi in comune"), Ast, Leges II, 419 („quod ad fructuum communitatem attinet"), Bury („the rule of sharing"), Pabon-Fernandez–Galiano („la repartición de los frutos"), Maykowska („jak należy korzystać") Cassarà („la comune partecipazione a tutti frutti d'autumno") und auch Pringsheim, GLS, 296 n. 4, der meint, daß „the rule . . . has probably some connection with the common meals (*ξυσσίτια* Lg. 625e) like that about the fruit distributors in Gortyn" (SGDI 4993 = IJG II, 323–324 = Kohler-Ziebarth, Stadtrecht, 39 Nr. 9). In aller Ausführlichkeit hat Bisinger, Agrarstaat, 73–76 besonders unter Berufung auf Lg. 847 e 2 – 848 c 6 nachgewiesen, daß Platon in Magnesia keine Syssitien eingeführt hat.

ben und Feigen regeln[65], und deren dritter sich mit Äpfeln, Birnen, Granatäpfeln und den anderen Baumfrüchten[66] befaßt[67].

Platon leitet sein Gesetz jedoch mit einer begrifflichen Zweiteilung ein: διττὰς ἡμῖν δωρεὰς ἡ θεὸς ἔχει χάριτος[68] αὕτη, τὴν μὲν παιδείαν[69] Διονυσιάδα ἀθησαύριστον, τὴν δ' εἰς ἀπόθεσιν γενομένην κατὰ φύσιν[70].

Wie ist die begriffliche Zweiteilung in der Einleitung mit der sachlichen Dreiteilung der Gesetzesmaterie zu vereinbaren? Ohne Zweifel fällt unter die εἰς ἀπόθεσιν γενομένη ὀπώρα begrifflich die ἀγροῖκος ὀπώρα, also die durch den ersten Tatbestand erfaßte Gruppe von Weintrauben und Feigen. Ebenso zweifels-

65 Lg. 844 d 7 – 845 b 7.

66 Bei der Wendung πάντων τῶν τοιούτων (Lg. 845 b 7 – c 1) ist primär an Oliven zu denken.

67 Lg. 845 b 7 – d 3.

68 ἔχει χάριτος : ἐχαρίσατο Badham und ihm folgend Bury.

69 παιδείαν libri : παιδιὰν Grou : παιδίαν Bury. Zu den älteren Erklärungsversuchen siehe Ast, Leges II, 419–420 und Stallbaum, Plato X. 2, p. 463–464 Nota. Wenn man nicht mit Ast, Leges II, 419 den Ausdruck παιδείαν überhaupt streichen und τὴν μὲν Διονυσιάδα auf das vorangegangene δωρεὰς beziehen will, ist eine Entscheidung zwischen dem Wortlaut der libri und den vorgeschlagenen Emendationen unumgänglich. Παιδείαν lesen England, Laws II, 108 und 362–363 und Taylor, Laws, 232 n. 1, der unter Berufung auf E. Tr. 128 (πλεκτὰν Αἰγύπτου παιδείαν) „the ungarnered nursling of Dionysus" übersetzt; ferner Maykowska, Prawa, 370, die „grona dionizosowej latorośli (= Trauben des dionysischen Sprößlings)" übersetzt, und Novotný, Zákony, 356 ad p. 223, wo er „Dionysovu plodinu (= dionysisches Produkt, dionysische Frucht)„ übersetzt; ebenso Bembo, in: Bembo-Serano, Opere di Platone III, 206, dessen Übersetzung „la disciplina di Dionisio" mir unverständlich ist; ferner Stallbaum, Plato X. 2, p. 463 (nur im Text), In der Anmerkung p. 463–464 gibt Stallbaum Grous Emendation den Vorzug, die auch Susemihl, Müller, Burnet, Apelt, Diès, Ritter, Gesetze II, 259, Cassarà und andere übernommen bzw. ihrer Übersetzung zugrundegelegt haben, wobei Müller und Apelt von „dionysischem Vergnügen" bzw. „Freude" sprechen. Carratelli, Platone, 1541 n. 14 stützt die Konjektur von Grou und die Übersetzung von Cassarà („divertimento dionisiaco") mit dem Hinweis auf Lg. 666 b 4–5. Diès, Platon XII. 1, p. 89 n. 1 hat zu Recht darauf hingewiesen, daß ein Verständnis als „divertissement dionysiaque" nur für den Wein passen würde und übersetzt παιδιὰν Διονυσιάδα daher als „jouet de Dionysos". Bury schreibt παιδίαν und übersetzt „the plaything of Dionysus". Er wählt damit offenbar – wenn nicht ein Druckfehler vorliegt – die von dem Grammatiker Philemon bei Ath. VII, 323c benutzte und vom Etymologicum Magnum 657, 52–53 als attische Besonderheit bezeichnete Akzentsetzung, obwohl er selbst in Pl. Lg. 656 c 3 παιδιὰν liest.
Da παιδιὰ im Sinne von „Vergnügen" nach Diès' Einwand ausscheidet und παιδιὰ im Sinne von „Spielzeug" keinen rechten Sinn ergibt, bevorzuge ich an Stelle des textus receptus παιδιὰν das παιδείαν der libri und verstehe es als „handiwork" (so LSJ s.v. παιδεία, 5. zu E. Tr. 128) oder „nursling". Ins Deutsche ist dieser Ausdruck vielleicht am geschicktesten als „Sprößling" zu übersetzen, weil darin neben dem verwandtschaftlichen der botanische Sinn am besten zum Ausdruck kommt; denn daß παιδεία auch „culture of trees" bedeuten kann, wird durch die Wendung τῶν φυτῶν παιδείαν bei Thphr. CP III 7, 4 belegt.

frei gehört die γενναία ὀπώρα zur ὀπώρα ἀθησαύριστος[71]. Insoweit ist die Sache unproblematisch. Fraglich ist jedoch, ob die Zweiteilung sich auch auf die von Platon an letzter Stelle genannten Früchte ἄπιον, μῆλον, ῥόα καὶ πάντα τὰ τοιαῦτα bezieht.

Stallbaum nimmt an, daß sich die Unterscheidung in zur Aufbewahrung und Verarbeitung geeignetes Nutzobst und zum alsbaldigen Genuß in frischem Zustand bestimmtes Tafelobst auf alle Gruppen der Herbstfrucht erstreckt und daß mit dem ἀθησαύριστον in Lg. 844 d 6 sowohl die γενναία σταφυλὴ und die γενναία σῦκα als auch die in Lg. 845 b 7 – c 1 genannten Früchte gemeint sind; „etenimvero Bacchus non modo vini dator habebatur, verum etiam pomorum omnium. Unde dictus est δενδρίτης"[72]. Ἄπιον, μῆλον und ῥόα sind Tafelobst, das in der Regel nicht gelagert oder verarbeitet wird[73]. Da jedoch auch die ἐλάα zu dieser Gruppe gehört und Oliven entweder zu Öl verarbeitet oder aber in Salzlauge[74], Essig[75], Wein, Honig oder Öl[76] konserviert werden, ist diese dritte Gruppe nicht einheitlich als ἀθησαύριστος resp. als εἰς ἀπόθεσιν γενομένη zu qualifizieren. Ferner wird die Olive wie der Ölbaum meist mit Athene[77], gelegentlich mit Zeus[78], seltener aber mit anderen Göttern in Verbindung gebracht. Mir ist keine Stelle bekannt, wo Dionysos als Gott des Ölbaums oder der Olive erscheint. Daher dürfte es richtiger sein, davon auszugehen, daß die Wendung τὴν

---

70 Lg. 844 d 5–7.

71 Daß nicht jede der beiden ersten Fruchtarten beide Verwertungsmöglichkeiten bietet, ergibt sich klar aus Lex. Seguer. (Bekker, Anecdota I), p. 340, Z. 8–10.

72 Stallbaum, Plato X. 2, p. 464 Nota ad 844 d unter Hinweis auf Plut. Mor. 2, 675f und Neoptol. bei Ath. III, 78b. Darüber hinaus findet sich unter den Anonymi Laurentiani duodecim deorum epitheta als ἐπίθετον Διονύσου: (8) δενδρέως, Schöll-Studemund, Anecdota I, 268 [Cod. Laurent.].

73 Allerdings erwähnen die Geoponiker τὰ μῆλα . . . τὰ εἰς τὸν χειμῶνα θησαυριζόμενα, Gp. III 13, 8.

74 Cato Agr. 117–118; Varro RR I 60–61; Col. XII 49, 1–3 et 50, 2–5; Plin. HN XV 16 et 21, XXIII 73; Archestr. bei Ath. II, 56c (= fr. VII Brandt); Pall. XII 22, 2–4; Orib. II 69, 11; Gp. IX 33.

75 Orib. I 54, 2; II 69, 10; Paul. Aeg. I 81, 3.

76 Gp. IX 28–31.

77 Vgl. die Belegstellen bei Pease, Ölbaum, in: RE XVII 2 (1937), 2015.

78 Ζεὺς Μόριος wird bei S. OC 705 und Schol. S. OC 705 (pro parte = Apollod. FGrH 244 F 120), in IG I^2 844/845 B, Z. 9 (Δ̣ι̣ Μοριω[ι] – Kirchhoff liest in IG I 533/534 e schedis Rossii ad Boeckhium missis trotz der Emendation ΔΗΜΟΡΙΩΤΡ von Foucart (Inscription d'Éleusis du Vme siècle, BCH 4 (1880), 215–256 [240]) Δήμ[ητρι] τρ[ιττόαν] –) und unter den Anonymi Laurentiani duodecim deorum epitheta (Schöll-Studemund, Anecdota I, 265, nr. 64 (= Cod. Ambros.) und p. 266, nr. 57 (Cod. Laurent.)) erwähnt, Ζεὺς Ἐλαιοῦς bei Hsch. s.v. Ἐλαιοῦς (E 1842) (Ob diese Lesart korrekt ist, ist sehr umstritten; vgl. die Literatur bei Cook, Zeus III (1940), 762 n. 3), Zeus mit Ölzweig bei Paus. V 11, 1.

παιδείαν Διονυσιάδα ἀθησαύριστον nur die dem Dionysos heiligen Früchte Weintraube und Feige[79] meint. Dann aber sind mit den διτταὶ δωρεαὶ auch nur diese beiden gemeint, und die in Lg. 845 b 7 ff. genannten Früchte stehen außerhalb.

Der logische Aufbau des νόμος περὶ ὀπώρας geht von einer Unterscheidung in Weintrauben und Feigen als die beiden Hauptarten[80] der ὀπώρα einerseits und in die übrigen Baumfrüchte andererseits aus, wobei in der ersten Gruppe – entsprechend dem Einleitungssatz Lg. 844 d 5–7 – noch einmal einerseits die nicht lagerfähigen Sorten und andererseits die zur Wein- und Rosinenherstellung geeigneten Trauben und die zum Trocknen oder zur anderweitigen Konservierung[81] geeigneten Feigen unterschieden werden. Dem ἀθησαύριστος entspricht dann das γενναῖος, dem εἰς ἀπόθεσιν γενόμενος das ἀγροῖκος: Die entsprechenden Begriffe sind extensional gleich. Da diese Auffassung jedoch nicht zu anderen materiellrechtlichen Konsequenzen als Stallbaums Annahme führt, kann die Lösung dieses Problems unter juristischem Aspekt dahingestellt bleiben.

Als Spenderin von Weintraube und Feige wird ἡ θεὸς genannt. Morrow ist der Ansicht, damit sei Athene gemeint[82]. Athene ist jedoch in Magnesia zusammen mit Hephaistos die Gottheit der Handwerker und zusammen mit Ares die Beschützerin der Kriegsleute[83]. Stallbaums Unsicherheit, ob Demeter oder Opora gemeint ist[84], erscheint mir unbegründet: Demeter ist, wie die einschlägigen Stellen bei Homer[85] beweisen, die Göttin der Feldfrucht und des Ackers. Wegen ihrer nahen Beziehung zu Dionysos erstreckt sich ihre Wirkung zwar bisweilen auch auf Bäume und ihre Früchte[86], aber Platon führt an anderer Stelle τὰ Δημητρός τε καὶ Κόρης δῶρα neben ἄμπελοι und ἐλάαι und von diesen unterschieden an[87]. Als Spenderin der Herbstfrucht kommt hier nur Opora in

---

79 Für die Zuordnung der Feige zu Dionysos vgl. Olck, Feige, in: RE VI 2 (1909), 2145–2146 und 2148 sowie die dort genannten Belegstellen.

80 Vgl. Gal., De alim. fac. II 9 (VI, p. 573 Kühn): Σῦκα καὶ σταφυλαὶ τῆς ὀπώρας ὥσπερ κεφάλαιόν εἰσι, ebenso Paul. Aeg. I 81, 1.

81 Zu den Konservierungsmethoden siehe Olck, Feige, in: RE VI 2 (1909), 2133–2134.

82 Morrow, Cretan City, 438. Athene erscheint nur an zwei Stellen in den Nomoi ohne Erwähnung ihres Namens, und zwar in Lg. 626 d 4 in der Form τῆς θεοῦ und in Lg. 796 b 6 als ἡ παρ' ἡμῖν κόρη καὶ δέσποινα.

83 Lg. 920 d 7 – e 4.

84 Stallbaum, Plato X. 2, p. 463 Nota ad cap. X.D.

85 Il. 5, 500–501; 13, 322; 14, 326; 21, 76. Vgl. Duncan, Ioannis Morisonii Duncanii Novum Lexicon Graecum ex Christiani Tobiae Dammii Lexico Homerico-Pindarico vocibus secundum ordinem literarum dispositis retractum, emendavit et auxit Valent. Christ. Frider. Rost, Lipsiae 1831, s.v. Δημήτηρ: „Habet epitheton εὐπλόκαμος, et ξανθή, ob fruges, inter quas eminet triticum."

86 Vgl. Kern, Demeter, in: RE IV 2 (1901), 2713–2764 [2748].

87 Lg. 782 b 2–5.

Frage, was sich schon philologisch aus der Wendung ἡ θεὸς . . . αὕτη[88] ergibt[89]. Diese in der Literatur verhältnismäßig selten erwähnte Göttin der Herbstfrüchte[90] erscheint in der bildenden Kunst neben Dionysos[91] oder neben dem Sirius[92] regelmäßig mit einer Fruchtschale in der Hand[93].

II. Ἀγροῖκος ὀπώρα

1. Pl. Lg. 844 d 8 – e 5

Die Bestimmung über die zur Aufbewahrung geeigneten Trauben und Feigen lautet: "Ὃς ἄν ἀγροίκου[94] ὀπώρας γεύσηται, βοτρύων εἴτε καὶ σύκων, πρὶν ἐλθεῖν τὴν ὥραν τὴν τοῦ τρυγᾶν ἀρκτούρῳ σύνδρομον[95], εἴτ' ἐν τοῖς αὑτοῦ χωρίοις εἴτε καὶ ἐν ἄλλων, ἱερὰς μὲν πεντήκοντα ὀφειλέτω τῷ Διονύσῳ δραχμάς, ἐὰν ἐκ τῶν ἑαυτοῦ[96] δρέπῃ, ἐὰν δ' ἐκ τῶν[97] γειτόνων[98], μνᾶν, ἐὰν δ' ἐξ ἄλλων, δύο μέρη τῆς μνᾶς[99].

Trotz der Epitheta ἀγροῖκος und γενναία sind gerade die ordinären Sorten die wirtschaftlich wertvolleren, weil sie zur Weinbereitung bzw. Lagerung geeignet sind, während die edleren Sorten schneller verderben und daher in frischem Zustand genossen werden[100]. Bei der ἀγροῖκος σταφυλὴ handelt es sich botanisch um eine Sorte der vitis vinifera, subsp. sativa, mit kleineren Beeren, als sie die γενναία aufweist. Das ergibt sich aus der Gegenüberstellung beider Sorten bei Platon und in den Lexica Segueriana in Verbindung mit der Bemerkung des

---

88 Lg. 844 d 5.

89 So schon Ast, Leges II, 419.

90 Ar. Pax 523. 706 ff.; Amphis fr. 48 (CAF II, 249–250).

91 Vgl. die Vaseninschriften CIG 8380 und CIG 8381.

92 So im Kalenderfries des Hagios Eleutheros in Athen; vgl. Deubner, Attische Feste, 2. Aufl., Berlin 1966, S. 253 und Tafel 39, Fig. 35.

93 Vgl. die Belege bei Türk, Opora, in: RE XVIII 1 (1939), 697–698.

94 ἀγροίκου A et (κου s.v.) O^3 : ἀγροὶ O.

95 σύνδρομον : pr. ο i. r. A.

96 ἑαυτοῦ : αὑτοῦ Ath. XIV, 653c.

97 δ' ἐκ τῶν : δὲ καὶ τῶν Ath. XIV, 653c.

98 ἐὰν δ' ἐκ τῶν γειτόνων, μνᾶν om. O, suppl. i. m. O^3.

99 Lg. 844 d 8 – e 5. Lg. 844 d 8 – 845 a 1 habet Ath. XIV, 653 c–d.

100 Vgl. Lex. Seguer. (Bekker, Anecdota I), p. 340, Z. 8–10: Ἀγροῖκος ὀπώρα: ἀπ' ἐναντίου τῇ γενναίᾳ ὡς ἐν διαφορᾷ τῆς μὲν πρὸς τὸ ὀπωρίσαι, τῆς δὲ πρὸς ἀπόθεσιν καὶ τὰ τοιαῦτα.

Sophisten Dio Chrysostomus: *εἰσὶ δὲ γενναῖαι*[101] *σφόδρα καὶ τοὺς βότρυς φέρουσαι μεγάλους*[102].

Als frühester Beginn der Weinlese und der Feigenernte wird der sichtbare Frühaufgang des Arkturos im Sternbild Bootes am Herbsthimmel festgelegt, der etwa mit dem Herbstäquinoktium zusammenfällt[103].

Knoch dürfte wohl den theologischen und philosophischen Gehalt dieser Stelle überschätzen, wenn er meint, Platon wolle dadurch die Aufmerksamkeit seiner Bürger auf die Betrachtung der Gestirne lenken, weil er in der Beschäftigung mit der Astronomie einen Weg sehe, zum Glauben an die Götter zu gelangen[104]. Die Orientierung am Sternhimmel ist für die Zeitbestimmung innerhalb eines Landwirtschaftskalenders in der Antike allgemein üblich und außerdem eine einfachere Methode als das Abstellen auf einen bestimmten Tag des Boëdromion, der sich ohne Abreißkalender nicht so leicht ermitteln läßt.

Platons Termin entspricht einer alten griechischen Bauernregel: Hesiod empfiehlt seinem Bruder, die Trauben zu ernten, „wenn Orion und Sirius die Himmelsmitte erreichen und die rosenfingrige Eos den Arkturos erblickt"[105]. Für den Beginn der Feigenernte ist eine positivrechtliche Bestimmung aus Griechenland nicht überliefert. Angesichts der zahlreichen in Griechenland angepflanzten Feigensorten[106], der Existenz zweier bis dreier Generationen einer Sorte im Jahr und ihrer divergierenden Reifezeiten und angesichts der Tatsache, daß die Früchte der Frühjahrsgeneration des wilden Feigenbaums (Caprificus) auf den griechischen Inseln im Juli/August, die der Sommergeneration ab Oktober zur Reife kommen, während die Frühfeigen des zahmen Feigenbaumes von Ende Juli bis in den August hinein und die attischen Spätfeigen von August bis Mitte Oktober reifen[107], scheint es mir – wenn man nicht davon ausgehen will, Platon habe nur an eine einzige Feigengeneration, nämlich die pedagnuoli, gedacht, welche in Neapel von Anfang August bis Ende Oktober, auf den griechischen Inseln etwa einen Monat später, reifen[108] – wahrscheinlich, daß Platon im Gegensatz zu seinen eigenen Worten[109] bei der Festlegung des frühesten Erntebeginns auf Mitte September primär an die Weinlese gedacht hat. Allerdings gibt

---

101 Scil. *ἄμπελοι*.

102 D. Chr. VII 46.

103 Er war in Athen im Jahre 430 v.Chr. am 20. September, Georg Hofmann, Ueber die bei griechischen und römischen Schriftstellern erwähnten Auf- und Untergänge der Sterne, Prgr., Triest 1879, S. 23.

104 Knoch, Strafbestimmungen, 67.

105 Hes. Op. 609–611.

106 Vgl. Olck, Feige, in: RE VI 2 (1909), 2103–2108 und 2109–2115.

107 Olck, Feige, in: RE VI 2 (1909), 2100–2101.

108 Vgl. Olck, Feige, in: RE VI 2 (1909), 2101.

109 *σύκων*, Lg. 844 e 1.

Columella für Italien als Erntetermin der praecox bifera den Frühaufgang des Sirius[110] und für alle anderen von ihm genannten Sorten den Arkturaufgang als Erntebeginn an[111]; auch Plinius nennt die Zeit der Weinlese als Reifetermin der biferae serotinae[112], und Varro gibt als Regel an[113]: uvas autem legere et vindemiam facere inter aequinoctium autumnale et vergiliarum occasum[114].

Vor diesem Termin darf nicht einmal der Eigentümer von seinen Früchten kosten, geschweige denn, sie etwa insgesamt oder zum Teil ernten. Er ist insofern in der Ausübung seiner Eigentümerbefugnisse beschränkt. Partsch strapaziert den Gedanken des landwirtschaftlichen Kollektivismus in Platons Magnetenstaat wohl zu stark, wenn er aus dem Genuß- und Ernteverbot in Lg. 844 d 8 – e 3 in Verbindung mit der ausdrücklichen Erlaubnis für die zur Aufbewahrung und Verarbeitung ungeeigneten Tafelfrüchte in Lg. 844 e 5–8, „daß der einzelne auf seinem Grundstücke, so wie es ihm beliebt und wann es ihm beliebt, ernten darf"[115], einen Hinweis auf das Genossenschaftsverhältnis der Bauern sieht. Platons Herbstordnung läßt für sich allein keinen Schluß auf eine genossenschaftliche Eigentumsbindung zu.

Auch für den privatwirtschaftlichen Weinbau der Bundesrepublik Deutschland schreibt § 4 I WeinG vom 14. Juli 1971[116] vor, daß Weintrauben erst gelesen werden dürfen, wenn sie unter Berücksichtigung der Witterung, der Rebsorte und des Standortes die in dem betreffenden Jahre erreichbare Reife erlangt haben, und § 4 II WeinG ermächtigt die Landesregierungen, zur Durchführung dieser Vorschrift Herbstordnungen zu erlassen, in denen u.a. die Erntetermine festgelegt und eine Schließung der Weinberge auch für die Winzer selbst angeordnet werden kann. So bestimmt z.B. § 1 Abs. I rhpfHerbstO vom 29.9.1972[117]: „Vom Beginn der Traubenreife an bis zur Beendigung der Traubenlese sind die Weinberge in den weinbautreibenden Gemeinden von der Gemeindeverwaltung zu schließen." Nach § 2 I dürfen während der Sperrzeit die Weinberge sowie die Wirtschaftswege und Fußpfade im Weinbergsgebiet nur mit Erlaubnis der Gemeindeverwaltung betreten werden. Das gilt, wie sich aus § 2 II rhpfHerbstO ergibt, auch für die Eigentümer und Nutzungsberechtigten. Das Lesen der Weintrauben vor der erreichbaren Reife sowie sonstige Verstöße gegen die Herbstord-

110 Col. X 404.

111 Col. X 413–419.

112 Plin. HN XV 71.

113 Daß es sich dabei um das Zitat einer Rechtsvorschrift handelt, scheint mir unwahrscheinlich.

114 Varro RR I 34, 2; differenzierter in RR I 54, 1–2.

115 Partsch, ArchPap VI, 52.

116 BGBl. I S. 893.

117 GVBl. S. 337; ähnlich § 3 I saarl. 1. DVO-WeinG vom 29.5.1972 (Amtsbl. S. 337).

nungen werden nach § 96 II Ziff. 1 WeinG als Ordnungswidrigkeiten geahndet[118]. Solche Herbstordnungen dienen dazu, die Qualität des Lesegutes und damit des Weines zu steigern und so den redlichen Winzer zu schützen[119].

Ebensowenig wie man aus den Herbstordnungen der europäischen Weinländer, die durch Festlegung von Leseterminen und Schließung von Weinbergen nicht nur das Recht des Winzers an seiner Ernte, sondern sogar das Zugangsrecht zu seinem Grundstück beschränken, schließen kann, daß der westeuropäische Weinbau kollektivistische Züge aufweise, kann man mit Partsch aus Platons Bestimmung ganz allgemein auf ein landwirtschaftliches Genossenschaftsverhältnis in Magnesia schließen. Die ausdrückliche Freigabe der Erntetermine für die *γενναία ὀπώρα* in Lg. 844 e 5–8 hat nur deklaratorische Bedeutung und ist aus Gründen der klaren Abgrenzung aufgenommen.

Wie Kränzlein Partsch zutreffend entgegenhält, ist es auch in Magnesia offenbar der Zweck dieser Bestimmung, „eine Schmälerung der Ernte durch frühzeitiges Pflücken zu verhindern"[120] und die Versorgung mit Wein, Rosinen und getrockneten Feigen[121] bis zur nächsten Ernte sicherzustellen. Wer Früchte genießen will, soll sich an das ohnehin nicht lagerfähige Edelobst halten, das ländliche Nutzobst aber im Interesse der Volkswirtschaft nicht anrühren.

Wer vor dem Lesebeginn von seinen eigenen Weintrauben oder Feigen etwas pflückt[122], hat eine Geldbuße von 50 Drachmen zu zahlen, wer sich an den Früchten seines Nachbarn vergreift, eine Mine, und wer sonst einem nicht benachbarten Grundstückseigentümer etwas wegißt, zwei Drittel Minen[123]. Der erhöhte Schutz des Nachbarn[124], wohl nicht nur des Angrenzers, beruht darauf, daß hier wegen des vertrauteren Umgang und der räumlichen Nähe Versuchung und Gefahr besonders groß sind, sich im Vorübergehen eine Traube oder ein paar Feigen abzupflücken. Gerade diese kleinen Beeinträchtigungen unter Nachbarn ergeben häufig Anlaß zum Streit und sollen deshalb besonders sorgfältig verhindert werden. Auffälligerweise hängt bei diesem Delikt die Höhe der Geldbuße nicht davon ab, welcher Vermögensklasse der Täter angehört.[125]

---

118 § 368 Ziff. 1 StGB ist nach § 75 III Ziff. 11 WeinG mit dem 19.7.1971 außer Kraft getreten.

119 Vgl. die Begründung des Bundestagsausschusses für Gesundheitswesen vom 26.6.1965 zur Einfügung des § 2a in das WeinG vom 25.7.1930 – BT-Drucks. IV/3641.

120 Kränzlein, Eigentum und Besitz, 58.

121 Lg. 845 b 6.

122 England, Laws II, 363 vermutet, daß Platon den poetischen Ausdruck *δρέπῃ* in Lg. 844 e 4 unter dem Eindruck von Hesiods *ἀπόδρεπε* (Op. 611) gewählt hat.

123 Ritter, Gesetze I, 79 spricht irrtümlich von 75 Drachmen.

124 Im Cod. Vaticanus fehlt diese Bestimmung, siehe oben S. 140 Anm. 98.

125 Vgl. die Übersicht bei Davis, Monetary Fines and Limitations in Plato's Magnesia, CPh LXIV (1969), 98–101 [99].

Die Summe ist an das Heiligtum des Dionysos zu zahlen, wo sie, als Geld immobilisiert, dem Tempelschatz zufließt. Sie ist nicht suspendierte Münze, wie England in einseitigem Verständnis des Geldes als Zirkulationsmittel zu meinen scheint,[126] geschweige denn aktuelles Zirkulationsmittel.[127] Aus der sakralen Widmung des Bußgeldes ergibt sich, daß der Genuß der ἀγροῖκος ὀπώρα vor dem Arkturaufgang ein Sakraldelikt ist.

Eine hübsche Illustration für den sakralen Schutz der ὀπώρα in Griechenland[128] liefert eine Notiz Diodors, daß die Bauern ein Standbild des Gottes Ithyphallos oder Tychon κατὰ ἀγροικίας ὀπωροφύλακα τῶν ἀμπελώνων ... καὶ τῶν κήπων aufstellen[129]. Von einem juristischen Schutz und einer staatlichen Sanktion bei Verletzung fremden Ernterechts erwähnt Diodor leider in diesem Zusammenhang nichts.

Knoch meint, der besondere Schutz der ἀγροῖκος ὀπώρα durch eine sakralrechtliche Sanktion sei primär daraus zu erklären, daß für Platon nach einer Bemerkung im Timaios τὰ τῶν ἀγρίων γένη πρεσβύτερα τῶν ἡμέρων[130] sind und daß „alles, was πρεσβύτερον ist, den Schutz der Götter genießt"[131]. Die Früchte der nichtveredelten Weinstöcke und Feigenbäume seien daher „heilig als Gaben, die unmittelbar der Göttin des Herbstes verdankt werden"[132]. Diese philosophische Begründung kann nicht überzeugen.

Knoch identifiziert unzulässigerweise die beiden Prädikate ἀγροῖκος und ἄγριος. Von einer ἀγρία σταφυλή ist aber in Lg. 844 d 8 – e 5 und 845 b 1–2 überhaupt nicht die Rede. Es gibt keinen Anhaltspunkt dafür, daß Platon beabsichtigte, in Magnesia den wilden Weinstock (vitis vinifera, subsp. silvestris) mit seinen saft-

---

126 England, Laws II, 363 interpretiert seine Übersetzung „he must be fined 50 drachmas in honour of Dionysus" als „in the interests of fruit-culture". Wenn er damit ausdrükken will, daß die Summe einem Baumkultivierungsfonds zufließen soll, ist sein Verständnis der Stelle unrichtig. Aus dem ἱερὰς (844 e 3) ergibt sich zweifelsfrei, daß dieses Geld nicht umgehend wieder dem Wirtschaftsverkehr zugeleitet werden, sondern in der Tempelkasse des Dionysos verbleiben soll.

127 Vgl. Marx, Zur Kritik der Politischen Ökonomie, in: MEW 13, 3–160 [104–115], der a.a.O. 105 die politische und ökonomische Bedeutung der Staats- und Tempelschätze in der Antike analysiert.

128 Für Italien ist das Standbild des Gottes Priapos als Gartenwächter in zahlreichen griechischen Epigrammen aus dem 1. Jh. n.Chr. bezeugt, z.B. AP XVI 236 (Leon.), 237 (Tymn.), 238 (Lucill.), 240 (Phil.), 241 (Argent.), 242 (Eryc.), 243 (Antist.).

129 D. S. IV 6, 4.

130 Pl. Ti. 77 a 7 – b 1.

131 Knoch, Strafbestimmungen, 68 – wohl aus Pl. Ti. 34 c 1–2 erschlossen.

132 Knoch, Strafbestimmungen, 68; zustimmend Berneker, (Rez.) Winfried Knoch, Die Strafbestimmungen in Platons Nomoi (Klass.-phil. Studien, 23), Wiesbaden 1960, SavZ 79 (1962), 365–368 [367].

armen sauren ca. 5–7 mm langen Beeren anbauen zu lassen[133]. Kerne der vitis vinifera, subsp. silvestris, sind zwar in Troja gefunden worden, aber bereits in den auf 1700 bis 1500 vor Chr. anzusetzenden Schichten von Orchomenos hat man Kerne der Kultur- oder Edelrebe (vitis vinifera, subsp. sativa) gefunden[134]. Soweit nach dieser Zeit noch die Wildrebe angebaut wurde, hat man, wie sich aus der Fundzahl der Kerne erschließen lät, ihre Trauben nur in frischem Zustand gegessen[135], aber nicht zu Wein oder Rosinen verarbeitet. Man darf den Unterschied zwischen ἀγροῖκος und γενναία ὀπώρα nicht darin sehen, daß erstere von nicht okulierten, letztere aber generell von durch Pfropfung veredelten Pflanzen gewonnen wird. Zwar definiert Athenaios im Anschluß an sein Platonzitat Lg. 844 d 8 – 845 a 1 τὰ γενναῖα nur als τὰ ἐπεμβεβλημένα, also als durch Pfropfung veredelte Weintrauben und Feigen[136], aber Eustathios bemerkt: ὁ Πλάτων γενναῖα λέγει σῦκα, ο ὐ μ ό ν ο ν τ ὰ ε ὐ γ ε ν ῆ δοκεῖ οὕτω καλεῖν, ἀλλ' ἴσως καὶ τὰ ἐπιγεγενημένα ἐξ ἐπεμβεβλημένων συκεῶν ... τοιαύτη δὲ ἴσως καὶ ἡ παρ' αὐτῷ γενναία σταφυλή[137]. Bei der ἀγροῖκος σταφυλὴ handelt es sich um eine zur Wein- und Rosinenbereitung geeignete Sorte der vitis vinifera, subsp. sativa, mit kleineren Beeren, als sie die γενναία aufweist[138].

Zum zweiten ergibt sich aus der angeführten Stelle im Timaios durchaus nicht, daß Platon den unveredelten Bäumen und Pflanzen einen höheren Wert beimißt als den veredelten.

Von einem besonderen göttlichen Schutz für eine der beiden Arten ist im Timaios überhaupt nicht die Rede. Vielmehr werden beide generell dem dritten Teil der Seele, dem ἐπιθυμητικόν[139], zugeordnet, von dem Platon eigens betont, daß es von der Vernunft – und damit auch vom Göttlichen – durch das Zwerchfell getrennt ist[140].

Ferner läßt sich wohl kaum aus Pl. Ti. 77 a–b, wonach die unveredelten Pflanzen älter als die kultivierten sind, in Verbindung mit dem Katalog der sieben Arten legitimer Herrschaft in den Nomoi[141], wozu auch der Vorrang der Älteren vor den Jüngeren gehört, die sakralrechtliche Deliktsfolge eines Genusses der ἀγροῖκος ὀπώρα vor dem Arkturaufgang erklären.

---

133 Anderer Auffassung wohl Knoch, Strafbestimmungen, 68, nach dem nur die γενναία ὀπώρα von veredelten Pflanzen stammt.

134 Hegi, Illustrierte Flora, V 1, S. 373.

135 Hegi, Illustrierte Flora, V 1, S. 373 Anm. 1.

136 Ath. XIV, 653d.

137 Eust. Il. p. 545, 40–42 ed. Rom. (= t. II, p. 26, 40–42 ad fidem exempli Romani [Lipsiae 1828]), Sperrung vom Vf.

138 Siehe oben S. 140.

139 Pl. Ti. 77 b 3–6.

140 Pl. Ti. 77 b 4.

141 Lg. 690 a 1–c 8, im besonderen 690 a 7–8, und Lg. 714 e 4–5.

Schließlich werden – und auch das scheint Knoch zu übersehen – sowohl ἀγροῖκος als auch γενναία ὀπώρα als Gaben der Opora apostrophiert und gerade die letztere als παιδεία Διονυσιὰς bezeichnet.

Der entscheidende Grund für die Sonderstellung der ordinären Weintrauben und Feigen, den Knoch nur en passant vermerkt, besteht darin, daß sie der Versorgung für den Winter dienen. Während die Wegnahme der ohnehin nicht lagerfähigen Früchte bloß einen Angriff auf die Rechtsposition des einzelnen betroffenen Bauern bildet und damit höchstens per accidens einen Verstoß gegen die Interessen der Gesellschaft, stellt das hier geregelte Delikt einen unmittelbaren Angriff auf die ökonomische Basis der gesamten Gesellschaft dar. Wo immer aber in den νόμοι γεωργικοὶ Handlungen nicht nur mittelbar über die Verletzung individueller Rechtspositionen gesellschaftliche Interessen verletzen, sondern sich direkt gegen die ökonomische Basis der Polis richten, knüpft Platon an den Deliktstatbestand eine sakralrechtliche Rechtsfolge[142].

Eine Entschädigung des Landwirts, dem ein anderer Weintrauben oder Feigen weggegessen hat, erwähnt Platon nicht. Der Tatbestand der Norm geht allerdings auch von einem nur unwesentlichen Vermögensschaden aus; denn bereits der bloße Mundraub[143] an der ἀγροῖκος ὀπώρα ist unter Strafe gestellt. Wer in gewinnsüchtiger Weise einem anderen die ἀγροῖκος ὀπώρα aberntet, um die Früchte für sich selbst zu verwerten, und damit dem betroffenen Bauern einen spürbaren Vermögensschaden zufügt, erfüllt nicht (nur) den Deliktstatbestand dieser Norm, sondern macht sich (auch) nach anderen – im Text nicht erwähnten – Vorschriften strafbar bzw. schadensersatzpflichtig.

2. Positives Recht

Positivrechtliche Parallelen oder Vorbilder für Platons Bestimmung liegen uns nicht vor.

Hesiods Empfehlung zur Zeit des Arkturaufgangs mit der Weinlese zu beginnen, dürfte einer alten Sitte entsprechen; doch scheint es zweifelhaft, ob man dieser Regel den Charakter einer sanktionsbewehrten Rechtsnorm zusprechen kann. England vermutet, daß „probably Solon was the first to make it illegal for anyone to begin his vintage before that time“[144]. Ebenso meinte schon Hermann, daß Platon hier wie für den ganzen νόμος περὶ ὀπώρας ein solonisches Gesetz als Vorlage benutzt habe[145]. Ich sehe dafür keine Anhaltspunkte.

142 Z.B. Lg. 843 b 1–6; vgl. dazu oben S. 12–13.

143 γεύσηται, Lg. 844 d 8.

144 England, Laws II, 363.

145 Hermann, De vestigiis, 63–64.

Daß die hortorum custodes, von denen Sueton spricht[146], in Italien zu Caligulas Zeiten die Weinberge bewachten, um eine vorzeitige Traubenlese zu verhindern oder Traubendiebstähle unmöglich zu machen, dürfte nicht so selbstverständlich sein, wie Jardé[147] und ihm folgend Schuster[148] meinen. Die bekannte Paroemie *ἐρήμας* (scil. *ἀμπέλους*) *τρυγᾶν*[149] läßt auf die Existenz von Wächtern in den Weinbergen Griechenlands schließen[144]. Aber auch aus den zahlreichen von Jardé und Schuster übersehenen Stellen, die die Existenz von *ὀπωροφύλακες* in Griechenland unzweifelhaft bezeugen[151], läßt sich nicht erkennen, ob diese Wächter nur dem Schutz des Eigentümers vor Fruchtdiebstählen bzw. bei der colonia partiaria der Sicherung der Ernte und der korrekten Berechnung des Naturalpachtzinses – in beiden Fällen also privaten ökonomischen Interessen – dienten oder ob sie darüber hinaus in gesamtwirtschaftlichem Interesse für die Einhaltung einer Herbstordnung gegen die Sonderinteressen der Weinbauern zu sorgen hatten.

III. Γενναία ὀπώρα

1. Pl. Lg. 844 e 5 – 845 a 1

Für die nicht zur Verarbeitung oder Lagerung geeigneten Weintrauben und Feigen bestimmt Platon: *ὃς δ' ἂν*[152] *τὴν γενναίαν νῦν λεγομένην σταφυλὴν ἢ τὰ*

146 Suet, Calig. 59.

147 Jardé, Vindemia, in: DS V 1 (1912), 898b–899b [898b mit nota 6 unter Berufung auf Suet. Calig. 39 (sic!) und Varro RR II 10, wo sich weder etwas über Flurschützen noch den Zweck ihrer Tätigkeit findet].

148 Schuster, Vindemia, in: RE IX A 1 (1961), 17–24 [20 f.]

149 Ar. Ec. 885–886, V. 634.

150 Daß bei Aristophanes eine fehlende Bewachung gemeint ist, dürfte klar sein: MacDowell, Aristophanes. Wasps. Edited with introd. and comm. by D.M. MacDowell, Oxford 1971, p. 217 ad V. 634 und Starkie, The Wasps of Aristophanes. With introd., metrical analysis, critical notes, and comm. by W.J.M. Starkie, Amsterdam 1968, p. 245 ad V. 634; ebenso schon Schuster, Vindemia, in: RE IX A 1 (1961), 21 – allerdings in kritikloser Anlehnung an die Zitate bei Jardé, Vindemia, in: DS V 1, 898 n. 6.

151 Arist. Pr. 938 a 11–16; Gal., De alim. fac. II 9 (VI, p. 573 Kühn); Hsch. s.v. *ὀπωροφυλάκιον* (O 1084); An. Ox. II, 462, Z. 32–33; Athanas. Alex. exp. Ps. 78, 2 (Migne 27, 357 C); Gloss. II, 386, Z. 8 et III, 262, Z. 15; Ashburner, JHS XXX, 102, § 33 (= J.D. et P.I. Zepos, Jus Graecoromanum II, 67 = Harmenopoulos, Hexabiblos, *Νόμοι γεωργικοί*, II 3 (p. 836 Heimbach)); für Rom vgl. Suet. Calig. 59; Plin. Ep. IX 37, 3; Lex de villae Magnae colonis, § 10, col. III, Z. 15–17 (Bruns, Fontes, 7. ed., 298); für Ägypten: P. Oxy. IV 729, Z. 11 und P. Ryl. 244 introd.

152 *ὃς δ' ἂν* : *ὅταν* Eus.

γενναῖα σῦκα ἐπονομαζόμενα ὀπωρίζειν βούληται, ἐὰν μὲν ἐκ τῶν οἰκείων λαμβάνῃ, ὅπως ἂν ἐθέλῃ καὶ ὁπόταν βούλημαι καρπούσθω[153], ἐὰν δ' ἐξ ἄλλων μὴ πείσας, ἑπομένως[154] τῷ νόμῳ[155], τῷ μὴ κινεῖν ὅτι μὴ κατέθετο, ἐκείνως[156] ἀεὶ[157] ζημιούσθω[158]. Für die sogenannte γενναία ὀπώρα[159] gibt es keine Herbstordnung. Der Eigentümer darf seine Früchte pflücken, wie und wann er will. Wir haben oben bereits festgestellt, daß diese Passage nur deklaratorischen Charakter hat und nicht als eine Ausnahme von einer allgemeinen Beschränkung der Erntebefugnisse zu verstehen ist[160].

Vergreift sich ein freier Bürger[161] an den Edelfrüchten eines anderen ohne dessen Einwilligung, so soll er nach dem Gesetz μὴ κινεῖν ὅτι μὴ κατέθετο bestraft werden. Die Anspielung auf das bekannte von der Fundunterschlagung handelnde Gesetz ἃ μὴ ἔθου, μὴ ἀνέλῃ· εἰ δὲ μή, θάνατος ἡ ζημία[162] ist an dieser Stelle ebenso unüberhörbar wie in Platons Gesetz über den Schatzfund[163]. Diogenes Laertius schreibt dieses Gesetz Solon zu, eine Behauptung, die von fast allen Autoren kritiklos in ihre Kommentare zu Lg. 844 e 9 und 913 c 7 – d 1 übernommen worden ist[164], obwohl einmal die Abweichung von den ebenfalls Solon zugeschriebenen wesentlich differenzierteren Eigentumsentziehungsbestimmungen bei Demosthenes[165] und zum anderen die Tatsache, daß Aelian ein Gesetz mit dem Gebot ὃ μὴ κατέθου, μὴ λάμβανε dem stageiritischen Recht zuschreibt[166], hätte stutzig machen sollen. Wie Latte festgestellt hat[167], kann

153 καρπούσθω A O Eus. : δρεπέσθω T Cod. Voss. et Ast.

154 ἑπομένως Stephanus : ἑπόμενος A O cum Eusebii B I (deficit O N).

155 νόμῳ : λόγῳ Eus. I (deficit B O N).

156 ἐκείνως O^4 (ω s.v.) et Π^0 i.m. O^4 : ἐκεῖνος A O Eus. I.

157 ἀεὶ : αἰεὶ Ath.

158 Lg. 844 e 5 – 845 a 1. ὃς ἂν (844 d 8) – ζημιούσθω (845 a 1) hab. Ath. XIV, 653 c–d; ὃς δ' ἂν (844 e 5) – μαστιγούσθω (845 a 5) hab. Eus. PE XIII 21, 12.

159 Unter Bezugnahme auf Platon benutzen Ath. XIV, 653 c–d und Eust. Il. p. 545, 40–42 ed. Rom. (= t. II, p. 26, 40–42 ad fidem exempli Romani [Lipsiae 1828]) den Terminus γενναῖος, ohne besondere Berufung auf Platon findet sich bei D. Chr. VII 46.

160 Siehe oben S. 143.

161 Daß die Rechtsfolge nur auf freie inländische Bürger Anwendung findet, ergibt sich per exclusionem daraus, daß im folgenden für Sklaven (845 a 1–4), Metöken (845 a 4–5) und Fremde mit ihrer Begleitung (845 a 5– b 1) Sonderbestimmungen ausgeführt werden.

162 D.L. I 57.

163 Lg. 913 c 7 – d 1.

164 Ast, Leges II, 420; Stallbaum, Plato X. 2, p. 465 adn. und X. 3, p. 249 adn. ad C; Apelt, Gesetze, 531 Anm. 50; England, Laws II, 363–364; Bury, Laws II, 390 n. 1; Novotný, Zákony, 358; Maykowska, Prawa, 615; Pabon-Fernandez–Galiano, Las leyes II, 99 n. 25; Carratelli, Platone, 1541 n. 16.

165 Dem XXIV 105. 113.

166 Ael. VH III 46.

diese Bestimmung nicht nach Athen gehören, da Demosthenes *εὑρεῖν* unter den Rechten zum Besitz anführt[168]. Da die von Diogenes Laertius unmittelbar vorher[169] und anschließend[170] als solonisch deklarierten Gesetze ebenfalls nicht von Solon stammen, sondern in der Regel mit Charondas in Verbindung gebracht werden[171] und das vorliegende Gesetz für Stageira bezeugt ist[172], dessen Recht seinerseits auf die Gesetze des Charondas zurückgeht[173], kommt Ruschenbusch zu dem überzeugenden Ergebnis, daß es sich bei der Norm *ἃ μὴ ἔθου, μὴ ἀνέλῃ* um ein Gesetz des Charondas handelt[174].

Solonisch ist vielmehr die im attischen Kodex von 403 v.Chr. rezipierte lex bei Dem. XXIV 105[175], während das von Demosthenes or. XXIV 113[176] zitierte und Solon zugeschriebene Gesetz nicht von diesem, sondern aus dem Kodex von 403 v.Chr. stammt[177].

Selbst wenn man die falsche Zuschreibung korrigiert, kann man nicht davon sprechen, daß Platon hier oder in Lg. 913 c 7 – d 1 das Gesetz des Charondas rezipiert habe; denn in der Rechtsfolge seiner Fruchtdiebstahlsbestimmung weicht Platon zweifellos von seinem Gewährsmann[178] ab. Das folgt bereits aus der Strafandrohung gegen den Sklaven, der dieses Delikt begeht[179]: Wenn der Sklave für den Mundraub an der *γενναία ὀπώρα* mit Geißelhieben gezüchtigt wird, kann die gleiche Tat eines Freien nicht mit der Todesstrafe bzw. der straflosen Tötung durch den Bestohlenen bedroht sein. Im übrigen ergibt sich der Ausschluß der Todesstrafe per analogiam auch aus Lg. 913 c 7 – 914 a 5, wo Platon ebenfalls nicht die Todesstrafe als absolute Rechtsfolge anordnet, sondern die Strafe im Einzelfall vom Heiligtum in Delphi bestimmen läßt.

Korrekterweise wird man in Platons Anspielung nicht einmal eine Tatbestands-

---

167 Latte, Hermes 66, 139 Anm. 1 = ders., Kleine Schriften, 276 Anm. 38 = in: Berneker, Zur griechischen Rechtsgeschichte, 294 Anm. 11.

168 Dem. XLV 81.

169 D.L. I 57: *κἀκεῖνο· δακτυλιογλύφου μὴ ἐξεῖναι σφραγῖδα φυλάττειν τοῦ πραθέντος δακτυλίου.*

170 D.L. I 57: *καὶ ἐὰν ἕνα ὀφθαλμὸν ἔχοντος ἐκκόψῃ, ἀντεκκόπτειν τοὺς δύο.*

171 Vgl. D. S. XII 15, 2; XII 17, 4.

172 Ael. VH III 46.

173 Vgl. Bonner-Smith, Administration of Justice I, 70.

174 Ruschenbusch, ΣΟΛΩΝΟΣ ΝΟΜΟΙ, 44.

175 = Solon F 23d.

176 = Solon F 113.

177 Ruschenbusch, ΣΟΛΩΝΟΣ ΝΟΜΟΙ, 53.

178 Daß Platon selbst offenbar geglaubt hat, ein solonisches Gesetz zu zitieren, wird allgemein aus Lg. 913 d 1 geschlossen, vgl. England, Laws II, 512; Apelt, Gesetze, 542 Anm. 5; Novotný, Zákony, 358; Maykowska, Prawa, 615.

179 Lg. 845 a 1–4.

verweisung bzw. -rezeption sehen dürfen, sondern nur eine Parömie, mit der er ein Rechtsprinzip ausdrücken will.

Bei Drakon stand auf handhaften Diebstahl ganz allgemein noch die Todesstrafe[180], wobei es sich allerdings nicht um eine echte staatliche Strafe, sondern um die obere Grenze der zugelassenen Selbsthilfe bzw. Privatrache handelt[181]. Die Notizen bei Plutarch[182] und Alkiphron[183] lassen vermuten, daß das Gesetz den Fruchtdiebstahl im Tatbestand ausdrücklich erwähnt hat. Daß zu Solons Zeiten der Fruchtdieb nicht mehr einer bis zur straflosen Tötung gehenden Selbsthilfe des Geschädigten oder gar einer staatlichen Todesstrafe ausgesetzt war, ergibt sich gegen Alkiphrons Bemerkung, der hier irrtümlich Solons Namen dem Drakons hinzugefügt hat[184], und gegen den unglaubwürdigen Bericht des Festus[185], der im übrigen vom Bandendiebstahl handelt, schon aus der Aufhebung der drakontischen Todesstrafe für Diebe durch Solon[186] und ihrer Ersetzung durch eine Geldstrafe in Höhe des doppelten Wertes[187] nebst fakultativer Strafschärfung durch Fesselung im Stock[188].

Knoch will in den Fällen eines Verstoßes gegen die platonische Norm zum Schutze der *γενναία ὀπώρα* die profane Rechtsfolge des normalen Diebstahlstatbestandes[189] angewandt wissen, weil die beiden Edelfrüchte durch die Veredelung des Bauern „gleichsam zu einem von Menschenhand gemachten Werk" geworden seien[190]. Daß die Sanktion in einer Geldstrafe besteht, dürfte unzweifelhaft sein, aber angesichts der Tatsache, daß die *γενναία ὀπώρα* als *παιδεία Διονυσιὰς* und als Geschenk der Opora eingeführt ist und angesichts der Berufung

180 Plut. Sol. 17, 1 (= Solon F 1b); Gell. N.A. XI 18, 3; Alciphr. II 38, 3.

181 Ruschenbusch, ΦΟΝΟΣ. Zum Recht Drakons und seiner Bedeutung für das Werden des athenischen Staates, Historia 9 (1960), 129–154 [139. 149–151] und ders., Untersuchungen zur Geschichte des athenischen Strafrechts (Graezistische Abhandlungen, 4), Köln-Graz 1968, S. 15; zweifelnd noch: Latte, Hermes 66, 145 = ders., Kleine Schriften, 281 = in: Berneker, Zur griechischen Rechtsgeschichte, 300.

182 Plut. Sol. 17, 1: ... *τοὺς λάχανα κλέψαντας ἢ ὀπώραν ὁμοίως κολάζεσθαι τοῖς ἱεροσύλοις καὶ ἀνδροφόνοις.*

183 Alciphr. II 38, 3: *μέμφομαι τῷ Σόλωνι καὶ τῷ Δράκοντι, οἳ τοὺς μὲν κλέπτοντας σταφυλὰς θανάτῳ ζημιοῦν ἐδικαίωσαν.*

184 Latte, Hermes 66, 144 Anm. 1 = ders., Kleine Schriften, 281 Anm. 43 = Berneker, Zur griechischen Rechtsgeschichte, 300 Anm. 16.

185 Fest. s.v. Sycophantas, p. 302 a 30 – b 4 Mueller = p. 432, 30–434, 4 Thewrewk = p. 392, 9–17 Lindsay.

186 Plut. Sol. 17, 1 (= Solon F 1b); Gell. N.A. XI 18, 5; Arist. Ath. Pol. 7, 1 (= Solon F 1a).

187 Gell. N.A. XI 18, 5.

188 Dem. XXIV 105.

189 Lg. 933 e 6 – 934 a 5.

190 Knoch, Strafbestimmungen, 68.

auf den Grundsatz ἃ μὴ ἔθου, μὴ ἀνέλῃ, der in Lg. 913 a 6 – 914 a 5 eine sakralrechtliche Sanktion impliziert, scheint mir eine Sakralbuße als Rechtsfolge wahrscheinlicher zu sein. Diese Frage ist jedoch nicht mit Sicherheit zu entscheiden.

Platons Gesetz ist auf jeden Fall strenger als andere Rechtsordnungen des Mittelmeerraumes: Das mosaische Recht, von dem weiter unten im einzelnen die Rede sein wird[191], gestattet das Abpflücken fremder Trauben zum sofortigen Verzehr[192]; das byzantinische Agrarrecht läßt die βρῶσις straflos und bedroht nur das Betreten fremder Weinberge und Feigenpflanzungen κλοπῆς χάριν mit Schlägen und Wegnahme der Kleider[193]: Für Griechenland fehlen uns in dieser Hinsicht juristische Quellen. Berneker meint allerdings, aus einem Maecius-Epigramm ein Recht auf Wegzehrung erschließen zu können[194]. Pan als Wächter eines Weinstocks wendet sich darin mit folgenden Worten an den Vorübergehenden: αἰ δέ σε πορφυροντος ἔχει πόθος, ὦ παροδῖτα, | βότρυος, οὐ φθονέω γαστρὶ χαριζομένῳ· | ἢν δὲ χερὶ ψαύσῃς κλοπίῃ μόνον αὐτίκα δέξῃ | ὀζαλέην βάκτρου τήνδε καρηβαρίην[195]. Abgesehen davon, daß Maecius ein griechisch dichtender Römer der frühen Kaiserzeit ist – also eine recht späte Quelle, die eher einen Schluß auf römische Verhältnisse zuläßt –, dürfte auch das juristische Resumé dieses Epigramms nicht so klar und eindeutig sein. Diesem einen Beleg für die Gewähr einer Wegzehrung stehen zwei griechische Epigramme aus dem 1. Jahrhundert gegenüber, in denen ausdrücklich die Wegnahme selbst einer einzigen Feige untersagt wird[196]. Ovid hat in seiner Elegie Nux das ursprünglich griechische Motiv des Nußbaums verwandt, der sich über die Passanten beklagt, die ihn wegen seiner Früchte mit Steinen bewerfen. Es heißt dort: „Forsitan hoc aliquis dicat, ‚Quae publica tangunt carpere concessum est: hoc via iuris habet.'"[197]. Da die Stelle mit gewisser Wahrscheinlichkeit auf eine griechische rhetorische Übung zurückgeht, vermutet Berneker, daß sie griechisches Recht wiedergibt[198]. Danach wäre es gestattet, Früchte von Bäumen, die an öffentliche Grundstücke angrenzen (oder nur den Überhang?), abzupflücken[199]. Die Beschränkung des Pflückrechts auf die Früchte, quae publica tangunt, ist zwar

191 Siehe unten S. 160–163.

192 Dt. 23, 25.

193 Ashburner, JHS XXX, 105, § 61.

194 Berneker, SavZ 79, 367.

195 AP IX 249 (Maec.), Z. 3–6.

196 AP XVI 240 (Phil.) und 241 (Argent.); vgl. auch AP XVI 193 (Phil.) bezüglich eines Kohlkopfes.

197 Ovid Nux 133–134.

198 Berneker, SavZ 79, 368.

199 Vgl. Burmann, Publii Ovidii Nasonis Opera omnia IV voluminibus comprehensa; cum integris Jacobi Micylli, Herculis Ciofani, et Danielis Heinsii notis et Nicolai Heinsii

eine etwas grobe, aber doch verhältnismäßig praktikable Methode, eine Grenze zwischen erlaubtem Mundraub und gewinnsüchtigem Diebstahl zu ziehen. Ob aber dieses Ovidzitat wirklich griechisches Recht referiert, bleibt zweifelhaft.

2. Pl. Lg. 845 a 1–4

Für Sklaven bestimmt das Gesetz: *ἐὰν δὲ δὴ*[200] *δοῦλος μὴ πείσας τὸν δεσπότην τῶν χωρίων ἅπτηταί του τοιούτων, κατὰ ῥᾶγα βοτρύων καὶ σῦκον συκῆς ἰσαρίθμους πληγὰς τούτοις μαστιγούσθω*[201].

Vergreift[202] sich ein Sklave ohne Zustimmung des Eigentümers[203] an Edeltrauben oder -feigen, so soll er Schläge erhalten. Unter den Übersetzern ist überaus kontrovers, was Bemessungsgrundlage für die Zahl der Schläge ist. Eyth[204], Apelt[205] und Taylor[206] sowie Morrow[207] meinen, der Sklave solle so viele Schläge erhalten, wie er Weinbeeren oder Feigen gepflückt hat. Ritter ist der Ansicht, die Zahl der entwendeten Trauben oder Feigen sei Züchtigungsmaßstab[208]. Dieses Normverständnis scheint unmittelbar einleuchtend, weil es in archaisch typisierender Weise den Grad der deliktischen Intensität und das Ausmaß des angerichteten Schadens berücksichtigt. Trotzdem kann diese Auffassung – im besonderen die erstgenannte Ansicht – nicht richtig sein: Eine Feige ist erheblich größer als eine Weinbeere. Auch ein hungriger Sklave hat seinen Appetit nach dem Genuß von 8 bis 10 Feigen gestillt, während er sicher 6 bis 8

---

curis secundis, et aliorum in singulas partes, partim integris, partim excerptis, adnotationibus, cura et studio Petri Burmanni, qui et suas in omne opus adiecit, Amstelodami 1727, Nota ad Nux 133.

200 δὴ deficit in Eus.

201 Lg. 845 a 1–4, habet Eus. PE XIII 21, 12.

202 Daß ἅπτηται nicht schon – was sprachlich auch möglich wäre – die bloße Kontrektation, sondern Apprehensation oder Ablation meint, ergibt sich klar aus dem ἁπτέσθω in Lg. 845 a 7. Im Sinne der römischrechtlichen contrectatio versteht jedoch Bury diese Stelle, wenn er übersetzt: „And if a slave ... touches any of such fruit..." (Laws II, 179). Nicht ganz klar: Diès, Platon XII. 1, p. 89: „Si c'est un esclave qui ... met la main à ..." und Maykowska, Prawa, 371: „... który sięgnie po owoc ..."

203 δεσπότης τῶν χωρίων ist immer ein fremder Herr, nicht der Herr des Sklaven. Da der Sklave ohnehin der Züchtigungsgewalt seines Herrn unterliegt, bedarf dieser nicht des Schutzes des Gesetzes gegen seinen eigenen Sklaven.

204 Eyth, Platos über die Gesetze (Platos ausgewählte Werke, 11–13), Berlin o.J., Bd. 12, S. 157.

205 Apelt, Gesetze, 342.

206 Taylor, Laws, 233.

207 Morrow, Law of Slavery, 57.

208 Ritter, Gesetze I, 79.

Trauben zu 40–50 Beeren essen muß, um den gleichen Sättigungseffekt zu erzielen. Der Traubendieb würde dann unverhältnismäßig härter als der Feigendieb bestraft. Für eine derartige Differenzierung zwischen Trauben- und Feigendiebstahl ist aber kein sachlicher Grund erkennbar. Wenn man ῥὰξ nicht als Weinbeere, sondern wie Ritter als Weintraube verstehen will, was nach der Etymologie des Wortes möglich ist[209], ist zwar der Unterschied in der Rechtsfolge des Trauben- und des Feigendiebstahls beseitigt, aber eine Strafe von 6–10 Geißelhieben erscheint bei einem Vergleich mit dem positiven Recht außergewöhnlich milde. Wenn ein griechisches Gesetz eine feste Zahl von Hieben bestimmt, liegt sie in der Regel für vergleichbare Delikte bei 50[210] bis 100[211]. Etwa in dieser Größenordnung sollte aber auch in concreto die Zahl der Schläge liegen, die in Magnesia der Sklave für Mundraub oder Diebstahl der *γενναία ὀπώρα* erhält. Man darf daher jedenfalls bei den Feigen nicht auf die Zahl der gepflückten oder verzehrten Früchte abstellen. Das gleiche sollte aber per analogiam für die Weintrauben bzw. -beeren gelten. *Κατὰ ... σῦκον συκῆς ἰσαρίθμους* muß daher bedeuten, daß der Sklave so viele Schläge erhalten soll, wie Feigen an einem Feigenbaum bzw. an dem Feigenbaum, an dem er sich vergriffen hat, sind[212]. Diese Auffassung führt allerdings zu dem unbefriedigenden Ergebnis, daß der Sklave in Jahren, in denen die Feigenbäume besonders gut tragen, härter bestraft wird als in mageren Jahren, obwohl doch der Schaden, der dem Eigentümer der Pflanzung entsteht, bei einer reichen Ernte verhältnismäßig geringer ist.

Κατὰ ῥᾶγα βοτρύων ἰσάριθμοι πληγαὶ kann bedeuten: „so viele Schläge, wie eine Weintraube Beeren hat"[213] oder „wie die Weinstöcke, an denen er sich vergriffen hat, Trauben[214] bzw. Beeren[215] haben". Da Platon beim Feigendiebstahl

209 skr. rāçíș Haufe, Menge, lat. racemus, Traube, Beere, Menge-Güthling, Enzyklopädisches Wörterbuch der griechischen und deutschen Sprache, I. Teil: Griechisch-Deutsch, 13. Aufl., Berlin 1955, s.v. ῥάξ.

210 Aeschin. I 139; OGIS 483, Z. 174–177 (= SEG XIII 521, Z. 187–190); OGIS 515, Z. 29–31; Syll. 984, Z. 9–10 (= Michel 686 = Leg. Sacr. II 34 = IG II/III^2 1362 = LSG 37); IG II/III^2 1013, Z. 5–6 (= CIG 123 = IG II 1, 476) und IG XII 1, 1, Z. 4–5 (= SGDI 3757) in Verbindung mit dem überzeugenden Ergänzungsvorschlag von Wilhelm, Zu den Inschriften des Bundes der Magneten, Hermes 44 (1909), 41–59 [44–45].

211 Syll.^{2} 680, Z. 2–4; Syll. 1157, Z. 85–86 (= LSG 84, Z. 16–17); OGIS 483, Z. 177–183 (= SEG XIII 521, Z. 190–196): Bei der Entlassung aus dem ξύλον erhält der Sklave zusätzlich noch einmal mindestens 50 Schläge. Mindestens 100 Hiebe sieht P. Hal. 1, Z. 188–189 und Z. 196–197 vor, ebenso P. Lille 29 II, Z. 33–35.

212 So Müller, Nomoi, 210; Diès, Platon XII. 1, p. 89; Bury, Laws II, 179; Novotný, Zákony, 223; Maykowska, Prawa, 371.

213 So Diès, Platon XII, 1, p. 89 und Bury, Laws II, 179.

214 So Müller, Nomoi, 210.

215 So Maykowska, Prawa 371 und Cassarà, in: Carratelli, Platone, 1316.

die Zahl der Schläge im Einzelfall nicht von der deliktischen Intensität des Sklaven abhängig macht, dürfte auch bei den Weinstöcken nicht darauf abzustellen sein, wie viele der Sklave geplündert hat. Es erscheint mir daher richtig, darauf abzustellen, wie viele Beeren eine Traube hat. Da die Zahl der Beeren einer Traube in der Größenordnung in etwa der Zahl der Früchte eines Feigenbaums entspricht, führt diese Auffassung auch zu der zu erwartenden Konsequenz, daß Trauben- und Feigendieb gleich bestraft werden. Mit dem Abstellen, auf die leicht nachprüfbare Beerenzahl einer Weintraube bzw. die Zahl der Früchte eines Feigenbaums, fällt zwar die praktische kriminalistische Schwierigkeit weg, zu ermitteln, wie viele Feigen ein Sklave eigentlich verspeist hat[216]. Unbefriedigend bleibt jedoch, daß bei diesem Verständnis der Rechtsfolge keine nach Verschulden und Schadensausmaß differenzierende Bestrafung des Fruchtdiebes möglich ist, wie sie sonst in Griechenland bei Eigentumsdelikten stets vorgesehen ist. Im Einzelfall bleibt in Magnesia höchstens die Möglichkeit, bei leichteren Fälle eine kleinere Traube oder einen kleineren Feigenbaum, in schwereren Fällen eine größere Pflanze als Bestrafungsmaßstab zu wählen.

Eine positivrechtliche Bestimmung dieser Art ist uns nicht überliefert. Es kann sich daher nur um eine Vermutung handeln, wenn Stallbaum behauptet, die platonische Strafe sei härter als in Attika[217]. Es entspricht gemeingriechischem Recht, daß ein Sklave für ein Delikt härter bestraft wird als ein Freier. Im allgemeinen wird die für den Freien angesetzte Geldstrafe, die für den Sklaven meist sein Herr zu zahlen hat, durch die Geißelung des Sklaven geschärft oder ersetzt[218].

Die Mysterieninschrift von Andania z.B. bestimmt in dem Abschnitt *ἀδικημάτων*[219] für die von Sklaven zur Zeit der Opfer und Mysterien begangenen Diebstähle: *ὁ δὲ δοῦλος μαστιγούσθω καὶ ἀποτεισάτω διπλοῦν τὸ κλέμμα*[220].

Ebenso tritt im Edictum sacerdotis Apollinis Erithasei vom Ende des 4. Jh.[221] für den Diebstahl von Baum- oder Raffholz aus dem Tempelbezirk an die Stelle der für die Tat eines Freien angedrohten Geldstrafe von 50 Drachmen[222] beim Sklaven die Geißelung mit 50 Hieben[223].

---

216 Bei Weintrauben ließe sich das anhand der weggeworfenen Stiele nachrechnen.

217 Stallbaum, Plato X. 2, p. Nota ad 845.

218 Vgl. Dem. XXII 55; Dikaiomata, 110–111.

219 DGE 74; Z. 75–78 (= Michel 694 = SGDI 4689 = Leg. Sacr. II 58 = IG V 1, 1390 = Syll. 736 = LSG 65).

220 DGE 74, Z. 76–77.

221 Syll. 984 (= Michel 686 = Leg. Sacr. II 34 = IG II/III^2 1362 = LSG 37).

222 Syll. 984, Z. 14–15.

223 Syll. 984, Z. 9–10.

Während ein freier Mann für das Abhauen oder Beschädigen von Bäumen und das Weiden von Vieh im Heiligtum des Apollo Coropaeus mit 50 Drachmen bestraft wird[224], droht dem Sklaven für die gleichen Delikte öffentliche Geißelung mit 100 Hieben[225].

Im allgemeinen erscheint das μαστιγοῦσθαι nur als ordnungspolizeiliche Sanktion gegen Sklaven, etwa bei Verunreinigung von Wegen[226], bei Brunnendelikten[227], bei Verwendung falscher Maße und Gewichte[228] und schließlich bei Verstößen gegen Bank- und Münzgesetze[229].

Knoch bezieht Platons Strafbestimmung gegenüber Sklaven nicht nur auf den Diebstahl der γενναία, sondern auch auf den der ἀγροῖκος ὀπώρα[230]. Das erscheint sehr zweifelhaft, da in dem ganzen Abschnitt Lg. 844 e 5 – 845 b 1 expressis verbis immer nur von den Edelfrüchten die Rede ist.

3. Pl. Lg. 845 a 4–5

Für Metöken bestimmt Platons Gesetz: μέτοικος δὲ ὠνούμενος τὴν γενναίαν ὀπώραν ὀπωριζέτω, ἐὰν βούληται[231]. Der Metöke muß die Früchte zuerst auf dem Stock bzw. Baum kaufen und darf dann nach Belieben ernten.

Nur auf den ersten Blick scheint diese Bestimmung nicht ganz in Einklang mit Platons Gesetz περὶ τροφῆς καὶ διανομῆς τῶν ἐκ τῆς χώρας[232] zu stehen. Dort bestimmt Platon, daß zunächst die gesamte Ernte in zwölf Teile aufzuteilen ist, die jeweils dazu dienen, den Bedarf der Bevölkerung für einen Monat zu decken[233]. Jedes Zwölftel ist wiederum in drei Teile zu unterteilen, von denen zwei für den Bedarf der freien Bürger und ihres Gesindes bestimmt sind, während der dritte Teil auf dem Markt an Metöken und Fremde verkauft werden soll[234].

---

224 Syll. 1157, Z. 79–83 (= Michel 842 B, Z. 30–34 = Leg. Sacr. II 81, Z. 10–14 = IG IX 2, 1109 = LSG 84, Z. 10–14).

225 Syll. 1157, Z. 85–86.

226 Syll. 313, Z. 40–43 (= Michel 114 = IG II 5, 192c = IG II/III^2 380) (Decretum Atticum de agoranomis, 320/319 v.Chr.).

227 OGIS 483, Z. 174–180 (= SEG XIII 521, Z. 187–193); IG XII 5, 569, Z. 7–8 (= Michel 405).

228 IG II/III^2 1013, Z. 5–6 (= CIG 123 = IG II 1, 476).

229 Decretum Mylasense de trapezitis OGIS 515, Z. 29–31 und Amphictyonum Delphicorum decretum de tetrachmis Atticis factum Syll. 729, Z. 5–6.

230 Knoch, Strafbestimmungen, 69 Anm. 142.

231 Lg. 845 a 4–5.

232 Lg. 847 e 2 – 848 b 1.

233 Lg. 847 e 4–6 in Verbindung mit 849 b 4 – c 1; vgl. England, Laws II, 369.

234 Lg. 847 e 6 – 848 a 6.

Während nun Lg. 845 a 4–5 von einem Verkauf der Früchte auf dem Stock bzw. Baum ausgeht, sehen das Verteilungsgesetz[235] und die Marktordnung[236] vor, daß die geernteten Früchte auf dem Markt gehandelt werden. Der Widerspruch beider Stellen ist nur scheinbar. Die Zwölfteilung der in Lg. 847 e 2 – 848 b 1 behandelten landwirtschaftlichen Erzeugnisse und die Bestimmung, daß monatlich jeweils nur ein Zwölftel der gesamten marktfähigen Menge auf dem Markt verkauft werden soll, um auf diese Weise die gleichmäßige Versorgung der Bevölkerung das ganze Jahr hindurch planvoll zu sichern, setzen voraus, daß es sich bei diesen Produkten um die *εἰς ἀπόθεσιν γενομένη κατὰ φύσιν ὀπώρα* sowie den *θέρος* und die anderen lagerfähigen Feldfrüchte, nicht aber um die in Lg. 845 a 4–5 behandelte *γενναία ὀπώρα* handelt.

Trotzdem ist natürlich auch die *γενναία ὀπώρα* marktfähig. Im Anschluß an die Marktordnung der lagerfähigen landwirtschaftlichen Erzeugnisse mit ihren festen Markttagen, an denen jeweils der gesamte Monatsbedarf eingekauft werden muß, regelt Platon die *καπηλεία* dieser Produkte, des nur begrenzt haltbaren Brotes sowie der gesamten übrigen Lebensmittel[237], wozu auch der Kleinhandel mit der *γενναία ὀπώρα* und den in Lg. 845 b 7 – c 1 genannten Früchten gehört. Angesichts der gemeingriechischen Verachtung der *κάπηλοι*, die bei Platon mehrfach zutage tritt[238], nimmt es nicht wunder, daß die Teilnahme an der *καπηλεία* sowohl auf der Käufer- als auch auf der Verkäuferseite allen freien Bürgern und sogar ihren Sklaven untersagt ist[239]. Ein Bauer, der sein Tafelobst auf den Markt bringen will, hat daher nur die Möglichkeit, es auf dem Stock bzw. Baum an einen Metöken zu verkaufen, der es seinerseits dann *ἐν ταῖς τῶν ξένων ἀγοραῖς* an die Handwerker und ihre Sklaven im Tauschhandel gegen Wein und Getreide verkaufen darf. Will ein Bauer seinerseits Tafelobst ankaufen, darf er das nur direkt vom Erzeuger ohne Benutzung des Marktes[240].

Aus Platons Gesetz geht nicht hervor, ob der Eigentümer der Pflanzungen verpflichtet ist, dem Metöken, der ja selbst keinen Grund und Boden besitzt, die *γενναία ὀπώρα* zu verkaufen. In dem *νόμος περὶ τροφῆς καὶ διανομῆς τῶν ἐκ τῆς χώρας* besteht für den dritten zur Ernährung der Metöken und Fremden bestimmten Teil der Ernte ein Verkaufszwang[241], während die beiden anderen

235 Lg. 847 e 2 – 848 a 6.

236 Lg. 849 a 7 – c 5.

237 Lg. 849 c 5 – d 5.

238 Lg. 918 c 3 – 920 c 8, allerdings mit der prinzipiellen Anerkennung der Funktion des Kleinhandels in Lg. 918 a 8 – c 3.

239 Lg. 849 c 7–8.

240 Argumentum e contrario aus Lg. 844 e 8–9 in Verbindung mit Lg. 849 c 7–8.

241 Lg. 848 a 6–8.

Teile zwar marktfähig sind, aber nicht verkauft werden müssen[242]. Daß diese von den lagerfähigen landwirtschaftlichen Erzeugnissen handelnde Bestimmung nicht direkt auf die *γενναία ὀπώρα* anwendbar ist, haben wir bereits oben festgestellt. Aber auch per analogiam ist ein Kontrahierungszwang wohl nicht anzunehmen. Grundgedanke der Verpflichtung, ein Drittel der lagerfähigen Landwirtschaftsprodukte auf dem Markt zu verkaufen, ist die gesicherte Versorgung der Bevölkerung mit den notwendigen Grundnahrungsmitteln[243], wozu das Tafelobst sicher nicht gehört. Es ist daher kein Grund ersichtlich, daß der Pflanzungseigentümer in seiner Freiheit zum Abschluß eines Kaufvertrages mit einem Metöken beschränkt sein sollte.

Die Strafe für den Metöken, der fremdes Tafelobst ohne vorherige Bezahlung erntet oder davon nascht, erwähnt Platon nicht.

Entsprechende gesetzliche Bestimmungen aus dem griechischen Recht sind uns nicht überliefert. Es besteht kein Grund, mit Hermann[244] und anderen[245] ein solonisches Gesetz als Vorlage zu vermuten.

Platons Gesetz ist jedoch in anderer Beziehung dogmatisch interessant, nämlich was den Kauf noch nicht vom Stock bzw. Baum getrennter Früchte angeht.

Pringsheim betont zu Recht, „that the Greeks had difficulties in conceiving and an aversion to acknowledging the sale of future fruits“[246]. Da eine unbestimmte Ware nicht übereignet werden kann, ist sie auch kein geeignetes Kaufobjekt, und Haftung für eine zukünftige Lieferung ist mit der griechischen Konzeption des Handkaufs nicht vereinbar[247]. Um den wirtschaftlich gewünschten Erfolg dennoch erzielen zu können, behandelte man die zukünftige Ernte wie eine bereits konkretisierte Sache, wenn sie wenigstens nach der Fruchtart und dem Erntefeld bestimmbar war. Die griechische Rechtsordnung folgte aber nur ungern der Entwicklung ökonomischer Bedürfnisse, und so finden sich gelegentlich strikte Verbote des Verkaufs der ungeernteten Weintrauben auf dem Stock. Der hellenistische Gnomon des Idios Logos von etwa 150 nach Chr.[248] bestimmt in

---

242 Lg. 848 a 6 – b 1. Gegen Ritter, Gesetze II, 265 Anm. und S. 266, der an dieser Stelle *ἐπάναγκες ἔστω μηδὲν πωλεῖν* lesen will, verweist England, Laws II, 369 auf die Parallele in Pl. Symp. 176 e 5 und stellt fest: „In the previous sentence *τοῦτο μόνον* goes more closely with *ἐξ ἀνάγκης* than with *ὤνιον*.“

243 *τροφῆς ἀναγκαίου δεόμενοι*, Lg. 848 a 5.

244 Hermann, De vestigiis, 64.

245 Z.B. England, Laws II, 364.

246 Pringsheim, GLS, 296.

247 Pringsheim, (Rez.) Paul M. Meyer, Juristische Papyri. Erklärung von Urkunden zur Einführung in die juristische Papyruskunde, Berlin 1920, Vierteljahresschrift für Sozial- und Wirtschaftsgeschichte, XVII (1923), 109–111 [110]; Pringsheim, GLS, 296.

248 BGU 1210. Zur Datierung vgl. Schubart, Der Gnomon des Idios Logos, I. Teil: Der Text (BGU V 1), Berlin 1919, S. 4.

§ 104: ['A]τρύγητα γενήματα οὐκ ἐξὸν πωλεῖν[249]. Dieses Verbot ist weder allein aus ökonomischen Gesichtspunkten[250], noch ausschließlich mit dogmatisch-konstruktiven Schwierigkeiten des Vorausverkaufs[251] zu erklären, sondern nur aus beiden Gesichtspunkten gemeinsam[252], wobei allerdings die fiskalischen Gründe dominieren[253].

Ein Gesetz aus dem 4. Jh. v.Chr.[254] aus Thasos bestimmt: γλεῦκος μηδὲ οἶνον τõ καρπõ τõ ἐπὶ τῆις ἀμπέ[λοις ὠν]|ἔσθαι πρὸ νεομηνίης Πλυντηριῶνος· ὃς δ' ἂν πα[ραβὰς]| πρίηται ὀφείλεν στατῆρα παρὰ στατῆρα, τὸ μὲν [ἥμυσυ]| τῆι πόλι, τὸ δ' ἥμυσυ τῶι δικασαμένωι[255]. Der Ankauf von Most oder Wein von den noch auf dem Stock reifenden Früchten ist vor dem 1. Plynterion unter den üblichen Strafandrohungen verboten. Welcher Zeitpunkt damit bezeichnet ist, ist strittig. Der Monat Plynterion ist für die Kalender von Chios[256], Ios[257] und Paros[258] bezeugt. Das Fest der Plynteria fand in Athen am 25. Thargelion statt[259]. Der chiische Plynterion entspricht dem attischen Thargelion[260], fällt also in die Zeit von Mai bis Juni. Da Thasos eine parische Gründung ist, liegt es nahe, daß es den Kalender der Mutterstadt übernommen hat. Der Kalender von Paros kennt aber

---

249 BGU 1210, § 104 (Z. 233).

250 So Reinach, Un Code fiscal de l'Égypte gréco-romaine: Le Gnomon de l'Idiologue (suite et fin), NRHD 44 (1920), 5–134 [84]; Segré, Il mutuo e il tasso d'interesse nell' Egitto greco-romano, Atene e Roma, N.S. 5 (1924), 119–138 [124]; Uxkull-Gyllenbrand, Der Gnomon des Idios Logos, II. Teil: Der Kommentar (= BGU V 2), Berlin 1934, S. 102; Gofas, Les carpologues de Thasos, BCH 93 (1967), 337–370 [357–358].

251 So noch Pringsheim, Vierteljahresschrift für Sozial- und Wirtschaftsgeschichte, XVII, 110 und ders., Die Rechtsstellung der Πέρσαι τῆς ἐπιγονῆς, SavZ 44 (1924), 396–526 [429 mit Anm. 7 (429–432)]; ferner Mantzoufas, La loi thasienne γλεῦκος μηδὲ οἶνον sur le commerce du vin, Athènes, 1967, p. 10–19.

252 Pringsheim, GLS, 297 mit n. 5; zustimmend Gernet, Le droit de la vente et la notion du contrat en Grèce d'après M. Pringsheim, in: Gernet, Droit et société, 201–224 [208], der aber die konstruktiven Schwierigkeiten in den Vordergrund stellt.

253 Das hat Gofas, BCH 93, 357–359 überzeugend nachgewiesen.

254 Daux, Nouvelles inscriptions de Thasos, BCH 50 (1926), 213–249 [215] datiert die Inschrift auf ca. 425 vor Chr.; Ziebarths Datierung auf das 4. Jh. (Ziebarth, Beiträge zur Geschichte des Seeraubs und Seehandels im alten Griechenland, Hamburg 1929, S. 124) scheint wahrscheinlicher, Hiller v. Gaertringen, Lemma ad IG XII suppl. 347.

255 IG XII suppl., p. 150 nr. 347 I, Z. 1–4 (= BCH 50, 214 nr. 1).

256 DGE 693, Z. 11 (= CIG 2214c = Michel 707 = SGDI 5662 = Leg. Sacr. II 111 = Syll. 986).

257 IG XII 5, 1010, Z. 8 (= Leg. Sacr. II 101).

258 IG XI 4, 1065, Z. 25 (= CIG 2265, Z. 23 = IG XII 5, p. 308 nr. 128).

259 Daux, BCH 50, 217 setzt die Plynteria der Datierung des Photios folgend auf den 29. Thargelion an; gegen diese Datierung zutreffend Deubner, Attische Feste, 18.

260 Bischoff, Kalender (griechischer), in: RE X 2 (1919), 1568–1602 [1593/1594, Nr. 71].

einen dem gleichnamigen attischen Monat synchronen Thargelion[261]. Der parothasische Plynterion muß daher entweder dem attischen Munichion[262], also der Zeit von April bis Mai, oder dem attischen Skirophorion[263], der Zeit von Juni bis Juli entsprechen. Da in Nordgriechenland die Weinstöcke in der letzten Dekade des Mai blühen und die Trauben erst Anfang Juni ausgebildet sind[264], ist eine halbwegs zuverlässige Schätzung der zu erwartenden Ernte frühestens im Juni möglich[265]. Dann aber kommt für den thasischen Plynterion nur die Zeit von Juni bis Juli in Frage.

Das Gesetz richtet sich gegen die Spekulationsgeschäfte der Weingroßhändler[266], die frühzeitig die ganze Ernte eines Weinberges im Wege der emptio spei aufkaufen. Da solche Geschäfte nach dem 1. Plynterion erlaubt sind, dürfte der Grundgedanke des Gesetzes weniger in dogmatisch-konstruktiven Bedenken gegen die Anerkennung der emptio spei, sondern eher im ökonomischen Schutzzweck der Norm und vor allem in den fiskalischen Interessen der καρπολόγοι zu suchen sein[267].

Sachlich hat Platon mit seiner Bestimmung wohl weniger an Termingeschäfte oder eine emptio spei gedacht als vielmehr daran, zum Ausdruck zu bringen, daß der Metöke erst für die mehr oder weniger reifen Früchte, die er ernten möchte, bezahlen muß und daß er sie dann wie jeder andere Eigentümer als eigene ernten darf, wann und wie es ihm beliebt. Obwohl Platon ebenso vom ὠνούμενος spricht wie Demosthenes in einem solchen Fall vom ὀπώραν πρίαιντο[268], han-

261 Vgl. IG XII 5, 444, Z. 39–40 (= CIG 2374); Homolle, Le calendrier délien, BCH 5 (1881), 25–30 [29]; Bischoff, Kalender (griechischer), in: RE X 2 (1919), 1591/1592, Nr. 54 und 62a; Sontheimer, Thargelion, in: RE V A 2 (1934), 1304–1305 [1305]. Den Synchronismus von attischem und parischem Thargelion übersehen Ziebarth, Seeraub und Seehandel, 75; Pringsheim, GLS, 296 und Gofas, BCH 93, 356–357, die den thasischen Plynterion auf die Monate Mai/Juni datieren. Auch Mantzoufas, La loi thasienne, 19–20, nach dessen Ansicht der thasische Plynterion später anzusetzen ist, stützt seine Auffassung nicht auf diesen Umstand, sondern auf die Annahme, im Mai/Juni sei eine Ernteschätzung noch nicht möglich.

262 So Bischoff, Kalender (griechischer), in: RE X 2 (1919), 1591/1592, Nr. 62a; Hiller v. Gaertringen, Thasos 1), in: RE V A 2 (1934), 1310–1327 [1317] datiert ihn auf April.

263 So Daux, BCH 50, 217; Mantzoufas, La loi thasienne, 19–20.

264 Gofas, BCH 93, 357 n. 1.

265 Gofas, BCH 93, 357 n. 1 weist darauf hin, daß diese Prognose zuverlässiger war als heute, da der Mehltau in der Antike in Europa unbekannt war.

266 Daux, BCH 50, 217 mit n. 2 und p. 218.

267 Auf den fiskalischen Aspekt weist besonders deutlich Gofas, BCH 93, 357 und 358 n. 2 hin, für den der von Daux in den Vordergrund gestellte Schutz der Weinbauern vor Spekulationsgeschäften zweitrangig ist, weil solche Schutzmaßnahmen im übrigen der griechischen und römischen Antike unbekannt sind.

268 Dem. LIII 21.

delt es sich natürlich nicht um eine einfache ὠνή, einen Kaufvertrag, sondern um einen Vertrag, der auf der Seite des Käufers ein weiteres ἔργον nämlich das Pflücken der Weintrauben oder Feigen erfordert: „The contracts are in fact not purchases, but contracts for deferred delivery."[269]

4. Pl. Lg. 845 a 5 – b 1

Für die ξένοι lautet Platons Gesetz: *ἐὰν δὲ ξένος ἐπιδημήσας ὀπώρας ἐπιθυμῇ φαγεῖν διαπορευόμενος τὰς ὁδούς, τῆς μὲν γενναίας ἁπτέσθω, ἐὰν βούληται, μεθ' ἑνὸς ἀκολούθου χωρὶς τιμῆς, ξένια δεχόμενος*[270].

Da für Metöken bereits eine besondere Regelung getroffen worden ist, ist unter dem ξένος hier nur der sich zeitweise in Magnesia aufhaltende freie Ausländer[271] mit ständigem Wohnsitz außerhalb der Polis zu verstehen. Auf seiner Reise durch das Land darf sich der Fremde unterwegs[272] ohne Bezahlung Edelfrüchte abpflücken, wenn er darauf Appetit hat. Diese Früchte gelten als Gastgeschenk. Auch für einen Begleiter gilt diese gastfreundliche Erlaubnis, nicht jedoch für mehrere, weil sonst der Schaden zu groß würde. Aus dem ἐπιθυμῇ φαγεῖν wird man nicht schließen dürfen, daß der Reisende die Früchte an Ort und Stelle zur Stillung seines augenblicklichen Appetits verzehren muß. Im Gegensatz zu Lg. 845 c 5 – d 3 findet sich hier kein Verbot des ἀποφέρειν. Der Fremde darf sich also ruhig einen Reiseproviant mitnehmen[273] – was natürlich praktisch kaum eine Bedeutung hat, da er neben seinem Reisegepäck keine größeren Lasten wird tragen wollen und er ja an der nächsten Wein- oder Feigenpflanzung wiederum die Möglichkeit hat, sich zu sättigen.

Eine vergleichbare Bestimmung findet sich im mosaischen Recht[274]: „Wenn du in den Weinberg deines Nächsten kommst, magst du Weinbeeren nach deiner Seele Lust essen, bis du satt bist; aber in dein Gefäß darfst du dir keine tun."[275]

---

269 Pringsheim, GLS, 296 n. 5 [297].

270 Lg. 845 a 5 – b 1.

271 Platon nennt in Lg. 952 d 7 – 953 d 7 vier Gruppen: Kaufleute, Besucher von Schauspielen und Musikaufführungen, ausländische Vertreter in offizieller Mission und Theoren aus anderen Poleis.

272 διαπορευόμενος τὰς ὁδούς, Lg. 845 a 6, ist wohl nicht als Einschränkung der Befugnis in der Weise zu verstehen, daß der Fremde nur Weintrauben oder Feigen pflücken dürfte, die er greifen kann, ohne den Weg zu verlassen, sondern eher als Hinweis auf die Situation, in der der Fremde normalerweise von seiner Befugnis Gebrauch machen wird.

273 So wohl auch Stallbaum, Plato X. 2, p. 466 Nota ad 845: „peregrinis . . . permittitur. . ., sibi q u a n t u m v e l i n t decipere" (eigene Sperrung).

274 Für die Durchsicht meiner Ausführungen zum Recht der Tora sowie für zahlreiche Korrekturen und kritische Hinweise danke ich Herrn Dr. Reinhold Mayer in Tübingen.

Von Rad meint, daß sich in dieser Bestimmung „doch wohl eher eine humane Sitte ausspricht und nicht eine Rechtsordnung im engeren Sinne des Wortes“[276]. Die Vorschrift gehört zweifellos zur „humaan-ethische lijn van Dt.“[277], ebenso wie Dt. 23, 26 und Dt. 24, 19–21. Sie nimmt sich im Deuteronomium zwar etwas eigenartig aus[278]; dennoch kann kein Zweifel daran bestehen, daß es sich um eine echte Gesetzesbestimmung handelt[279], in welcher in präziser und detaillierter Tatbestandsfassung die berechtigten Interessen des Wanderers und des Weinbergbesitzers sorgfältig gegeneinander abgewogen und ausgeglichen sind. Das Gesetz verbindet die Forderung der Barmherzigkeit einem Hungrigen gegenüber mit dem Schutz fremden Eigentums: Nur zur Stillung des augenblicklichen Appetits[280] darf man die Früchte eines fremden Weinbergs pflücken, nicht aber zur Vorratsbildung.

Zur dogmatischen Begründung der Bestimmung bedarf es wohl kaum der Voraussetzung des Eigentums Jahwes an allem Vermögen[281]. Ob derjenige, der sich Früchte zum unmittelbaren Verzehr aneignet, nur deshalb kein Dieb (גנב) ist, weil nur die Wegnahme von Gegenständen, die einen gewissen Mindestwert über-

---

275 כי תבא בכרם רעך ואכלת ענבים כנפשך שבעך ואל־כליך לא תתן (Dt. 23, 25).

276 Von Rad, Das fünfte Buch Mose. Deuteronomium (Das Alte Testament Deutsch. Neues Göttinger Bibelwerk, hrsg. A. Weiser, Teilband 8), Göttingen 1968, S. 106.

277 Maarsingh, Onderzoek naar de ethiek van de wetten in Deuteronomium. Inquiry into the Ethics of the Laws in Dt. With a summary in English, Diss. theol. Utrecht, Winterswijk 1961, p. 120.

278 Driver, A Critical and Exegetical Commentary on Deuteronomy, 3rd ed. (1902), 5th impress. (1960) (The International Critical Commentary on the Holy Scriptures of the Old and New Testament under the editorship of S.R. Driver, A. Plummer and Ch.A. Briggs), Edinburgh 1960, p. 269.

279 Horst, Der Diebstahl im Alten Testament, in: Studien zur Geschichte und Kultur des Nahen und Fernen Ostens. Paul Kahle zum 60. Geburtstag überreicht, Leiden 1935, S. 19–28 [20], jetzt auch in: Horst, Gottes Recht. Gesammelte Studien zum Recht im Alten Testament (Theologische Bücherei. Neudrucke und Berichte aus dem 20. Jahrhundert, 12), München 1961, S. 167–175 [168]; Steuernagel, Übersetzung und Erklärung der Bücher Deuteronomium und Josua und Allgemeine Einleitung in den Hexateuch (Handkommentar zum Alten Testament, I. 3), Göttingen 1900, S. 87 Anm. 17; Kautzsch-Bertholet, Die Heilige Schrift des Alten Testaments, übers. von E. Kautzsch, 4. Aufl., hrsg. von A. Bertholet, Bd. I: 1 Mose bis Ezechiel, Tübingen 1922, S. 304; Driver, Deuteronomy, 269. Es besagt nichts gegen den Gesetzescharakter von Dt. 23, 25–26, daß Schur, Jüdische Erntebräuche im Altertum (Societas Scientiarum Fennica. Commentationes humanarum litterarum, VI. 1), Helsingfors 1935 diese Bestimmungen nicht erwähnt.

280 Allerdings ist שבעך wohl nur eine erklärende Glosse, Steuernagel, Deuteronomium, 87.

281 So aber Falk, Hebrew Law in Biblical Times, Jerusalem 1964, p. 90: „These rights were based on the divine ownership of all property“.

schreiten, den Tatbestand des Diebstahls erfüllt, wie Horst meint[282], erscheint mir sehr zweifelhaft. Nicht die Geringwertigkeit der verzehrten Früchte schließt die Strafbarkeit aus, sondern die großzügige Einstellung der Tora gegenüber jemandem, der in dem heißen und trockenen Klima Israels und Judas Appetit auf fremde Weintrauben hat, macht den Mundraub zu einer erlaubten Handlung[283]. Die Einschränkung „in dein Gefäß darfst du dir keine tun" beweist, daß die Tora nicht auf die Geringwertigkeit des Objekts abstellt; auch die Mitnahme geringwertiger Mengen ist verboten. Die Zueignung anderer Gegenstände von unbedeutendem Wert als Weintrauben oder Getreideähren ist nirgendwo in der Tora erlaubt.

Bei dem in Dt. 23, 25–26 erlaubten Mundraub handelt es sich auch nicht um ein „stelen in rechter hungers nott", das auch nach dem deutschrechtlich geprägten art. 166 CCC „vnsträfflich erlassen" werden kann, weil berechtigende Gegenmotive die bestimmende Kraft der Norm schwächen und auf Grund des überwältigenden äußeren Einflusses auf den Täter die Vorwerfbarkeit gemildert wird oder entfällt[284]. Es handelt sich auch nicht um einen Diebstahl i.S. des § 248a StGB oder gar um einen Fall des Notstandes i.S. des § 34 StGB. Vielmehr statuieren Dt. 23, 25–26 eine gesetzliche Erlaubnis, sich fremdes Eigentum anzueignen, für die nicht einmal eine Notsituation Tatbestandsvoraussetzung ist[285].

Wer ursprünglich als רֵעַ zu verstehen ist, ist nicht sicher. Die Halacha der mischnischen Periode jedenfalls versteht unter dem Nächsten (רֵעַ) nicht jeden Menschen, sondern nur die Israeliten unter Einschluß der Proselyten[286].

Dt. 23, 25 gibt nicht nur dem Arbeiter im Weinberg die Erlaubnis, seinen Hunger an den von ihm bearbeiteten Früchten zu stillen, wie vielfach angenommen wird[287], sondern jedermann[288].

---

282 Horst, in: Festschrift P. Kahle, 20 = ders., Gottes Recht, 168 unter Berufung auf Dt. 23, 25–26; Jes. 28, 4; Mk., 2, 24 und Lk. 6, 1.

283 Es heißt in Dt. 23, 25; ואכלת (du *magst* essen) und in Dt. 23, 26: וקטפת (du *magst* ausraufen).

284 E. Schmidt, Einführung in die Geschichte der deutschen Strafrechtspflege, Göttingen 1947, S. 98.

285 Das ergibt sich zweifelsfrei aus Mk. 2, 24 und Lk. 6, 1, wo nicht – was angesichts der Gesetzesstrenge der Pharisäer wohl nahegelegen hätte – auf das Fehlen einer Notsituation der Jünger abgehoben wird, sondern ausschließlich auf das Verbot, am Sabbat zu ernten.

286 Sifre Dt. 23, 25, § 266 (121^{b}). Vgl. Strack-Billerbeck, Kommentar zum Neuen Testament aus Talmud und Midrasch, Bd. I: Das Evangelium nach Matthäus, erläutert aus Talmud und Midrasch von H.L. Strack und P. Billerbeck, 2. Aufl., München 1956, S. 354–355.

287 Vgl. Palästinischer Talmud, Maasrot 50^{a}.

288 So R. Josi b. Akawja zu Dt. 23, 26; Bacher, Die Agada der Tannaiten, Bd. II: Von Akiba's Tod bis zum Abschluß der Mischna, Straßburg 1890, S. 373.

Im übrigen trägt die rabbinische Exegese dieser Stelle für das Problem nichts aus. Die Kenntnis der Norm und die richtige Behandlung des Normalfalls nach der Schrift und der Tradition werden, wie stets im Talmud, als selbstverständlich vorausgesetzt. Die Diskussion beschäftigt sich mit Besonderheiten, unsicheren Grenzfällen und bestimmten Ausnahmen. Schon zur Zeit des Neuen Testaments hatte sich für die Pharisäer, die Bibelwort und Tradition nach den Erfordernissen ihrer Zeit auslegten, das Problem verschoben[289]; denn seit R. Chija, der das Pflücken der Weinbeeren als Winzen qualifiziert und Winzen ebenso wie Ausraufen in Dt. 23, 26 zu den sechs Unterarbeiten des Erntens rechnet[290], hat die talmudische Dogmatik die Erlaubnis in Dt. 23, 25–26 für den Sabbat außer Kraft gesetzt, weil Arbeit (מלאכה) am Sabbat verboten ist. Mischna und Gemara beschäftigten sich nur noch mit dieser Restriktion.

Natürlich bestehen erhebliche Unterschiede zwischen Platons Bestimmung und Dt. 23, 25: Grundgedanke des platonischen Gesetzes ist die Gastfreundschaft gegenüber dem Ausländer, im Sakralgesetz der Tora die Barmherzigkeit gegenüber jedermann, nicht nur gegenüber dem Fremden. Eine Beschränkung auf bestimmte Sorten wie in der platonischen Norm kennt die Tora nicht. Wo Platon keine Vorkehrungen gegen den Mißbrauch der Erlaubnis trifft – es sei denn, man sehe diese in der Beschränkung auf den Genuß der *γενναία ὀπώρα* und in der Eingrenzung des Kreises der Berechtigten –, ist im mosaischen Gesetz durch das Verbot, Weinbeeren mitzunehmen, die Erlaubnis bereits durch die Tatbestandsfassung auf die Erfüllung des Gesetzeszwecks beschränkt.

Der von den Kirchenvätern unter Berufung auf Aristobulos[291] und Numenios Apamensis[292] gern behauptete Einfluß der mosaischen Gesetzgebung auf Platons Nomoi, hält einer historischen Prüfung nicht stand[293]. An eine Rezeption der mosaischen Bestimmung durch Platon ist selbstverständlich nicht zu denken.

Aus Griechenland ist uns keine derartige Regelung überliefert. Aus der Bemerkung des Dio Chrysostomus VII 46 läßt sich jedenfalls keine Berechtigung zum Genuß fremder Edelfrüchte herleiten. Trotzdem halte ich es angesichts der sprichwörtlichen griechischen Gastfreundschaft nicht für ausgeschlossen, daß es

289 Vgl. Mk. 2, 23–24; Lk. 6, 1–2.

290 Palästinischer Talmud, Schabbat 7, 9[b], 67; vgl. Strack-Billerbeck, Kommentar zum Neuen Testament I, 616; Driver, Deuteronomy, 269.

291 Aristobul. fr. 3 apud Clem. Al. Strom. I 150, 1–3 und apud Eus. PE IX 6, 6–8; XIII 12, 1.

292 Numen. apud Clem. Al. Strom. I 150, 4 und apud Eus. PE IX 6, 9: *τί γάρ ἐστι Πλάτων ἢ Μωυσῆς ἀττικίζων*; (= Numen. F10); ebenso Suid s.v. Νουμήνιος (N517).

293 Eus. PE XI 8, 1 erklärt ihn auch schon vorsichtiger als Aristobulos mit der Inspiration Gottes.

nicht nur moralische, sondern auch rechtliche Vorschriften gegeben hat, die der platonischen oder mosaischen entsprachen[294].

IV. Fremdenrecht

Während dem *ξένος* die *γενναία ὀπώρα* als Wegzehrung zur Verfügung steht, darf er von der *ἀγροῖκος ὀπώρα* nichts kosten: *τῆς δὲ ἀγροίκου λεγομένης καὶ τῶν τοιούτων*[295] *ὁ νόμος εἰργέτω μὴ κοινωνεῖν ἡμῖν τοὺς ξένους*[296].

Welche Früchte mit der Wendung *τῶν τοιούτων* neben der *ἀγροῖκος ὀπώρα* gemeint sein sollen, ist nicht klar. Auch die Belehrung über die Gründe des Verbots in Lg. 845 b 4–7 läßt nicht erkennen, daß andere als die in Lg. 844 d 8 – e 1 genannten Weintrauben und Herbstfeigen geschützt sein sollen. Eine Erstreckung des Eßverbots auf die in Lg. 845 b 7 – c 1 implizit behandelten lagerfähigen und zur Ölverarbeitung geeigneten Oliven scheint aus systematischen Gründen unwahrscheinlich.

Das Verbot *μὴ κοινωνεῖν* scheint für Fremde und ihre Begleiter generell den Genuß der *ἀγροῖκος ὀπώρα* – und vielleicht sogar der daraus gewonnenen Erzeugnisse, wenn *τῶν τοιούτων* überhaupt einen Sinn haben soll und die von diesem Begriff umfaßte Klasse von Gegenständen nicht leer sein soll – zu verbieten.

Es ist selbstverständlich, daß sich der Ausländer und sein Begleiter vor dem Aufgang des Arkturos nicht am ländlichen Nutzobst eines anderen vergreifen dürfen, wenn bis zu diesem Zeitpunkt sogar der Eigentümer am Genuß seiner Früchte durch ein gesetzliches Verbot gehindert ist. Es ist weiterhin wahrscheinlich, daß für Fremde und ihre Sklaven auch nach dem Beginn der Herbsternte ein Pflückverbot für Nutzobst besteht, weil diese Sorten ja gerade der Versorgung der magnetischen Bevölkerung für die kommenden Monate dienen sollen und weil Lg. 845 a 5 – b 1 eine Ausnahmebestimmung darstellt, die nicht ohne weiteres auszudehnen ist. Unter diesem Aspekt ist es unwahrscheinlich, daß der reisende Fremde nach dem Beginn der Herbstlese ein paar Trauben von der *ἀγροῖκος ὀπώρα* gegen Bezahlung pflücken dürfte.

Unklar bleibt jedoch, ob das Gesetz dem Ausländer und seinem Sklaven auch verbietet, auf dem Fremdenmarkt[297], zu dem nur den Bürgern und ihren

---

294 Die Anlehnung Platons an eine auf dem Gebiet des Gastrechts bestehende gemeingriechische Praxis hält auch Berneker, SavZ 79, 367 für wahrscheinlich.

295 *τῶν τοιούτων* A : *τὸν τοιοῦτον* L O T et A^2.

296 Lg. 845 b 1–2.

297 Lg. 849 d 1.

Sklaven ausdrücklich der Zugang verboten ist[298], Wein, Rosinen oder getrocknete Feigen einzukaufen, was u.U. auch unter den Begriff des κοινωνεῖν fallen würde. In Lg. 849 d 1–2 werden als Käufer nur Handwerker und deren Sklaven genannt, wohl nicht in flüchtiger Unvollständigkeit, sondern aus gutem Grund: Ortsansässige Fremde, d.h. Metöken, sind als Händler, Handwerker oder Tagelöhner in Magnesia tätig. Da die Tagelöhner u.a. auch Naturallohn erhalten und die fremden Händler als Einkäufer vom Produzenten und Wiederverkäufer diese Waren auch für den Eigenverbrauch nutzen können, bleiben als Käufer im Rahmen der καπηλεία nur die Handwerker übrig[299]. Für nicht ortsansässige Fremde besteht – abgesehen von den Händlern, die als Wiederverkäufer tätig werden – gar kein Bedürfnis, Wein, Rosinen und Feigen auf dem Fremdenmarkt zu kaufen: Veranstaltungsbesucher werden in den καταλύσεις bei den Tempeln verköstigt[300], für die Bewirtung von ausländischen Gästen in offizieller Mission sorgen zusammen mit den Prytanen die Strategen, Hipparchen und Taxiarchen, die die ausländischen Vertreter privat beherbergen[301], und ausländische Theoren schließlich genießen ebenfalls die private Gastfreundschaft der Weisen und der Ehrenpreisträger[302].

Mit dem μὴ κοινωνεῖν kann dagegen nicht ein Verbot des Genusses von Wein, Rosinen und getrockneten Feigen für Fremde überhaupt gemeint sein[303]. Den Reisenden, die staatliche oder private Gastfreundschaft genießen, wird selbstverständlich der Wein nicht vorenthalten. Ich zweifle nicht daran, daß auch ihren Sklaven der Weingenuß prinzipiell erlaubt ist. McKinlay meint allerdings: „Plato's[304] and the Aristotelian Economist's[305] interdiction of slaves drinking wine may be but a legalizing of a more or less general custom.“[306] Lg. 674 a 3 – c 1 enthält trotz des Hinweises auf ein angeblich karthagisches Gesetz[307] mehr eine

298 Lg. 849 c 7–8.

299 Im übrigen kaufen die ortsansässigen Fremden ihren Monatsbedarf an Nahrungsmitteln ohnehin am 1. und an Flüssigem, d.h. auch an Wein, am 10. eines jeden Monats auf dem allgemeinen Markt ein, Lg. 849 a 7 – b 7.

300 Lg. 953 a 4–7.

301 Lg. 953 b 7 – c 2.

302 Lg. 953 d 1 – 5.

303 So aber wohl Knoch, Strafbestimmungen, 68: „... den Fremden verboten, diese Früchte ... überhaupt zu kosten.“ Ebenso Maykowska, Prawa, 371, nach deren Auffassung schon die bloße contrectatio verboten ist: „... ale tak zwanych dzikich i innych tego rodzaju owoców zabroni nasze prawo d o t y k a ć obcym“ (eigene Sperrung).

304 Lg. 674 a 7–8.

305 Arist. Oec. 1344 a 31–34.

306 McKinlay, Wine and the law in ancient times, in: Studies presented to D.M. Robinson on his seventieth birthday, Saint-Louis (Mo.) 1953, vol. II, pp. 858–867 [862–863].

307 Vgl. dazu Baudrillart, Potio, Potus, in: DS IV 1 (1905), 606a–607a [606b]; MacKinlay, in: Stud. Robinson II, 860.

moralische Erwägung als ein eigentliches Gesetz für die neu zu gründende Polis. Jedenfalls wird diese Bestimmung, nachdem in Lg. 704 a 1 ff. die Gründung des Magnetenstaates beschlossen ist, weder in der Besprechung seiner πολιτεία[308], noch bei der der νόμοι Magnesias[309] wieder erwähnt[310]. In Lg. 849 c 8 – d 3 erscheinen die Sklaven der Handwerker als Käufer und – da der Zusatz fehlt, sie schlössen die Geschäfte nur als Beauftragte ihrer Herren ab – wohl auch als Konsumenten von Wein.

Als Rechtsfolge eines Verstoßes gegen das Verbot, die ἀγροῖκος ὀπώρα vom Stock bzw. Baum als Wegzehrung zu pflücken, bestimmt Platon: ἐὰν δέ τις ἀίστωρ ὢν[311] αὐτὸς ἢ δοῦλος ἅψηται, τὸν μὲν δοῦλον[312] πληγαῖς κολάζειν, τὸν δὲ ἐλεύθερον ἀποπέμπειν νουθετήσαντα καὶ διδάξαντα τῆς ἄλλης ὀπώρας ἅπτεσθαι τῆς εἰς ἀπόθεσιν ἀσταφίδος[313] οἴνου τε καὶ ξηρῶν σύκων ἀνεπιτηδείου κεκτῆσθαι[314].

1. Wenn ein freier Ausländer sich in Unkenntnis des Verbots[315] an der ἀγροῖκος ὀπώρα vergreift[316], so sollen ihn die Agronomen[317] verwarnen und darüber belehren, daß er sich an die Sorten halten möge, die nicht zur Aufbewahrung als Rosinen oder getrocknete Feigen oder zur Weinbereitung geeignet sind. Die meisten Übersetzer verstehen den Ausdruck ἀσταφίδος οἴνου τε καὶ ξηρῶν σύκων wie hier als dreigliedrige Parataxe[318]. Demgegenüber sehen einige Autoren im ἀσταφὶς ein Adjektiv zu οἶνος und übersetzen ἀσταφίδος οἴνου als ‚Rosinen-

308 Lg. 712 b 4 – 768 e 2.

309 Ab Lg. 768 e 2.

310 Das prinzipielle Weinverbot für Jungverheiratete in Lg. 674 b 5–6 wird in die Gesetzgebung in Lg. 775 b 4–e 2 nur noch als Verbot exzessiven Alkoholgenusses übernommen.

311 ἀίστωρ ὢν A O : ἀιστορῶν A² (o supra ω et add. acc.).

312 τὸν μὲν δοῦλον A² O : τῶν μὲν δούλων A.

313 ἀσταφίδος recte A : ὀσταφίδος· Phot. s.v. ὀσταφίδα. Nach Lex. Seguer. (Bekker, Anecdota I), p. 455, Z. 28–30 sind im Attischen beide Formen üblich; Lex. Seguer. p. 453, Z. 27–29 führen dagegen nur ἀσταφὶς als attisch an.

314 Lg. 845 b 2–7.

315 ἀίστωρ ὢν bedeutet nach Tim. Lex. und Suid. (A 695), beide s.v. ἀίστωρ: ἄπειρος, ἀμαθής; lateinisch wäre es „ignotus legis". Modern gesprochen handelt es sich um einen Verbotsirrtum, nicht um einen Tatbestandsirrtum, der z.B. bei Verwechslung von ἀγροῖκος und γενναία ὀπώρα vorläge.

316 Siehe oben S. 152 Anm. 202.

317 Daß die ländliche Verwaltungsbehörde und nicht etwa der betroffene Bauer für Verwarnung und Belehrung zuständig ist, ergibt sich daraus, daß die Strafbefugnis gegenüber dem Sklaven des Fremden auch ohne Zweifel bei ihr liegt. Daneben hat der Grundstückseigentümer natürlich das übliche Selbsthilferecht zur Abwehr jedes rechtswidrigen Angriffs auf seine Früchte.

318 So Bembo (III, 207), Müller, Taylor, Diès, Novotný, Maykowska, Cassarà und England, Laws II, 364.

wein'[319]. Dem ist entgegenzuhalten, daß ἀσταφὶς sonst nirgendwo als Adjektiv begegnet, daß auch Photios es an dieser Stelle als Substantiv versteht[320] und daß schließlich bei einem adjektivischen Verständnis das τε hinter ἀσταφίδος und nicht erst hinter οἴνου zu erwarten wäre[321]. Ein Verständnis der Stelle als zweigliedrige Parataxe, in der ἀσταφίδος ein von οἴνου abhängiger Genetiv ist[322], wird zwar durch das τε καὶ in Lg. 845 b 6 nahegelegt. Doch spricht gegen diese Auffassung das Photioszitat, in dem ὀσταφίδος von εἰς ἀπόθεσιν abhängig ist. Außerdem werden in den Lexica Segueriana unter dem Stichwort ἀγροῖκος ὀπώρα mit Bezug auf Lg. 844 d 8 gerade ἀπόθεσις und οἰνοποιία unterschieden[323], so daß sich demgegenüber die Konstruktion εἰς ἀπόθεσιν ... οἴνου in Lg. 845 b 5–6 sonderbar ausnehmen würde. Eher vertretbar, aber ebenfalls nicht überzeugend, scheint die Annahme, die Bury seiner Übersetzung „raisins for wine" offenbar zugrundelegt[324], nämlich daß umgekehrt οἴνου ein von ἀσταφίδος abhängiger Genetiv ist. Diese Auffassung ist mit der Stelle bei Photios und der Stellung des τε καὶ am besten vereinbar, erweist sich aber bei der Gegenüberstellung mit den Lexica Segueriana als ebenso problematisch. Ungeachtet der syntaktischen Konstruktionsschwierigkeiten bevorzuge ich daher das traditionelle Verständnis der Stelle als dreigliedrige Genetivparataxe.

Nach Verwarnung und Belehrung sollen die Agronomen den Fremden ἀποπέμπειν. Dabei ist an eine Entlassung oder ein bloßes Wegschicken (Platzverweisung) zu denken, nicht aber etwa an eine förmliche Ausweisung aus dem Lande.

2. Der Sklave, der auf Befehl seines Herrn Weintrauben oder Feigen der ἀγροῖκος ὀπώρα in Unkenntnis des gesetzlichen Verbots pflückt, bleibt wohl nach allgemeinen Grundsätzen straffrei, da er nur Werkzeug und sein Herr Täter ist[325]. Vergreift er sich dagegen aus eigener Initiative an der ἀγροῖκος ὀπώρα, wird er mit Schlägen bestraft. Das untätige Zuschauen seines Herrn, das bei anderen Delikten die Strafbarkeit des Sklaven beseitigt[326], dürfte in diesem Fall allerdings nicht dazu führen, daß die Tat dem Herrn und nicht dem Sklaven zugerechnet wird. Da der Herr selbst auch ἀίστωρ ist, besteht für ihn überhaupt keine Veranlassung, seinen Sklaven am Pflücken zu hindern.

Trotz Platons für die Antike beachtlichen Ansätzen zu einem Verständnis der allgemeinen Menschenwürde und seiner Empfehlung, mit Sklaven nicht nur be-

---

319 z.B. Apelt, Gesetze, 343.

320 Phot. s.v. ὀσταφίδα: ἀλλὰ καὶ Πλάτων η' νόμοις· τῆς δ' εἰς ἀπόθεσιν ὀσταφίδος.

321 England, Laws II, 364.

322 LSJ s.v. ἀσταφίς: „ἀσταφίδος οἶνος raisin-wine".

323 Lex. Seguer. (Bekker, Anecdota I), p. 340, Z. 9–10.

324 Bury, Laws II, 179.

325 Siehe oben S. 128.

326 Z.B. P. Lille 29 II, Z. 17–25; vgl. Ulp. D. 9, 4, 2.

sonders korrekt, sondern auch human umzugehen[327], findet er es notwendig, δοῦλον ... διορίζεσθαι καὶ ἐλεύθερον καὶ δεσπότην[328]. Nicht etwa, weil er den Sklaven prinzipiell für unbelehrbar hielte, sondern um die bestehende Gesellschaftsform zu sichern, will er von vornherein jeder Verweichlichung und Disziplinlosigkeit der Sklaven begegnen: κολάζειν γε μὴν ἐν δίκῃ δούλους δεῖ, καὶ μὴ νουθετοῦντας ὡς ἐλευθέρους θρύπτεσθαι ποιεῖν[329]. Im übrigen aber geht Platon davon aus, daß der Sklave allein durch die Gewaltunterworfenheit in seiner Seele sklavischer wird[330]. Das berücksichtigt der Gesetzgeber, wenn er von Sklaven – bisweilen aber auch von Metöken[331] – nicht die feine Reaktion auf Lob und Tadel erwartet wie von einem freien Bürger: Während der magnetische Bürger[332] für die Nothilfe bei Mißhandlung der Eltern Lob, für die unterlassene Hilfeleistung Tadel erntet, wird der Sklave zur Belohnung freigelassen bzw. im umgekehrten Fall mit 100 Hieben bestraft[333]. Die Anzeige eines Schatzfundes bei den Behörden trägt einem Freien den Ruf der Tugend, einem Sklaven die Freilassung ein; bei Nichtanzeige erwirbt der Freie den Ruf der Schlechtigkeit, der Sklave wird mit dem Tode bestraft[334]. Wo der Freie, der ein Vergehen der κιβδηλεία anzeigt, nicht einmal besonders belobigt wird, erhält der Sklave – und auch der Metöke – die verfälschte Ware als Prämie[335]. Während die Anzeige der Elternmißachtung dem Bürger wiederum keine besonderen Ehren, die Verletzung der Anzeigepflicht aber Ehrenstrafen und u.U. Vermögensnachteile einbringt, erhält der anzeigende Sklave die Freiheit[336].

Während Platon für den einheimischen Sklaven, der sich vorsätzlich an fremden Edeltrauben oder -feigen vergreift, eine Bemessungsgrundlage für die Zahl der Geißelhiebe im Gesetz angibt, wird die Anzahl der Schläge für den in Verbotsunkenntnis von der ἀγροῖκος ὀπώρα pflückenden Sklaven des Ausländers nach freiem Ermessen der Agronomen festgelegt.

Kann diese gesetzlich vorgesehene Züchtigung des Sklaven auch gegen den Willen seines Herrn vollstreckt werden, oder hat dieser die Möglichkeit, seinen Sklaven durch Zahlung einer Geldbuße vor den Schlägen zu bewahren?

---

327 Lg. 776 d 5 – 777 e 4.

328 Lg. 777 b 6.

329 Lg. 777 e 4–6.

330 Lg. 777 a 4–6, 777 e 6 – 778 a 5.

331 Lg. 917 d 3.

332 Daß ὁ δὲ μὴ μέτοικος in Lg. 881 c 1 nur der *freie* Inländer ist, ergibt sich aus dem Kontext.

333 Lg. 881 c 1–3.

334 Lg. 914 a 5 – b 1.

335 Lg. 917 d 3–6.

336 Lg. 932 d 1–5.

Prinzipiell ist in Griechenland wie in Rom der Hausvater für Delikte seiner Sklaven zivilrechtlich haftbar. Dieser Grundsatz hat seinen Ursprung in der Solidarität der Familie[337], im Kollektivcharakter des Oikos, den der Inhaber der Patrimonialgewalt nach außen vertritt. Die Kehrseite dieser grundsätzlichen Haftung des Familienoberhaupts ist, daß niemand ohne sein Einverständnis auf seinen Sklaven Zugriff nehmen kann. Hat der Sklave ohne Wissen und Willen seines Herrn einen Dritten verletzt, so kann der Herr von seinem Abandonrecht Gebrauch machen und den Sklaven dem Geschädigten übergeben. Er selbst befreit sich durch die noxae datio von jeder weiteren Haftung.

Wie in Rom der dominus für den Fall, cum servus iniuriam facit, die Wahl zwischen verberandum exhibere, noxae datio und litis aestimatio hat[338], so kann auch in Griechenland der δεσπότης grundsätzlich zwischen παραδιδόναι und βλάβην ἐκτίνειν wählen[339]. Bei Hybrisdelikten, vielleicht aber auch allgemein bei Bagatellsachen, bei denen der angerichtete Schaden klar hinter dem Wert des Sklaven zurückbleibt, tritt an die Stelle der noxae datio die Auslieferung des Sklaven an den Verletzten zur Geißelung[340]. Dabei handelt es sich nicht um zwei divergente Prinzipien, wie die Graeca Halensis in ihrer Gegenüberstellung des P. Hal. 1 und des P. Lille 29 annimmt[341], sondern um eine Abschwächung der Rechtsfolge für Fälle, in denen der Schaden typischerweise nicht den Wert des Sklaven erreicht[342]. In der Mysterienordnung von Andania schließlich begegnet eine noch stärker abgeschwächte Modifizierung der noxae datio, wenn der Herr seinen Sklaven nur zum Abarbeiten der diesem auferlegten Diebstahlsbuße ausliefern muß, sofern er nicht bereit ist, selbst die doppelte Summe der gegen den Sklaven verhängten Buße zu zahlen[343]. Umgekehrt hat in einigen Gesetzen ordnungsrechtlichen Inhalts der Herr die Möglichkeit, die seinem Sklaven drohende Geißelung durch Zahlung eines Geldbetrages abzuwenden.

Nach dem Bankgesetz von Mylasa aus dem Jahre 210 oder 209 n.Chr.[344] kann

337 Glotz, La solidarité de la famille dans le droit criminel en Grèce, Paris 1904, p. 165 ff.; Morrow, Law of Slavery, 59.

338 Ulp. D. 47, 10, 17, 4.

339 Partsch, ArchPap VI, 68; Morrow, Law of Slavery, 60. 63.

340 Partsch, ArchPap VI, 68.

341 Dikaiomata, 112, vielleicht in zu enger Anlehnung an den Wortlaut in Ulp. D. 47, 10, 17, 4 und in irrtümlicher Annahme eines Wahlrechts zwischen drei Möglichkeiten an dieser Stelle; dagegen schon Partsch, ArchPap VI, 66. Für die Annahme zweier unterschiedlicher Prinzipien aber wieder: de Visscher, L'action noxale d'injures. Droit hellénique et droit romain, TR 11 (1932), 39–55 [48–49] = in: de Visscher, Études de droit romain, Paris 1931, pp. 327–349 [339–341].

342 Morrow, Law of Slavery, 64 mit n. 25.

343 DGE 74, Z. 77–78 (= Michel 694 = SGDI 4689 = Leg. Sacr. II 58 = IG V 1, 1390 = Syll. 736 = LSG 65).

344 Zur Datierung siehe Reinach, Une crise monétaire au IIIe siècle de l'ère chrétienne (Inscription de Mylasa), BCH 20 (1896), 523–548 [530].

der Herr seinen Sklaven vor der Geißelung mit 50 Hieben durch die Zahlung der für einen freien Täter festgesetzten Geldstrafe bewahren[345].

Im Stadtrecht von Alexandria wird die Ablösungsbefugnis des Herrn gleich an zwei Stellen normiert. Bedroht ein Sklave einen Freien mit einem gefährlichen Werkzeug, so sieht das Gesetz dafür eine Körperstrafe von mindestens 100 Schlägen vor[346]. Statt dessen kann sich aber auch der Herr von dem Bedrohten verklagen lassen und zahlt dann das Doppelte der für die gleiche Tat eines Freien normierten Geldbuße[347]. Die mindestens 100 Schläge, die ein Sklave, der einen Freien schlägt, verwirkt hat, kann sein Herr durch außergerichtlichen Vergleich mit dem Geschlagenen über die doppelte Strafsumme, die für die gleiche Tat eines Freien statuiert ist, abwenden[348]. Läßt es der Herr aber zum Prozeß kommen und wird er verurteilt, so hat er die dreifache Summe zu zahlen[349]. Wenn das Schweigen über einen privaten Vergleich in dem Bedrohungsparagraphen nicht eine redaktionelle Lücke darstellt, dürfte Partsch recht haben, wenn er meint: „Es bedarf hier des Prozesses, weil der Rechtsgang allein dazu führen kann, eine Geldschuld des haftenden Eigentümers zu fixieren und dem Eigentümer das Recht zu geben, den Sklaven um den so bestimmten Betrag auszulösen. Die außergerichtliche Lösung des Sklaven durch Vergleich kann also nur als vertraglicher Verzicht auf die Rache aufgefaßt worden sein."[350]

Wenn auf Syros ein Sklave eines der im zerstörten Teil der Inschrift genannten Delikte (möglicherweise auf Weisung oder mit Wissen seines Herrn) begeht, soll er selbst auf dem Markt öffentlich mit 100 Hieben gezüchtigt werden, und sein Herr soll 100 attische Drachmen an die Tempelkasse der Demeter zahlen[351]; *εἰ δὲ μὴ παραδιδῴη πρὸς κό|[λασιν τὸ]ν οἰ[κ]έτ[ην, δ]ιακο[σία]ς ἀποτεινύτω*[352].

Die Frage, ob die Zahlung der Buße durch den Herrn dogmatisch als Haftung des Herrn aus einem Quasi-Delikt, nämlich der Nichtauslieferung des Sklaven, zu verstehen ist[353] oder als Ausübung des Wahlrechts bei der abgeschwächten Noxalhaftung und damit als Auslösung des Sklaven, kann nicht generell entschieden werden. Die Konstruktion hängt in den einzelnen Rechtsordnungen von der unterschiedlichen Auffassung von der Rechtsfähigkeit des Sklaven ab[354]. Der

---

345 OGIS 515, Z. 33–36.
346 P. Hal. 1, Z. 188–189.
347 P. Hal. 1, Z. 190–192.
348 P. Hal. 1, Z. 196–199.
349 P. Hal. 1, Z. 199–200.
350 Partsch, ArchPap VI, 69.
351 Syll.[2] 680, Z. 2–6.
352 Syll.[2] 680, Z. 6–7.
353 So Reinach, BCH 20, 538.
354 Partsch, ArchPap VI, 68–70.

Wortlaut des Decretum Mylasense de trapezitis und der Lampadedromienordnung von Syros indiziert jene Konstruktion, der des Papyrus.Halensis diese.

Platon spricht an zwei Stellen in den Nomoi von der noxae datio:

Δοῦλος δ' ἂν ἢ δούλη βλάψῃ τῶν ἀλλοτρίων καὶ ὁτιοῦν, μὴ συναιτίου τοῦ βλαβέντος αὐτοῦ γενομένου κατ' ἀπειρίαν ἤ τιν' ἑτέραν χρείαν μὴ σώφρονα, ὁ τοῦ βλάψαντος δεσπότης ἢ τὴν βλάβην ἐξιάσθω μὴ ἐνδεῶς, ἢ τὸν βλάψαντ' αὐτὸν παραδότω·[355] und:

δοῦλος δ' ἐάν τις ἐλεύθερον ὀργῇ τρώσῃ, παραδότω τὸν δοῦλον ὁ κεκτημένος τῷ τρωθέντι χρῆσθαι ὅτι ἂν ἐθέλῃ· ἐὰν δὲ μὴ παραδιδῷ, αὐτὸς τὴν βλάβην ἐξιάσθω[356].

Das *ἢ τὴν βλάβην ἐξιάσθω* (Lg. 936 d 3) der Noxalhaftungsbestimmung für Vermögensschäden läßt an ein Wahlrecht denken, das *ἐὰν δὲ μὴ παραδιδῷ* (Lg. 879 a 4) in der Norm über Körperverletzungen an eine quasideliktische Haftung des Herrn. Der Unterschied läßt sich erklären. Der archaische Rachegedanke ist bei schwerwiegenden Angriffen auf die Ehre, den Körper oder das Leben noch stärker lebendig als bei bloßen Vermögensverletzungen. Jene Delikte sind am wenigsten geeignet, die Befugnis der Verschaffung einer in Form und Ausmaß nach eigener Willkür des Verletzten bestimmten Genugtuung sich nehmen zu lassen[357]. Von daher ist es verständlich, daß die Verweigerung der Herausgabe eines Sklaven im Falle der Körperverletzung als Quasi-Delikt des Herrn, im Falle der Vermögensbeschädigung bloß als Ausübung des Wahlrechts, als Ablösungsbefugnis und Einstehen für fremdes Verschulden erscheint.

In diesen beiden Bestimmungen kommt nach Morrow das grundlegende Prinzip der Noxalhaftung in den Nomoi zum Ausdruck[358]. Bei Bagatelldelikten gegen das Eigentum oder *αἰκίαι* ohne *τραῦμα* dagegen kann sich der Herr seiner Haftung statt durch noxae datio durch Auslieferung des Sklaven zur Züchtigung bei Wahrung seines Eigentums an dem Sklaven entledigen[359]; er kann jedoch auch selbst den Schaden bezahlen[360]. Denn wenn der Herr die Möglichkeit hat, die *παράδοσις* des Sklaven bei fahrlässigen Vermögensdelikten und Körperverletzungen im Affekt durch Ersatz des Schadens abzuwenden, dann muß ihm das gleiche Recht in Bagatellsachen, wo er den Sklaven nur zur Züchtigung herausgeben muß, ebenfalls zustehen. Diese beiden Schlüsse von der Rechtsfolge der generellen Norm auf die der speziellen und a fortiori von der Ersetzung der noxae datio

355 Lg. 936 c 8– d 4.

356 Lg. 879 a 2–5.

357 Gerner, Historisch-soziologische Entwicklungstendenzen im attischen Recht, SavZ 67 (1950), 1–46 [6].

358 Morrow, Law of Slavery, 57. 58.

359 Morrow, Law of Slavery, 57. 64 unter Hinweis auf Lg. 845 a 1–4 und 882 a 1 – c 2.

360 Für den Fall der *αἰκία* schließt Morrow, Law of Slavery, 65 das a fortiori daraus, daß der Herr diese Befugnis beim *τραῦμα* (Lg. 879 a 2–5) ja auch hat.

durch Schadensersatzleistung auf Ersetzung der der Herausgabe zur Geißelung durch Bezahlung des angerichteten Schadens bleiben natürlich einem Einwand ausgesetzt: Wie Partsch anhand des alexandrinischen Rechts zutreffend für das griechische Recht überhaupt festgestellt hat, ist das Wahlrecht des noxal haftenden Herrn nur ein Grundsatz, aber keine generelle Norm. „Für jeden Tatbestand ist das Noxalrecht *besonders* normiert."[361] Nichtsdestoweniger verneint auch Partsch nicht die Möglichkeit, daß der freie Ausländer in Magnesia seinen Sklaven, der fremde Weintrauben oder Feigen gepflückt hat, durch Schadensersatz oder Zahlung einer Buße auslösen kann.

Dieses Recht steht sowohl dem magnetischen Bürger oder Metöken zu, dessen Sklave der Geißelung wegen Diebstahls der *γενναία ὀπώρα* entgegensieht[362], als auch dem ξένος, dessen Sklave in Unkenntnis des Gesetzes einen Mundraub an der *ἄγροικος ὀπώρα* begangen hat[363].

V. Nicht geregelte Fälle

Nicht geregelt sind folgende Fälle der Zueignung fremden Nutzobstes:

(1) Vorsätzliches Abpflücken durch einen Ausländer oder seinen Sklaven,

(2) Wegnahme der *ἄγροικος ὀπώρα* vor dem Erntetermin durch
   (2.1) einen Metöken,
   (2.2) einen Sklaven,

(3) Wegnahme der *ἄγροικος ὀπώρα* nach dem Aufgang des Arkturos durch
   (3.1) einen freien Bürger,
   (3.2) einen Metöken,
   (3.3) einen einheimischen Sklaven.

Praktische Bedeutung dürften nur die Fälle unter (2), (3.2) und (3.3) haben.

Wenn Metöken oder Sklaven vor dem Arkturaufgang von der *ἄγροικος ὀπώρα* essen, dürfte es sich – wie beim Vollbürger – dabei um ein Sakraldelikt handeln, das eine Sakralrechtsfolge nach sich zieht. Nach dem Erntebeginn ist daran zu denken, daß Metöken, die sich als Lohnarbeiter bei der Ernte verdingen[364], oder

---

361 Partsch, ArchPap VI, 66.

362 Lg. 845 a 1–4.

363 Lg. 845 b 1–4.

364 Es ist umstritten, ob die magnetischen Bürger selbst in der Landwirtschaft arbeiten dürfen. Bisinger, Agrarstaat, 75–76. 83–84 und Morrow, Cretan City, 152 bejahen diese Frage, Hasebroek, Staat und Handel im alten Griechenland. Untersuchungen zur antiken Wirtschaftsgeschichte, Tübingen 1928, S. 191; Lauffer, Die platonische Agrarwirtschaft, Vierteljahresschrift für Sozial- und Wirtschaftsgeschichte, XXIX

die Sklaven im Weinberg bzw. in der Feigenpflanzung[365] bei ihrer Erntearbeit von den Früchten unter ihren Händen essen. Ob ihnen das erlaubt oder prinzipiell verboten ist, oder ob sie einen Teil ihres Lohnes in Naturalien erhalten – was immerhin zu erwarten wäre –, läßt sich für Platons Nomoi nicht entscheiden.

Die griechische Praxis war in dieser Beziehung wohl großzügiger, als es die ausdrücklichen Bestimmungen des platonischen Gesetzes sind. Im zweiten nachchristlichen Jahrhundert lebten sogar die Wächter der Weinberge volle zwei Monate von den in diesen Pflanzungen wachsenden Feigen: *τοῦ μὲν οὖν τρέφειν αὐτὰ μέγιστον σημεῖον οἱ φυλάττοντες τὸν κάρπον τῶν ἀμπέλων, ἐσθίοντες μὲν ἐν δύο μησὶν οἷς φυλάττουσιν μόνα διαπαντὸς τὰ σῦκα μετὰ τῶν σταφυλῶν ἤ που καὶ βραχύτι παρεντιθέντες ἄρτου, πιαινόμενοι δὲ ἱκανῶς*[359].

Der aus dem 7. oder 8. Jahrhundert stammende byzantinische *νόμος γεωργικὸς*[367] bestimmt: *ἐὰν εὑρεθῇ ὀπωροφύλαξ*[368] *κλέπτων ἐν ᾧ φυλάττει τόπῳ στερείσθω τοῦ μισθοῦ αὐτοῦ καὶ σφόδρα*[369] *τυπτέσθω*[370]. Diese Norm muß nicht im Widerspruch zu Galens Bericht stehen. Sicher ist mit der Wendung *ἐν ᾧ φυλάττει τόπῳ* nicht die Zueignung irgendwelcher Objekte bei Gelegenheit der Wache, sondern ein Diebstahl der zu beaufsichtigenden Früchte gemeint[371].

(1936), 233–269 [246] und Borecký, Die sozial-ökonomischen Grundlagen der griechischen Polis und Platons Gesetzesstaat, Eirene II (1964) 81–95 [83] verneinen sie. Auf Grund der Bestimmung über die Arbeitsteilung in Lg. 806 d 7 – e 2 ist der letzteren Auffassung zuzustimmen, vielleicht mit der Einschränkung, daß dem Bürger nur körperliche Arbeit untersagt ist. Auch Arist. Pol. 1328 b 41 verbietet den Bürgern ausdrücklich die Tätigkeit in der Landwirtschaft. Nicht anders war es in Sparta, vgl. Andreades, Geschichte der griechischen Staatswirtschaft, Bd. I: Von der Heroenzeit bis zur Schlacht bei Chaironeia, München 1931, S. 51. Trotz Platons Bemerkung *γεωργίαι δὲ ἐκδεδομέναι δούλοις* (Lg. 806 d 9 – e 1) ist anzunehmen, daß gerade in der Erntezeit auch freie Tagelöhner beschäftigt werden. Von *μισθωτοὶ* in Magnesia ist generell in Lg. 742 a 4–5 und 918 b 7 die Rede, von speziellen Lohnarbeiten in Lg. 804 c 8 – d 3 (Lehrer), 816 e 5–10 (Schauspieler), 847 b 2–5 und 921 a 1 – d 3 (Werklohn der Handwerker).

365 Beide befinden sich häufig auf demselben Grundstück; denn in Griechenland werden Weinstöcke oft zwischen den Reihen der Feigenbäume angepflanzt.

366 Gal., De alim. fac. II 9 (VI, p. 573–574 Kühn).

367 Zur Datierung vgl. Ashburner, JHS XXX, 85 und Karayannopulos, Entstehung und Bedeutung des Nomos Georgikos, ByzZ 51 (1958), 357–373.

368 *ὀπωροφύλαξ* Ashburner : *ὀπωροφύλαξ* Harmenopulos et Zepos [ex editione Ashburneri (!)].

369 *σφόδρα* : *σφοδρῶς* G P et Harmenopulos.

370 Ashburner, JHS XXX, 102, § 33 = J.D. et P.I. Zepos, Jus Graecoromanum II, 67 = Harmenopulos, Hexabiblos, *Νόμοι γεωργικοὶ* II 3 (p. 836 Heimbach).

371 Kupiszewski, Le droit hellénistique dans le *Νόμος Γεωργικός*, JJP XVI–XVII (1971), 85–98 [93] spricht ohne weitere Zweifel vom „vol des produits de la terre perpétré par le garde champêtre".

Aber der νόμος γεωργικὸς unterscheidet an anderer Stelle bei Weintrauben und Feigen ausdrücklich zwischen straflosem Mundraub (βρῶσις) und strafbarem Diebstahl (κλοπή)[372]. Es ist daher nicht zwingend, daß der Genuß der zu bewachenden Weintrauben oder Feigen im byzantinischen Agrarrecht als κλοπὴ nach § 33 geahndet wird.

Das mosaische Recht, das wir bereits oben zum Vergleich herangezogen haben und dessen Großzügigkeit gegenüber Platons Gesetzen offensichtlich ist, hat in der Mischna das Essen der Arbeiter von den Erntefrüchten unter ihren Händen genau geregelt: Prinzipiell dürfen auf Grund der Tora[373] die Arbeiter im Weinberg von den reifen Trauben essen, solange die Arbeit daran noch nicht beendet ist[374]. Gleiches gilt bei der Feigenernte[375]. Die Auffassung des R. Elazar, der Arbeiter dürfe nicht mehr essen, als sein Lohn betrage[376], ist eine Einzelmeinung in klarem Widerspruch zu der Glosse שבעך [377] geblieben. Es ist hier nicht der Ort, auf die umfangreiche talmudische Kasuistik zur Frage des Genusses der Arbeiter von den Erntefrüchten einzugehen[378].

Da Platon bei der Regelung des Rechts der ἀγροῖκος ὀπώρα nicht die humanen Eigentumsbeschränkungen der Tora und der Mischna kennt, sondern alle Bestimmungen nur im Interesse einer möglichst vollständigen Sicherung der Ernte für die Versorgung der Gesamtbevölkerung trifft, sind Analogien zum Recht der Mischna nicht möglich[379].

---

372 Ashburner, JHS XXX, 105, § 61 = J.D. et P.I. Zepos, Jus Graecoromanum II, 69; sim. Harmenopulos, Hexabiblos, Νόμοι γεωργικοὶ II 9 (p. 836 Heimbach). Eine ähnliche Bestimmung enthält das Edikt Rotharis, das die Mitnahme von maximal drei Weintrauben für straflos erklärt: Si quis super tres uuas de uinea alienam tulerit, componat solidos sex; nam si usque tres tulerit, nulla sit illi culpa (Ed. Roth. 296). Allerdings scheint es mir abwegig, mit Ashburner, JHS XXXII, 92 n. 32 hier einen Einfluß des mosaischen auf das langobardische und byzantinische Recht anzunehmen.

373 Argumente aus Dt. 25, 4.

374 Bawa Mecia 7, 2. Die Arbeit gilt als beendet, wenn die Früchte zum Verzehnten fertig sind, vgl. Billerbeck in: Strack-Billerbeck, Kommentar zum Neuen Testament, Bd. III: Die Briefe des Neuen Testaments und die Offenbarung Johannis erläutert aus Talmud und Midrasch von P. Billerbeck, 2. Aufl., München 1954, S. 379.

375 Bawa Mecia 7, 4.

376 Bawa Mecia 7, 5.

377 Dt. 23, 25.

378 Vgl. dazu Bawa Mecia 7, 2–7, 8. 1 und Billerbeck, in: Strack-Billerbeck, Kommentar zum Neuen Testament III, 379–381.

379 Die Gemara erwähnt immerhin einen vertraglichen Ausschluß der Rechte des Arbeiters, vgl. Bawa Mecia 88b und 92a.

VI. Ἄλλαι ὀπῶραι

Für alle *ὀπῶραι*, die nicht Weintrauben oder Feigen sind, gilt eine eigene Regelung[380]: *ἀπίων δὲ πέρι καὶ μήλων καὶ ῥοῶν καὶ πάντων τοιούτων, αἰσχρὸν μὲν μηδὲν ἔστω λάθρᾳ λαμβάνειν, ὁ δὲ ληφθεὶς ἐντὸς τριάκοντα ἐτῶν γεγονὼς τυπτέσθω καὶ ἀμυνέσθω ἄνευ τραυμάτων, δίκην δ' εἶναι ἐλευθέρῳ τῶν τοιούτων πληγῶν μηδεμίαν. ξένῳ δὲ καθάπερ ὀπώρας ἐξέστω καὶ τῶν τοιούτων μέτοχον εἶναι· ἐὰν δὲ πρεσβύτερος ὢν ἅπτηται τούτων, φαγὼν αὐτοῦ καὶ ἀποφέρων*[381] *μηδέν, καθάπερ ὁ ξένος ταύτῃ κοινωνείτω τῶν τοιούτων ἁπάντων, μὴ πειθόμενος δὲ τῷ νόμῳ κινδυνευέτω ἀναγώνιστος γίγνεσθαι περὶ ἀρετῆς, ἐὰν εἰς τότε τὰ τοιαῦτα περὶ αὐτοῦ τοὺς τότε κριτάς τις ἀναμιμνήσκῃ*[382].
Tatbestandsmäßiges Objekt sind alle auf Bäumen wachsenden Herbstfrüchte[383] mit Ausnahme der in den vorhergehenden Abschnitten behandelten Weintrauben und Feigen. Äpfel, Birnen und Granatäpfel zählt Platon exemplifizierend auf[384], Oliven werden mit dem Sammelbegriff *καὶ πάντων τῶν τοιούτων*[385] erfaßt.

Die von Platon angedrohten Sanktionen für Verstöße gegen die Vorschriften zum Schutz der in Lg. 845 b 7 – c 1 genannten Früchte zeigen, daß diese Gruppe durch das Gesetz in geringerem Maße geschützt ist als die *γενναία ὀπώρα*.

Platon differenziert danach, ob der Täter ein Inländer oder ein Ausländer ist[386]. Bei Inländern wird unterschieden, ob sie unter oder über 30 Jahre alt sind und

---

380 Man darf aus der Wendung *ξένῳ δὲ καθάπερ ὀπώρας ἐξέστω καὶ τῶν τοιούτων μέτοχον εἶναι* (Lg. 845 c 4–5) nicht schließen, Platon verstehe abweichend von anderen Autoren unter *ὀπώρα* nur Weintrauben und Feigen, nicht aber die in Lg. 845 c 1 genannten Herbstfrüchte; denn sonst wäre *καθάπερ τῆς ὀπώρας* zu erwarten. Gemeint ist nur ein Verweis auf die schon besprochene Regelung in Lg. 845 a 5 – b 1. Maykowska, die *ὀπώρα* in Lg. 844 d 7 generell als „płody jeseni" (= Herbstfrüchte) übersetzt (Prawa, 371), wählt an dieser Stelle darum auch die spezielle Übersetzung: „. . . tak samo jak winogron i fig" (= genau so, wie an Weintrauben und Feigen), Maykowska, Prawa, 372.

381 *ἀποφέρων* libri : *ὑποφέρων* vett. editt. cum T.

382 Lg. 845 b 7 – d 3.

383 Siehe oben S. 134.

384 Lg. 845 b 7.

385 Lg. 845 b 7 – c 1.

386 *ξένῳ* (Lg. 845 c 4) meint nur den Ausländer, nicht den Metöken. Das ergibt sich aus der Tatbestands- und Rechtsfolgeverweisung auf Lg. 845 a 5 – b 1 in Lg. 845 c 4. Der Metöke wird als *ἐλεύθερος* genau wie ein magnetischer Bürger behandelt.

bei den jugendlichen Tätern noch einmal danach, ob die Zueignung heimlich oder offen begangen ist[387].

1. Jugendliche

Die heimliche Wegnahme dieser Früchte ist für junge Leute straflos, ja sie ist sogar nicht einmal ehrenrührig[388]. Wird ein junger Mann unter 30 Jahren aber auf frischer Tat ertappt[389], so soll er durch Schläge an der Wegnahme gehindert werden, wobei allerdings diese Schläge nicht so heftig sein dürfen, daß sie offene Wunden hervorrufen[390]. Gegen einen freien Mann, der in dieser Weise Nothilfe[391] zugunsten eines anderen übt, gibt es wegen dieser Schläge keine δίκη (scil. βιαίων)[392]. Ein Sklave dagegen darf – anders als bei der Mißhandlung von Eltern oder Großeltern[393] – nicht mit Brachialgewalt Hilfe leisten. Sonst trifft ihn die in Lg. 882 a 1 – c 2 bestimmte Strafe. Der Ausschluß des Nothilferechts von Sklaven und die Beschränkung auf unblutige Schläge, vielleicht sogar nur in dem zur Abwehr des Fruchtdiebstahls erforderlichen Maße[394], zeigen deutlich, daß es sich hier nicht um ein Kriminaldelikt handelt, dessen Bestrafung der geschädigte Eigentümer in Ausübung des alten Selbsthilferechts oder ein anderer in seinem Interesse vornimmt, sondern um einen Fall der bloßen Nothilfe gegenüber einer unerwünschten jugendlichen Unsitte, die dadurch als rechtswidrig – und nicht nur als abwehrfähig, d.h. vom Inhaber der Rechtsposition selbst im Wege der Selbsthilfe verhinderbar – qualifiziert wird, daß dem ertappten und verprügelten Täter keine δίκη βιαίων gegen den Züchtiger zusteht.

---

387 So auch Ritter, Gesetze I, 79. Grammatikalisch ebenfalls möglich ist folgende Differenzierung: 1. heimliche (845 c 1) – offene Wegnahme (845 c 2 – d 3), 2. offene Wegnahme durch a) einen νεώτερος (845 c 2–4), b) einen ξένος (845 c 4–5), c) einen πρεσβύτερος (845 c 5 – d 3). Aus sachlichen Gründen, auf die weiter unten einzugehen ist (siehe S. 180 f.), ist die im Text vorgeschlagene Systematik sinnvoller.

388 Lg. 845 b 7 – c 1.

389 Der terminus technicus ἐπ' αὐτοφώρῳ für den manifesten Diebstahl, der auch im römischen Recht regelmäßig zitiert wird (vgl. I. 4, 1, 3; Ulp. D. 47, 2, 3 pr.), findet sich bei Platon in den Nomoi nur in Lg. 942 a 3, in figurativem Sinne ferner in Pl. Ap. 22 b 1 und Rep. 359 c 3.

390 ἀμυνέσθω Hysteron proteron pro ἀμυνέσθω καὶ τυπτέσθω ἄνευ τραυμάτων, Ast, Leges II, 421.

391 Für die Notwehr des Garteneigentümers bedarf es keiner besonderen rechtfertigenden Bestimmung.

392 Lg. 845 c 3–4.

393 Lg. 881 b 3 – c 7 [c 2–3].

394 ἀμυνέσθω (Lg. 845 c 3) legt immerhin den Gedanken nahe, daß die Schläge zur Abwehr erforderlich sein müssen.

In Sparta mußten die Jugendlichen nach Plutarchs Zeugnis Brennholz und Gemüse für die Mahlzeiten im Lager stehlen; wurde einer dabei ertappt, erhielt er zahlreiche Geißelhiebe[395]. Der Jüngling wurde bestraft ῥᾳθύμως δοκῶν κλέπτειν καὶ ἀτέχνως[396]. Auch andere Autoren bezeugen, daß die spartanische Jugend förmlich zum Diebstahl erzogen wurde[397], wenn auch keiner behauptet, es habe in Sparta ein *Gesetz* gegeben, das den Diebstahl Jugendlicher straflos gelassen habe. Vielmehr macht gerade Xenophon eine – allerdings nicht leicht verständliche[398] – Einschränkung, wenn er sagt: ἀκούω ... οὐκ αἰσχρὸν εἶναι ἀλλὰ καλὸν κλέπτειν ὅσα μὴ κωλύει νόμος[399]. Man wird daher aus der Abrichtung der jungen Spartaner zum Diebstahl nicht den Schluß ziehen können, daß dieser Tatbestand in Sparta straffrei war[400]. Es dürfte sich eher um eine Mutprobe contra legem gehandelt haben, der man einen gewissen Respekt entgegenbrachte.

Eine Übernahme oder gar eine Legalisierung der spartanischen Sitte durch Platon hat schon Hermann zu Recht bestritten[401]. Platons Bestimmung hat mit der Kriegsertüchtigung überhaupt nichts zu tun[402]. Im Gegensatz zur spartanischen Sozialauffassung – nicht Rechtsauffassung! –, die den heimlichen und verheimlichten Diebstahl als Ausdruck besonderer Geschicklichkeit und Tüchtigkeit bewertete, ist für Platon der Diebstahl stets ein Delikt, dessen Handlungsunwert mit klaren Strafen vergolten wird[403]. Daß Platon jüngeren Leuten nicht in gleicher Weise wie den Erwachsenen die offene Aneignung und den sofortigen Ver-

---

395 Plut. Lyc. 17, 3; ebenso X. An. IV 6, 15. Auf diese Sitte bezieht sich wohl auch Pl. Lg. 633 b 8–9.

396 Plut. Lyc. 17, 3.

397 X. An. IV 6, 14; X. Lac. 2, 6; (Ps.-) Heraclid. Pont. II, 8 (FHG II, 211); Isoc. XII 211.

398 Die Gesetze müßten dann geschütztes und gesetzlich nicht geschütztes Eigentum unterschieden haben!

399 X. An. IV 6, 14.

400 Latte, Hermes 66, 145 = ders., Kleine Schriften, 281–282 = in: Berneker, Zur griechischen Rechtsgeschichte, 300.

401 Hermann, De vestigiis, 32. Neuestens hat Morrow, Law of Slavery, 66 n. 1 [67] erneut spartanischen Einfluß auf Platons Bestimmung behauptet; dagegen zu Recht: Gomme, Plato on Slavery, (Rez.) Glenn R. Morrow, Plato's Law of Slavery in its Relation to Greek Law (Illinois Studies in Language and Literature, XXV, Nr. 3) Urbana (Ill.) 1939, CR LIV (1940), 204–205 [204].

402 So auch die h.M.: Stallbaum, Plato X. 2, p. 467 Nota ad 845c; England, Laws II, 364; Knoch, Strafbestimmungen, 70.

403 Vgl. Lg. 857 a 2 – b 3, 933 e 6 – 934 a 5. Das von Hermann, De vestigiis, 32 n. 114 und Stallbaum, Plato X. 2, p. 467 Nota ad 845c zitierte Gesetz Lg. 941 c 4 – 942 a 4 kann in diesem Zusammenhang nicht zum Vergleich herangezogen werden, da es von der κλοπὴ δημοσίων handelt, während es sich im vorliegenden Falle um den Diebstahl privater Früchte handelt.

zehr fremden Obstes zur Stillung des augenblicklichen Hungers gestattet[404], hat seinen Grund in den physiologischen und den Mentalitätsunterschieden beider Gruppen. Von Jugendlichen wäre ein stärkerer Mißbrauch der Erlaubnis zum offenen Genuß fremder Früchte zu befürchten[405]: Abgesehen davon, daß der Appetit eines Jugendlichen nicht so schnell gestillt ist wie der eines Erwachsenen und daß eine Beschränkung wie in Lg. 845 c 6 daher nicht den gleichen Schonungseffekt hätte wie dort, sei in diesem Zusammenhang nur an den organisierten Feigendiebstahl jugendlicher Banden in Athen erinnert, von dem Festus berichtet[406]. England verkennt, daß es sich bei der Anweisung, Jugendliche mit Schlägen zu züchtigen und vom Obstdiebstahl abzuhalten, um ein Nothilfe- und nicht um ein dem Eigentümer des Obstgartens ohnehin zustehendes Notwehrrecht handelt, wenn er meint, es sei dem Eigentümer nicht zuzumuten, untätig zuzuschauen, wenn sich ein Haufen junger Leute die Früchte seiner Arbeit dreist in aller Offenheit aneignet[407].

Platon berücksichtigt auch an dieser Stelle die gemeingriechische Auffassung, daß es die Ehre eines freien Mannes beeinträchtigt, wenn er geschlagen wird. Wo das griechische Recht gegen Erwachsene eine echte Strafe verhängt, sehen die gesetzlichen Bestimmungen gegenüber Jugendlichen häufig Schläge vor, die dann aber als Erziehungsmaßregeln bzw. Zuchtmittel[408] zu verstehen sind[409]. Wo Platon Körperstrafen gegen freie Erwachsene anordnet, handelt es sich immer um Delikte, bei denen auch andere Ehrenstrafen als Sanktion vorgesehen sind[410]. Die Regel, daß Schläge gegen freie Männer nur bis zum 30. Lebensjahr[411] zulässig sind, wird in den Nomoi noch einmal durch die Rechtsfolgen der *γονέων ἀμέλεια*[412] bestätigt, bei denen es sich allerdings mehr um eine Maßregel der Erziehung handelt, während hier beim Fruchtdiebstahl der Eigentumsschutz stark im Vordergrund steht und demgegenüber ein pädagogischer Zweck in den

---

404 Lg. 845 c 5–7.

405 Knoch, Strafbestimmungen, 70.

406 Fest. s.v. Sycophantas, p. 302 a 30–b 4 Mueller = p. 432, 30–434, 4 Thewrewk = p. 392, 9–17 Lindsay.

407 England, Laws II, 364.

408 Vgl. § 5 JGG in Verbindung mit §§ 9–12 und §§ 13–16 JGG.

409 Z.B. IG XII 5, 569, Z. 7–8 (= Michel 405).

410 Z.B. Lg. 762 c 2 – d 1, 855 c 2–6, 881 c 7 – d 6.

411 Gegenüber Frauen bis zum Alter von 40 Jahren (Lg. 932 c 1–2). Mit Vollendung des 40. Lebensjahres wird eine unverheiratete freie magnetische Frau prozeßfähig. Sie darf von diesem Alter ab vor Gericht als Zeugin auftreten und im Gegensatz zum attischen Recht ohne Vertretung durch einen *κύριος* selbst einen Prozeß führen, Lg. 937 a 5–7. Vgl. dazu Schulte, Quomodo Plato, 48; Bisinger, Agrarstaat, 107.

412 Lg. 932 a 7 – c 8 [b 6 – c 1].

Hintergrund tritt. An einem Strafzweck – und sei er nur ordnungsrechtlicher Art – fehlt es, wie oben schon gezeigt worden ist, ganz[413].

2. Fremde

Der ξένος hat hier die gleichen Rechte wie bei der schon zuvor besprochenen ὀπώρα.

Ξένος ist auch hier wieder nur der Fremde auf Reisen, nicht der Metöke. Problematisch ist, ob mit der Wendung καθάπερ ὀπώρας nur auf die Bestimmungen über die γενναία ὀπώρα in Lg. 845 a 5 – b 1 oder auch sinngemäß auf die über die ἀγροῖκος ὀπώρα[414] verwiesen ist.

Objekt der Regelung in Lg. 845 b 7 – d 3 ist sowohl das zum baldigen Verzehr bestimmte Tafelobst als auch die zur Aufbewahrung und Ölherstellung geeignete Olive. Wenn man davon ausgeht, daß der reisende Ausländer sich generell nur an die leichtverderblichen Baumfrüchte halten soll, die zur Lagerung und Verarbeitung bestimmten aber nicht pflücken darf, dann liegt es nahe, einen Normverweis auf beide oben besprochenen Bestimmungen anzunehmen – mit der Folge, daß den Fremden und seinen Sklaven, die haltbare oder zur Verarbeitung bestimmte Oliven genießen, die gleiche Rechtsfolge wie beim Genuß der ἀγροῖκος ὀπώρα trifft.

Diese Auffassung ist aus drei Gründen nicht haltbar:

(1) Die in Lg. 845 b 7 ff. genannten Baumfrüchte sind vom Gesetz prinzipiell weniger geschützt als Weintrauben und Feigen, gleich welcher Sorte[415]. Wenn aber ἄπια καὶ μῆλα καὶ ῥόαι καὶ πάντα τὰ τοιαῦτα generell als geringwertiger qualifiziert werden als die γενναία ὀπώρα, dann ist kein Grund ersichtlich, daß der Ausländer zwischen haltbaren und verderblichen Sorten unterscheiden solle, wo der magnetische Bürger das auch nicht muß.

(2) Wenn der πρεσβύτερος seinerseits καθάπερ ὁ ξένος von Äpfeln, Birnen usw. essen darf[416], hätte das zur Folge, daß auch er zwischen haltbaren und nicht lagerfähigen Sorten differenzieren müßte. Dafür aber gibt wiederum ein Vergleich mit den Bestimmungen für die νεώτεροι nichts her.

(3) Um schließlich das ökonomische Argument, Platon könne die Fettversorgung der Bevölkerung für das ganze Jahr doch nicht völlig ins Belieben möglicherweise recht gieriger Ausländer und älterer Bürger stellen, zu widerlegen: Selbst von

413 Siehe oben S. 176.

414 Lg. 845 b 1–7.

415 Das folgt aus den milderen Sanktionen bei Zueignung durch einen Inländer.

416 Lg. 845 c 6–7.

dem allgemeinen Ausfuhrverbot Solons[417] war das Öl ausdrücklich ausgenommen[418]; Olivenöl war im Gegenteil stets Attikas wichtigster Exportartikel[419]. Für einen Sohn Athens muß es daher fern liegen, im Mundraub an Oliven eine Gefahr für die Fettversorgung zu sehen. Es gab stets genug Öl[420].

3. Ältere

Dem freien Inländer, der älter als 30 Jahre ist, stehen die gleichen Rechte zu wie dem Ausländer, allerdings mit einer Einschränkung[421]: Er darf sich nur so viel aneignen, wie er an Ort und Stelle zur Stillung seines Appetits verzehrt. Die Mitnahme als Wegzehrung oder gar zur Vorratsbildung oder zur Versorgung seines Haushalts ist ihm verboten. Die unterschiedliche Behandlung von In- und Ausländern rechtfertigt sich einmal aus dem Gedanken der Gastfreundschaft gegenüber dem reisenden Ausländer, zum anderen daraus, daß bei uneingeschränkter Erlaubnis gegenüber dem Inländer die Gefahr bestände, daß dieser in leicht erreichbarer Nähe seines Hauses und seiner Vorratskammern und mit der Möglichkeit, sich eines Transportmittels zu bedienen, praktisch anderen Bürgern das gesamte Obst abernten könnte, ein Risiko, das bei dem Ausländer nicht besteht. Verstößt ein über 30 Jahre alter freier Inländer gegen das Verbot des *ἀποφέρειν*, so setzt er sich der Gefahr aus, später[422] bei der Verleihung von Ehrungen ausgeschlossen zu werden.

Es ist die Frage, ob diese fakultative Rechtsfolge nur für offenes Wegtragen oder auch für heimliches gilt[423]. Sieht man in der Feststellung, heimliche Wegnahme

---

417 Die historische Echtheit dieses Gesetzes folgt schon daraus, daß Plut. Sol. 24, 2 sogar den ersten Axon als Fundstelle nennt, Ruschenbusch, ΣΟΛΩΝΟΣ ΝΟΜΟΙ, 11.

418 Plut. Sol. 24, 1 (= Solon T 5 und F 65).

419 Beloch, Griechische Geschichte, 2. Aufl., Straßburg, Berlin-Leipzig 1912–1923, Bd. III 1 (1922), S. 326; Hasebroek, Staat und Handel, 61–62. 96–97; Pease, Oleum, in: RE XVII 2 (1937), 2454–2474 [2471].

420 Das Hadrianische Ölgesetz IG II/III^2 1100 (= IG III 1, 38 = SEG XV 108) besagt nichts Gegenteiliges, sondern bestätigt gerade, daß auch im 2. nachchristlichen Jahrhundert die Ölproduktion Attikas den Bedarf des Landes um das Dreifache überstieg; vgl. Kahrstedt, Das wirtschaftliche Gesicht Griechenlands in der Kaiserzeit. Kleinstadt, Villa, Domäne (Dissertationes Bernenses, ser. I, fasc. 7), Bernae 1954, S. 46.

421 Die Partizipialkonstruktion *φαγὼν αὐτοῦ καὶ ἀποφέρων μηδὲν* (845 c 6) ist als Restriktion der Normverweisung *καθάπερ ὁ ξένος ταύτῃ κοινωνείτω* (Lg. 845 c 6–7) zu verstehen, so auch die Übersetzungen von Müller, Apelt, Taylor, Novotný, Maykowska, Cassarà.

422 *εἰς τότε* (Lg. 845 d 2) bedeutet: „when the time comes" (England, Laws II, 364), „on that future occasion" und nicht – wie LSJ meinen – „until then", England, Laws II, 329.

423 Auf die unterschiedlichen systematischen Konsequenzen ist bereits oben S. 175 f. mit Anm. 387 hingewiesen worden.

von Herbstfrüchten der dritten Gruppe sei nicht ehrenrührig[424], einen allgemeinen Grundsatz, der für alle drei im folgenden genannten Tätergruppen gilt, dann ist eine solche Tat auch für den Älteren nicht αἰσχρὸν und kann nicht zu seinem Ausschluß von Ehrungen führen. Sieht man darin aber nur eine Sonderbestimmung für Jugendliche, so wird das heimliche ἀποφέρειν bei Älteren genau so wie das offene behandelt. Aus der Systematik des Gesetzes läßt sich die Frage nicht entscheiden. Die zweite Auffassung verdient aus sachlichen Gründen den Vorzug: Für den reisenden Ausländer bedarf es der Feststellung αἰσχρὸν μηδὲν ἔστω λάθρᾳ λαμβάνειν gar nicht; denn er ist kraft des Normverweises in Lg. 845 c 4–5 sogar *berechtigt*, diese Früchte für sich und seinen Begleiter zu pflücken. Ebenso ist sie für den über 30 Jahre alten freien Inländer überflüssig, da auch er berechtigt ist, zur Stillung des augenblicklichen Appetits zusammen mit einer Begleitperson vom Obst eines anderen zu essen. Wenn ihm aber das habgierige ἀποφέρειν später den Ausschluß von Ehrungen eintragen kann, dann dürfte es keine Rolle spielen, ob er seiner Gier als erwachsener und verständiger Mann heimlich oder offen nachgegeben hat. In beiden Fällen hat er sich – sofern die Sache nicht in Vergessenheit geraten ist – als Träger eines Preises der ἀρετὴ disqualifiziert.

Der Ausschluß des Fruchtdiebes von den Preisverleihungen erfolgt nicht automatisch, sondern steht im Ermessen der κριταί[425]. Die Voraussetzung ἐάν ... τις ἀναμιμνῄσκῃ[426] ermöglicht eine differenzierende Behandlung der einzelnen Fälle: Wenn es sich um eine Bagatellsache, eine einmalige Entgleisung oder um einen bereits länger zurückliegenden Vorfall handelt, wird wahrscheinlich niemand mehr im Wege der Anzeige Einspruch gegen eine Preisverleihung erheben. Das Ansehen des Kandidaten in der Öffentlichkeit ist nicht oder nicht mehr beeinträchtigt. Vice versa beweist die Anzeige eines quivis ex populo, daß der gute Ruf eines Bürgers oder Metöken angeschlagen bzw. noch nicht restlos wiederhergestellt ist. Ungeachtet des Fehlens einer solchen Erinnerung können die Preisrichter wegen ihrer Freiheit in der Würdigung des Bürgerverhaltens einem notorischen Obstdieb natürlich auch von sich aus den Ehrenpreis versagen, ohne auf eine Anzeige aus der Bevölkerung warten zu müssen. Sie berücksichtigen die eines erwachsenen Mannes unwürdige Tat bei der Gesamtwürdigung seines Verhaltens und entscheiden frei, ob er sich dadurch eines Ehrenpreises unwürdig erwiesen hat oder nicht.

Das Verfahren bei der Verleihung der Tugendpreise hat Platon nicht geregelt. So ist auch nicht ganz klar, wer als κριταὶ fungiert. Man könnte an die nächtliche Versammlung denken, der in sittlichen Fragen die höchste Sachkenntnis und Autorität zukommt. Dem steht jedoch entgegen, daß der σύλλογος νυκτερινὸς

424 Lg. 845 b 7 – c 1.

425 Das folgt aus dem κινδυνευέτω (Lg. 845 d 1); anders Ritter, Gesetze I, 79.

426 Lg. 845 d 2–3.

selbst im wesentlichen aus den Trägern der *ἀριστεῖα* besteht[427] und Platon – da alle Preisträger automatisch Mitglied der nächtlichen Versammlung werden[428] – wohl kaum an eine Ergänzung des Rates durch Kooptation gedacht hat.

Daß die gesamte Bürgerschaft, die ja auch die Euthynen nach ihrer sittlichen Tüchtigkeit wählt[429], allerdings ohne die bei der Verleihung der *ἀριστεῖα* vorgeschriebene Aussprache[430], als Entscheidungsgremium tätig wird, ist aus philologischen und sachlichen Gründen auszuschließen: Platon stellt in dem Preisverfahren den *κριταὶ* den *ἀναμιμνῄσκων* als einen mit diesen nicht identischen quivis ex populo gegenüber[431]. Wenn er schon bei den musischen Wettkämpfen gegen die sizilische und italische Unsitte polemisiert, daß die Zuschauermenge den Sieger durch Handzeichen bestimmt[432], und statt dessen eine Entscheidung durch sachverständige Preisrichter fordert, dann muß das gleiche wohl erst recht bei der Verleihung der *ἀριστεῖα* gelten.

Keinesfalls handelt es sich bei den *κριταὶ* um Mitglieder des aus Gesetzeswächtern und gewählten Richtern bestehenden Gerichtshofes, vor dem jedermann mit einer Klage gegen einen Euthynen rügen kann, dieser sei seines Amtes und der damit verbundenen Auszeichnungen unwürdig[433]; denn einmal bezeichnet *κριτής* in klassischer Zeit stets nur den Preisrichter und nicht ein Justizorgan[434], zum anderen entscheidet dieser Gerichtshof nicht über die Verleihung von Ehrenpreisen, sondern nur über die Amtsenthebung und Aberkennung der Ehren bei den Euthynen, die sich nach ihrer Wahl in der Folgezeit[435] als ihres Ehrenamtes unwürdig erwiesen haben[436].

Aller Wahrscheinlichkeit nach dürfte es sich bei den *κριταὶ περὶ ἀρετῆς* um ein aus den Reihen der Bürger gewähltes Kollegialorgan sachverständiger Männer handeln, dessen Wahl und Zusammensetzung mutatis mutandis der der Kampf-

---

427 Lg. 951 d 7 – e 3 und 961 a 1–8.

428 ... *τοὺς δὲ τἀριστεῖα εἰληφότας ἅπαντας*, Lg. 961 a 3; nach Lg. 951 d 7–8 scheinen nur die Preisträger, die gerade das Priesteramt bekleiden, ex officio zur Versammlung zu gehören.

429 Lg. 945 e 4 – 946 b 2.

430 Lg. 845 d 2–3 ist nur sinnvoll, wenn man eine Personaldebatte vor der Entscheidung voraussetzt.

431 Lg. 845 d 2–3.

432 Lg. 659 b 6 – c 3; noch ausführlicher Lg. 700 c 1 – 701 a 5.

433 Lg. 947 e 6 – 948 a 6.

434 Anders erst bei den Späteren wie Demad. I 3 (Orat. Att. II, 313); vgl. Lipsius, Attisches Recht, 150 Anm. 51.

435 Allerdings wohl auch, wenn Verfehlungen aus früherer Zeit erst nach dem Amtsantritt bekannt werden.

436 Lg. 947 e 6–8.

richter bei musischen und gymnastischen Wettkämpfen[437] entsprechen dürfte[438].

Ist ein magnetischer Bürger wegen eines Obstdiebstahls *ἀναγώνιστος περὶ ἀρετῆς*, so bedeutet das konkret, daß er nicht Euthyne oder Mitglied der nächtlichen Versammlung werden kann, also keinen Zugang zu den höchsten Staatsämtern hat und der mit diesen verbundenen Ehren nicht teilhaftig wird.

Von einem Schadensersatzanspruch des Obstbauern, dem ein *πρεσβύτερος* rechtswidrig Äpfel, Birnen oder dergleichen weggepflückt hat, spricht Platon hier genau so wenig, wie in den anderen Fruchtdiebstahlstatbeständen.

---

437 Vgl. Lg. 764 d 5 – 765 d 3.

438 An Einzelrichter wie bei den musischen Wettbewerben (Lg. 764 e 6 – 765 a 4) ist wegen des Plurals *κριτὰς* in Lg. 845 d 2 nicht zu denken.

§ 12 WEGERECHT

I. Pl. Lg. 845 e 10 – 846 a 3

Platons Erntegesetze schließen mit einer Bestimmung über die Einbringung der Ernte ab[1]: *περὶ δὲ συγκομιδῆς τῶν ὡραίων ἁπάντων, ἐξέστω τῷ βουλομένῳ τὸ ἑαυτοῦ διὰ παντὸς τόπου κομίζεσθαι, ὅπηπερ ἂν ἢ μηδὲν μηδένα ζημιοῖ ἢ τριπλάσιον αὐτὸς κέρδος τῆς τοῦ γείτονος ζημίας κερδαίνῃ.*[2]

Das Gesetz regelt nicht nur das Einfahren der in der vorausgehenden Norm behandelten *ὀπώρα*, sondern, wie die Wendung *συγκομιδῆς τῶν ὡραίων ἁπάντων* erkennen läßt, die Einbringung aller Erntefrüchte einschließlich des Getreides und des Heus[3]. Danach darf jeder Landwirt bei der Einbringung seiner Früchte ein fremdes Grundstück[4], selbstverständlich – auch wenn Platon das nicht ausdrücklich erwähnt – mit Ausnahme der Sakralbezirke[5], begehen oder befahren[6], wenn er dabei keinen Schaden anrichtet, also z.B. einen Privatweg benutzt[7]. Will der Berechtigte jedoch einen fremden Acker oder eine Wiese

---

1 Daß Lg. 845 d 4 – e 9 durch ein Versehen zwischen die Bestimmungen des Erntерechts geraten ist, haben wir bereits oben auf S. 63 f. Anm. 16 gezeigt. Maykowska, Prawa, 369 adn. [370] betont: „Ustęp 844 D 4 – 845 D 3, którego treścią są przepisy odnoszące się do zrywania owoców, poprzedzać powinien bezpośrednio ustęp 845 E 10 nast., w którym jest mowa o transporcie plonów." (dt. Übers.: „Der Abschnitt 844 d 4 – 845 d 3, dessen Inhalt Bestimmungen sind, die sich auf das Pflücken von Früchten beziehen, muß unmittelbar dem Abschnitt 845 e 10 ff. vorangehen, in dem die Rede vom Transport der Ernte ist.").

2 Lg. 845 e 10 – 846 a 3. Im Gegensatz zu anderen Herausgebern trennt Stallbaum, Plato X. 2, p. 469 diese Bestimmung von der anschließenden Zuständigkeitsregelung nicht durch ein Komma, sondern durch einen Punkt.

3 *συγκομιδή* i.S. der Heuernte bei Plut. Mor. 2, 915c, i.S. der Olivenernte in Gp. IX 17, 2; SEG XV 108, Z. 29 (= IG II/III^2 1100, Z. 28 = CIG 355 = IG III 1, 38).

4 *τόπος* meint hier nicht etwa nur Verkehrsflächen wie in OGIS 483, Z. 38 (= SEG XIII 521, Z. 50) (vgl. dazu Kolbe, Ath. Mitt. 27, 61 und Hitzig, SavZ 26, 436).

5 Anderer Meinung Brugi, AG XXXIV, 310.

6 Kränzlein, Eigentum und Besitz, 63 spricht nur von einem Begehungsrecht. Il. 18, 550–556, wo Lohnarbeiter mit der Sichel Getreidebündel nur so groß schneiden, wie man sie mit der Hand fassen kann, und wo andere, welchen Knaben die Bündel zureichen, sie zu Garben binden, darf nicht so verstanden werden, daß die Getreideernte in Griechenland nur zu Fuß abtransportiert worden wäre. Bei Opp. C. I, 527–534 wird ausführlich die Verwendung des von Rindern – nie von Pferden (X. Oec. V 6)! – gezogenen Erntewagens beschrieben.

7 Daß *ζημιοῖ* i.S. von *βλάπτῃ* zu verstehen ist, ist unstreitig: Ast, Leges II, 422; Stallbaum, Plato X. 2, p. 469 Nota ad 846; vgl. Valckenaer ad Hdt. VII 39 (in: Schweighaeuser, Herodoti Musae sive Historiarum libri IX ad veterum codicum fidem denuo

überqueren und ist dabei eine Schädigung unvermeidbar, so muß der Vorteil, den er dadurch erzielt, mindestens dreimal so groß sein, wie der dem Nachbarn entstehende Schaden. In praxi dürfte es für die ἐπιγνώμονες natürlich schwierig sein, Schäden am Feld des duldungspflichtigen Nachbarn wertmäßig mit dem Vorteil zu vergleichen, der einem Landwirt durch die Einsparung eines Umwegs erwächst[8]. Aber der Grundsatz ist klar. Kränzlein hebt hervor, wie sorgfältig Platon die Interessen der Beteiligten gegeneinander abgewogen hat: „Niemand braucht seine Anpflanzungen und Anlagen um eines kleinen Vorteils für einen anderen willen schädigen zu lassen. Nur wenn der Nachbar durch die Überquerung des Grundstücks Einsparungen erzielen kann, die wertmäßig den angerichteten Schaden erheblich hinter sich lassen, muß das Interesse an der Unversehrtheit des eigenen Grundstücks zurücktreten.“[9]

Guiraud[10] und Beauchet[11] meinen, Platon habe wohl an eine Enklave gedacht. Diese Annahme findet im Text der Nomoi keine Stütze. Wie Kränzlein zu Recht betont, dürfte sich die Schaffung von Enklaven in Magnesia bei Platons sorgfältig durchdachter Verteilung der κλῆροι vermeiden lassen[12], wenn man auch davon ausgehen darf, daß nicht nur das erklärte Ziel Platons – die gleiche Bodenrente aller Grundstücke[13] –, sondern auch Wirtschaftlichkeitsgrundsätze eine schematische Grundstücksbildung durch konzentrische und radiale Aufteilung des ganzen Landes, wie sie Ott annimmt[14], ausschließen. Im übrigen wäre der Eigentümer einer Enklave auf ein ganzjähriges Notwegrecht angewiesen.

Ihre romanistische Betrachtungsweise hat Guiraud[15] und Beauchet[16] verführt, von einer Legalservitut bei Platon zu sprechen, obwohl auch das iter, im besonderen das iter ad sepulchrum, und die via in altrömischer Zeit noch keineswegs als dingliche Rechte an einem fremden Grundstück, sondern als funktionelle

---

recensuit lectionis varietate continua interpretatione latina adnotationibus Wesselingii et Valckenarii aliorumque et suis illustravit Iohannes Schweighaeuser, Argentorati et Parisiis 1816, t. VI, p. 311).

8 England, Laws II, 365.

9 Kränzlein, Eigentum und Besitz, 64.

10 Guiraud, Propriété, 191.

11 Beauchet, Droit privé III, 168.

12 Kränzlein, Eigentum und Besitz, 64.

13 Lg. 745 c 2 – d 4.

14 Ott, Jahrbücher für Nationalökonomie und Statistik 168, 417–419. Modern gesprochen handelt es sich bei dieser Konstruktion um eine Kombination aus von Thünens „isoliertem Staat“ und aus Rodbertus' „isolierter Insel“. Bei dieser Annahme erhalten aber die einzelnen Grundstücke ein Seitenlängenverhältnis von ca. 1:1000 und sind, wenn man eine Grundstücksgröße von 50 ha zugrundelegt, an den Landesgrenzen etwa 15 km lang!

15 Guiraud, Propriété, 191.

16 Beauchet, Droit privé III, 168.

Teilung des Eigentums aus dem Nachbarschaftsverhältnis verstanden wurden[17]. Bereits Scialoia hat für die platonischen „Servituten" generell festgestellt, „che si hanno qui sempre limitazioni legali della proprietà, que non possono dirsi vere e proprie servitù prediali"[18]. Die Annahme einer Legalservitut oder eines dem weiteren Notwegrecht des älteren deutschen Rechtes verwandten Wegerechts verbietet sich aus zwei Gründen: Sowohl das altrömische iter als auch das deutsche Notwegrecht setzen einen Zugangsmangel voraus und sehen von einer Schadensvergleichung ab, während bei Platon gerade der Grundsatz der Verhältnismäßigkeit entscheidend ist und es überhaupt keine Rolle spielt, ob der seine Ernte einbringende Landwirt nicht vielleicht einen – wenn auch längeren oder beschwerlicheren – Weg über sein eigenes Grundstück oder über einen öffentlichen Weg nehmen könnte: Seine Willkür bei der Wahl der Route[19] wird nur durch den Grundsatz der Verhältnismäßigkeit eingeschränkt. Entsprechend vorsichtig sieht Lipsius durch Platons Gesetz auch nur „*eine Art* Wegerecht" gewährleistet[20]. Ohne nähere juristische Qualifizierung spricht leider auch wieder Kränzlein von einem „Begehungs*recht*"[21], wo man besser nur von einer Berechtigung oder Befugnis statt von einem (subjektiven dinglichen) Recht oder – in den hier klareren Kategorien des modernen Verwaltungsrechts – lieber von einer „Verstattung" statt von einem (subjektiven öffentlichen) „Recht" sprechen sollte. Es handelt sich nämlich in der platonischen Bestimmung um keine dingliche Berechtigung, um kein „geteiltes Eigentum" oder ein „funktional be-

---

17 Voigt, Ueber den Bestand und die historische Entwickelung der Sevituten und Servitutenklagen während der römischen Republik, Berichte der phil.-hist. Classe der Königl. sächs. Gesellschaft der Wiss., 26 (1874), 159–227 [159–160]; Koschaker, (Rez.) Emilio Bussi, La formazione dei dogmi di diritto privato nel diritto comune (diritti reali e diritti di obbligazione), Studi di diritto privato Italiano e straniero diretti da Mario Rotondi, vol. XXVII, Padova 1937, SavZ 58 (1938), 252–266 [258 Anm. 2]; Kaser, Geteiltes Eigentum im älteren römischen Recht, in: Festschrift Paul Koschaker zum sechzigsten Geburtstag, Weimar 1939, Bd. I, S. 445–478 [446–457]; ders., Eigentum und Besitz im älteren römischen Recht (Forschungen zum römischen Recht, 1), 2. Aufl., Köln-Graz 1956, S. 17–19. 202–205. 365; Biondi, La categoria romana delle „servitutes" (Pubbl. della Università cattolica del Sacro Cuore, serie seconda: scienze giuridiche, vol. LX), Milano 1938, pp. 659–669. – Eine solidarische statt einer funktionellen Teilung nimmt an: Grosso, Sulla servitù di aquae haustus, BIDR 40 (1932), 401–436 [419–420. 434]; ders., L'evoluzione storica delle servitù del diritto romano e il problema della tipicità, SDHI 3 (1937), 265–304 [274. 277] und ders., Problemi di origine e costruzione giuridica, in: Studi in onore di Vincenzo Arangio-Ruiz nel XLV anno del suo insegnamento, Napoli s.a. [1955], vol. I, pp. 35–46.

18 Scialoia, Atti della R. Accademia delle Scienze di Torino, XXV, 799.

19 ὅπῃπερ, Lg. 846 a 1.

20 Lipsius, Attisches Recht, 683 (eigene Sperrung) und ihm folgend Apelt, Gesetze, 531 Anm. 51.

21 Kränzlein, Eigentum und Besitz, 63–64, eigene Sperrung.

schränktes Eigentum"; Platons Gesetz hat nur die Bedeutung eines Schikaneparagraphen: Kein Grundstückseigentümer darf dem Transport fremder Ernte über sein Land widersprechen, wenn der Verhältnismäßigkeitsgrundsatz gewahrt wird. Insofern ist Partschs Hinweis auf den alten Flurzwang der genossenschaftlichen Gemeinschaft der Bauern bei Platon[22] nicht so abwegig, wie Kränzlein meint[23]. Der Ausgleich der Lagerente wird in Magnesia bereits durch eine komplizierte Verbindung zweier *τμήματα* zu einem *κλῆρος* erreicht[24], nachdem der Egalität der Bonitätsrente bereits durch unterschiedliche Flächengrößen der einzelnen Äcker Rechnung getragen ist[25]. Es bedarf daher nicht mehr eines Begehungsrechts, um „die naturgegebenen Vor- und Nachteile der Lage der Grundstücke nach Möglichkeit auszugleichen", wie Kränzlein meint[26].

Über einen finanziellen Anspruch des duldungspflichtigen Nachbarn schweigt Platons Gesetz ebenso wie die positivrechtlichen Quellen. Daß für die Benutzung eines nachbarlichen Privatwegs, also dann, wenn der Landwirt *μηδὲν μηδένα ζημιοῖ*, kein Wegegeld zu entrichten ist, dürfte sicher sein. Die Frage, ob ein Bauer für den bei der Ernteeinbringung am Grundstück seines Nachbarn zulässigerweise angerichteten Schaden aufzukommen hat, läßt sich nicht mit Sicherheit entscheiden. Soweit die Literatur zu diesem Problem Stellung nimmt, kommt sie ohne nähere Begründung zu dem Ergebnis, daß der Schaden einfach zu ersetzen sei[27]. Die Schwierigkeit ergibt sich daraus, daß es sich zwar um eine *βλάβη* handelt, die der Wegeberechtigte seinem Nachbarn zufügt und für die er nach allgemeinen Grundsätzen mit einer *δίκη βλάβης* haften sollte, aber eben gerade um eine durch das Gesetz zugelassene und nicht um eine rechtswidrige Schädigung. Dadurch unterscheidet sich dieser Fall von dem in Lg. 846 a 4–7 anschließenden Grundsatz. Auch in zwei Bestimmungen des Wasserrechts, wo es sich um wertmindernde Inanspruchnahmen des Nachbargrundstücks handelt, die nicht zum Schadensersatz verpflichten, bezeichnet Platon die rechtlich zulässige Handlung als *βλάπτειν*[28], allerdings unter Angabe der rechtlichen Schranken dieser legalen *βλάβη*.

Aus dem Tätigwerden der Agronomen als *ἐπιγνώμονες* läßt sich kein Schluß auf eine Schadensersatzpflicht ziehen. Neben der scharf umrissenen technischen

---

22 Partsch, ArchPap VI, 52.

23 Kränzlein, Eigentum und Besitz, 64.

24 Lg. 745 c 4–6. Lauffer, Vierteljahresschrift für Sozial- und Wirtschaftsgeschichte XXIX, 237.

25 Lg. 745 d 2–4.

26 Kränzlein, Eigentum und Besitz, 64.

27 Dareste, Science du droit, 76; Beauchet, Droit privé III, 168; Kränzlein, Eigentum und Besitz, 64. Dagegen scheint Ritter, Gesetze I, 79–80 eine Schadensersatzpflicht zu verneinen.

28 Lg. 844 a 7 und 844 c 3–4.

Bedeutung dieses Begriffs, die die Wächter der heiligen Ölbäume in Athen meint[29], ist der Begriffsinhalt im besonderen bei Platon unscharf. Platon verwendet den Terminus *ἐπιγνώμων*, den Ast mit „aestimator" übersetzt, in den Nomoi an vier weiteren Stellen. In Lg. 828 b 6 bemerkt er mit Bezug auf *ἐξηγηταὶ καὶ ἱερεῖς ἱέρειαί τε καὶ μάντεις μετὰ νομοφυλάκων*[30] und *ἃ παραλείπειν ἀνάγκη τῷ νομοθέτῃ*[31]: *καὶ δὴ καὶ αὐτοῦ τούτου χρὴ γίγνεσθαι ἐπιγνώμονας τοῦ παραλειπομένου τούτους τοὺς αὐτούς*. Die *ἐπιγνώμονες* haben hier die Funktion, den Erlaß von Normativakten nachzuholen, die der Gesetzgeber übergehen mußte. In Lg. 843 d 3 erscheinen die Agronomen bei der *ἐπεργασία*, wo ausdrücklich eine Schadensersatzpflicht statuiert ist[32], als *ἐπιγνώμονές τε καὶ δικασταὶ καὶ τιμηταί*. Während der *τιμητὴς* den Schaden abzuschätzen und der *δικαστὴς* den Streit zu entscheiden hat, ist der *ἐπιγνώμων* derjenige, der durch Augenscheineinnahme den Sachverhalt ermittelt[33]. In diesem Sinne definiert auch Hesych den *ἐπιγνώμων* als *ἐόπτης*[34]. In Lg. 847 b 8 – c 7, wo in unbestimmten Gesetzesbegriffen und unter Einräumung eines behördlichen Ermessens Import- und Exportverbote geregelt sind, bestimmt Platon: *τούτων δ' αὖ πάντων ἐπιγνώμονας εἶναι καὶ ἐπιμελητὰς τῶν νομοφυλάκων . . . τοὺς ἑξῆς δώδεκα*. Von einer *βλάβη* ist hier nicht die Rede, folglich auch nicht von einer Schadensersatzpflicht. Auch in Lg. 867 d 4 – e 2 sollen die *νομοφύλακες* als *ἐπιγνώμονες* tätig werden und in allen Fällen des Mordes im Zorn *μετ' ἐπιβουλῆς* die Schuldfrage näher untersuchen. Von einer Schadensersatzpflicht ist auch an dieser Stelle nicht die Rede.

In Lampsakos[35] erscheinen die *ἐπιγνώμονες* in der gleichen Funktion wie die öffentlichen Diaiteten in Ephesos[36] oder Athen[37].

29 Lys. VII 25 ap. Harp. s.v. *ἐπιγνώμων*; Lex. Seguer. (Bekker, Anecdota I) p. 228, Z. 23–25 schreiben wie die Lysias-Codices nur *γνώμονας*.

30 Lg. 828 b 4.

31 Lg. 828 b 5.

32 Lg. 843 c 7.

33 Müller übersetzt ‚Besichtiger', Apelt ‚Sachverständige', Novotný ‚posuzovateli' (= Beurteiler, Kritiker), Bury ‚inspectors'; Maykowska benutzt die Verbform ‚rozpatrywać' (= prüfen, erörtern); Cassarà spricht von ‚cognizione'; Diès übersetzt: „pour ces délits et tous autres semblables, le constat, la sentence, la fixation de la peine seront du ressort des agronomes".

34 Hsch. s.v. *ἐπιγνώμων* (E 4681).

35 LSG 8, Z. 27 (= CIG 3641 b = Laum, Stiftungen in der griechischen und römischen Antike. Ein Beitrag zur antiken Kulturgeschichte, Berlin 1914, Bd. II, S. 76–79 (Nr. 66)).

36 Vgl. Syll. 364 A, Z. 6 (= IJG I, 30–47 (V) = Hermann-Thalheim, Griechische Rechtsaltertümer, 152–168).

37 Gernet, L'institution des arbitres publics à Athènes, REG 52 (1939), 389–414 [414 n. 2] = in: ders., Droit et société dans la Grèce ancienne (Publications de l'Institut de Droit Romain de l'Université de Paris, 13), réimpression complétée par des notes bibliographiques nouvelles, Paris 1964, p. 103–119 [119 n. 3].

Bei der Vielfalt der Bedeutungen des Terminus ἐπιγνώμων im Corpus Platonicum liegt es nahe, sich an eine Stelle anzulehnen, der ein vergleichbarer Sachverhalt zugrunde liegt. Das ist die Epergasie-Bestimmung, die ebenfalls den νόμοι γεωργικοὶ zugehört und die auch von einer Beeinträchtigung unter Nachbarn handelt.

Daß die ἄρχοντες, konkret: die Agronomen, in Lg. 846 a 3–4 nur als ἐπιγνώμονες bezeichnet werden und nicht, wie in der Epergasienorm, ausführlich als ἐπιγνώμονές τε καὶ δικασταὶ καὶ τιμηταί, bedeutet wohl nur eine terminologische Verkürzung ohne semantische Differenz und läßt keinen Schluß darauf zu, daß sie im Ernterecht nicht die schiedsrichterliche Befugnis hätten, dem Geschädigten einen Schadensersatz zuzusprechen, sondern darauf beschränkt wären, nur ein Schätzungsurteil darüber abzugeben, ob sich die Relation von Schaden und Gewinn im gesetzlich vorgeschriebenen Rahmen hält.

Wenn Kränzlein mit seiner Annahme, das Durchfahrtsrecht gehöre in den Rahmen der Normen, mit denen Platon die Gleichwertigkeit der Landlose erreichen will, recht hätte, dann wäre eine Schadensersatzpflicht hier ebenso unwahrscheinlich wie oben eine Bezahlung des vom Nachbarn bezogenen Trinkwassers: Sie würde nämlich das mit der Norm verfolgte Ziel, eine gleiche Grundrente, verfehlen. Aus den wasserrechtlichen Bestimmungen über den Bewässerungsgraben, den Trinkwasserbezug und die Regenwasserableitung, nach denen das Nachbargrundstück in einer den Nutzungswert des Eigentums mindernden Weise ohne Pflicht zum Ersatz dieser Wertminderung in Anspruch genommen werden darf, läßt sich nicht per analogiam auf den Ausschluß einer Schadensersatzpflicht bei der Ernteeinbringung schließen. Im Wasserrecht handelt es sich um echte Notrechte, während die wegerechtliche Befugnis nicht auf dem objektiven Mangel eines anderen Zugangs, sondern auf dem Gedanken einer bloßen Erleichterung und der privaten Vorteilsoptimierung beruht.

Für eine Schadensersatzpflicht spricht, daß nur durch sie der seine Ernte einbringende Landwirt zur Rücksicht auf die Interessen seines Nachbarn angehalten werden kann. Ohne Schadensersatzpflicht liefe die erste Tatbestandsalternative μηδὲν μηδένα ζημιοῖ leer: Kein Bauer würde nämlich gezwungen, die Privatwege des Nachbarn, auf denen er keinen Schaden anrichtet, zu benutzen, wenn er genau so gut, d.h. ohne finanzielle Nachteile, diesem auf einer vielleicht noch etwas kürzeren Strecke mitten durchs Feld fahren dürfte. Nur eine Regelung, bei der er maximal ein Drittel seines Profits an den beeinträchtigten Nachbarn zum Ausgleich des angerichteten Schadens abgeben muß, zwingt ihn zu Rücksichtnahme und sinnvoller Kalkulation und hindert ihn daran, unter Berufung auf eine gesetzliche Erlaubnis, die ihm eine Durchfahrtmöglichkeit gewährt, den Nachbarn mutwillig zu schädigen.

Die für Platons Bestimmung wahrscheinliche Pflicht zum einfachen Schadensersatz greift natürlich nur bei Vorliegen der tatbestandsmäßigen Voraussetzungen ein: Ist der erzielte Vorteil geringer als das Dreifache des Schadens, so hat der betroffene Nachbar nicht nur ein Selbsthilferecht, kraft dessen er den Schädiger am Betreten des Grundstücks hindern kann. Man wird außerdem annehmen müssen, daß der Landwirt, der um eines kleinen Vorteils willen seinem Nachbarn einen unverhältnismäßig hohen Schaden zugefügt hat, diesen Schaden mehrfach zu ersetzen hat.

II. Positives Recht

Im positiven griechischen Recht sind Wegerechte mehrfach bezeugt.

In Gortyn soll ein Leichenzug gemäß einem Volksbeschluß möglichst die öffentlichen Wege benutzen[38]: „Wenn aber kein öffentlicher Weg vorhanden ist, sollen sie straflos sein, wenn sie den Leichenzug über ein fremdes Grundstück führen."[39] Leistet der betroffene Grundstückseigentümer oder jemand anders Widerstand[40], so hat er 10 Statere Buße[41] zu zahlen[42]. Das Gesetz bezieht sich nur auf den Zugang zu einer rings von fremdem Land umgebenen Begräbnisstätte[43] bzw. zu einem Grabplatz auf einem fremden Grundstück[44], und zwar nur für den Fall, daß ein weiterer Verstorbener dort beigesetzt werden soll. Der Anlaß zu diesem Volksbeschluß dürfte mit Kränzlein darin zu sehen sein, daß sich in Gortyn die unerwünschte Sitte eingebürgert hatte, Leichenzüge auch dann quer durch fremdes Land zu führen, wenn es einen etwas längeren Zuweg über eine *δαμοσία ὀδὸς* gab[45]. Für diesen Fall bestimmt der verlorene Teil der Inschrift in Z. 13 ff. eine Geldbuße[46].

---

38 Kohler-Ziebarth, Stadtrecht, 72.

39 IC IV 46B, Z. 6–9 (= Kohler-Ziebarth, Stadtrecht, 35 Nr. 4): *αἰ μὴ εἴη δαμοσία ὀ|δός, δι' ἀλλότριον κō|ρίον νέκυν πέρονσ|ι ἄπατον ἦμην.*

40 So ist die Wendung *αἰ δὲ* | *κōλύοι τις* (Z. 9–10) zu verstehen. An einen verbalen Protest wie in Dem. LV 4 ist bei dem *κωλύεω* hier nicht zu denken, sondern an Maßnahmen tatsächlicher Art. Kohler-Ziebarth, Stadtrecht, 35 übersetzen: „Wenn es Jemand verhindert . . .", Guarducci, IC IV, p. 106: „si quis obstiterit . . .".

41 Vgl. Kohler-Ziebarth, Stadtrecht, 80, die vermuten, daß es sich um eine öffentliche, nicht um eine Privatstrafe handelt.

42 IC IV 46B, Z. 9–12.

43 Guarducci, IC IV, p. 106; Kränzlein, Eigentum und Besitz, 64–65.

44 Vgl. z.B. Dem. LV 14.

45 Kränzlein, Eigentum und Besitz, 65.

46 Guarducci, IC IV, p. 106 (ad Nr. 46B, Z. 6 ff.); Kohler-Ziebarths Konjektur für Z. 13–14 *οἴκαδ[.ε. . . .* (Stadtrecht, 35) hat Brause, *Γορτυνίων ὅρκος νόμιμος*, Hermes 44 (1914), 102–109 [103] zutreffend zu *οι κᾱδ[εσται* korrigiert.

Das Recht des Zugangs zu einem Begräbnisplatz schlechthin, das der gortynische Beschluß nicht erwähnt, aber doch voraussetzt und gerade in restriktiver Weise neu regelt, dürfte in Griechenland nach allgemeiner Ansicht den Angehörigen seit den ältesten Zeiten ebenso zugestanden haben wie in Rom kraft Gesetzes[47] – nicht nur kraft Vertrages – das iter ad sepulchrum[48]. Dem. LV 14–15 beweist für sich allein kaum die Existenz alter Zugangsrechte zum Grabplatz auf einem fremden Grundstück und gibt auch keinen Aufschluß darüber, wie sie begründet waren. Der Beklagte spricht an dieser Stelle nur davon, daß sich auf seinem Grundstück alte Grabmäler befinden, die dort unter den Voreigentümern angelegt worden seien und daß sich deshalb an eben dieser Stelle wohl kaum ein von alters her anerkannter Regenwasserablauf befinden könne. Ob die Angehörigen zu diesen Gräbern ein gesetzliches Zugangsrecht hatten oder ob sie sich den Zugang beim Verkauf des Grundstücks vorbehalten hatten, ist aus der Stelle nicht zu erkennen. Die Analogie zu dem gortynischen Volksbeschluß und zur Ephesiorum lex de iudiciis[49] legt ersteres, die zur Inschrift aus Halaisa[50] letzteres nahe. Wenn es in den griechischen Staaten generelle gesetzliche Bestimmungen gegeben hat, die das Zugangsrecht der Angehörigen zu einer Grabstätte garantierten – und dafür sprechen gute sachliche Gründe[51] –, dann hätte die spezialgesetzliche Bestimmung in Ephesus[52] nur deklaratorische Bedeutung, ohne besondere Rechte zu konstituieren, während der gortynische Volksbeschluß bestehende gesetzliche Rechte einschränkte.

Vertragliche Vorbehalte eines Zugangs zu einem Heiligtum oder einem Grabplatz bei Teilung, Verkauf oder Verpachtung des Grundstücks kennen wir sowohl in Griechenland[53] als auch in Rom[54].

Ob für den in Ausübung des gesetzlichen Zugangsrechtes zum Grabplatz bei Bestattungen in Gortyn angerichteten Schaden Ersatz zu leisten war, ist aus der Inschrift nicht zu entnehmen. Die – überdies recht spät erwähnte – Pflicht des

47 Siehe FIRA, 2. Aufl., III (1943), Nr. 84a, b (= CIL VI 9404 und 10235 = Bruns, Fontes, 7. ed., 172, 45 und 46).

48 Kaser, Römisches Privatrecht I, 407; Danieli, In tema di iter ad sepulchrum, in: Studi in memoria di Emilio Albertario, Milano 1953, vol. II, p. 301–314. Anders: Biondi, La categoria romana delle „servitutes", 284; ders., Passo necessario, in: Studi di storia e di diritto in onore di Enrico Besta per il XL anno del suo insegnamento, Milano s.a. [1939], vol. I, p. 265–293 [284] und ders., Le servitù prediali nel diritto romano, 2. ed., Milano 1954, p. 244 mit n. 4.

49 Syll. 364 A, Z. 13–14 (= Wood, Discoveries at Ephesus including the site and remains of the great temple of Diana, London 1877, Appendix VIII, No. 1 = IJG I, 30–47 (V) = Hermann-Thalheim, Griechische Rechtsaltertümer, 152–168).

50 SGDI 5200 I, Z. 62–63 (= CIG 5594 = IG XIV 352).

51 Vgl. die Argumente bei Guiraud, Propriété, 191–192.

52 Syll. 364 A, Z. 13–14.

53 SGDI 5200 I, Z. 62–63 (= CIG 5594 = IG XIV 352).

54 Ulp. D. 11, 7, 7, 10.

römischen Rechts zur Zahlung des iustum pretium für das iter[55] läßt selbstverständlich für das Recht von Gortyn keine Analogie zu. Bei vertraglichen Wegevorbehalten dürfen wir ohnehin keine Wegegelder zur Abgeltung der Unbequemlichkeiten erwarten, da hier die Beeinträchtigung bereits im Kauf- bzw. Pachtpreis berücksichtigt ist.

Einem interessanten Nebeneinander von der Aussparung eines Weges aus dem Pachtland und der vertraglichen Begründung eines Wegerechts begegnen wir in einer ephesischen Pachturkunde von etwa 285 v.Chr.[56]: Von der Verpachtung[57] des außerhalb der Stadt an die Mauer grenzenden Landes wird u.a. ein 20 Fuß breiter Weg entlang dem Meeresufer ausgenommen[58]. Die Zugänge dagegen, die die Stadt zum Abtransport der Steine vom Steinbruch zu der reparaturbedürftigen Mauer über das verpachtete Grundstück hinweg nur auf Zeit[59] benötigt, werden nicht aus dem Pachtland ausgespart, sondern mit der Wendung *χρησόμεθα εἰς τὰ ἔργα καὶ ὁδοῦ, | ὥστε προσάγειν τοὺς λίθους πρὸς τὰ ἔργα*[60] in Anspruch genommen. Aus dem Genetivus partitivus *ὁδοῦ* bei *χρῆσθαι* und dem Fehlen des Artikels schließt Wilamowitz zu Recht, daß nicht ein bestehender Weg benutzt wird oder gar die Anlage eines Weges geplant ist, sondern daß die Bauarbeiter die erwähnten Parzellen auf beliebigem Wege überqueren dürfen: „Sie erhalten nicht das Recht auf eine via, sondern auf den itus."[61] Ob es sich aber dabei um eine servitus itineris handelt, wie Dittenberger und Ziebarth diese Urkunde pauschal titulieren[62], scheint mir zweifelhaft. Bei dem von der Verpachtung ausgenommenen Weg in Z. 3–4 der Inschrift kann jedenfalls von einer Wegeservitut nicht die Rede sein.

Daß es in Attika und in Griechenland überhaupt Wegerechte gab, die über das Recht des Zugangs zum Grabplatz hinausgingen, ist unbestritten. Nichtsdestoweniger ist ihr Rechtscharakter zweifelhaft. Dareste führt unter den angeblich positivrechtlichen Servituten des griechischen Rechts auch „*βαδίζειν* (servitude de passage)" an[63]. Bereits Scialoia hat darauf hingewiesen, daß dieser Ausdruck als terminus technicus für ein Wegerecht an Stelle von *ὁδὸς* oder *εἴσοδος* unwahrscheinlich ist[64]. Aber auch sachlich läßt sich diese angebliche Servitut weder mit

55 Ulp. D. 11, 7, 12 pr.

56 DGE 709 (= Michel 1353 = SGDI 5597 = Syll. 1182).

57 *μισθοῦμεν*, DGE 709, Z. 2.

58 *ἐξαιρούμεθα*, DGE 709, Z. 3.

59 *μέχρ[ις ἂν] τελειω[θῆι τὰ] ἔρ[γα]*, DGE 709, Z. 14.

60 DGE 709, Z. 12–13 (= Michel 1353 = SGDI 5597 = Syll. 1182).

61 Wilamowitz-Möllendorff, Hermes 34, 212.

62 Syll. 1182. Auch Wilamowitz-Möllendorff, Hermes 34, 209 und 210 spricht von Servituten.

63 Dareste, Plaidoyers civils de Démosthène I, p. XXXIV und 180.

64 Scialoia, Atti della R. Accademia delle Scienze di Torino, XXV, 799.

Dem. LV 11, wo das *βαδίζειν* gerade als abwehrfähiger Unrechtstatbestand erscheint[65], noch mit Dem. LV 14 überzeugend belegen[66], da dort zwar fremde *μνήματα παλαιὰ* auf dem Grundstück des Beklagten erwähnt werden, von einer servitus itineris der Angehörigen aber nichts gesagt wird. Nachdem Lipsius daraufhin zu dem Schluß gekommen ist, es fehle für die von Dareste behaupteten Servitute an jedem Beleg[67] und Dareste später in der Korrespondenz mit Scialoia mehrere Belege für seine These zu liefern versucht hat[68], die dieser im einzelnen mit negativem Ergebnis für die Annahme einer Prädialservitut diskutiert hat, verdient nur noch eine Stelle aus der Ephesiorum lex de iudiciis[69] aus dem 3. oder 2. Jh. v.Chr.[70] Interesse. Sie regelt die Beziehungen zwischen Grundstückseigentümern und Hypothekengläubigern. Bei der durch die besondere Nachkriegssituation erklärlichen Grundstücksaufteilung zwischen Eigentümern und Gläubigern[71] werden die *διαιρεταὶ τῶγ κτημάτων* (Z. 9) angewiesen: *ἀφοριζέτωσ]αν*[72] *δὲ ἐν τῆι*[73] *διαιρέσει τῆς χώρας ὁδοὺς πρός τε τὰ ἱερὰ καὶ πρὸς τὰ ὕδατα καὶ πρὸς τὰς ἐπαύ|[λε]ις*[74] *καὶ πε[ρὶ] ṭάφους*[75]. Nach Scialoias Meinung erreicht kein anderes Dokument aus dem klassischen griechischen Recht eine größere Annäherung an die römische Prädialservitut[76]. Dennoch sieht Scialoia in dieser Inschrift zu Recht keinen sicheren und zureichenden Beweis für die Existenz einer Prädialservitut im griechischen Recht[77], sondern versteht gerade wegen des singulären Charakters der Ephesiorum lex in einer Rechtsordnung, die sonst nirgendwo Belege für Servituten i.e.S. bietet, das

65 Vgl. Scialoia, Atti della R. Accademia delle Scienze die Torino, XXV, 799.

66 Von dieser Stelle nimmt Guiraud, Propriété, 191 an, „que c'était bien là une servitude réelle".

67 Lipsius, Attisches Recht, 683 Anm. 21.

68 Scialoia, Atti della R. Accademia delle Scienze di Torino, XXV, 794 n. 9.

69 Syll. 364 A (= Wood, Discoveries at Ephesus, App. VIII, Nr. 1 = IJG I 30–47 (V) = Hermann-Thalheim, Griechische Rechtsaltertümer, 152–168).

70 Zum Streit um die Datierung vgl. Hermann-Thalheim, Griechische Rechtsaltertümer, 153 Anm. 3.

71 Vgl. Hermann-Thalheim, Griechische Rechtsaltertümer, 153 Anm. 3; Partsch, Griechisches Bürgschaftsrecht I, 262–264 sowie Dareste-Haussoulier-Reinach, IJG I, 40–41 und 501.

72 *ἀφοριζέτω]σαν* suppl. IJG : *διαιρείτω]σαν* Wood.

73 *τῆι* : *τῇ* Thalheim.

74 *ἐπαύ[λε]ις* : *ἐπαύ[λια]ς* Thalheim, Wood : *ἐπαυλίας* Dareste, Une loi éphésienne du premier siècle avant notre ère, NRHD 1 (1877), 161–179 [174].

75 [*περὶ*] Wood : *πρὸς* Dareste, NRHD 1, 174 : [*τοὺς*] Dittenberger, Syll.[1] 344; Dareste-Haussoulier-Reinach, IJG. Die Textstelle ist zitiert nach Syll. 364 A, Z. 13–14 (ed. Hiller v. Gaertringen).

76 Scialoia, Atti della R. Accademia delle Scienze di Torino, XXV, 802.

77 Scialoia, Atti della R. Accademia delle Scienze di Torino, XXV, 803.

Recht auf Zugang zu Heiligtümern, Wasserplätzen, Gebäuden und Gräbern als „un passagio necessario", ein Notwegrecht, und als unmittelbare Vorstufe einer echten Servitut[78]. Allerdings sollte bei dieser Feststellung nicht übersehen werden, daß der klassische Begriff der Servitut im römischen Recht nur einen historischen Ausschnitt zwischen dem ursprünglichen Verständnis des iter ad sepulchrum als funktionell beschränktem Eigentum an dem gemeinsam benutzten Weg und der nachklassischen Qualifikation als Legalservitut darstellt.

Die Existenz gesetzlicher Notwegrechte ad sepulchrum und vertraglich vereinbarter Wegerechte zu religiösen und verschiedenen profanen Zwecken in Griechenland läßt es als wahrscheinlich erscheinen, daß Platons Bestimmung in Anlehnung an das geltende Recht konzipiert ist. Aber ebenso wie Platon in seiner Regelung des Trinkwasserbezuges vom Nachbarn das archaisch starre Gesetz Solons flexibler gestaltet hat, so dürfte es sich auch bei seinem Gesetz über die Ernteeinbringung um eine Umgestaltung des älteren Rechts handeln. Wenn die Platon vorliegende Norm eine Interessenabwägung enthielt, was ich per analogiam zu dem – als Notrecht natürlich nur bedingt vergleichbaren – solonischen Trinkwassergesetz für möglich halte, dann aber sicher in der typisierten Weise, daß dem seine Ernte einbringenden Landwirt die Befugnis zum Befahren oder Begehen eines Nachbargrundstücks nur dann zustand, wenn er sonst einen entfernungsmäßig im Gesetz genau festgelegten Umweg hätte machen müssen und daß ferner der beim Befahren angerichtete Schaden einen genau fixierten Höchstbetrag nicht überschreiten durfte.

---

78 Scialoia, Atti della R. Accademia delle Scienze di Torino, XXV, 803. „Le cose erano oramai giunte a tal punto, che la esistenza di vere servitù non ci dovrebbe far meraviglia", ibid.

§ 13 Βλάβαι διὰ κτημάτων

Das letzte Gesetz der νόμοι γεωργικοὶ bestimmt, ἐπιγνώμονας τοὺς ἄρχοντας γίγνεσθαι, καὶ τῶν ἄλλων ἁπάντων ὅσα τις ἂν ἑκὼν ἄκοντα βλάπτῃ βίᾳ ἢ λάθρᾳ, αὐτὸν ἢ τῶν αὑτοῦ τι, διὰ τῶν αὑτοῦ κτημάτων, πάντα τὰ τοιαῦτα τοῖς ἄρχουσιν ἐπιδεικνὺς τιμωρείσθω, μέχρι τριῶν μνῶν ὄντος τοῦ βλάβους· ἐὰν δ' ἔγκλημά τῳ μεῖζον ἄλλῳ πρὸς ἄλλον γίγνηται, πρὸς τὰ κοινὰ δικαστήρια φέρων τὴν δίκην τιμωρείσθω τὸν ἀδικοῦντα.[1]

Es handelt sich bei dieser Bestimmung zunächst um eine reine Regelung der sachlichen Zuständigkeit: Bis zu einem Schaden von drei Minen sollen die ἄρχοντες, in concreto: die Agronomen[2], die Sache entscheiden, bei einem höheren Schaden die κοινὰ δικαστήρια.

Trotzdem ist die Bestimmung materiellrechtlich nicht uninteressant: Wer heimlich oder gewaltsam einem anderen gegen dessen Willen vorsätzlich einen Schaden zufügt, soll vor dem sachlich zuständigen Justizorgan zur Verantwortung gezogen werden.

Ast vermutet, daß Platon den Tatbestand noch weiter formuliert habe und daß vor διὰ τῶν αὑτοῦ κτημάτων die Wendung αὐτὸς ἢ ausgefallen sei[3]. In diesem Sinne übersetzte auch schon Ficinus: „vel per se vel per illa quae possidentur“[4]. Dem hat Stallbaum zu Recht entgegengehalten: „Sed agitur hic de uno damni genere, quo quis proprio quaestu alteri queat inferre. Quocirca recte αὐτὸς ἢ omissum est.“[5]

Ebenso wie die attische Bestimmung ἂν μὲν ἑκών τις βλάψῃ, διπλοῦν, ἂν δ' ἄκων, ἁπλοῦν τὸ βλάβος ἐκτίνειν[6], die Demosthenes in der Meidiasrede anführt, keine unmittelbar geltende Generalklausel ist, sondern ein aus verschiedenen in archaischer Konkretheit formulierten Einzelgesetzen gefolgerter Grundsatz, so geben auch Platons Ausführungen nur ein juristisches Prinzip wieder. Der universale und generelle Charakter der Bestimmung und ihr hoher Abstraktionsgrad stehen in auffallendem Widerspruch zu den präzisen engen Tatbeständen der

1 Lg. 846 a 3 – b 2.

2 England meint, daß ἄρχοντες „probably either the ἀγρονόμοι or the ἀστυνόμοι“ seien (England, Laws II, 365). Aus dem unmittelbar vorangehenden Gesetz über die Ernteeinbringung und aus der Anknüpfung an diese Bestimmung mit τούτων δὲ in Lg. 846 a 3 ergibt sich aber, daß Platon auch bei der folgenden Bestimmung nur das Gebiet außerhalb der Stadt im Auge hat und daß daher nur die Agronomen zuständig sind.

3 Ast, Leges II, 422.

4 Ebenso Morrow, Cretan City, 264 n. 44: „either by his own hand or through his property or agents“.

5 Stallbaum, Plato X. 2, p. 468 Nota ad 846.

6 Dem. XXI 43.

anderen *βλάβαι γεωργικαί*. Dieser Umstand und das Fehlen einer klaren Rechtsfolge, an deren Stelle der allgemeine Oberbegriff für die Veranlassung der verschiedensten Sanktionen *τιμωρείσθω τὸν ἀδικοῦντα* steht, schließen ein materiellrechtliches Verständnis als unmittelbar vom Richter anwendbare Generalklausel aus. Die Bestimmung kann materiell nur die Bedeutung eines Rechtsprinzips oder allenfalls eines Programmsatzes haben, auf Grund dessen die späteren Gesetzgeber weitere detaillierte *βλάβη*-Tatbestände schaffen sollen. Sie ist keine Norm, die einen Auffangtatbestand gegenüber den anderen zuvor behandelten Sondertatbeständen – z.B. dem Weideverbot[7], dem Abstandsgesetz[8] oder der Befugnis, die Ernte über ein fremdes Grundstück einzufahren[9] – bildet, welche jenen Grundtatbestand teils ausfüllen, teils abweichend regeln[10].

Ein Rechtsprinzip ist nicht unmittelbar auf einen Sachverhalt anwendbar. Es ist daher müßig, sich in kasuistischen Detailfragen zu verlieren. Es sollen darum im folgenden nur das Prinzip als solches erläutert und die typischen Fallgruppen, die nach diesen Grundsätzen durch Spezialnormen zu regeln sind, erörtert werden.

1. Nur auf vorsätzliche Handlungen bezieht sich Platons Grundsatz. Sie werden dadurch rechtswidrig, daß der Täter sie gegen den Willen des Geschädigten begeht[11]. Die grundsätzliche Regelung erstreckt sich auf beide denkbaren Begehungsmodalitäten: auf gewaltsame und heimliche Handlungen.

2. Als Schadensobjekt nennt Platon *αὐτὸν ἢ τῶν αὐτοῦ τι*. Auf den ersten Blick könnte es scheinen, als seien damit Körper- und Vermögensschäden gemeint[12]. Bei genauerer Betrachtung zeigt sich jedoch, daß vorsätzliche Angriffe auf das Leben, den Körper oder die Gesundheit eines Dritten nicht erfaßt sein können[13].

Auf *φόνος ἑκούσιος* steht in allen Fällen die Todesstrafe[14]. Für die Aburteilung ist ein aus den Gesetzeswächtern und den besten Staatsbeamten des Vorjahres gewählter besonderer Gerichtshof zuständig[15], niemals aber die Verwaltungsbehörde der Agronomen oder das gemeinsame Gericht. Im übrigen hat Platon die Tötung eines Menschen *διὰ τῶν αὐτοῦ κτημάτων* materiellrechtlich in zwei Bestimmungen seines Mordgesetzes geregelt, der Tötung *αὐτόχειρ* und der Tötung *ἐπιβουλεύσεως* : Wer einen anderen Bürger vorsätzlich z.B. mit seiner Axt

---

7 Lg. 843 d 6–7.

8 Lg. 843 e 3 – 844 a 1.

9 Lg. 845 e 10 – 846 a 3.

10 So aber wohl England, Laws II, 365.

11 Vgl. England, Laws II, 365: „ἑκὼν ἄκοντα: this makes the damage *malicious.*"

12 So verstehen Morrow, Cretan City, 244. 264 n. 44 und Mummenthey, Βλάβη, 59 die Stelle.

13 Anderer Auffassung Morrow, Cretan City, 264 n. 44.

14 Lg. 871 a 2 – 872 c 6, 873 a 4 – c 1.

15 Lg. 871 d 2–4 in Verbindung mit Lg. 855 c 6 – d 1.

erschlägt, tötet im juristischen Sinne nicht *διὰ τῶν αὑτοῦ κτημάτων*, sondern *αὐτόχειρ*[16]. Wer seinen Sklaven zum Mord an einem Bürger anstiftet, begeht einen *φόνος δι' ἐπιβουλεύσεως*[17]; nicht einen Totschlag *διὰ τῶν αὑτοῦ κτημάτων*.

Von den vorsätzlichen Körperverletzungen, bei denen Platon attischem Recht folgend Verwundungen und Verstümmelungen (*τραύματα*)[18] einerseits und Schläge und unblutige Mißhandlungen (*αἰκίαι*)[19] andererseits unterscheidet, findet auf erstere ebenfalls bereits aus prozessualen Gründen der Schädigungsgrundsatz keine Anwendung. Das *τραῦμα ἐκ προνοίας* wird von dem in Mordsachen zuständigen Gerichtshof, nicht aber von den allgemeinen Gerichten abgeurteilt[20]. Außerdem enthält der *νόμος περὶ τραύματος* bereits materiellrechtlich eine eigene Schadensersatzbestimmung[21]. Für die *αἰκίαι* gegen Ältere ist ebenfalls ein besonderer aus Strategen, Taxiarchen, Phylarchen und Hipparchen gebildeter Gerichtshof zuständig[22]. Für die *αἰκίαι γονέων*[23] bestimmt Platon zwar nicht die sachliche Zuständigkeit eines besonderen Gerichts; aber bei der Mißhandlung der Eltern und Großeltern, die ja typischerweise eigenhändig geschieht, ist ein Verständnis als *βλάβη διὰ τῶν αὑτου κτημάτων* kaum möglich – es sei denn, jemand beauftrage seinen Sklaven damit, seine Eltern zu schlagen! Aber diesen atypischen Fall dürfte Platon kaum im Auge gehabt haben, wenn er in Lg. 846 a 5 *αὑτὸν* schreibt.

Welchen Sinn aber kann die Alternative *αὑτὸν ἢ τῶν αὑτοῦ τι* haben, wenn Leben, Körper und Gesundheit des Geschädigten hier nicht als geschützte Rechtsgüter verstanden werden? Es steht fest, daß beide alternativen Merkmale nur einen Vermögensschaden des anderen bezeichnen. Sinnvollerweise kann dann mit dem *αὑτὸν* nur der unmittelbare Schaden am toten Mobiliarvermögen[24] oder am Grundstück und mit *τῶν αὑτοῦ τι* der Vermögensschaden gemeint sein, bei dem – unjuristisch betrachtet – Sklaven, Vieh oder Bienen verletzt werden und damit – juristisch gesehen – dem Herrn ein Vermögensschaden an seinem

---

16 Lg. 871 a 3. *αὐτόχειρ* wird in Lg. 865 b 4 – c 1 definiert als: *εἴτε τῷ ἑαυτοῦ σώματι ψιλῷ εἴτε ὀργάνῳ ἢ βέλει ἢ πώματος ἢ σίτου δόσει ἢ πυρὸς ἢ χειμῶνος προσβολῇ ἢ στερήσει πνεύματος, αὐτὸς τῷ ἑαυτοῦ σώματι ἢ δι' ἑτέρων σωμάτων.*

17 Lg. 871 e 8 – 872 a 7.

18 Lg. 876 e 5 – 877 c 3.

19 Lg. 880 b 1 – d 7, 881 b 3 – 882 c 4.

20 Lg. 877 b 3–5.

21 Lg. 877 b 2–3.

22 Lg. 880 d 5–7.

23 Lg. 881 d 3–7.

24 Vielleicht sind darüber hinaus auch gewisse Beschränkungen der persönlichen Freiheit, Behinderungen, Belästigungen usw. erfaßt, die nicht anderweitig speziell normiert sind. In diesem weiteren Sinne versteht Herr Professor Dr. Konrad Gaiser (Tübingen) den Ausdruck.

lebenden Eigentum zugefügt wird. Für diese Auffassung spricht überzeugend der Wortlaut des *νόμος περὶ φαρμακείας*. Dort ist von einer Vergiftung *ἐπὶ βλάβῃ μὴ θανασίμῳ μήτε αὐτοῦ μήτε ἀνθρώπων ἐκείνου, βοσκημάτων δὲ ἢ σμηνῶν εἴτ' ἄλλῃ βλάβῃ εἴτ' οὖν θανασίμῳ* die Rede[25]. Als Geschädigte, nicht bloß als Objekt der Vergiftung, werden hier in der Parataxe der Genetivobjekte neben dem Herrn und Eigentümer selbständig Gesinde, Haustiere und Bienenschwärme genannt: An ihnen wird die äußere Schädigungshandlung begangen, die dann erst unter juristischem Aspekt als Vermögensschaden des Eigentümers erscheint.

3. Als *κτήματα*, mittels deren jemand einen anderen vorsätzlich schädigen kann, kommen drei Gruppen in Frage: Sklaven, Haustiere und totes Sachvermögen.

a. Nicht nur die einseitig vermögensrechtliche aristotelische Definition des Sklaven als *κτῆμά τι ἔμψυχον*[26], sondern auch die korrektere dualistische Auffassung der Sklaverei als eines Eigentums- und Herrschaftsverhältnisses[27], erlauben es, den Sklaven als *κτῆμα* im Sinne dieser Bestimmung zu qualifizieren. Damit bildet diese Grundsatzregelung die notwendige Ergänzung zu den beiden Noxalhaftungsbestimmungen in Lg. 879 a 2–5 und 936 c 8 – d 4: Dort ist die Haftung des Herrn für deliktische Handlungen seines Sklaven geregelt, die dieser aus eigenem Willen begeht, hier dagegen der Fall, daß der Sklave auf Befehl seines Herrn, also als bloßes Werkzeug tätig wird, d.h. daß der Herr selbst vermittels seines Sklaven handelt. Hierher gehört etwa der in der Klage des Pantainetos vorgetragene Sachverhalt: Um seine Forderung wegen rückständiger Zinsen zu befriedigen, habe Nikobulos seinen Sklaven Antigenes dem Sklaven des Pantainetos Geld wegnehmen lassen, das dieser als Pachtzins eines Bergwerks der Staatskasse habe zuführen sollen. Pantainetos klagt darauf gegen Nikobulos mit einer *δίκη βλάβης*, weil er wegen nicht geleisteter Pachtzahlungen für das Bergwerk in die Lage eines Staatsschuldners versetzt worden sei[28].

Weiterhin ermöglicht der platonische Grundsatz die Schaffung von Transformationssnormen für alle die Fälle der speziell normierten *βλάβαι γεωργικαί*, in denen nicht der Herr selbst die unerlaubte Handlung vornimmt, sondern der Sklave auf seinen Befehl, so z.B. beim Abackern und Abweiden, bei der Bienenzueignung, beim Obstdiebstahl usw. Platons Grundsatz entspricht positivem griechischen Recht: Der Herr haftet für Schäden, die sein Sklave auf seinen Befehl oder mit seinem Wissen einem Dritten zufügt, ohne die Möglichkeit der noxae datio[29] unmittelbar selbst[30].

---

25 Lg. 933 d 2–4.

26 Arist. Pol. 1253 b 32.

27 Z.B. bei Morrow, Law of Slavery, 26.

28 Dem. XXXVII 22.

29 Partsch, ArchPap VI, 73; Morrow, Law of Slavery, 64.

30 Siehe oben S. 128.

b. Die zweite Gruppe der *κτήματα*, mittels deren vorsätzliche Schädigungen eines anderen möglich sind, bilden die Haustiere.

Während der Tierhalter für Vermögensschäden, die seine Tiere einem Dritten von sich aus zufügen, ebenso wie für solche Delikte seines Sklaven noxal haftet, d.h. mit der Wahlmöglichkeit zwischen Schadensersatzleistung und noxae datio[31], haftet er nach Lg. 846 a 4–6 grundsätzlich unmittelbar, wenn er das Tier lenkt. Die *ἐπινομία* ist als der häufigste Anwendungsfall von Platon wie auch sonst von den anderen antiken Rechtsordnungen als Spezialtatbestand normiert worden[32]. In die hier erfaßte Fallgruppe gehören typischerweise das Treiben einer Viehherde über ein fremdes Feld, das Reiten über nachbarliche Äcker und das Tränken eigener Tiere an fremden Brunnen oder Quellen und – weniger häufig – auch das Hetzen von Hunden auf fremde Herden.

c. Bei den vorsätzlichen Schädigungen durch andere Eigentumsgegenstände ist an Schäden zu denken, die ein Landwirt seinem Nachbarn durch Überschreitung seiner gesetzlichen Befugnisse bei der Ernteeinbringung zufügt[33], also etwa dann, wenn er den Erntewagen über das Feld des Angrenzers führt und dabei einen Schaden anrichtet, der ein Drittel seines eigenen Vorteils übersteigt. Ebenso gehört hierher der Fall, daß jemand durch den Rauch des Feuers, das er auf seinem Grundstück macht, die Bienenstöcke des Nachbarn zumindest mit Gefährdungsvorsatz ausräuchert, sofern man diesen Sachverhalt nicht schon im Brandschadensgesetz geregelt sehen will. Weitere Fälle dieser Gruppe sind generaliter die vorsätzlichen Schädigungen eines Nachbarn durch eigenes Wasser und nicht nur – wie im Sondertatbestand in Lg. 844 c 2 – d 3 – durch Regenwasser, also z.B. das böswillige Ableiten einer Quelle oder eines Baches auf das Nachbargrundstück etwa in der Weise, daß dabei ein Gebäude unterspült wird oder Saaten vernichtet werden. Schließlich ist an Grabungen und Bauten auf dem eigenen Grundstück zu denken, die das Nachbargrundstück beeinträchtigen und für die Platon im Gegensatz zur Regelung der Pflanzabstände nicht so präzise Vorschriften erlassen hat, wie sie das Recht Athens und Alexandrias kannte.

4. Eine bestimmte Rechtsfolge sieht Platon schon deshalb nicht vor, weil es sich bei seinen Ausführungen nur um die Darstellung eines Rechtsprinzips handelt[34]. Wo sein Grundsatz in Transformationsnormen konkretisiert wird, kraft deren das Verhalten eines Sklaven, der auf Befehl seines Herrn einen speziell normierten *βλάβη*-Tatbestand der *νόμοι γεωργικοὶ* erfüllt, dem Herrn zugerechnet wird,

31 Lg. 936 e 3–5.

32 Lg. 843 d 6–7.

33 Diesen Fall nennt England, Laws II, 365.

34 Thalheim mißversteht diese Stelle, wenn er Pl. Lg. 846a als Beleg für seine Behauptung anführt, eine absichtliche Schädigung ziehe die Pflicht zu doppeltem, eine unabsichtliche die zu einfachem Schadensersatz nach sich, Thalheim, Βλάβης δίκη, in: RE III 1 (1897), 554, Z. 25–29.

müßte die Rechtsfolge des Sondertatbestandes Anwendung finden: Es sollte z.B. für die Schadensersatzpflicht bei der ἐπεργασία keinen Unterschied machen, ob der Herr eigenhändig dem Angrenzer etwas abackert oder ob das sein Sklave auf seinen Befehl tut. Daraus ergibt sich aber schon, daß auch aus sachlichen Gründen gar keine einheitliche Rechtsfolge angeordnet werden kann, sondern auf die speziellen Rechtsfolgen der einzelnen Deliktstatbestände verwiesen werden muß. Die Epergasie z.B. verpflichtet zu dreifachem Schadensersatz, die Mißachtung der Regenwasserordnung zum Ersatz des duplum und Weideschäden und Bienenzueignung schließlich zu einfachem Schadensausgleich.

Der Grundsatzcharakter der Bestimmung wird deutlich in dem allgemeinen Ausdruck τιμωρείσθω τὸν ἀδικοῦντα, in dem nur die Genugtuungsfunktion des Verfahrens zum Ausdruck kommt. Auf diese Weise wird auch das Abpflücken der ἄγροικος ὀπώρα vor dem Erntetermin durch einen im Auftrag seines Herrn handelnden Sklaven mit der Sakralrechtsfolge einer Geldbuße an die Tempelkasse des Dionysos und vielleicht sogar die Grenzverrückung eines Sklaven im Auftrage seines Herrn[35] erfaßt.

Der Verletzte soll den Schädiger vor den Agronomen oder vor dem gemeinsamen Gericht zur Verantwortung ziehen. Die Sanktion kann in einer Zivilbuße an den Verletzten, aber auch in einer Geldstrafe an die Polis, einer Sakralbuße an ein Heiligtum oder in einer Leibes- bzw. Ehrenstrafe bestehen.

5. Der Vergleich mit dem positiven Recht zeigt, daß es in den griechischen Staaten zahlreiche spezielle βλάβη-Tatbestände gibt, die mit dem platonischen Rechtsprinzip in Einklang stehen. Angesichts der archaischen Konkretheit griechischer Gesetzestatbestände dürfte der platonische Grundsatz aber in keiner Rechtsordnung einer griechischen Polis als Gesetz mit einem Generaltatbestand gegolten haben.

---

35 Ob dieses Delikt dem Auftraggeber gerade nach Lg. 846 a 4–6 zugerechnet werden kann, ist zweifelhaft, da der Διὸς ὁρίου νόμος (Lg. 842 e 6 – 843 b 6) nicht von einer βλάβη spricht, das βλάπτειν aber in Lg. 846 a 4–6 notwendige Voraussetzung ist.

§ 14 ZUSAMMENFASSUNG DER ERGEBNISSE

Es liegt in der Natur einer exegetischen und kommentierenden Studie, daß sie nicht mit so schönen und klaren Ergebnissen abschließen kann wie eine dogmatische oder begriffsgeschichtliche Untersuchung.

Vom Anspruch meiner Arbeit her wäre es verfehlt gewesen, Platons Landwirtschaftsgesetze über den Leisten eines einseitigen Vorverständnisses zu schlagen, um so durchgehende Linien und einheitliche Resultate vorweisen zu können. So muß sich ein Resumé auf wenige grundsätzliche Bemerkungen beschränken; denn Platon hat seine Gesetzgebung nicht aus einem einzigen Prinzip deduziert, er ist eher topisch als axiomatisch vorgegangen.

Grundsätzlich ist Platon in seiner Landwirtschaftsgesetzgebung geltendem griechischen Recht gefolgt. Diese Erkenntnis ist seit Hermanns Disputatio de vestigiis institutorum veterum nicht neu; aber sie bedarf noch auf lange Zeit hinaus der Verifizierung durch Detailuntersuchungen. Unsere Untersuchung hat darüber hinaus gezeigt, daß der Gesetzgeber der *νόμοι γεωργικοὶ* durchaus nicht der Schöpfer des „Platonismus seiner Rechtstheorie"[1] ist, den wir erst den Späteren zu verdanken haben. Knochs Dissertation ist nur das jüngste warnende Beispiel dafür, wie stark eine philosophische Betrachtung der einzelnen Gesetze das Problembewußtsein trüben und eine sachgerechte Interpretation erschweren kann[2]. Terreant vestigia!

Ebensowenig wie andere Quellen des klassischen griechischen Rechts bieten Platons Nomoi einen Beweis für die Existenz von Servituten in Griechenland. Angesichts der im 19. Jahrhundert herrschenden individualistischen Tendenz, die Eigentumsbindung und -beschränkung in den *νόμοι γεωργικοὶ* unter romanistisch-individualistischem Aspekt mit Hilfe des Servitutgedankens zu erfassen[3], hat Brugis Auffassung von einer „comunione delle acque tra vicini"[4] und seine entschiedene Absage an die Lehre von der „servitù legale"[5] ein Niveau erreicht, über das auch die Graeca Halensis mit ihrer Annahme einer communio incidens zu P. Hal. 1, Z. 106 ff.[6] noch nicht hinausgekommen ist. Zutreffend spricht Scialoia von „limitazioni legali della proprietà, che non possono dirsi vere e

---

1 Esser, Grundsatz und Norm in der richterlichen Fortbildung des Privatrechts. Rechtsvergleichende Beiträge zur Rechtsquellen- und Interpretationslehre (Untersuchungen zur vergleichenden allgemeinen Rechtslehre und zur Methodik der Rechtsvergleichung, 1), 2. Aufl., Tübingen 1964, S. 2.

2 Siehe oben S. 141 und 144–146 zu Knoch, Strafbestimmungen, 67 und 68.

3 Z.B. Guiraud, Propriété, 191–195; Beauchet, Droit privé III, 158–171.

4 Brugi, AG XXXIV, 299. 304.

5 Brugi, AG XXXIV, 307 – hier mit Bezug auf Lg. 844 c 1 – d 1.

6 Dikaiomata, 75.

proprie servitù prediali"[7]. Erst Wenger[8], Koschaker[9] und Partsch[10] haben die griechischen Verhältnisse des Nachbarrechts zutreffend als genossenschaftliche Flur- und Zwangsgemeinschaft unter den Nachbarn verstanden.

Gegenüber den archaisch rigiden Tatbeständen des positiven Rechts zeichnen sich die platonischen Bestimmungen durch eine sorgfältigere und wesentlich differenziertere Interessenabwägung in den Tatbeständen aus. Guirauds[11] und Beauchets[12] Zweifel, ob es z.B. „dans aucune législation une règle conçue en ces termes"[13] gab, wie die Wegebefugnis bei der Ernteeinbringung, ist durchaus begründet. Die geltenden Gesetze begnügen sich, wie wir gesehen haben, durchweg mit typisierten schematischen Interessenabwägungen, die keine Möglichkeit bieten, auf die besondere Situation des Einzelfalls abzustellen.

Das gleiche gilt auch für die Rechtsfolgen. Wo als Vorbilder platonischer Bestimmungen ältere positive Gesetze in Frage kommen, enthalten diese zumeist feste Bußtarife als Sanktion widerrechtlicher Schädigungshandlungen. Dieses System der „festen Preise" beherrscht das Stadtrecht von Gortyn[14] ebenso wie das bis 403 v.Chr. geltende solonische Recht Athens[15]. Mummenthey vermutet, daß die fixen Tarife gegen Ende des 5. Jahrhunderts durch das Prinzip der aestimatio poenae abgelöst worden sind[16]. Platons Nomoi folgen dem Grundsatz der Schätzbarkeit einer Schadensersatzklage selbst in den Fällen, wo das attische Recht seiner Zeit noch an den alten Haftungsformen festhält, wie z.B. bei der Regenwasserschadensklage. Damit eröffnet Platon die Möglichkeit einer differenzierteren Kompensation.

---

7 Scialoia, Atti della R. Accademia delle Scienze di Torino, XXV, 799.

8 Wenger, Neue Rechtsurkunden, KVGR 51 (1913), 339–374 [339–340].

9 Koschaker, BPhW 34, 551.

10 Partsch, ArchPap VI, 45–46. 52.

11 Guiraud, Propriété, 191.

12 Beauchet, Droit privé III, 168.

13 Guiraud, Propriété, 191.

14 Vgl. Mummenthey, Βλάβη, 79 mit Anm. 220.

15 Ruschenbusch, SavZ 82, 304–306.

16 Mummenthey, Βλάβη, 79–80.

QUELLENREGISTER

I. Altorientalische Quellen

II. Griechische literarische Quellen

1. Autoren

3. Lexikographen

III. Lateinische literarische Quellen

IV. Inschriften

V. Papyri

VI. Griechisch-römische juristische Quellen

VII. Moderne Rechtsquellen

FSC
www.fsc.org
MIX
Papier | Fördert gute Waldnutzung
FSC® C083411

Kolibri 360 GmbH
Ferdinand-Jühlke-Straße 7
99095 Erfurt, Deutschland
produktsicherheit@kolibri360.de